“十三五”国家重点出版物出版规划项目
面向可持续发展的土建类工程教育丛书
普通高等教育工程造价类专业融媒体新形态系列教材

工程经济学

第 4 版

主　编　项　勇　魏　瑶
副主编　卢立宇　霍海娥
主　审　王雪青

机 械 工 业 出 版 社

《工程经济学》第4版在第3版的基础上进行了修订，集中了第3版在使用过程中教师和学生反馈的相关问题及提出的建议，将党的二十大精神融入书中，同时充分考虑到我国当前行业政策的变化和对项目进行经济分析的新要求、新内容，在结构和内容上进行了进一步的优化。本书分为上篇和下篇共13章，其中上篇为工程经济学基础知识，包括工程经济学概论、工程项目现金流量及资金时间价值、工程项目经济分析基本要素及投资估算、工程项目融资与资金成本、工程经济评价指标、工程方案的确定性决策、工程方案的不确定性分析与风险分析；下篇为工程经济学知识应用，主要包括工程项目财务分析与经济影响分析、工程项目寿命周期成本与价值工程、设备更新与租赁分析、建设工程项目可行性研究、经营性项目的经济评价和公益性项目的经济评价。

本书文前的"教学建议（学习导言）"给出了本课程的性质与任务、教学（学习）目标、主要内容及相互关系、教学（学习）计划及教学内容和知识目标、教学方法和学习方法等，为教与学提供帮助。

书中每章章前附有学习导图、学习内容及目标和导入案例，章中有二维码形式链接微课视频讲解知识点、重点难点、例题等（扫描二维码可观看），章后附有本章小结与重要概念、思考题与练习题及二维码形式客观题（扫描二维码可在线做题，提交后可查看答案），供学习时参考。

本书可作为高等院校工程管理、工程造价、房地产开发与管理和土木工程等专业的教材，也可作为造价工程师、建造师、咨询工程师等工程管理相关专业执业资格考试的参考书。

本书配有丰富的教学资源，如PPT电子课件、课后习题参考答案、模拟试题及参考答案、实际案例、引申文件及阅读资料、教学大纲等，供选用本书作为教材的授课教师参考。需要者请登录机械工业出版社教育服务网（www.cmpedu.com）注册后下载。

图书在版编目（CIP）数据

工程经济学 / 项勇，魏瑶主编. -- 4版. -- 北京：机械工业出版社，2025. 3（2026. 1重）. --（面向可持续发展的土建类工程教育丛书）（普通高等教育工程造价类专业融媒体新形态系列教材）. -- ISBN 978-7-111-77701-4

Ⅰ. F062. 4

中国国家版本馆CIP数据核字第20252CQ943号

机械工业出版社（北京市百万庄大街22号 邮政编码100037）
策划编辑：刘 涛 责任编辑：刘 涛 何 洋
责任校对：潘 蕊 李 婷 封面设计：马精明
责任印制：常天培
北京华宇信诺印刷有限公司印刷
2026年1月第4版第3次印刷
184mm×260mm · 18.75印张 · 463千字
标准书号：ISBN 978-7-111-77701-4
定价：59.80元

电话服务	网络服务
客服电话：010-88361066	机 工 官 网：www.cmpbook.com
010-88379833	机 工 官 博：weibo.com/cmp1952
010-68326294	金 书 网：www.golden-book.com
封底无防伪标均为盗版	机工教育服务网：www.cmpedu.com

前言

党的二十大报告提出中国共产党的中心任务就是团结带领全国各族人民全面建成社会主义现代化强国、实现第二个百年奋斗目标，以中国式现代化全面推进中华民族伟大复兴。高质量发展是全面建设社会主义现代化国家的首要任务。必须完整、准确、全面贯彻新发展理念，坚持社会主义市场经济改革方向，坚持高水平对外开放，加快构建以国内大循环为主体、国内国际双循环相互促进的新发展格局。我们要坚持以推动高质量发展为主题，把实施扩大内需战略同深化供给侧结构性改革有机结合起来，加快建设现代化经济体系，着力提高全要素生产率，着力提升产业链供应链韧性和安全水平，推动经济实现质的有效提升和量的合理增长。

以党的二十大关于经济高质量发展的精神为引领，在本书编写中坚持以经济高质量发展理念、行业可持续发展理念，围绕工程项目经济分析的相关内容展开。

当前，工程建设领域发生了许多新的变化，对工程项目的投资论证注重生态环境的可持续性、经济的合理性、投资效果的可评价性等内容，这对工程经济涵盖的知识范围和专业人员相关知识的掌握程度提出了新的要求。另外，在进行项目经济分析时，本着项目目标实现的同时要推动行业高质量发展，将寿命周期理念用于项目的经济分析中，促使经济分析的外延得到拓展，使工程项目的投资决策更加合理化和理性化。工程项目投资决策主体也从单一化开始转向多元化，投资结果不再是以某一主体为主导的盈利模式，合作共赢的局面开始产生，投资主体的多元化与利益共享、风险共担在工程项目投资决策中已经形成。在工程项目投资决策的指标上，逐渐用理性的、辩证的思维进行工程项目经济问题的分析，不再偏重以量化的指标进行决策，定性评价逐渐上升到较为重要的地位，使得对工程项目进行经济决策时，可持续性评价、社会性评价、稳定性评价成了决策中不同主体需要重点考虑的方面。

本书在修订过程中，以经济高质量发展为指导，以工程经济基本原理和方法为主线，结合工程经济中相关内容的重要性和适用性，以及《工程经济学》第3版使用过程中读者的反馈意见。修订的内容主要体现在以下几个方面：首先，将党的二十大精神融入教材的修订内容中；其次，补充了动态指标计算参数基准收益率的确定方法，修订了工程项目投资构成及相关概念界定，根据新的投资项目论证文件补充了工程项目费用效益分析和费用效果分析两部分内容，补充了公益性项目的经济评价等内容。另外，在各部分内容修订的同时，团队教师将思想政治教育贯穿于各章节，促进思想政治教育与教材知识体系教育的有机统一；强化思政理论教育和价值引领，充分发掘和运用各章内容蕴含的思政教育资源，深度融合专业知识与思政元素，培养“具有家国情怀、全球视野、创新精神、实践能力的卓越人才”。教材编写团队注重价值塑造，将工程经学决策伦理教育元素融入教材中，培养学生扎根社会实践，具有工匠精神、社会责任和国际视野。

本书的内容主要由两部分构成：上篇为工程经济学基础知识，包括工程经济学概论、工程项目现金流量及资金时间价值、工程项目经济分析基本要素及投资估算、工程项目融资与资金成本、工程经济评价指标、工程方案的确定性决策、工程方案的不确定性分析与风险分析；下篇为工程经济学知识应用，包括工程项目财务分析与经济影响分析、工程项目寿命周期成本与价值工程、设备更新与租赁分析、建设工程项目可行性研究、经营性项目的经济评价和公益性项目的经济评价。

本书的大纲及整体策划由西华大学的项勇教授和四川工商学院的魏瑶老师提出。具体的编写分工为：第1章和第2章由西华大学的杨雨和郑柠瑶负责编写；第3章由成都农业科技职业学院的王静负责编写；第4章、第5章和第6章由西华大学的项勇和徐姣姣负责编写；第7章和第8章由四川工商学院的魏瑶负责编写；第9章和第12章（部分）由攀枝花学院的李林东和阳霞负责编写；第10章和第11章由西华大学的卢立宇和霍海娥负责编写；第12章（部分）和第13章由西华大学的项勇和四川工商学院的魏瑶负责编写。全书由项勇和魏瑶统稿。

天津大学管理学部的王雪青教授任本书主审，在本书修订过程中提出了许多宝贵的意见。天津大学管理学部的孟俊娜教授、东北财经大学的宋维佳教授在本书的修订过程中从专业角度提供了很大的帮助。机械工业出版社的刘涛老师对本书的出版给予了大力支持。在此对以上各位同事、朋友及学者表示衷心的感谢。

西华大学
项　勇

教学建议（学习导言）

一、“工程经济学”课程的性质与任务

工程经济学是工程管理、工程造价、房地产开发与管理等专业的核心课程，也是土木工程等相关专业的必修课程。

工程经济学是工程技术与经济核算相结合的边缘交叉学科，是自然科学与社会科学密切交融的综合科学，是一门与生产建设、经济发展有着直接联系的应用性学科。工程经济学是研究与工程有关的经济问题的学科，是对工程技术问题进行经济分析的系统理论与方法，是在资源有限的条件下，运用工程经济学分析方法对工程技术（项目）各种可行方案进行分析比较，选择并确定最佳方案的科学。其核心任务是对工程项目技术方案的经济决策；核心目标是在满足项目需求的前提下，通过经济分析和决策来实现资源的最优配置，提高工程项目的经济效益。

二、“工程经济学”课程的教学（学习）目标

通过本课程的教学，教师应使学生了解工程技术与经济效果之间的关系，掌握工程经济评价基本原理和方法，熟悉工程技术方案选优的基本过程，全面具备进行工程经济分析的基本能力，对培养学生的工程投资与造价管理核心技能具有重要的支撑作用。

通过对本课程的学习，学生在理解工程方案的经济、社会和环境影响的基础上，掌握工程技术方案经济效益的分析、计算、论证与评价的基本理论与方法，能够通过多方案比较选择最优方案，并能理解市场环境、技术环境、政策变化等对工程经济决策的复杂性影响，为工程投资项目的经济决策提供科学依据。

三、“工程经济学”课程的主要内容及相互关系

本书的主要内容分为上篇工程经济学基础知识和下篇工程经济学知识应用，具体包括工程经济学概论、工程项目现金流量及资金时间价值、工程项目经济分析基本要素及投资估算、工程项目融资与资金成本、工程经济评价指标、工程方案的确定性决策、工程方案的不确定性分析与风险分析、工程项目财务分析与经济影响分析、工程项目寿命周期成本与价值工程、设备更新与租赁分析、建设工程项目可行性研究、经营性项目的经济评价和公益性项目的经济评价共计13章，相互关系如图0-1所示。

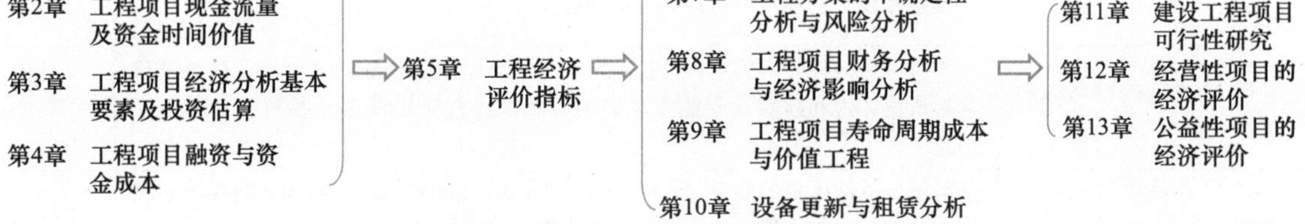

图0-1 主要内容及相互关系

四、“工程经济学”的相关课程

先修课程：经济学原理、会计学、工程财务、工程统计。

后续课程：建设项目投资与融资、房地产开发与管理、工程项目管理、工程造价管理。

五、“工程经济学”具体的教学（学习）计划及教学内容和知识目标

本书内容共13章，按照48学时进行教学进度计划的安排，见表0-1。在具体的教学或者学习过程中，可以根据专业差异、办学层次差异进行课程教学（学习）内容的调整。其中，建设工程项目可行性研究、经营性项目的经济评价和公益性项目的经济评价三部分内容在实际的教学或者学习过程中可以进行适度调整，其他内容为“工程经济学”课程必备的内容。

表0-1 教学安排

教学内容	知识目标	学时
1 工程经济学概论	掌握工程经济分析的基本原理和经济效益原理；熟悉技术和经济的关系，工程经济学的概念，工程经济分析的一般程序	2
2 工程项目现金流量及资金时间价值	掌握项目现金流量的含义及现金流量图的绘制，资金时间价值的概念及计算，等值的含义，名义利率与实际利率；熟悉利息与利率的内容，单利与复利理解，资金时间价值系数之间的关系	4
3 工程项目经济分析基本要素及投资估算	掌握工程项目投资构成及计算，工程项目总成本费用及经营成本计算；熟悉建设项目投资估算方法，工程项目收入、利润及税金计算	4
4 工程项目融资与资金成本	掌握项目融资的概念及特点，BOT项目融资模式，ABS项目融资模式，TOT项目融资模式，PFI项目融资模式，资金成本的计算；熟悉项目资本金制度，资金筹措渠道	3
5 工程经济评价指标	掌握静态和动态经济评价指标的计算、判别标准和适用条件；熟悉经济评价指标的含义和分类，基准收益率的确定	5
6 工程方案的确定性决策	掌握独立型方案、互斥型方案和相关型方案的经济效果评价；熟悉方案独立关系、方案互斥关系和方案相关关系	5
7 工程方案的不确定性分析与风险分析	掌握线性盈亏平衡分析，单因素敏感性分析，风险的期望值法和决策树法；熟悉互斥型方案盈亏平衡分析，多因素敏感性分析	4
8 工程项目财务分析与经济影响分析	掌握工程项目财务分析的主要表格，融资前和融资后的财务盈利能力、偿债能力和财务生存能力分析；熟悉财务分析的定义和作用、基本原则、内容与步骤	6
9 工程项目寿命周期成本与价值工程	掌握工程项目寿命周期成本的构成和分析方法，价值工程的对象选择方法，功能分析和功能评价，方案创造及方案评价；熟悉价值工程原理和工作程序	4
10 设备更新与租赁分析	掌握设备有形磨损、无形磨损及其补偿方式，设备经济寿命的计算，设备租赁费用；熟悉设备寿命的类型，设备租赁方式和优缺点，影响设备租赁与购置的主要因素	4
11 建设工程项目可行性研究	熟悉建设工程项目可行性研究的内容	2
12 经营性项目的经济评价	掌握项目的物有所值定性评价和定量评价，财政承受能力的测算；熟悉项目物有所值评价和财政承受能力论证的概念，经营类建设项目投资与成本费用估算	3
13 公益性项目的经济评价	掌握公益性项目的收益-成本分析法和成本-效能分析法；熟悉公益性项目费用和收益的分类，项目费用和收益的识别与计量原则	2

六、“工程经济学”课程的教学方法

1. 多媒体与板书相结合

教学过程中，基础知识、基本原理等内容（如工程经济资金时间价值原理、工程项目投资及经济分析、工程方案的经济比选等）以教师讲授为主、辅以多媒体演示等教学手段，形象、生动地介绍，增强教学的直观性，提高课堂教学信息量和教学效果。

2. 启发式与案例式相结合

教学过程中，教师通过提出问题等方式，穿插典型案例等手段，以激发学生主动学习的兴趣，引导其独立思考，启发思维，培养学生分析和解决问题的能力。

3. 加强互动环节

教学过程中，教师通过提问、分组讨论、教师讲评等课内互动形式，进一步加深学生对工程经济学基本理论知识的掌握程度。

4. 充分利用学习平台进行沟通交流

利用学习平台，加强师生之间对所学课程及专业发展的交流和沟通，及时了解对教学效果的反馈、及时解答学生的疑问、及时公布作业答案等相关教学资料，形成良好课外互动，提升教学效果。

5. 布置课外作业

教师通过布置课外作业，既能帮助学生进一步巩固和消化课堂讲授的内容，又能及时了解学生对课堂知识的掌握情况和存在的问题，以此进一步帮助学生更好地掌握学习内容。

七、“工程经济学”课程的学习方法

学习前导课程，形成扎实的基础知识：对前导课程“会计学”“工程财务”等基础课程进行学习，掌握和熟悉与工程经济学课程相关的概念和原理，为后续学习打下坚实基础。

系统学习课程知识：掌握工程经济学课程的关键概念和原理，并学会运用所学知识分析实际问题。

阅读和分析案例：通过分析实际案例，加深对工程经济学知识的理解和应用，提高解决问题的能力。

参加工程经济学实践项目：参与实际项目，如企业实习、创业实践等，将所学理论知识与实际操作相结合，锻炼实际工作能力。

模拟演练：参加实验、竞赛等活动，模拟现实场景，提高逻辑思维和创新能力。

自学与团队协作：培养自主学习能力，利用网络资源、图书馆等渠道进行深入学习；同时，学会与他人合作，提高团队协作能力。

数字资源（知识点、例题讲解微课视频二维码）索引

（续）

目录

上篇

工程经济学基础知识

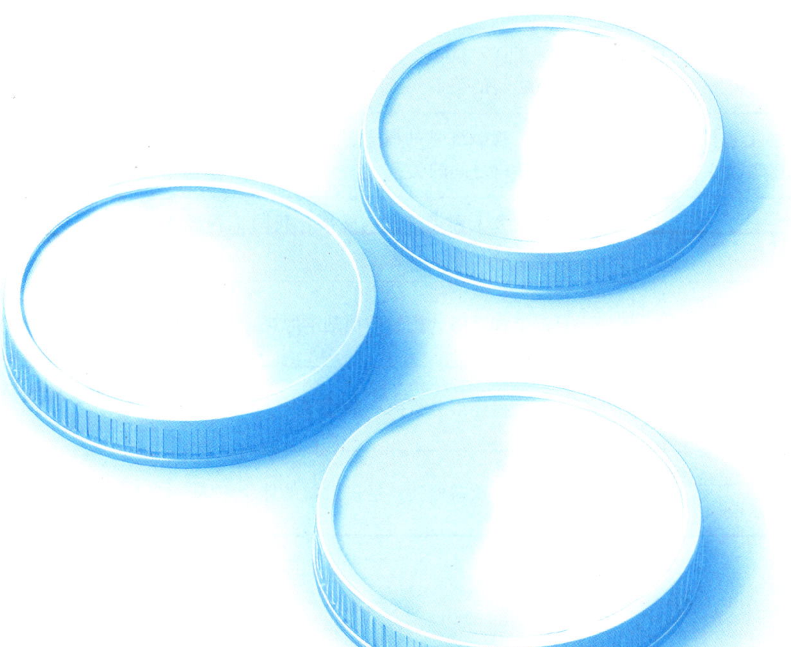

第 1 章 工程经济学概论

学习导图

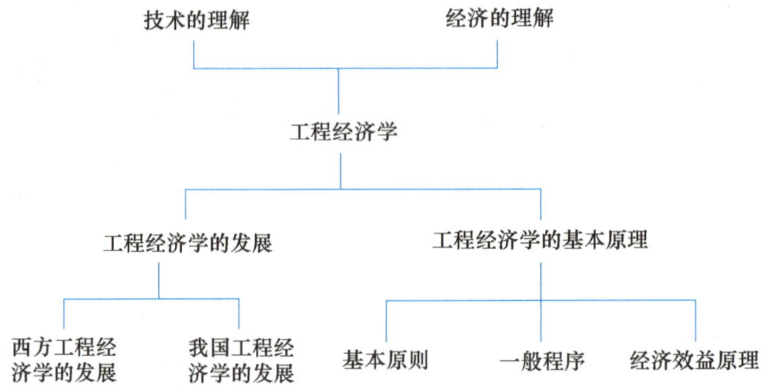

学习内容及目标

知识点	能力要求	相关知识	素质目标
工程经济学概述	熟悉工程、技术和经济的概念及关系	工程、技术、经济的概念；技术和经济之间的关系	用辩证思维分析技术先进性与经济发展的关系，明白科学技术是第一生产力 培养家国情怀、社会使命感和职业责任感；增强对社会主义市场经济的理论自信
	掌握工程经济学的概念及与其他学科之间的关系	工程经济学的概念；工程经济学与其他学科之间的关系	
工程经济学的发展	了解工程经济学的发展	西方工程经济学的发展；我国工程经济学的发展	
工程经济学的基本原理	掌握工程经济分析的基本原则	工程经济分析的 7 项基本原则	
	熟悉工程经济分析的一般程序	工程经济分析的一般程序	
	掌握工程经济学中的经济效益原理	经济效益概述；经济效益的评价原则	

导入案例

都江堰水利工程是中国古代的一项伟大工程，是中国古代劳动人民智慧的结晶，也是世界著名的大型水利工程之一。其设计和建造体现了对自然资源的合理利用，充分展现了工程完成后带来的长期效益，如灌溉效益、水利防洪、航运促进、生态平衡、技术传承、旅游发展等。即使历经千年，都江堰仍在使用中，为成都平原的农业生产和人民生活提供持续的支持。虽然看似简单工程，但它是一个从古至今的工程经济学典型案例，因为它以极小的代价实现了巨大的效益，并且能够持续使用，体现了工程经济学的原理，符合工程经济分析的原则。

思考：都江堰水利工程建成投入使用并产生综合效益，充分体现了工程经济学在工程项目决策中的有效应用。因此，什么是工程经济学？为什么古代人都能从工程经济学的角度去分析建设项目的经济效益？运用工程经济学分析建设项目经济效益的程序是什么？要遵循哪些基本原则？这是本章需要学习和了解的基本内容。

1.1 工程经济学概述

1.1.1 工程、技术和经济的概念及关系

现代科学技术的发展有两个特点：一是向深度发展，形成许多分支学科；二是向广度进军，形成许多边缘学科。

技术经济学是一门介于自然科学和社会科学之间的边缘学科。它是根据现代科学技术和社会经济发展的需要，在自然科学和社会科学的发展过程中互相渗透、互相促进，逐渐形成和发展起来的，是技术学和经济学的交叉学科。

1. 工程

工程是指土木建筑或其他生产、制造部门使用比较大而复杂的设备来进行的工作，如土木工程、机械工程、交通工程、化学工程、采矿工程、水利工程等。

一项工程能被人们接受必须具备两个条件：①技术上可行；②经济上合理。

2. 技术

广义的技术是指人类利用和改造自然的手段和方法。它不仅包括劳动者的技艺，还包括部分取代这些技艺的物质手段。因此，技术是包括劳动工具、劳动对象等一切劳动的物质手段（硬技术）和体现为工艺、方法、程序、信息、经验、技巧和管理能力的非物质手段（软技术）。从另一个角度来讲，技术又可以分为自然技术和社会技术。自然技术是指根据生产实践和自然科学原理发展形成的各种工艺操作方法、技能和相应的生产工具及其他物质装备。社会技术是指组织生产及流通等的技术。

技术除了应用性外，还有明显的经济目的性。对于任何一种技术，在一般情况下，都不能不考虑经济效果的问题。脱离了经济效果的标准，技术是好还是坏、是先进还是落后，都

无从判断。此外，技术的先进性表现在两个方面：一方面是能够创造原有技术所不能创造的产品和劳务，如宇航技术、海洋技术、微电子技术、新材料技术、新能源技术等；另一方面是能用更少的人力、物力和时间，创造出相同的产品或劳务。

综上所述，技术是为实现投资目标的系统的物质形态技术、社会形态技术和组织形态技术等的总称，不仅包括相应的生产工具和物资设备，还包括生产的工艺过程或作业程序及方法，以及在劳动生产方面的经验、知识、能力和技巧。

3. 经济

工程经济学中所说的"经济"属于经济学范畴，可理解为社会生产与再生产过程以及与之相关的政策、制度等方面的总和。它通常有四方面的含义：

1）经济是指节约或节省。经济学中的"经济"是外来语：英语中的"Economy"来自古希腊语的"Oikonoma"。"Oikonoma"的最初含义是"家政管理"，并由此引申为"节约"。

2）经济是指生产关系。经济是人类社会发展到一定阶段的社会经济制度，是生产关系的总和，是政治和思想意识等上层建筑建立起来的基础，如市场经济、经济制度。

3）经济是一国国民经济的总称，或指国民经济的各部门，如工业经济、农业经济、运输经济等。

4）经济是指社会生产和再生产，即物质资料的生产、交换、分配、消费的现象和过程，如经济活动、经济增长。

随着科学技术的进步和社会经济的发展，人们在生产实际中越来越体会到工程经济的重要性。因为很多重大工程技术的失误不是科学技术的原因，而是由于经济分析上的失误。一个优秀的工程师不仅要对他所提出方案的技术可行性负责，也必须对其经济合理性负责，这就要求其掌握工程经济学所探讨的客观规律和所体现的思想方法并具备经济意识。

4. 技术和经济之间的关系

技术和经济是人类社会进行物质生产活动中始终并存的两个方面，二者既相互促进，又相互制约。技术和经济的关系如下：

1）技术的进步是推动经济发展、提高经济效益的重要条件和手段。技术进步极大地改变了生产中的劳动手段和方式，改善了劳动条件和环境，使人们在广度和深度上更合理地利用自然资源，加速了信息的流通，造就了发达的商品经济体系，推动了社会经济的发展。

2）发展经济是技术进步的物质基础。技术进步是有前提和条件的，它的发展不能脱离一定的社会经济基础。任何一项技术的产生和发展，都是社会经济发展的需要引起的，并在一定的社会经济条件下得以推广和应用。一个国家、行业、企业的技术选择和技术发展，在很大程度上将受其经济实力的制约。

3）技术与经济必须协调发展。技术与经济之间的关系可能出现两种情况：一种情况是技术进步能推动经济的发展，技术与经济是协调一致的；另一种情况是先进的技术方案受到自然、社会条件以及人等因素的制约，不能充分发挥作用，实现最佳经济效果，技术与经济之间存在矛盾。工程经济学的任务就是研究工程技术方案的经济问题，建立起工程技术方案先进性与经济合理性之间的联系桥梁，使两者得到协调发展。

4）经济的发展为技术的进步提出了新的要求和发展方向。社会经济的发展和人类需求增长，对生产和生活提出了更高的要求。

社会生产实践中技术与经济之间的关系是很复杂的，而且是多方面的。如何正确认识和处理好技术与经济的关系，以取得最大的社会经济效益，是社会经济发展中的重要问题，也是投资决策、项目评价所要研究的重要课题。

1.1.2　工程经济学的概念及与其他学科之间的关系

1. 工程经济学的概念

工程经济学（Engineering Economics）是运用工程学和经济学有关知识相互交融而形成的工程经济分析原理与方法，对能够完成工程项目预定目标的各种可行技术方案进行技术经济论证、比较、计算和评价，优选出技术上、经济上有利的方案，从而为实现正确的投资决策提供科学依据的一门应用性经济学科。

工程经济学是工程与经济的交叉学科，是研究工程技术实践活动经济效果的学科，即以工程项目为主体，以技术-经济系统为核心，研究如何有效利用资源、提高经济效益的学科。工程经济学研究各种工程技术方案的经济效益，研究各种技术在使用过程中如何以最小的投入获得预期产出，或者如何以等量的投入获得最大产出，如何用最低的寿命周期成本实现产品、作业以及服务的必要功能。工程经济学的产生是为了从经济角度解决技术方案的选择问题，这也是工程经济学区别于其他经济学的显著标志。

2. 工程经济学与其他学科之间的关系

1）工程经济学与西方经济学。工程经济学是西方经济学的重要组成部分。它研究问题的出发点、分析方法和主要指标内容，与西方经济学一脉相承。西方经济学是工程经济学的理论基础，工程经济学则是西方经济学的具体化和延伸。

2）工程经济学与技术经济学。工程经济学与技术经济学既有许多共性，又有所不同。工程经济学与技术经济学的主要区别在于对象不同、研究内容不同。

3）工程经济学与投资项目评估学。工程经济学是侧重于方法论的科学，而投资项目评估学则是侧重于实质性的科学。投资项目评估学具体研究投资项目应具备的条件，工程经济学为投资项目评估学提供分析的方法和依据。

4）工程经济学与投资效果学。投资效果学研究投资效益在宏观和微观上的不同表现形式和指标体系。工程经济学不含有对比关系，如果有对比关系，也只是一种绝对对比关系；而投资效果学则必须在同一个指标中包含投入和产出的内容，反映投入与产出的相对对比关系。

1.2　工程经济学的发展

1.2.1　西方工程经济学的发展

工程经济学是根据现代科学技术和社会经济发展的需要，在自然科学和社会科学的发展过程中互相渗透、互相促进，逐渐形成和发展起来的。

19 世纪以前，技术相当落后，推动经济发展的速度极为缓慢，人们看不到技术对经济的积极促进作用，只能就技术论技术。

19 世纪以后，科学技术迅猛发展带来了经济的繁荣。马克思在《资本论》中总结了资本主义发展过程中技术进步对经济所起的作用，指出资本主义经济中的一切节约，归根结底都是对劳动时间的节约。资本家通过技术进步、工艺改良等手段来提高生产效率，从而节约劳动时间，降低生产成本。

最早在工程领域开展经济评价工作的是美国的惠灵顿（A. M. Wellington）。他首次将成本分析方法应用于铁路的最佳长度和线路的曲率选择问题，并提出了工程利息的概念，开创了工程领域中的经济评价工作。他于1887年出版的《铁路布局的经济理论》一书中，将工程经济简明定义为“一门少花钱多办事的艺术”。

20世纪20年代，戈尔德曼（O. B. Goldman）在出版的《财务工程学》一书中第一次提出用复利法来确定方案的比较值、进行投资方案评价的思想，并且批评了当时研究工程技术问题不考虑成本、不讲究节约的错误倾向。20世纪30年代，经济学家们注意到了科学技术对经济的重大影响，工程经济学的研究也随之展开，逐渐形成一门独立的学科。1930年，格兰特（E. L. Grant）出版了《工程经济学原理》，他以复利为基础讨论了投资决策的理论和方法。这本书作为教材被广为应用，格兰特的贡献也得到了社会的承认，被誉为“工程经济学之父”。

第二次世界大战以后，受凯恩斯主义经济理论的影响，工程经济学研究内容从单纯的工程费用效益分析扩大到市场供求和投资分配领域，从而取得了重大进展。当然，这与工程经济学密切相关的两门学科的重大发展有关。这两门学科，一门是1951年由乔尔·迪安（Joel Dean）教授开创的新应用经济学——管理经济学；另一门是公司理财学——企业财务管理学。二者研究公司的资产投资，对把计算现金流量的现值方法应用到资本支出的分析上有重要作用。更重大的转折发生于1961年，因为乔尔·迪安教授的《资本预算》一书不仅发展了现金流量的贴现方法，而且开创了资金限额分配的现代分析方法。

1978年，布西（L. E. Bussey）出版了《工业投资项目的经济分析》，全面、系统地总结了工程项目的资金筹集、经济评价、优化决策以及项目的风险和不确定性分析等。1982年，里格斯（J. L. Riggs）出版了《工程经济学》，系统地阐明了货币的时间价值、货币管理、经济决策和风险与不确定性分析等，把工程经济学的学科发展向前推进了一大步。

近20年来，西方工程经济学理论研究出现了宏观化趋势，工程经济中的微观部分效果分析正逐渐与宏观的效益研究、环境效益分析结合在一起，国家的经济制度和政策等宏观问题成为当代工程经济学研究的新内容。

1.2.2 我国工程经济学的发展

我国工程经济学的研究活动始于20世纪50年代初期，当时的主要工作是培养建筑经济人才。在《1956—1967年科学技术发展远景规划》和《1963—1972年科学技术发展规划》中，建筑经济研究作为独立的学科被列入。初期的研究是从新材料、新结构、新工艺、新设备的技术经济分析入手的。20世纪60年代，工程经济以建筑经济为主，相继开辟了设计经济、技术定额、计划管理、劳动管理、施工组织、建筑工业化以及运筹学在建筑业中的应用等方面的课题研究，并着重开展了建筑技术经济效果评价理论与方法的研究，注重联系生产实际，为促进建筑新技术的发展和提高建筑施工的组织管理水平服务。20世纪70年代初期，建筑经济研究引进了国外的企业现代化管理方法和计算机应用技术，如目标管理、行业管理、要素管理，以及预测、决策方法等。1979年年末，中国建筑学会正式成立了建筑经济学术委员会。

从 20 世纪 80 年代起，建筑经济迅猛发展，其间不仅继续了建筑经济学科理论研究、建筑工程技术经济研究，同时还进行了诸如建筑工程招标承包制、建筑产品价格改革、建筑产业政策研究、我国住宅建设技术政策等经济体制改革的理论研究。从 20 世纪 90 年代起，我国建筑经济研究人员吸收国外先进的工程项目管理经验，结合我国工程管理的实际，逐渐形成了一套工程经济理论体系和研究方法。

1.3 工程经济学的基本原理

1.3.1 工程经济分析的基本原则

微视频：
工程经济分析的基本原则

（1）资金的时间价值原则　在不同时间付出或得到同样数额的资金在价值上是不等的，即资金的价值会随时间而发生变化。今天可以用来投资的一笔资金，即使不考虑通货膨胀因素，也比将来可获得的同样数额的资金更有价值。因为当前可用的资金能够立即用来投资并带来收益，而将来可获得的资金则无法用于当前投资，也无法获取相应收益。若不考虑资金的时间价值，就无法合理地评价项目的未来收益水平。

（2）现金流量原则　衡量投资收益用的是现金流量而不是会计利润。现金流量反映项目发生的实际现金的流入与流出，而不反映应收、应付款项及折旧、摊销等非现金性质的款项；会计利润是会计账面数字，而不是手头可用的现金。

（3）增量分析原则　对不同方案进行评价和比较必须从增量角度进行，即用两个方案的现金流量差进行分析，得到各种差额评价指标，再与基准指标对比，以确定投资多的方案是否可行。

（4）机会成本原则　企业投资进行项目的建设，只要将资金投入了这个项目，不管这些资金是借来的，还是自有的，或者是企业自有的机械、设备、厂房等资源，都要计入成本，这个成本就称作机会成本。

（5）有无对比原则和前后对比原则　“有无对比原则”是将有这个项目和没有这个项目时的现金流量情况进行对比；“前后对比原则”是将某一项目实现以前和实现以后所出现的各种效益费用情况进行对比。

（6）可比性原则　进行比较的方案在时间、金额上必须可比。因此，项目的效益和费用必须有相同的货币单位，并在时间上匹配。

（7）风险收益的权衡原则　投资任何项目都是存在风险的，因此必须考虑方案的风险和不确定性。不同项目的风险和收益是不同的，对风险和收益的权衡取决于人们对待风险的态度。但是有一点是可以肯定的：选择高风险的项目一般会有较高的收益。

1.3.2 工程经济分析的一般程序

工程经济分析主要是对各种可行的技术方案进行综合分析、计算、比较和评价，全面衡量其经济效益，以做出最佳选择，为决策提供科学依据。工程经济分析的一般程序如图 1-1 所示。

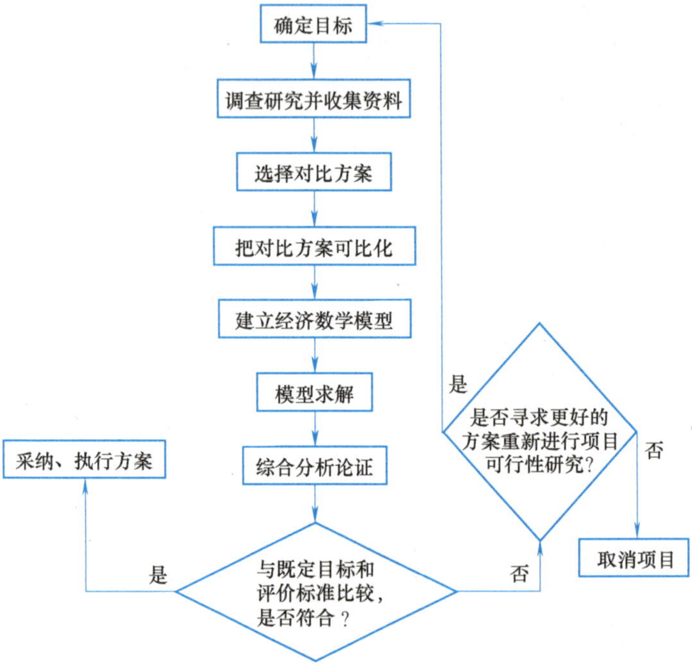

图 1-1　工程经济分析的一般程序

（1）**确定目标**　工程经济分析的目的在于寻求各个方案之间的优势比较，要比较就需要有共同的目标。由需要形成问题，由问题产生目标，然后依目标去寻求最佳方案。

（2）**调查研究并收集资料**　确定目标后，要对实现目标的需求进行调查研究，分析是否具有实现目标所需的资源、技术、经济和信息等条件。

（3）**选择对比方案**　在占有资料的基础上，列出尽可能多的对比方案，提供充分的比较对象，以确保优势质量。

（4）**把对比方案可比化**　将不同的数量和质量指标尽可能转化为统一的可比性指标，满足可比的要求。

（5）**建立经济数学模型**　经济数学模型是工程经济分析的基础和手段，通过建立经济数学模型，进一步扩大方案的目标体系和约束条件，为以后的经济分析创造条件。

（6）**模型求解**　把各种具体资料和数据代入数学模型中运算，求出各方案主要经济指标的具体数值并进行比较，初步选定方案。

（7）**综合分析论证**　对不同方案的指标进行分析计算和综合比较，选出最优方案。

（8）**与既定目标和评价标准比较**　将最后选定的方案与既定的目标和评价标准进行比较，符合的就采纳，不符合的则重新按照此程序进行其他替代方案的分析。

1.3.3　工程经济学中的经济效益原理

1. 经济效益概述

一切经济活动都以取得直接的经济效益为目标。经济活动有益无益、益大益小的标准是由社会生产的目的决定的。社会生产的目的是满足人们日益增长的物质与文化需要，所以经济效益的有无和大小，是由它能否满足需要及满足的程度来评价的。从事实践活动所获得的经济效益可以从两个角度考察：一是在既定的人力、物力、财力的条件下如何充分合理地使用资源，使其发挥最大的效能，获得最大的产出，更好地满足既定目标的要求；二是在既定目标下，如何充分合理地使用现有的人力、物力、财力等资源，使其消耗量最小。这两种考察方式是同一实践活动的两种表述形式，不同之处在于它们分别以最大值和最小值来评价实践活动的效果。

经济效益是指物质资料在生产中所得到的对社会有用的成果和所耗费的社会劳动（包括物化劳动和活劳动的占用和消耗）之差或之比。该经济效益的取得应以合理利用资源和保护生态环境为前提。从经济效益的概念出发，通过对有用成果和劳动耗费的分析，可列出经济效益的一般表达式，有两种表示方法。

1）比率表示法：

$$经济效益=\frac{有用成果}{劳动耗费} \tag{1-1}$$

2）差额表示法：

$$经济效益=有用成果-劳动耗费 \tag{1-2}$$

其中，有用成果是指在生产活动中消耗与占用劳动后创造出来的对社会有用的成果。它既可以是物质产品成果，也可以是非物质产品成果，如能满足人们生产生活需要的产品、为企业增加的有用产量，这些提供给社会的利润和服务等都是有用成果。当然，如果取得的成果毫无用处，就不能说它是有用成果，只能是无效劳动，甚至是浪费。

劳动耗费是指生产中占用和消耗的活劳动和物化劳动之和。活劳动消耗是指生产过程中具有一定的科学知识和生产经验，并掌握一定生产技能的人的脑力劳动和体力劳动的占用及消耗。在生产过程中，它以工资、福利、奖金等形式出现。物化劳动消耗则是指生产过程中耗费的物质资料。它包括原材料、燃料、动力、辅助材料的消耗和机器、设备、厂房等在生产过程中的占用及磨损等。

用有用成果与劳动耗费之比来表示经济效益相对值的大小，如果比值大于 1，则说明有经济效益，否则不存在经济效益；比值越大，经济效益越好，比值越小，经济效益越差。用有用成果与劳动耗费之差来表示经济效益的大小，如果差值大于 0，则说明有经济效益，否则不存在经济效益；绝对值越大，经济效益越好，反之越差。

2. 经济效益的评价原则

在工程经济学中，评价工程项目或技术方案的原则通常有技术和经济相结合的评价原则、定性分析和定量分析相结合的评价原则、财务分析和费用效益分析相结合的评价原则以及可比性原则。这些原则从不同的角度对项目或方案进行考评，综合上述原则便可得到对项目或方案较全面的评价结果。

（1）**技术和经济相结合的评价原则**　工程经济学是研究技术和经济相互关系的科学，其目的就是根据社会生产的实际情况以及技术与经济的发展水平，研究、探索和寻找技术与经济相互促进、协调发展的途径。此外，工程经济分析的主要内容还包括分析拟建项目各种可能的实施方案在技术上的可行性、先进性，在经济上的合理性、节约性。因此，在讨论、评价工程项目或技术方案时，必须遵循技术和经济相结合的评价原则。

技术和经济既相互联系、相互促进，又相互制约。一方面，技术是经济发展的重要手段，技术进步是推动经济发展的强大动力；另一方面，技术上的先进性与经济合理性之间又存在一定的矛盾。所以，在应用工程经济学的理论来评价工程项目或技术方案时，为保证工程技术很好地服务于经济，满足社会的需要，最大限度地创造效益，要采用技术和经济相结合的原则来评价工程项目的经济效果。

（2）定性分析和定量分析相结合的评价原则　多数情况下，工程经济分析都是对拟建项目进行分析，由于项目尚未实施，项目的功能要求还不是十分明确，细节还有待改进，有些经济问题非常复杂，甚至有些内容难以用准确的数量来表达。所以，在某些情况下，定性分析是十分必要的。定量分析和定性分析相互配合、相互依存、缺一不可。定性分析可以对定量分析进行修正，是定量分析的补充和完善；定性分析又是定量分析的基础，在定量分析以前，又必须进行必要的定性分析，才能正确选择评价的参数。因此，在实际分析评价中，应善于将定性分析与定量分析结合起来，相互补充，从而使分析结果更科学、更准确。

（3）财务分析和费用效益分析相结合的评价原则

1）财务分析。财务分析是从投资者的角度出发，根据国家现行的财务制度和价格体系，分析和计算项目直接发生的财务效益和费用，考察项目给投资者带来的经济效益，据此判断项目的财务可行性。财务分析是站在企业立场上的微观经济分析，其目的是考察项目给企业带来的经济效益。对于企业或投资者来讲，投资项目的目的就是希望从项目的实施中获得回报，取得效益。这样，企业必须本着获利的原则对项目进行财务分析，计算项目直接发生的财务效益和费用，编制各种财务报表，计算评价指标，考察项目的盈利能力和偿债能力，以便对项目自身的盈利水平和生存能力做出评价。财务分析以企业获得最大净收益为目标。

2）费用效益分析。费用效益分析是从国民经济的角度出发，根据国家的有关政策，按照资源优化配置原则，分析和计算项目发生的间接效益和间接费用，考察项目给国家带来的经济效益，据此判断项目的国民经济可行性。费用效益分析的目的是考察项目给国家带来的净贡献，它是一种站在国家和社会的立场上进行的宏观经济分析。一般情况下，投资项目对整个国民经济的影响不仅仅表现在项目的财务效果上，还可能会对国民经济其他部门和单位或国家资源、环境等造成影响。只有通过项目的费用效益分析，才能具体考察项目的整体经济效益。国家的兴旺发达离不开企业的经济发展，任何企业的发展都必须兼顾国家、集体和企业三者的共同发展，企业的发展要有利于国民经济的发展，企业的发展策略也必须在国家的宏观指导下进行。因此，项目必须进行费用效益分析。

从以上内容可以看出，项目的财务分析和费用效益分析都是用来评价投资项目的，但其出发点不同。

当财务分析与费用效益分析的结果不一致时，应以费用效益分析结果为主。对财务分析与费用效益分析结论均可行的项目，应予以通过；对费用效益分析结论不可行而财务分析结果可行的项目，应予以否定。对于一些关系国计民生的项目，若费用效益分析结论可行，但财务分析结果不可行，通常要重新考虑方案，或向有关主管部门建议申请采取相应的经济优惠措施，使投资项目具有财务上的生存能力，既满足人民群众生产、生活的必需，又不给国家造成巨大的经济负担。

（4）可比性原则　在分析中，既要对某方案的各项指标进行研究，以确定其经济效益的大小，又要把该方案与其他方案进行比较评价，找出具有最佳经济效果的方案，这便是比

微视频：经济评价中的可比性原则

较问题。可比性原则是进行工程经济分析时应遵循的重要原则之一。经济效益评价中，只有满足可比条件的方案才能进行比较。这些可比条件包括满足需要的可比、消耗费用的可比、时间的可比和价格的可比。

1）满足需要的可比。任何一个项目或方案的实施都是为了满足一定的社会需要，不同的项目可以满足不同的社会需要，只有当进行比较的项目满足相同的社会需要时才能进行比较。一切工程项目或技术方案总是以一定的品种质量和数量来满足社会需要的，因此，满足社会需要上的可比，就要从产品的产量、质量和品种上来考虑。

① 产量的可比。产量的可比是指工程项目或技术方案满足社会需要时的产品产量相等。不同的方案只有在产量相等时才能直接进行比较。

② 质量的可比。在满足需要的可比原则中，除产量可比外，还需满足质量上的可比。如果产品质量不同，必须采取修正计算，将质量差异换算成可比量。

③ 品种的可比。产品品种是指企业在一定时期内应当生产的产品的名称、规格和数量。它反映了企业在一定时期在产品品种方面满足社会需要的程度。在进行经济效益评价时，必须是品种相同的方案才能进行比较；当品种不同时，可以采取不同方法进行修正。

2）消耗费用的可比。比较项目或技术方案消耗的费用，应该将从项目建设到产出产品以及产品消费过程中整个社会的消耗费用进行比较，而不是依据个别国民经济部门或个别环节的部门消耗进行比较，即应该以总的、全部消耗为出发点进行考虑。

3）时间的可比。在投资、成本、产品质量、产量相同条件下的两个项目或方案，其投入的时间不同，经济效益也不同。而在相同的时间内，不同规模的项目或方案，其经济效益也不同。时间短、规模小的方案，建设期短，投产后很快实现收益，经济内部贴现率高，资金回收期短，但往往需要追加投资；时间长、规模大且工艺先进的方案，一般经济效益好，但收益的周期长。可见，时间因素对经济效益有直接影响。比较不同项目或方案的经济效益时，时间因素的可比条件应满足计算期相同、考虑资金的时间价值和整体效益。

4）价格的可比。在进行经济效益评价时，无论是计算收益还是费用，都要借助价格，所以价格必须具有可比性。要使价格具有可比性，项目或技术方案所采用的价格指标体系必须一致，这是价格具有可比性的基础。每个技术方案，无论是消耗费用还是产值的增加，均按产品的价格计算。

本章小结与重要概念

【本章小结】

工程经济学是运用工程学和经济学有关知识相互交融而形成的工程经济分析原理与方法，对能够完成工程项目预定目标的各种可行技术方案进行技术经济论证、比较、计算和评价，优选出技术上、经济上有利的方案，从而为实现正确的投资决策提供科学依据的一门应用性经济学科。它是工程与经济的交叉学科，是研究工程技术实践活动经济效果的学科，是西方经济学的重要组成部分，与技术经济学既有许多共性又有所不同。

工程经济分析主要是对各种可行的技术方案进行综合分析、计算、比较和评价，全面衡量其经济效益，以做出最佳选择，为决策提供科学依据。

工程经济分析的基本原则有资金的时间价值原则、现金流量原则、增量分析原则、机会成本原则、有无对比原则和前后对比原则、可比性原则及风险收益的权衡原则。工程经济分析应遵循确定目标、调查研究并收集资料、选择对比方案、把对比方案可比化、建立经济数学模型、模型求解、综合分析论证、与既定目标和评价标准比较的一般程序。

经济效益是指物质资料在生产中所得到的对社会有用的成果和所耗费的社会劳动之差或之比。该经济效益的取得应以合理利用资源和保护生态环境为前提。在工程经济学中，评价工程项目或技术方案的原则通常有技术和经济相结合的评价原则、定性分析和定量分析相结合的评价原则、财务分析和费用效益分析相结合的评价原则以及可比性原则。这些原则从不同的角度对项目或方案进行考评，综合上述原则便可得到对项目或方案较全面的评价结果。

【重要概念】

技术经济 工程经济学 经济效益

思考题

1. 简述技术和经济的关系。
2. 简述工程经济学的概念。
3. 工程经济分析的基本原则有哪些？
4. 简述工程经济分析的一般程序。
5. 什么是经济效益？应怎样理解经济效益的实质？
6. 简述经济效益的评价原则。
7. 项目经济效益评价的可比性原则有哪些？

二维码形式客观题

扫描二维码可在线做题，提交后可查看答案。

第1章
客观题

第 2 章

工程项目现金流量及资金时间价值

学习导图

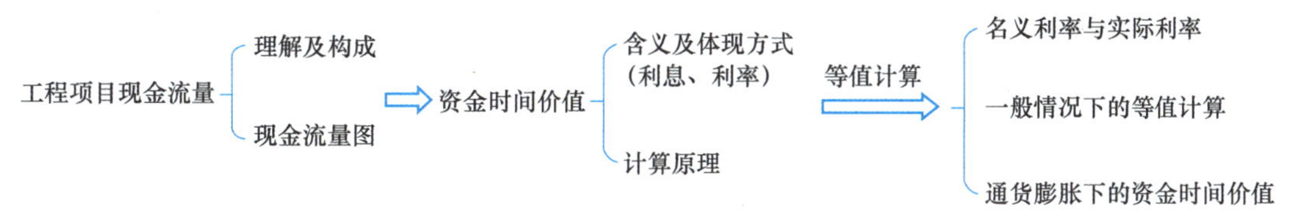

学习内容及目标

知识点	能力要求	相关知识	素质目标
工程项目现金流量及现金流量图	掌握工程项目现金流量 掌握工程项目现金流量图	工程项目现金流量的含义 现金流量图的含义及基本符号 现金流量图绘制原则	认识到劳动的重要性，树立节约意识和正确的人生观 增强改革开放基本国策的理论自信 培养劳动光荣、劳动宝贵、尊崇劳动的观念 树立正确的金钱观、消费观和价值观
资金时间价值的理解及计算	掌握资金时间价值 掌握资金时间价值的计算	资金时间价值的概念 资金时间价值计算的前提条件及公式 等值的含义 名义利率与实际利率	
通货膨胀下的资金时间价值	了解通货膨胀与货币的购买力 了解投资中的通货膨胀分析	通货膨胀、通货膨胀率 货币的购买力 市场利率和真实利率 三者的换算关系	

导入案例

1797 年，拿破仑在卢森堡第一国立小学演讲时，承诺每年送给学校一束价值 3 路易的玫瑰花，作为法兰西与卢森堡两国友谊的象征。然而，随着时间推移，拿破仑因连绵的战争和政治事件而忘记了这一承诺。时间到了 1984 年，卢森堡向法国提出索赔，要求法国政府兑现这一承诺。法国政府最初准备支付一笔资金来赎回拿破仑的声誉，但经过计算后发现，原本 3 路易的承诺，计算出本息竟高达 1375596 法郎。最终，法国政府决定通过支持卢森堡中小学教育事业的方式来“偿还”这一债务，这一做法得到了卢森堡人民的谅解。该典故展现了时间价值的力量：即使是一个看似微不足道的承诺，在长时间跨度的累积下，其价值也会指数级增长。

思考：拿破仑的3路易的承诺，为什么后来变成了让法国政府吃惊的1375596法郎？是哪些因素在影响价值的变化？最后的价值又是如何计算出来的呢？这是本章需要学习和了解的基本内容。

2.1 工程项目现金流量及现金流量图

2.1.1 工程项目现金流量

在进行工程经济分析时，可把所考察的对象视为一个系统，这个系统可以是一个建设项目、一个企业，也可以是一个地区、一个国家。而投入的资金、花费的成本、获取的收益均可看成以资金形式体现在该系统的资金流出或资金流入。这种在考察对象整个期间各时点 t 上实际发生的资金流出或资金流入称为现金流量。

流入系统的资金称为现金流入(Cash Inflow)，用符号 CI_t 表示，主要有产品销售收入、回收固定资产残值、回收流动资金。流出系统的资金称为现金流出(Cash Outflow)，用符号 CO_t 表示，主要有固定资产投资、投资利息、流动资金、经营成本、销售税金及附加、所得税、借款本金偿还。现金流入与现金流出之差称为净现金流量，用符号 $(CI-CO)_t$ 表示，即净现金流量等于项目同一年份的现金流入减现金流出。

2.1.2 工程项目现金流量图

微视频：
现金流量图绘制

1. 现金流量图的含义及基本符号

现金流量图就是在时间坐标轴上用带箭头的垂直线段表示特定系统在一段时间内发生的现金流量的大小和方向。从时间上看，一个项目的现金流有起点、终点和一系列的中间点。把起点称为“现在”(尽管它可能并不发生在现在这个时刻)；除现在以外的时间称“将来”；现金流结束的时点称为“终点”。把发生在现在的资金收支额称为“现值”，用符号 P 表示；把发生在“将来”和“终点”的资金收支额称为“终值”，用符号 F 表示；把发生计算期内的时间间隔相等、金额相同、流向（流入或者流出）相同的一系列资金称为“年值”或“年金”，用符号 A 表示。

2. 现金流量图绘制原则

现金流量图如图2-1所示。

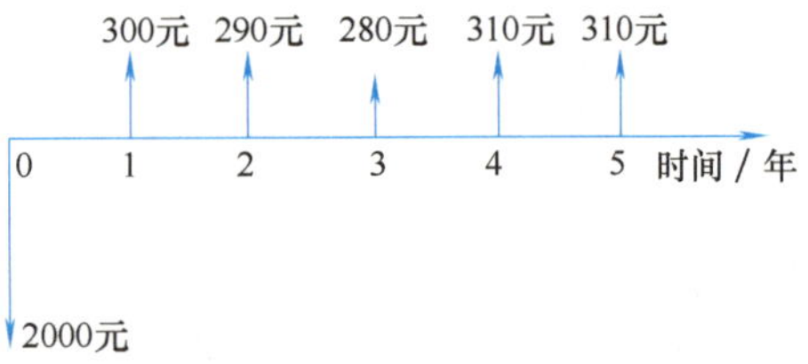

图 2-1 现金流量图

图中横轴表示时间，0点表示所考察的起始时刻。垂直线的长度与现金流的大小成正比（但是在实际绘图中，由于现金流的差额较大，通常不以等比例产生，仅用线段的长短象征性表示金额大小，计算分析过程中仍然以图中表示的数字为准）。箭头向下表示资金流出，即货币离开所讨论的经济系统，为负的现金流量；箭头向上，表示资金流入，即货币进入所讨论的经济系统，为正的现金流量。图中的现金流量一般用数字或字母标注。

1）对项目投资额，在未特别说明时点的情况下，一律发生在投资各期期初。

2）对项目寿命周期满的残值，在项目寿命周期末产生。

3）对生产期流动资金，通常情况下，在生产期第 1 年年初作为现金流出，在生产期最后 1 年年末收回。

4）对年金 A，在未特别说明的情况下，一律发生在等额时段内各时点的期末。

在图 2-1 中，“2000 元”作为现金流出中的投资在第 1 年年初发生，而在各年年末形成不等额的现金流入。

2.2 资金时间价值的理解及计算

2.2.1 资金时间价值

微视频：资金时间价值的理解

1. 资金时间价值的理解

（1）资金时间价值的概念　在工程经济计算中，工程项目投资方案的经济效益所消耗的人力、物力和自然资源，最后都以价值形态，即资金的形式表现出来。资金运动反映了物化劳动和活劳动的运动过程，而这个过程也是资金随时间运动的过程。因此，在工程经济分析时，不仅要着眼于投资方案资金量的大小（资金收入和支出的多少），而且也要考虑资金发生的时间。资金是运动的价值，资金的价值是随时间变化而变化，是时间的函数，随时间的推移而增值，其增值的这部分资金就是原有资金的时间价值。其实质是资金作为生产经营要素，在扩大再生产及资金流通过程中，随时间周转被使用的结果。

影响资金时间价值的因素很多，其中主要有以下几点：

1）资金的使用时间。在单位时间的资金增值率一定的条件下，资金的使用时间越长，则资金的时间价值越大；使用时间越短，则资金的时间价值越小。

2）资金的数量。在其他条件不变的情况下，资金数量越多，资金的时间价值就越多；反之，资金的时间价值就越少。

3）资金投入和回收的时点。在总资金一定的情况下，前期投入资金越多，资金的负效益越大；反之，后期投入的资金越多，资金的负效益越小。而在资金回收额一定的情况下，离现在越近的时间回收的资金越多，资金的时间价值就越大；离现在越远的时间回收的资金越多，资金的时间价值就越小。

4）资金周转的速度。资金周转越快，在一定的时间内等量资金的周转次数越多，资金的时间价值越大；反之，资金的时间价值越小。

总之，资金的时间价值是客观存在的，生产经营的一项基本原则就是充分利用资金的时间价值，并最大限度地获得其时间价值。这就要加速资金周转，早期回收资金，并不断从事利润较高的投资活动；任何资金的闲置都会损失资金的时间价值。

（2）利息与利率的概念及内容

1）利息。在借贷过程中，债务人支付给债权人超过原贷款金额（常称作本金）的部分

就是利息。利息的计算公式为

$$利息=目前应付(应收)的总金额-本金 \quad (2\text{-}1)$$

微视频：
利息与利率的概念

从本质上看，利息是由贷款发生利润的一种再分配。在技术经济研究中，利息常常被看作资金的机会成本。这是因为如果放弃资金的使用权，相当于失去收益的机会，也就相当于付出了一定的代价。比如，资金一旦用于投资，就不能用于现期消费，而牺牲现期消费又是为了能在将来得到更多的消费。从投资者的角度来看，利息体现为对放弃现期消费的损失所做的必要补偿。所以，利息就成了投资分析平衡现在与未来的杠杆。投资这个概念本身就包含着现在和未来两方面的含义。事实上，投资就是为了在未来获得更大的回收而对现在的资金进行某种安排。很显然，未来的回收应当超过现在的投资，正是这种预期的价值增长才能刺激人们从事投资。因此，在工程技术经济学中，利息是指占用资金所付的代价或者放弃现期消费所得的补偿。

2）利率。在经济学中，利率的定义是从利息的定义中衍生出来的。也就是说，在理论上先承认了利息，再以利息来解释利率。在实际计算中正好相反，常根据利率计算利息，利息的大小用利率来表示。

利率就是在单位时间（如年、半年、季、月、周、日等）内所得利息额与本金之比，常用百分数表示：

$$利率=\frac{单位时间内所得利息额}{本金}\times 100\% \quad (2\text{-}2)$$

式（2-2）用于表示计算利息的时间单位称为计息周期。计息周期通常为年、半年、季、月、周或日。

【例 2-1】 某人现借得本金 1000 元，一年后付息 80 元，试计算其年利率。

解：

$$年利率=80元\div 1000元\times 100\%=8\%$$

利率是各国发展国民经济的杠杆之一，利率的高低由如下因素决定：

① 利率的高低首先取决于社会平均利润率，并随之变动。在通常情况下，平均利润率是利率的最高界限。因为如果利率高于利润率，借款者就会因无利可图而放弃借款。

② 在平均利润率不变的情况下，利率高低取决于金融市场上借贷资本的供求情况。借贷资本供过于求，利率便下降；反之，求过于供，利率便上升。

③ 借出资本要承担一定的风险，而风险大小也影响利率的波动。风险越大，利率就越高。

④ 通货膨胀对利息的波动有直接影响，资金贬值会使利息无形中成为负值。

⑤ 借出资本的期限长短也会影响利率的高低。贷款期限长，不可预见因素多，风险大，利率就高；反之，贷款期限短，不可预见因素少，风险小，利率就低。

3）利息和利率在技术经济活动中的作用。

① 利息和利率是以信用方式动员和筹集资金的动力。以信用方式筹集资金有一个特点，就是自愿性，而自愿性的动力在于利息和利率。比如，一个投资者首先要考虑的是投资某一项目所得到的利息（或利润）是否比把这笔资金投入其他项目所得的利息（或利润）多，

如果多，他就可以投资这个项目；如果所得的利息（或利润）达不到其他项目的利息（或利润）水平，他就可能不投资这个项目。

② 利息促进企业加强经济核算，节约使用资金。企业借款需付利息，增加支出负担，这就促使企业必须精打细算，把借入的资金用到刀刃上，并减少借入资金的占用以少付利息。同时可以使企业自觉压缩库存限额，减少多环节占压资金。

③ 利息和利率是国家管理经济的重要杠杆。国家在不同时期制定不同的利息政策，对不同地区、不同部门规定不同的利率标准，会对整个国民经济产生影响。如对限制发展的部门和企业，利率规定得高；对提倡发展的部门和企业，利率规定得低，从而引导部门和企业的生产经营服从国民经济发展的总方向。同样，占用资金时间短，收取低息；占用资金时间长，收取高息。对产品适销对路、质量好、信誉高的企业，在资金供应上给予低息支持；反之，收取较高利息。

④ 利息与利率是金融企业经营发展的重要条件。金融机构作为企业，必须获取利润。金融机构的存放款利率不同，其差额成为金融机构业务收入，扣除业务费后就是金融机构的利润。金融机构只有获取利润才能促进其经营发展。

（3）单利与复利　在评价、比较投资方案时，必须考虑各方案的资金时间价值后才能得出正确的结论。其原因就在于投资方案产生的资金流量大多要持续很长时间。因此，将不同时点的收入或支出简单地予以加减的计算方法是不合理的。

众所周知，如果从银行贷款，则每年必须负担一定的利息。如果是用自有资金去投资，就等于牺牲了运用这笔钱进行其他投资的机会，因而造成相应的机会损失（也称为机会成本）。通常将伴随着这种资金筹措所应负担的利息或某种运用机会的牺牲额称为资本化成本，其利率称为资本的利率。

利息有单利和复利两种，计息期可按一年或不同于一年的计息周期计算。单利是指利息与时间呈线性关系，即只计算本金的利息，而本金所产生的利息不再计算利息。其计算公式为

$$I=P\times i\times n \tag{2-3}$$

式中　I——表示利息数额；

P——表示本金的数额；

i——表示单利的利率；

n——表示计息的周期数。

例如，以单利方式借款 1000 元，规定年利率为 6%，则在第 1 年年末利息额 $I=1000$ 元$\times 1\times 0.06=60$ 元，年末应付本利和为 1060 元。

当借入资金的期间等于几个计息周期时，例如上述款项共借 3 年，则偿还情况见表 2-1。

表 2-1　单利计算表

年　次	贷 款 额	利　息	负 债 额	偿 还 额
0	1000 元	—	—	—
1	—	60 元	1060 元	—
2	—	60 元	1120 元	—
3	—	60 元	1180 元	1180 元

应该指出，单利没有反映出资金运动的规律性，不符合扩大再生产的实际情况，所以通常采用复利计算。

所谓复利，就是借款人在每期期末不支付利息，而将该期利息转为下期的本金，下期再按本利和的总额计息，即不但本金产生利息，而且利息的部分也产生利息。上述问题如果按6%的复利计算，其结果见表 2-2。

表 2-2　复利计算表

年　次	贷 款 额	利　息	负 债 额	偿 还 额
0	1000 元	—	—	—
1	—	1000 元×6% = 60 元	1000 元+60 元 = 1060 元	0
2	—	1060 元×6% = 63. 6 元	1060 元+63. 6 元 = 1123. 6 元	0
3	—	1123. 6 元×6% = 67. 42 元	1123. 6 元+67. 42 元 = 1191. 02 元	1191. 02 元

可见，按复利计算所得 3 年末的本利和比按单利计算的本利和多 11. 02 元，该值就是利息所产生的利息。

2. 资金时间价值计算的前提条件及基本公式

（1）资金时间价值计算前提条件　依据资金时间价值计算的条件设定计算资金的时间价值，一般通过公式或查表进行。由于实际投资项目千差万别，在计算时往往需要将其抽象为便于计算的模型，因此应遵循以下假定：

1）假设实施方案的初期投资发生在方案的寿命周期期初。

2）方案实施中发生的经常性收益和费用假定发生在计息期的期末，即等额年值发生在期末。

3）本期的期末为下期的期初。

4）现值 P 是当前期初开始时发生的。

5）终值 F 是自期初以后的第 n 期期末发生的。

6）年值 A 是在考察期间各期期末发生的。

7）当问题包括 P 和 A 时，系列的第一个 A 在 P 发生一个期间后的期末发生。

8）当问题包括 F 和 A 时，系列的最后一个 A 与 F 同时发生。

（2）资金时间价值计算公式

1）一次性收支行为的资金时间价值计算。这是指现值与将来值的相互计算。

假如按复利 6%将 1000 元存入银行，则 1 年后的复本利和为

$$1000\text{元}+1000\text{元}\times 6\% = 1060\text{元}$$

此时若不取出利息而继续存款，则第 2 年年末的复本利和为

$$1000\text{元}+1000\text{元}\times 6\%+1000\text{元}\times(1+6\%)\times 6\% = 1000\text{元}\times(1+6\%)^2 = 1123.6\text{元}$$

如果用 F 表示第 3 年年末的复本利和，其值则为

$$F = 1000\text{元}\times(1+6\%)^2+1000\text{元}\times(1+6\%)^2\times 6\% = 1191.02\text{元}$$

其资金变化情况如图 2-2 所示。

现设现值为 P，利率为 i，时间为 n，则

第 1 年本利和为 $F_1 = P\times(1+i)$

第 2 年本利和为 $F_2=F_1(1+i)=P(1+i)(1+i)=P(1+i)^2$

第 3 年本利和为 $F_3=F_2(1+i)=P(1+i)(1+i)(1+i)=P(1+i)^3$

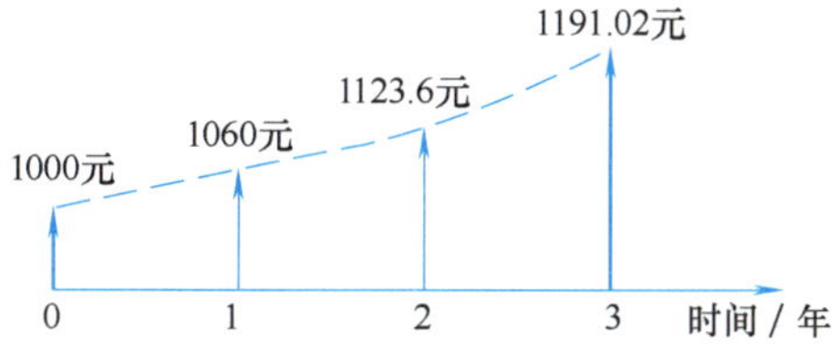

图 2-2 资金变化情况

依次类推得

$$F_n=P\times(1+i)^n \tag{2-4}$$

式中 $(1+i)^n$——一次支付本利和系数（或一次支付终值系数），用符号（$F/P,i,n$）表示，意味着当 P、i、n 为已知时，想知道 n 期期末的值为多少的计算，即将现值 P 换成将来值 F，在具体计算时，可直接查表（见附录）。

如果用符号形式计算上例，则有

$$F=1000\text{ 元}\times(F/P,6\%,3)=1191\text{ 元}$$

当将来值 F 为已知时，可利用式（2-4）求出现值。此时只要将式（2-4）变换即可，即

$$P=F\times\frac{1}{(1+i)^n} \tag{2-5}$$

式中 $\frac{1}{(1+i)^n}$——一次支付现值系数，用符号（$P/F,i,n$）表示，意味着已知 F 值求现值 P。

同样，该系数值可由附录的表中查得，不必自行计算。

例如，欲将一笔资金按年利率 6%存入银行，使 6 年后复利情况下本利和为 1000 元，则现在应存款额为

$$P=1000\text{ 元}\times(P/F,6\%,6)=1000\text{ 元}\times0.705=705\text{ 元}$$

2）年等值与将来值的相互计算。假如每年年末分别按利率 6%存入银行 1000 元，若按式（2-4）逐项折算成将来值，则第 4 年年末的复本利和 F 值为（图 2-3）

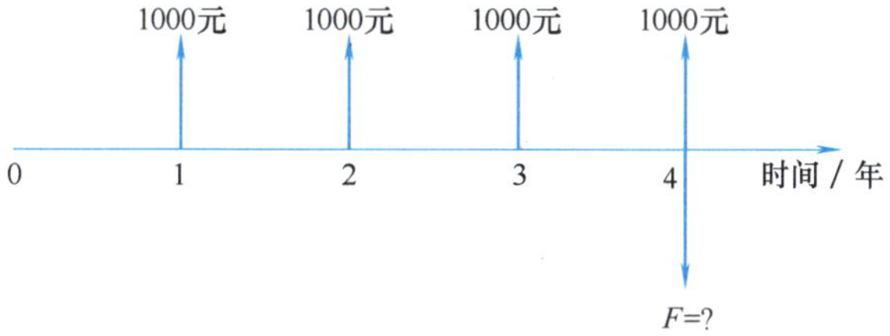

图 2-3 已知年值求将来值

$$\begin{aligned}F&=1000\text{ 元}\times(1+6\%)^3+1000\text{ 元}\times(1+6\%)^2+1000\text{ 元}\times(1+6\%)+1000\text{ 元}\\&=1000\text{ 元}\times[1+(1+6\%)+(1+6\%)^2+(1+6\%)^3]\end{aligned}$$

应用等比级数求和公式，则上式可变为

$$F=1000\text{ 元}\times\frac{(1+6\%)^4-1}{(1+6\%)-1}=4374.6\text{ 元}$$

当计息期间为 n，每期期末支付的金额为 A，资本的利率为 i，则 n 期末的复利本利和 F 值为

$$F=A+A(1+i)+A(1+i)^2+\cdots+A(1+i)^{n-1}=A\times\frac{(1+i)^n-1}{i} \tag{2-6}$$

式中 $\frac{(1+i)^n-1}{i}$——等额支付将来值系数（或年金终值系数），用符号（$F/A,i,n$）表示。

应用符号形式计算上例，则有

$$F=1000\text{ 元}\times(F/A,6\%,4)=1000\text{ 元}\times4.3746=4374.6\text{ 元}$$

当已知将来值 F，欲将其计算成年等值 A 时，只需将式（2-6）变换即可得到

$$A=F\times\frac{i}{(1+i)^n-1} \tag{2-7}$$

式中 $\frac{i}{(1+i)^n-1}$——等额支付偿债基金系数，用符号（$A/F,i,n$）表示，意味着由已知 F 值求未知 A，同样，其值可由附录复利系数表中查到。

例如，欲在7年后偿还100000元借款，打算每年年末存入银行一定数额的款项（称为偿债基金），若存款利率为8%，则每年年末存款额应为

$$A=100000\text{ 元}\times(A/F,8\%,7)=100000\text{ 元}\times0.1121=11210\text{ 元}$$

即每年年末应存款11210元。

3）年等值与现值的相互计算。若已知各年等值 A，要计算现值 P，只需应用已推导出的 F 值换算成 A 值的式（2-7）与将 F 值换算成 P 值的式（2-5）即可得到

$$P=A\times\frac{(1+i)^n-1}{i(1+i)^n} \tag{2-8}$$

若已知 P 值，求年等值 A 的公式，只需将式（2-8）稍加变换即得

$$A=P\times\frac{i(1+i)^n}{(1+i)^n-1} \tag{2-9}$$

式（2-8）中与 A 相乘的系数称为等额支付现值系数（或年金现值系数），用（$P/A,i,n$）表示，意味着年等值 A 为已知时，求现值 P。式（2-9）中与 P 相乘的系数称为资本回收系数，用符号（$A/P,i,n$）表示。同样，使用时只要从有关表中查出该系数值加以计算即可。该系数在已知现值 P 求年等值 A 时使用。

下面用简单的例子说明上述两个公式的应用。

【例2-2】 如果使某施工过程机械化，则每年将节约人工费2000元。若机械的寿命为8年，资本利率为12%，则该机械初期投资额 P 为多少合适？

解：

$$P\leqslant2000\text{ 元}\times(P/A,12\%,8)=2000\text{ 元}\times4.9676=9935.2\text{ 元}$$

即该机械初期投资额小于9935.2元时该项投资合适。

【例 2-3】某机械设备初期投资为 2 万元，若该设备使用年限为 10 年，资本利率为 10%，则每年平均设备费用为多少？

解：

$$A = 20000\text{ 元} \times (A/P, 10\%, 10) = 20000\text{ 元} \times 0.1627 = 3254\text{ 元}$$

即考虑了资金时间价值后的年平均设备费用为 3254 元。

值得指出的是，当 n 值足够大时，年值 A 和现值 P 之间的换算可以简化。用 $(1+i)^n$ 分别去除式（2-9）中资本回收系数的分子和分母，就可以得到下式：

$$A = P \times \frac{i}{1-(1+i)^{-n}} \tag{2-10}$$

根据数学中极值的概念可知：当 n 趋于无穷大时，$\frac{i}{1-(1+i)^{-n}}$ 将趋近于 i 值（即资本回收系数趋近于 i 值）。同样，用 $(1+i)^n$ 分别去除式（2-8）等额支付现值系数的分子和分母可得：当 n 趋于无穷大时，其值趋于 $\frac{1}{i}$。事实上系数值收敛的速度很快，当投资的效果持续几十年以上时就可以认为趋于无穷大，此时应用上述的简化计算方法，其计算结果的误差也是在允许范围内的（这种情况从书末附录的系数表就可以看出来）。

利用上述原理求港湾、道路、寿命周期长的建筑物、构筑物等的投资年等值或者收益的现值时，将给问题的计算带来极大的便利。

2.2.2　资金时间价值的计算

1. 等值的含义

在工程经济分析中，为了考察投资项目的经济效益，必须对项目寿命周期内不同时间发生的全部收益和全部费用进行分析和计算。资金等值是指在考虑了时间因素之后，把不同时点发生的数值不等的现金流量换算到同一时点上，从而满足收支在时间上可比的要求。

微视频：等值的含义

资金等值的特点是：资金的数额相等，发生的时间不同，其价值肯定不等；资金的数额不等，发生的时间也不同，其价值却可能相等。

决定资金等值的因素有：①资金数额；②资金运动发生的时间；③利率。

在考察资金等值的问题时，通常都以同一利率作为比较计算的依据。利用等值的概念，把在不同时点发生的资金金额换算成同一时点的等值金额，这一过程称作资金等值计算。

2. 名义利率与实际利率

通常复利计算中的利率一般是指年利率，计息期也以年为单位。但计息期不为一年时也可按上述公式进行复利计算。

当年利率相同而计息期不同时，其利息是不同的，因而存在实际利率和名义利率之分。实际利率又称有效利率，名义利率又称非有效利率。

假如年利率为 i，而实际上利息不是一年进行一次复利计息，而是将一年分为 4 个季度或分成 12 个月进行复利计算，则实际利息是会有差异的。举例说明如下：设年利率为 12%，现在存款额为 1000 元，期限为一年，试分别按一年 1 次计息、一年 4 次按每季度 3%（12%÷4）利率计息、一年 12 次按月利率 1%（12%÷12）计息计算复本利和。三种情况的复本利和分别为

$$一年 1 次计息：F=1000 元\times(1+12\%)=1120 元$$

$$一年 4 次计息：F=1000 元\times(1+3\%)^4=1125.51 元$$

$$一年 12 次计息：F=1000 元\times(1+1\%)^{12}=1126.83 元$$

这里的 12%，对于一年 1 次计息，它既是实际利率又是名义利率；3%和 1%称为周期利率。由上述计算可知：

$$名义利率=周期利率\times每年的复利周期数$$

对于一年计息 4 次和 12 次来说，12%就是名义利率。实际利率则分别为

$$一年计息 4 次时：(1+3\%)^4-1=12.55\%$$

$$一年计息 12 次时：(1+1\%)^{12}-1=12.68\%$$

通过上述分析与计算，可以得出名义利率与实际利率间存在下述关系：

1）当计息周期为一年时，名义利率与实际利率相等，计息周期短于一年时，实际利率大于名义利率。

2）名义利率不能完全反映资金的时间价值，实际利率才真实地反映了资金的时间价值。

3）令 i 为实际利率，r 为名义利率，m 为复利的周期数，则实际利率与名义利率间存在下述关系：

$$i=\left(1+\frac{r}{m}\right)^m-1 \tag{2-11}$$

4）名义利率越大，周期越短，实际利率与名义利率的差值就越大。

用一个例子说明名义利率与实际利率的应用。

【例 2-4】 年利率为 6%，每季度复利 1 次，若想此后 10 年内每季度都能得到 5000 元，则现在应存款多少？

微视频：
例 2-4 讲解

解： 这里的 6%是名义利率，周期利率为 1.5%（6%÷4），每年按 1.5%复利 4 次，10 年复利次数为 40（4×10）次，应用式（2-8），则有

$$P=A\times\frac{(1+i)^n-1}{i(1+i)^n}$$

这里 $A=5000$ 元，$i=1.5\%$，$n=40$，故有

$$P=5000 元\times\frac{(1+1.5\%)^{40}-1}{1.5\%\times(1+1.5\%)^{40}}=149579.23 元$$

或者，首先按式（2-11）求出一年的实际利率为

$$i=\left(1+\frac{6\%}{4}\right)^4-1=6.14\%$$

再按资金时间价值的计算公式，求解现在应存款的金额为

$$P=5000 元\times(F/A,1.5\%,4)(P/A,6.14\%,10)=149553.49 元$$

3. 资金时间价值计算例题

【例 2-5】 某建筑公司计划从 1 年后开始的今后 20 年间，每年能从银行取出 21 万元，第 5 年能多取出 10 万元，第 10 年能多取出 14 万元。若年利率为 6%，则该公司现在应存多少钱才能满足上述用款需要？

解：首先画出现金流量图（图 2-4）。存款总额为等额支付的 $A=21$ 万元的现值与两次单项支付金额的现值之和，即

$$P=21\text{ 万元}\times(P/A,6\%,20)+10\text{ 万元}\times(P/F,6\%,5)+14\text{ 万元}\times(P/F,6\%,10)$$
$$=21\text{ 万元}\times11.4699+10\text{ 万元}\times0.7473+14\text{ 万元}\times0.5584=256.1585\text{ 万元}$$

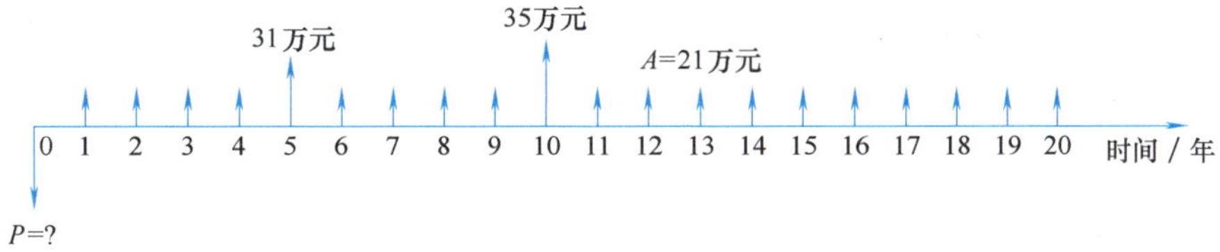

图 2-4　现金流量图

【例 2-6】 投资 24 万元购置某施工机械，则每年人工费（假设已折算成每年年末支付额）可节约 6 万元。那么该机械的寿命为几年以上时该项投资合适？（设 $i=12\%$）

解：设机械的寿命为 n 年，按题意，则应有 6 万元×（P/A, 12%, n）≥24 万元，即 $(P/A,12\%,n)\geqslant4$，而 $(P/A,12\%,5)=3.6048$，$(P/A,12\%,6)=4.1114$，用插值法可得寿命周期 n 应满足的条件是：

$$n\geqslant5\text{ 年}+\frac{4-3.6048}{4.1114-3.6048}\times(6-5)\text{ 年}=5.78\text{ 年}$$

【例 2-7】 投资 400 万元购置一家宾馆，每半年的利润额为 30 万元。假设该宾馆的寿命周期为无限（通常寿命周期为几十年时，即可认为寿命周期为无限，以简化 A 值与 P 值的计算），资本的利率每半年为 5%，则该项投资的净收益（减去投资后的余额）为多少？若每年的利润额为 30 万元，其他条件不变时，则该方案的净收益又是多少？分别按现值和每期平均值（假设每半年为一个期间的净年值）求解。

解：以半年为一个期间，利润额为 30 万元时：

$$\text{净收益 }P=30\text{ 万元}\div5\%-400\text{ 万元}=200\text{ 万元}$$
$$\text{每半年的平均净收益额 }A=30\text{ 万元}-400\text{ 万元}\times0.05=10\text{ 万元}$$

以一年为一个期间，利润额为 30 万元时：

$$\text{年复利的利率 }i=(1+0.05)^2-1=10.25\%$$
$$\text{净收益 }P=30\text{ 万元}\div10.25\%-400\text{ 万元}=-107.32\text{ 万元}$$
$$\text{每年的平均净收益额 }A=30\text{ 万元}-400\text{ 万元}\times10.25\%=-11\text{ 万元}$$

【例 2-8】 欲建工厂，需购置土地，与土地所有者商定的结果是：现时点支付 600 万

元；此后，第一个 5 年每半年需支付 40 万元；第二个 5 年每半年需支付 60 万元；第三个 5 年每半年需支付 80 万元。按复利计算，每半年的资本利率 i=4%。则该土地的价格相当于现时点的值是多少？

解： 首先画出现金流量图（图 2-5）。解答该题的方法有很多种，下面分别用几种方法求解，以帮助熟练掌握资金时间价值的计算公式。

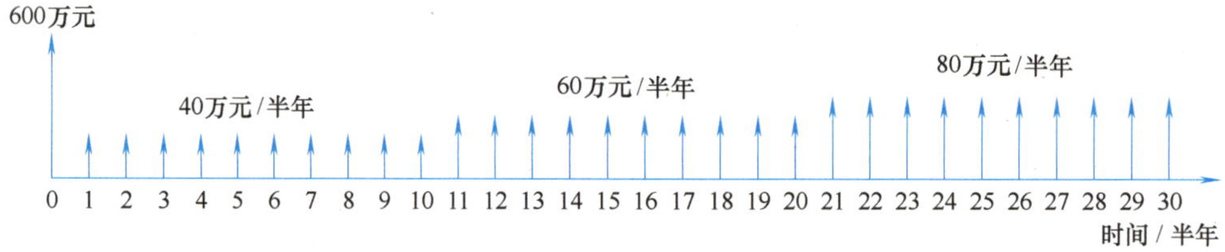

图 2-5　某公司的现金流量图

1） P=600 万元+40 万元×(P/A,4%,30)+20 万元×(P/A,4%,20)×(P/F,4%,10)
+20 万元×(P/A,4%,10)×(P/F,4%,20)= 1549 万元

2） P=600 万元+80 万元×(P/A,4%,30)−20 万元×(P/A,4%,20)−20 万元×(P/A,4%,10)= 1549 万元

3） P=600 万元+[40 万元×(F/A,4%,30)+20 万元×(F/A,4%,20)+20 万元×(F/A,4%,10)]×(P/F,4%,30)= 1549 万元

【例 2-9】 某企业的现金流量图和逐年利率 i 如图 2-6 所示，试确定该现金流量的现值、将来值和年等值。

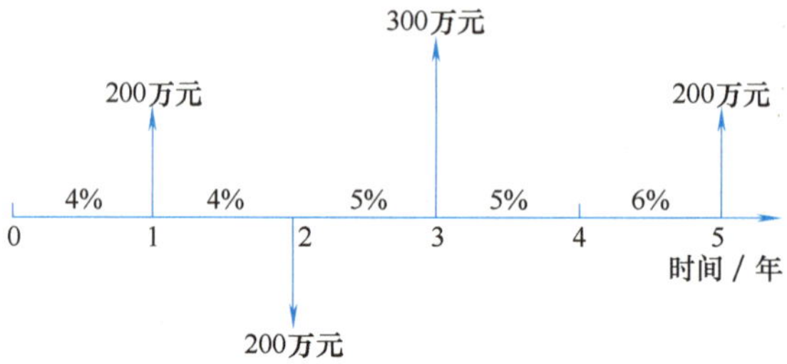

图 2-6　某企业的现金流量图

解： 以上所举例题都是各期间利率相等的情况。但现实中利率往往是变化的。当各个期间利率值不等时，其计算应按利率相等的区间逐步分别计算。根据这个思路，该题的计算结果如下：

P=200 万元×(P/F,4%,1)−200 万元×(P/F,4%,2)+300 万元×(P/F,5%,1)×(P/F,4%,2)
+200 万元×(P/F,6%,1)×(P/F,5%,2)×(P/F,4%,2)= 429.79 万元

F=200 万元+300 万元×(F/P,5%,1)×(F/P,6%,1)−200 万元×(F/P,5%,2)×(F/P,6%,1)
+200 万元×(F/P,4%,1)×(F/P,5%,2)×(F/P,6%,1)= 543.25 万元

根据已求得的 P 值和年等值 A 的关系，可求出 A：

$$P=A\times(P/F,4\%,1)+A\times(P/F,4\%,2)+A\times(P/F,5\%,1)\times(P/F,4\%,2)$$
$$+A\times(P/F,5\%,2)\times(P/F,4\%,2)+A\times(P/F,6\%,1)\times(P/F,5\%,2)\times(P/F,4\%,2)$$

因 $P=429.79$ 万元，故有

$$429.79\text{ 万元}=A\times(0.9615+0.9246+0.9524\times0.9246+0.907\times0.9246+0.9434\times0.907\times0.9246)$$

$$A=97.76\text{ 万元}$$

2.3 通货膨胀下的资金时间价值

2.3.1 通货膨胀与货币的购买力

商品和服务的价格客观上是经常波动的。简单地讲，价格水平上升，货币实际购买力下降，即通货膨胀；价格水平降低，则无形中提高了货币的实际购买力水平，即通货紧缩。为了准确地计算投资方案的支出、收入和经济效果，必须考虑通货水平的变化因素。

1. 通货膨胀

为了使问题简化，一般假定通货膨胀率等于物价上涨率（价格水平上涨率），于是有计算公式

$$f=g\bar{p}=\frac{\bar{P}_t-\bar{P}_{t-1}}{\bar{P}_{t-1}}\times100\% \tag{2-12}$$

式中　f——通货膨胀率；

$g\bar{p}$——平均价格水平的年上涨率；

$\bar{P}_t$，$\bar{P}_{t-1}$——第 t 年和第 $t-1$ 年的平均价格水平，以物价总指数表示。

【例 2-10】　如果全社会零售物价总指数以 2018 年为 100，则 2020 年和 2021 年分别为 113.7 和 134.7，试求 2020 年到 2021 年的物价上涨率。

解：按式（2-12）可直接计算：

$$f=\frac{134.7-113.7}{113.7}\times100\%=18.5\%$$

2. 货币的购买力

价格水平向上或向下，对货币的购买力有不同的作用。当价格水平向上运动时，货币的购买力下降；当价格水平向下运动时，货币的购买力提高。

【例 2-11】　设某人目前投资 100 元，期望今后 5 年年收益率为 15%。试计算至第 5 年年末的总收入。

解：

$$F=100\text{ 元}\times(F/P,15\%,5)=201.14\text{ 元}$$

如果目前 100 元可购买 1 辆自行车，5 年后总收入可期望购买 2 辆。现在进一步假设今

后 5 年自行车价格年平均上涨 10%，第 5 年年末的自行车价格将为

$$F=100\text{ 元}\times(F/P,10\%,5)=161.05\text{ 元}$$

那么，此人第 5 年年末总收入只能购买大约 1.25（201.14 元/161.05 元）辆自行车。从此例中可以看出，当物价上涨后，货币的购买能力下降了。因而在货币等值计算中，物价上涨会进一步造成货币真实收益能力的下降。

值得进一步说明的是，价格上涨 10%，并不意味着货币购买力下降 10%。如果价格上升 10%，则货币购买力下降为

$$1-\frac{1}{(1+10\%)}\times 100\%=9.1\%$$

2.3.2 投资中的通货膨胀分析

1. 市场利率

市场利率（u）反映了在金融和经济活动中的名义投资收益能力，是按照当年值计算的利率。市场利率是在金融市场上和投资经济活动中实际操作的利率。精明的投资者会清醒地意识到，市场利率中包括货币收益能力和货币购买能力双重因素。

2. 真实利率

真实利率（i）中剔除了通货膨胀的效应，反映了货币真实的收益能力。真实利率是一种抽象利率。由于在通常情况下真实利率不实际应用于金融市场的交易中，它必须通过换算才能得到。如果在经济生活中，通货膨胀或通货紧缩为零，则市场利率（u）与真实利率（i）相等。

3. 通货膨胀率

通货膨胀率（f）是某一点的价格水平相对于基年价格水平增长的百分比。若通货膨胀率为负值，即为通货紧缩。

4. 三者的换算关系

（1）已知 i 和 f，求 u

n 年年末的通货膨胀将来值为

$$F=P[(1+i)(1+f)]^n$$

若用 u 表示考虑了利率和通货膨胀率的综合利率，则

$$F=P(1+u)^n=P[(1+i)(1+f)]^n$$

$$u=(1+i)(1+f)-1=i+f+if \tag{2-13}$$

当 i 和 f 都很小时，综合利率为

$$u=i+f \tag{2-14}$$

在通货膨胀下，只要用综合利率，就能利用复利法公式正确地进行不同时点资金价值的换算。

【例 2-12】 某企业拟购买一设备，设备的市场价格为 20 万元，预计该设备的有效使用寿命为 5 年。若该企业要求的最低投资收益率为 15%，通货膨胀率为 5%，该设备在寿命周期内每年至少产生多少纯收益，企业才会购买？

解： 根据式（2-13）得

$$u=15\%+5\%+15\%\times 5\%=20.75\%$$

绘制该设备的现金流量图，如图 2-7 所示。

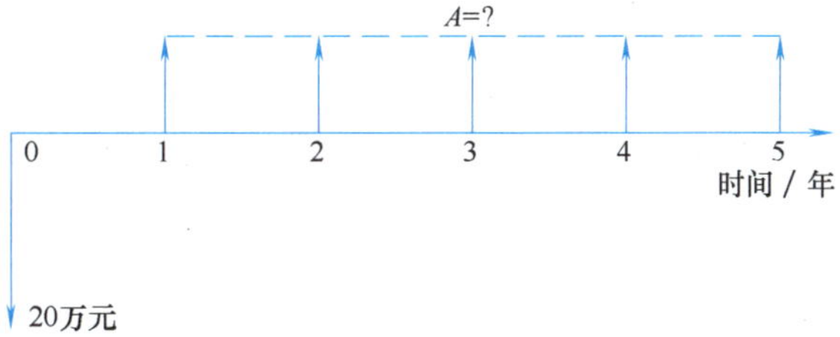

图 2-7　设备的现金流量图

$$A=P\times(A/P,u,n)=20\text{ 万元}\times(A/P,20.75\%,5)=6.799\text{ 万元}$$

所以，当该设备每年产生至少 6.799 万元的纯收益时，企业才会购买。

（2）已知 u 和 f，求 i

$$u=(1+i)\times(1+f)-1$$

$$i=\frac{u-f}{1+f} \tag{2-15}$$

【例 2-13】　某人打算投资收益率为 29%的不动产，估计在投资期内平均通货膨胀率为 5%。此人投资的真实收益率为多少？

解：由于所有的投资收益都将以现时货币支付，与现时现金流相关的折现率为现时折现率 u，所以 $u=29\%$，$f=5\%$，代入式（2-15）得

$$i=\frac{29\%-5\%}{1+5\%}=22.86\%$$

所以，此人投资的真实收益率为 22.86%。

由例 2-12 可见，虽然在图 2-7 中每年的现金流量是相等的，但是其货币购买力是不等的。

【例 2-14】　一对夫妇为他们 9 岁的儿子准备大学学费，若他 18 岁进大学，在大学 4 年内，每年需要相当于现在物价水平 4000 元的学费。估计年通货膨胀率为 5%，夫妇从儿子 9 岁（9 岁末 10 岁初）到 17 岁每年以等额存入一笔钱，设年利率为 7%。试问：这笔钱为多少才能支付 4 年的学费？

解：首先，计算通货膨胀率为 5%时，各年的大学学费具体见表 2-3。

表 2-3　通货膨胀率下各年的大学学费

年　末	年　龄	考虑通货膨胀率下当年的大学学费
1	18 岁	$4000\text{ 元}\times(1+5\%)^{9}=6205\text{ 元}$
2	19 岁	$4000\text{ 元}\times(1+5\%)^{10}=6516\text{ 元}$
3	20 岁	$4000\text{ 元}\times(1+5\%)^{11}=6841\text{ 元}$
4	21 岁	$4000\text{ 元}\times(1+5\%)^{12}=7184\text{ 元}$

绘制现金流量图，如图2-8所示。

其次，选择一个时点（17岁），把所有现金流都折算到该时点，则

$$A\times(F/A,7\%,8)=6205\text{元}\times(P/F,7\%,1)+6516\text{元}\times(P/F,7\%,2)+6841\text{元}\times(P/F,7\%,3)+7184\text{元}\times(P/F,7\%,4)$$

$$A=2198.41\text{元}$$

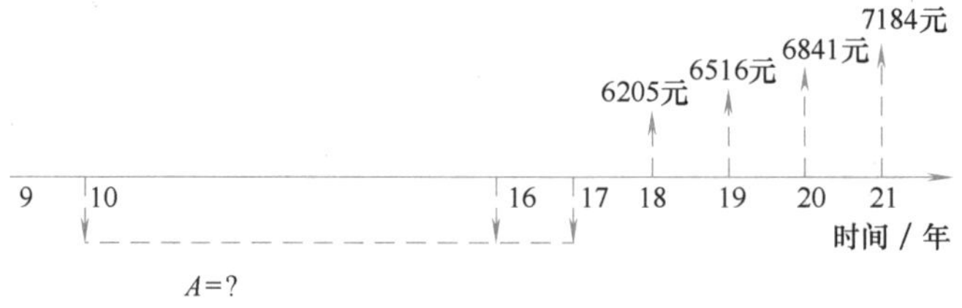

图2-8　现金流量图

所以，在他们的儿子9~17岁之间，每年需要存款2198.41元。

这里的A等于2198.41元，表示每年必须储蓄的金额，实际每年储蓄按货币购买力计算在递减。而计算的各年大学学费，虽然金额不等，但是其货币购买力却是相同的。

本章小结与重要概念

【本章小结】

在进行工程经济分析时，可把所考察的对象（可以是一个建设项目、一个企业，也可以是一个地区、一个国家）视为一个系统，在考察对象整个期间各时点t上实际发生的资金流出或资金流入称为现金流量。在时间坐标轴上用带箭头的垂直线段表示特定系统在一段时间内发生的现金流量的大小和方向即为现金流量图。

资金运动反映了物化劳动和活劳动的运动过程，而这个过程也是资金随时间运动的过程。因此，在工程经济分析时，不仅要着眼于投资方案资金量的大小（资金收入和支出的多少），而且也要考虑资金发生的时间。资金是运动的价值，资金的价值是随时间变化而变化，是时间的函数，随时间的推移而增值，其增值的这部分资金就是原有资金的时间价值。其实质是资金作为生产经营要素，在扩大再生产及资金流通过程中，随时间周转被使用的结果。影响资金时间价值的因素主要有资金的使用时间、资金的数量、资金投入和回收的时点、资金周转的速度。

在借贷过程中，债务人支付给债权人超过原贷款金额（常称作本金）的部分就是利息。它是由贷款发生利润的一种再分配。在技术经济研究中，利息常常被看作资金的机会成本。利率就是在单位时间（如年、半年、季、月、周、日等）内所得利息额与本金之比。决定利率高低的主要因素有社会平均利润率、金融市场上借贷资本的供求情况、借出资本的风险大小、通货膨胀、借出资本的期限长短等。利息有单利和复利两种。

资金等值是指在考虑了时间因素之后，把不同时点发生的数值不等的现金流量换算到同

一时点上，从而满足收支在时间上可比的要求。资金等值的特点是：资金的数额相等，发生的时间不同，其价值肯定不等；资金的数额不等，发生的时间也不同，其价值却可能相等。决定资金等值的因素有：①资金数额；②资金运动发生的时间；③利率。

当年利率相同而计息期不同时，其利息是不同的，因而存在实际利率和名义利率之分。实际利率又称有效利率，名义利率又称非有效利率。

【重要概念】

现金流量　现金流量图　资金时间价值　利息　利率　单利　复利　等值　实际利率　名义利率

思考题与练习题

1. 简述利率的影响因素及利率的作用。

2. 简述资金时间价值计算的前提条件。

3. 简述名义利率与实际利率的关系。

4. 某人借款 10000 元，偿还期为 5 年，年利率为 10%，试就下面四种还款方式，分别计算 5 年还款总额和利息分别是多少。

（1）每年年末等额偿还。

（2）每年年末支付当年利息，偿还 2000 元本金。

（3）每年年末支付当年利息，第 5 年年末一次偿还。

（4）第 5 年年末一次还本付息。

5. 某台设备初期投资为 10 万元，投资使用持续时间为 10 年，净收益发生于每年年末且数值相等，资本利率为 10%，年净收益为多少合适？寿命为 20 年、30 年和无期限时又分别应为多少？

6. 某公司欲买一台机床，卖方提出两种付款方式：①若买时一次付清，则售价 30000 元；②若买时第一次支付 10000 元，则以后 24 个月内每月支付 1000 元。当时银行利率为 12%。若这两种付款方案在经济上是等值的，那么对于等值的两种付款方式，试求卖方实际上得到的名义利率与实际利率。

7. 设有一个 25 岁的人投资人身保险，保险期 50 年，在这段时间，每年缴纳 150 元保险费。在保险期间内，若发生人身死亡或保险期末死亡，保险人均可获得 10000 元。试求购买这段保险期的实际利率。若此人活到 52 岁去世，银行年利率为 6%，保险公司是否会亏？

8. 某企业向外资贷款 200 万元建一工程，第 3 年投产，投产后每年净收益为 40 万元。若年利率 10%，投产后多少年能归还 200 万元贷款的本息？

二维码形式客观题

扫描二维码可在线做题，提交后可查看答案。

第 2 章
客观题

第 3 章 工程项目经济分析基本要素及投资估算

学习导图

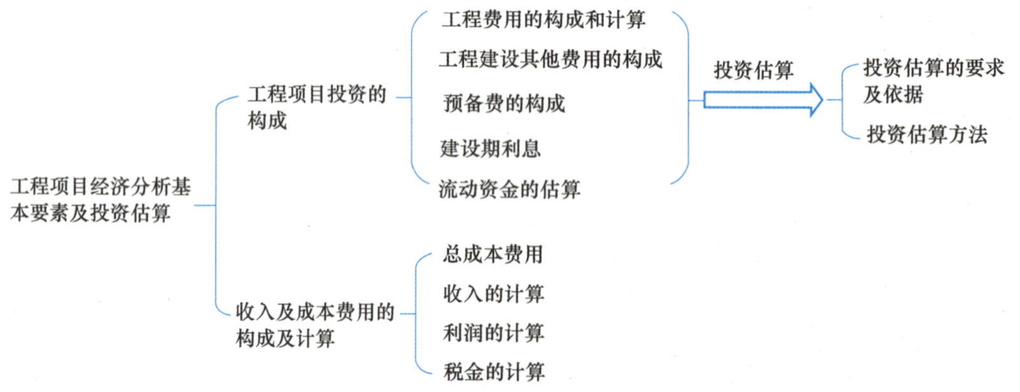

学习内容及目标

知 识 点	能 力 要 求	相 关 知 识	素 质 目 标
工程项目投资构成	熟悉建设工程项目总投资的相关概念 掌握建设工程项目总投资构成表 掌握设备及工器具购置费的构成、建筑安装工程费用项目的构成、工程建设其他费用的构成、预备费的构成、建设期利息、流动资金的估算	建设工程项目总投资的相关概念 建设工程项目总投资的构成表 设备购置费的构成和计算 工器具及生产家具购置费的构成和计算 建筑安装工程费用的构成 工程建设其他费用的构成 基本预备费和价差预备费 建设期利息 流动资金的估算	树立正确的人生观、价值观、职业观 树立为实现中华民族伟大复兴而奋斗的伟大理想
建设工程项目投资估算	了解投资估算概述 熟悉建设工程项目投资估算方法	投资估算的内容、要求、依据及作用 单位生产能力估算法、生产能力指数法、比例估算法、系数估算法、指标估算法、建设投资分类估算法	
工程项目成本费用的构成及计算	熟悉总成本费用 掌握经营成本	生产成本和期间费用 经营成本	

（续）

知识点	能力要求	相关知识	素质目标
工程项目收入及税费计算	熟悉收入和利润的计算 了解税金的计算	收入的计算 营业利润、利润总额、税后利润（净利润）的计算 消费税、增值税、城乡维护建设税、教育费附加、地方教育附加、资源税、企业所得税的计算	树立爱岗敬业的职业精神、实事求是的科学精神、协作共进的团队精神等职业道德和职业精神

导入案例

港珠澳大桥是连接香港、珠海和澳门三地的重要交通工程，全长 55km，其中主桥长度为 29.6km。该座大桥不仅是中国建设史上的一项重大基础设施项目，也是世界上最长的跨海大桥之一。港珠澳大桥的建成不仅提升了区域内的交通便利性，还促进了经济交流和合作，建设展示了中国在基础设施建设领域的先进技术和创新能力，是中国工程技术水平和创新能力的体现。港珠澳大桥的成功建设是中国在全球基础设施建设领域的一次重要尝试，它的通车运营标志着中国在大型跨海桥梁建设方面的技术水平和创新能力达到了世界领先水平。

港珠澳大桥的建设历时 9 年，总投资额约 1270 亿元人民币，包括桥墩建设、桥面铺设、拉索和桥塔等关键部分的费用，海底隧道的建设费用，服务区、交通管理设施以及其他必要的配套设施费用，前期的地质勘探、工程设计、科研试验等相关研究与开发费用等。

思考：港珠澳大桥项目总投资额约 1270 亿元人民币，包括桥梁建设成本、海底隧道建设成本、辅助设施建设成本等，这些费用如何计算出来的？计算依据和计算方法是什么？这是本章需要学习的内容。

3.1 工程项目投资的构成

3.1.1 建设工程项目总投资的相关概念

微视频：
建设工程项目总投资的相关概念

建设工程项目总投资是指为完成项目建设并达到使用要求或生产条件，在建设期内预计或实际发生的总费用。生产性建设工程项目总投资包括建设投资、建设期利息和流动资金三部分；非生产性建设工程项目总投资包括建设投资和建设期利息两部分。其中，建设投资和建设期利息之和对应固定资产投资（政府有关部门对建设工程项目管理监督所发生的并由其部门财政支出的费用，不得列入相应建设工程项目总投资）。

（1）建设投资　建设投资由工程费用（包括设备及工器具购置费、建筑安装工程费用）、工程建设其他费用、预备费（包括基本预备费和价差预备费）构成。

1）工程费用。工程费用是指建设期内直接用于工程建造、设备购置及其安装的费用，包括设备及工器具购置费、建筑安装工程费用。

设备购置费是指购置或自制的达到固定资产标准的设备、工器具及生产家具所需的费用。工器具及生产家具购置费是指新建项目或扩建项目初步设计规定所必须购置的不够固定资产标准的设备、仪器、工卡模具、器具、生产家具和备品备件的费用。

建筑安装工程费用包括建筑工程费用和安装工程费用。建筑工程费是建筑物、构筑物及与其配套的线路、管道等的建造、装饰费用。安装工程费是指设备、工艺设施及其附属物的组合、装配、调试等费用。

2）工程建设其他费用。工程建设其他费用是指建设期内发生的与土地使用权取得、整个工程项目建设以及未来生产有关的，除工程费用、预备费、建设期利息、流动资金以外的费用。

3）预备费。预备费包括基本预备费和价差预备费。

（2）建设期利息　建设期利息是指在建设期内应计的利息和在建设期内为筹集项目资金发生的费用，包括各类借款利息、债券利息、贷款评估费、国外借款手续费及承诺费、汇兑损益、债券发行费用及其他债务利息支出或融资费用。

（3）流动资金　流动资金是指为正常生产运营，用于购买原材料、燃料、支付工资及其他运营费用等所需的周转资金。在可行性研究阶段用于财务分析时指的是全部流动资金；在初步设计及以后阶段用于计算“项目报批总投资”或“项目概算总投资”时指的是铺底流动资金。铺底流动资金是指生产性建设工程项目为保证生产和经营正常进行，按规定应列入建设工程项目总投资的铺底流动资金。

（4）固定资产投资　固定资产投资可以分为静态投资部分和动态投资部分。静态投资部分由建筑安装工程费用、设备及工器具购置费、工程建设其他费和基本预备费构成；动态投资部分是指在建设期内，因建设期利息和国家新批准的税费、汇率、利率变动以及建设期价格变动引起的建设投资增加额，包括价差预备费、建设期利息等。

3.1.2　建设工程项目总投资的构成

建设工程项目总投资的构成见表3-1。

表3-1　建设工程项目总投资的构成

费用项目名称			
建设工程项目总投资	建设投资	第一部分 工程费用	设备及工器具购置费
			建筑安装工程费用
		第二部分 工程建设其他费用	1 建设用地费
			2 建设管理费
			3 可行性研究费
			4 专项评价费
			5 研究试验费
			6 勘察设计费

（续）

费用项目名称			
建设工程项目总投资	建设投资	第二部分 工程建设其他费用	7 场地准备及临时设施费
			8 引进技术和进口设备其他费
			9 特殊设备安全监督检验费
			10 市政公用配套设施费
			11 工程保险费
			12 专利及专有技术使用费
			13 联合试运转费
			14 生产准备费
			15 办公和生活家具购置费
			16 其他
		第三部分 预备费	基本预备费
			价差预备费
		资金筹措费	
	流动资产投资——流动资金		

3.1.3　设备及工器具购置费的构成

1. 设备购置费的构成和计算

设备购置费是指购置或自制的达到固定资产标准的设备、工器具及生产家具等所需的费用。设备购置费分为外购设备费和自制设备费。外购设备是指设备生产厂制造，符合规定标准的设备。自制设备是指按照订货要求，并根据具体的设计图自行制造的设备。

所谓固定资产标准，是指使用年限在一年以上，单位价值在国家或各主管部门规定的限额以上。新建项目和扩建项目的新建车间购置或自制的全部设备、工具、器具，不论是否达到固定资产标准，均计入设备及工器具购置费中。设备购置费包括设备原价和设备运杂费，即

$$设备购置费=设备原价或进口设备抵岸价+设备运杂费 \tag{3-1}$$

式中　设备原价——国产标准设备、非标准设备的原价；

设备运杂费——设备原价中未包括的包装和包装材料费、运输费、装卸费、采购费及仓库保管费、供销部门手续费等。如果设备是由设备成套公司供应的，成套公司的服务费也应计入设备运杂费中。

（1）国产标准设备原价　国产标准设备是指按照主管部门颁布的标准图纸和技术要求，由设备生产厂批量生产的，符合国家质量检验标准的设备。国产标准设备原价一般是指设备制造厂的交货价，即出厂价。如果设备由设备成套公司供应，则以订货合同价为设备原价。有的设备有两种出厂价，即带有备件的出厂价和不带有备件的出厂价。在计算设备原价时，一般按带有备件的出厂价计算。

（2）国产非标准设备原价　非标准设备是指国家尚无定型标准，各设备生产厂不可能在工艺过程中采用批量生产，只能按一次订货，并根据具体的设备图制造的设备。非标准设

备原价有多种不同的计算方法，如成本计算估价法、系列设备插入估价法、分部组合估价法、定额估价法等，但无论哪种方法都应该使非标准设备计价的准确度接近实际出厂价，并且计算方法要简便。以下内容以成本计算估价法为例。

成本计算估价法是一种比较常用的估算非标准设备原价的方法。按成本计算估价法，单台非标准设备的原价由以下各项构成：

1）材料费。其计算公式如下：

$$材料费=材料净重\times(1+加工损耗系数)\times每吨材料综合价 \tag{3-2}$$

2）加工费，包括生产工人工资和工资附加费、燃料动力费、设备折旧费、车间经费等。其计算公式如下：

$$加工费=设备总重量(t)\times设备每吨加工费$$

3）辅助材料费（简称辅材费），包括焊条、焊丝、氧气、氩气、氮气、油漆、电石等费用。其计算公式如下：

$$辅助材料费=设备总重量\times辅助材料费指标$$

4）专用工具费，按 1）~3）项之和乘以一定的百分比计算。

5）废品损失费，按 1）~4）项之和乘以一定的百分比计算。

6）外购配套件费，按设备设计图所列的外购配套件的名称、型号、规格、数量、重量，根据相应的价格加运杂费计算。

说明：虽然是非标准设备，但在设备制造中，并不是所有设备的机器零件全部由制造商来制造。例如，设备中常用的缸、泵、阀、专用仪表等，这些要由专业厂商提供，需要从设备制造商处采购取得，也就是外购配套件。

7）包装费，按 1）~6）项之和乘以一定的百分比计算。

8）利润，按 1）~5）项加第 7）项之和乘以一定的利润率计算。

9）税金，主要指增值税。其计算公式如下：

$$增值税=当期销项税额-进项税额$$

$$当期销项税额=销售额\times适用增值税率$$

其中销售额为 1）~8）项之和。

10）非标准设备设计费，按国家规定的设计费收费标准计算。

综上所述，单台非标准设备原价可用下面的公式表达：

$$\begin{aligned}单台非标准设备原价=&\{[(材料费+加工费+辅助材料费)\times(1+专用工具费费率)\times\\&(1+废品损失费费率)+外购配套件费]\times(1+包装费费率)-外购配套件费\}\times\\&(1+利润率)+销项税额+非标准设备设计费+外购配套件费\end{aligned} \tag{3-3}$$

【例 3-1】 某工厂采购一台国产非标准设备，制造厂生产该台设备所用材料费为 20 万元，加工费为 2 万元，辅助材料费为 4000 元，制造厂为制造该设备，在材料采购过程中发生进项增值税，税额 3.5 万元。专用工具费费率为 1.5%，废品损失费费率为 10%，外购配套件费为 5 万元，包装费税率为 1%，利润率为 7%，增值税税率为 16%，非标准设备设计费为 2 万元。求该国产非标准设备的原价。

解：

$$专用工具费=(20 万元+2 万元+0.4 万元)\times 1.5\%=0.336 万元$$

$$废品损失费=(20 万元+2 万元+0.4 万元+0.336 万元)\times 10\%=2.274 万元$$

$$包装费=(22.4 万元+0.336 万元+2.274 万元+5 万元)\times 1\%=0.3 万元$$

$$利润=(22.4 万元+0.336 万元+2.274 万元+0.3 万元)\times 7\%=1.772 万元$$

$$销项税额=(22.4 万元+0.336 万元+2.274 万元+5 万元+0.3 万元+1.772 万元)\times 16\%=5.133 万元$$

$$国产非标准设备的原价=22.4 万元+0.336 万元+2.274 万元+0.3 万元+1.772 万元+5.133 万元+2 万元+5 万元=39.215 万元$$

(3) 进口设备抵岸价的构成及其计算

1) 进口设备的交货方式。进口设备的交货方式可分为内陆交货类、目的地交货类和装运港交货类。

内陆交货类即卖方在出口国内陆的某个地点完成交货任务。在交货地点，卖方及时提交合同规定的货物和有关凭证，并承担交货前的一切费用和风险；买方按时接收货物，交付货款，承担接货后的一切费用和风险，并自行办理出口手续和装运出口。货物的所有权也在交货后由卖方转移给买方。

目的地交货类即卖方要在进口国的港口或内地交货，包括目的港船上交货价、目的港船边交货价（FOS 价）和目的港码头交货价（关税已付）及完税后交货价（进口国目的地的指定地点）。其特点是：买卖双方承担的责任、费用和风险以目的地约定交货点为分界线，只有当卖方在交货点将货物置于买方控制下方算交货，方能向买方收取货款。这类交货价对卖方来说承担的风险较大，因而在国际贸易中卖方一般不愿意采用这类交货方式。

装运港交货类即卖方在出口国装运港完成交货任务。它主要有以下几种：装运港船上交货价（FOB 价），习惯称为离岸价；运费在内价（CFR 价）；运费、保险费在内价（CIF 价），习惯称为到岸价。其特点主要是：卖方按照约定的时间在装运港交货，只要卖方把合同规定的货物装船后提供货运单据便完成交货任务，并可凭单据收回货款。

2) 进口设备抵岸价的构成。进口设备如果采用装运港船上交货价（FOB 价），其抵岸价构成为

$$进口设备抵岸价=货价+国外运费+国外运输保险费+银行财务费+外贸手续费+进口关税+增值税+消费税$$

$$进口设备的货价=离岸价(FOB 价)\times 人民币外汇牌价$$

$$国外运费=离岸价\times 运费率或者运量\times 单位运价$$

$$国外运输保险费=\frac{(离岸价+国外运费)}{1-国外运输保险费费率}\times 国外运输费保险费费率 \tag{3-4}$$

$$银行财务费=离岸价\times 人民币外汇牌价\times 银行财务费费率(0.4\%\sim 0.5\%)$$

$$外贸手续费=进口设备到岸价(即离岸价+国外运费+国外运输保险费)\times 人民币外汇牌价\times 外贸手续费率(1.5\%)$$

$$进口关税=到岸价\times 人民币外汇牌价\times 进口关税税率$$

$$增值税=组成计税价格(即到岸价\times 人民币外汇牌价+进口关税+消费税)\times 增值税税率$$

$$消费税=\frac{到岸价\times人民币外汇牌价+关税}{1-消费税税率}\times消费税税率 \tag{3-5}$$

（4）设备运杂费

1）设备运杂费的构成。

① 国产标准设备。其运杂费是由设备制造厂交货地点起至工地仓库（或施工组织设计指定的需要安装设备的堆放地点）止所发生的运费和装卸费。

进口设备。其运杂费是由我国到岸港口、边境车站起至工地仓库（或施工组织设计指定的需要安装设备的堆放地点）止所发生的运费和装卸费。

② 在设备出厂价格中没有包含的设备包装和包装材料器具费。在设备出厂价或进口设备价格中如已包含了此项费用，则不应重复计算。

③ 供销部门的手续费，按有关部门规定的统一费率计算。

④ 建设单位（或工程承包公司）的采购与仓库保管费。它是指采购、验收、保管和收发设备所发生的各种费用，包括设备采购、保管和管理人员工资、工资附加费、办公费、差旅交通费、设备供应部门办公和仓库所占固定资产使用费、工具用具使用费、劳动保护费、检验试验费等。这些费用可按主管部门规定的采购保管费费率计算。

2）设备运杂费的计算。其计算公式为

$$设备运杂费=设备原价\times设备运杂费费率 \tag{3-6}$$

式中，设备运杂费费率按各部门及省、市等的规定计取。

一般来讲，沿海和交通便利地区的设备运杂费费率相对低一些，内地和交通不便利的地区要相对高一些，边远省份则更高一些。对于非标准设备来讲，应尽量就近委托设备制造厂，以大幅度降低设备运杂费。进口设备由于原价较高，国内运距较短，因而设备运杂费费率应适当降低。

【例 3-2】 某公司拟从国外进口一套机电设备，重量 1500t，装运港船上交货价，即离岸价（FOB 价）为 400 万美元。相关费用参数为：国际运费标准为 360 美元/t，海上运输保险费费率为 0.266%，中国银行手续费费率为 0.5%，外贸手续费费率为 1.5%，关税税率为 8.8%，增值税的税率为 13%，美元的银行外汇牌价为 1 美元=7.03 元人民币，设备的国内运杂费费率为 2.5%。估算该设备购置费。

解：根据上述各项费用的计算公式，则有

进口设备货价=(400×7.03)万元=2812 万元

国外运费=(360×1500×7.03)万元=379.62 万元

国外运输保险费=[(2812 万元+379.62 万元)/(1-0.266%)]×0.266%=8.51 万元

进口关税=(2812 万元+379.62 万元+8.51 万元)×8.8%=281.61 万元

增值税=(2812 万元+379.62 万元+8.51 万元+281.61 万元)×13%=452.63 万元

银行财务费=2812 万元×0.5%=14.06 万元

外贸手续费=(2812 万元+379.62 万元+8.51 万元)×1.5%=48 万元

国内运杂费=(2812+379.62+8.51+281.61+452.63+14.06+48)万元×2.5%=99.91

设备购置费=(2812+379.62+8.51+281.61+452.63+14.06+48)万元+99.91 万元=4096.34 万元

2. 工器具及生产家具购置费的构成和计算

工器具及生产家具购置费指新建项目或扩建项目初步设计规定所必须购置的不够固定资产标准的设备、仪器、工卡模具、器具、生产家具和备品备件的费用。其计算公式一般为

工器具及生产家具购置费 = 设备购置费×定额费费率

3.1.4　建筑安装工程费用的构成

按照费用构成要素划分，建筑安装工程费用由人工费、材料费（包含工程设备费）、施工机具使用费、企业管理费、利润、规费和增值税构成，其中人工费、材料费、施工机具使用费、企业管理费和利润包含在分部分项工程费、措施项目费和其他项目费中，如图 3-1 所示。

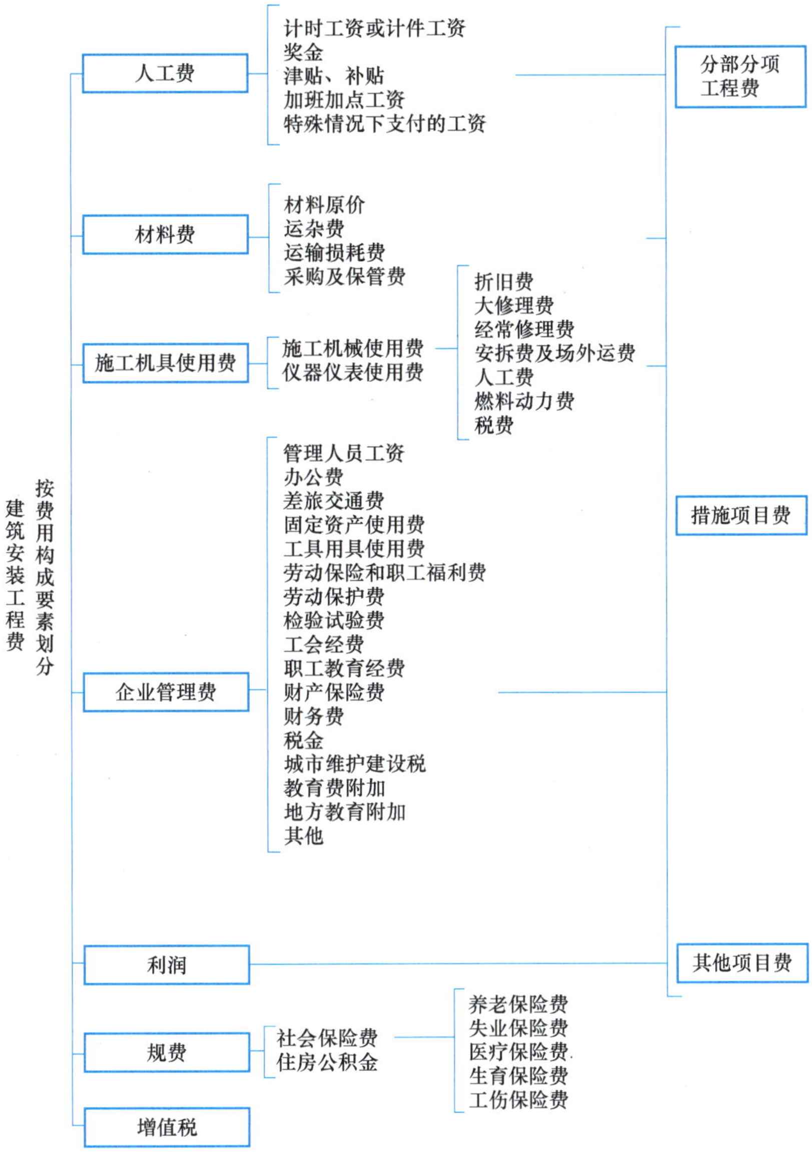

图 3-1　按费用构成要素划分的建筑安装工程费用项目构成

1. 人工费

人工费指按工资总额构成规定，支付给从事建筑安装工程施工的生产工人和附属生产单位工人的各项费用。其内容包括：

1）计时工资或计件工资：是指按计时工资标准和工作时间或对已做工作按计件单价支付给个人的劳动报酬。

2）奖金：是指对超额劳动和增收节支支付给个人的劳动报酬，如节约奖、劳动竞赛奖等。

3）津贴、补贴：是指为了补偿职工特殊或额外的劳动消耗和因其他特殊原因支付给个人的津贴，以及为了保证职工工资水平不受物价影响支付给个人的物价补贴，如流动施工津贴、特殊地区施工津贴、高温（寒）作业临时津贴、高空津贴等。

4）加班加点工资：是指按规定支付的在法定节假日工作的加班工资和在法定日工作时间外延时工作的加点工资。

5）特殊情况下支付的工资：是指根据国家法律、法规和政策规定，因病、工伤、产假、计划生育假、婚丧假、事假、探亲假、定期休假、停工学习、执行国家或社会义务等原因按计时工资标准或计时工资标准的一定比例支付的工资。

2. 材料费

材料费是指施工过程中耗费的原材料、构配件、半成品的费用，一级周转材料等的摊销、租赁费用。其内容包括：

1）材料原价：是指材料、工程设备的出厂价格或商家供应价格。

2）运杂费：是指材料、工程设备自来源地运至工地仓库或指定堆放地点所发生的全部费用。

3）运输损耗费：是指材料在运输装卸过程中不可避免的损耗。

4）采购及保管费：是指为组织采购、供应和保管材料、工程设备的过程中所需要的各项费用，包括采购费、仓储费、工地保管费、仓储损耗。

工程设备是指构成或计划构成永久工程一部分的机电设备、金属结构设备、仪器装置及其他类似的设备和装置。

3. 施工机具使用费

施工机具使用费是指施工作业所发生的施工机械、仪器仪表使用费或其租赁费。其内容包括：

1）施工机械使用费：以施工机械台班耗用量乘以施工机械台班单价表示。施工机械台班单价应由下列七项费用构成：

① 折旧费：是指施工机械在规定的使用年限内，陆续收回其原值的费用。

② 大修理费：是指施工机械按规定的大修理间隔台班进行必要的大修理，以恢复其正常功能所需的费用。

③ 经常修理费：是指施工机械除大修理以外的各级保养和临时故障排除所需的费用，包括为保障机械正常运转所需替换设备与随机配备工具附具的摊销和维护费用、机械运转中日常保养所需润滑与擦拭的材料费用及机械停滞期间的维护和保养费用等。

④ 安拆费及场外运费：安拆费是指施工机械（大型机械除外）在现场进行安装与拆卸所需的人工、材料、机械和试运转费用，以及机械辅助设施的折旧、搭设、拆除等费用；场

外运费是指施工机械整体或分体自停放地点运至施工现场或由一施工地点运至另一施工地点的运输、装卸、辅助材料及架线等费用。

⑤ 人工费：是指机上司机（司炉）和其他操作人员的人工费。

⑥ 燃料动力费：是指施工机械在运转作业中所消耗的各种燃料及水、电等产生的费用。

⑦ 税费：是指施工机械按照国家规定应缴纳的车船使用税、保险费及年检费等。

2）仪器仪表使用费：是指工程施工所需使用的仪器仪表的摊销及维修费用。施工仪器仪表使用费以施工仪器仪表台班耗用量与施工仪器仪表台班单价的乘积表示。施工仪器仪表台班单价由折旧费、维护费、校验费和动力费构成。

4. 企业管理费

企业管理费是指建筑安装企业组织施工生产和经营管理所需的费用。其内容包括：

1）管理人员工资：是指按规定支付给管理人员的计时工资、奖金、津贴补贴、加班加点工资及特殊情况下支付的工资等。

2）办公费：是指企业管理办公用的文具、纸张、账表、印刷、邮电、书报、办公软件、现场监控、会议、水电、烧水和集体取暖降温（包括现场临时宿舍取暖降温）等费用。

3）差旅交通费：是指职工因公出差调动工作的差旅费、住勤补助费，市内交通费和误餐补助费，职工探亲路费，劳动力招募费，职工退休、退职一次性路费，工伤人员就医路费，工地转移费，以及管理部门使用的交通工具的油料、燃料等费用。

4）固定资产使用费：是指管理和试验部门及附属生产单位使用的属于固定资产的房屋、设备、仪器等的折旧、大修、维修或租赁费。

5）工具用具使用费：是指企业施工生产和管理使用的不属于固定资产的工具、器具、家具、交通工具和检验、试验、测绘、消防用具等的购置、维修和摊销费。

6）劳动保险和职工福利费：是指由企业支付的职工退职金、按规定支付给离休干部的经费，集体福利费、夏季防暑降温费、冬季取暖补贴、上下班交通补贴等。

7）劳动保护费：是指企业按规定发放的劳动保护用品的支出，如工作服、手套、防暑降温饮料以及在有碍身体健康的环境中施工的保健费用等。

8）检验试验费：是指施工企业按照有关标准规定，对建筑以及材料、构件和建筑安装物进行一般鉴定、检查所发生的费用，包括自设试验室进行试验所耗用的材料等费用。它不包括新结构、新材料的试验费，对构件做破坏性试验及其他特殊要求检验试验的费用和发包人委托检测机构进行检测的费用。对此类检测发生的费用，由发包人在工程建设其他费用中列支。但对施工企业提供的具有合格证明的材料进行检测其结果不合格的，该检测费用由施工企业支付。

9）工会经费：是指企业按《工会法》规定的全部职工工资总额比例计提的经费。

10）职工教育经费：是指按职工工资总额的规定比例计提，企业为职工进行专业技术和职业技能培训，专业技术人员继续教育、职工职业技能鉴定、职业资格认定，以及根据需要对职工进行各类文化教育所发生的费用。

11）财产保险费：是指施工管理用财产、车辆等的保险费用。

12）财务费：是指企业为施工生产筹集资金或提供预付款担保、履约担保、职工工资支付担保等所发生的各种费用。

13）税金：是指企业按规定缴纳的房产税、车船使用税、土地使用税、印花税等。

14）城市维护建设税：为了加强城市的维护建设，扩大和稳定城市维护建设资金的来源，规定凡缴纳消费税、增值税的单位和个人，都应当依照规定缴纳城市维护建设税。城市维护建设税税率为：纳税人所在地在市区的，税率为7%；纳税人所在地在县城、镇的，税率为5%；纳税人所在地不在市区、县城或镇的，税率为1%。

15）教育费附加：是指对缴纳增值税、消费税的单位和个人征收的一种附加费。其作用是为了发展地方性教育事业，扩大地方教育经费的资金来源。以纳税人实际缴纳的增值税、消费税的税额为计费依据，教育费附加的征收率为3%。

16）地方教育附加：按照《关于统一地方教育附加政策有关问题的通知》(财综〔2010〕98号）要求，各地统一征收地方教育附加，地方教育附加征收标准为单位和个人实际缴纳的增值税、消费税税额的2%。

17）其他：包括技术转让费、技术开发费、投标费、业务招待费、绿化费、广告费、公证费、法律顾问费、审计费、咨询费、保险费等。

5. 利润

利润是指施工企业完成所承包工程获得的盈利。

6. 规费

规费是指按国家法律、法规规定，由省级政府和省级有关权力部门规定必须缴纳或计取的费用。其内容包括：

1）社会保险费。具体包括以下费用：

① 养老保险费：是指企业按照规定标准为职工缴纳的基本养老保险费。

② 失业保险费：是指企业按照规定标准为职工缴纳的失业保险费。

③ 医疗保险费：是指企业按照规定标准为职工缴纳的基本医疗保险费。

④ 生育保险费：是指企业按照规定标准为职工缴纳的生育保险费。

⑤ 工伤保险费：是指企业按照规定标准为职工缴纳的工伤保险费。

2）住房公积金：是指企业按规定标准为职工缴纳的住房公积金。

其他应列而未列入的规费，按实际发生计取。

7. 增值税

建筑安装工程费用的增值税是指国家税法规定应计入建筑安装工程造价类的增值税销项税额。税前工程造价为人工费、材料费、施工机具使用费、企业管理费、利润和规费之和，各费用项目均以不包含增值税（可抵扣进项税额）的价格计算。

3.1.5 工程建设其他费用的构成

工程建设其他费用由项目前期工作费、项目建设管理费、土地使用权取得费、生态补偿与压覆矿产资源等补偿费、工程准备费、市政公用配套设施费、专项评价费、工程咨询服务费、专利及专有技术使用费、联合试运转费、生产准备费、工程保险费、税费构成。

1. 项目前期工作费

项目前期工作费是指建设项目在预可行性研究及可行性研究阶段，由建设单位组织进行项目论证评估、立项报批、申报核准等工作所发生的费用，包括项目建议书、预可行性研究报告、可行性研究报告编制和评估等发生的费用。

项目前期工作费以建设项目估算投资额为计算基础。根据《国家发展改革委关于进一步放开建设项目专业服务价格的通知》(发改价格〔2015〕299 号)，建设项目前期工作费实行市场调节价。

2. 项目建设管理费

项目建设管理费是指项目建设单位从项目筹建之日起至办理竣工财务决算之日止发生的管理性质的支出，包括工作人员薪酬及相关费用、办公费、办公场地租用费、差旅交通费、劳动保护费、工具用具使用费、固定资产使用费、招募生产工人费、技术图书资料费（含软件）、业务招待费、竣工验收费和其他管理性质开支。

项目建设管理费以建设投资中的工程费用为基数乘以项目建设管理费费率计算。其计算公式为

$$项目建设管理费=工程费用\times项目建设管理费费率$$

工程费用是指建筑安装工程费用和设备及工器具购置费用之和。

实行代建制管理的项目，一般不得同时列支代建管理费和项目建设管理费，确需同时发生的，两项费用之和不得高于项目建设管理费限额。委托第三方行使部分管理职能的，其工程咨询服务费列入工程咨询服务费项目。

3. 土地使用权取得费

土地使用权取得费是指取得建设项目土地使用权所发生的费用。土地使用权取得费具体构成视土地使用权取得方式而定。

1）购买政府出让或其他企业转让的已完成房屋征收补偿的建设用地使用权费用，包括购买建设用地使用权价格和土地取得税费等。

2）征收集体土地的费用，包括土地征收补偿费用、相关税费和其他费用。其中，土地征收补偿费用一般包括土地补偿、安置补助、地上附着物和青苗的补偿费、安排被征地农民的社会保障费用等；相关税费一般包括新菜地开发建设基金、耕地开垦费（占用耕地的）、耕地占用税等；其他费用一般包括地上物拆除费、渣土清运费、场地平整费等。

3）征收国有土地上房屋的土地费用包括房屋征收补偿费用、相关费用和其他费用。其中，房屋征收补偿费用一般包括被征收房屋补偿费、搬迁费、临时安置费、停产停业损失补偿费、补助与奖励；相关费用一般包括房屋征收评估费、房屋征收服务费等；其他费用一般包括建设用地使用权出让金、地上物拆除费、渣土清运费、场地平整费等。

4）租赁土地使用权费用。

4. 生态补偿与压覆矿产资源等补偿费

生态补偿与压覆矿产资源等补偿费包括水土保持等生态补偿和压覆矿产资源补偿费。其中，水土保持等生态补偿费是指建设项目对水土保持等生态造成影响所发生的除工程费之外补救或者补偿费用；压覆矿产资源补偿费是指项目工程对被其压覆的矿产资源利用造成影响所发生的补偿费用。

5. 工程准备费

工程准备费是指工程建设施工准备所发生的费用，包括场地准备费、临时设施费等。

1）场地准备费：是指为使工程项目的建设场地达到开工条件，由建设单位组织进行场地平整等准备工作而发生的费用。

2）临时设施费：是指建设单位为满足施工建设需要而提供的未列入工程费用的临时水、电、路等工程和临时仓库等建（构）筑物的建设、维修、拆除、摊销费用或租赁费用，

以及货场、码头租赁等费用。

新建项目的场地准备费和临时设施费应根据实际工程量估算，或按工程费用的比例计算。改扩建项目一般只计拆除清理费。

场地准备和临时设施费的计算公式为

场地准备和临时设施费=工程费用×费率+拆除清理费

发生拆除清理费时可按新建同类工程造价或主材费、设备费的比例计算。凡可回收材料的拆除工程采用以料抵工方式冲抵拆除清理费。

6. 市政公用配套设施费

市政公用配套设施费是指使用市政公用设施的工程项目，按照项目所在地政府有关规定建设或缴纳的市政公用设施配套费用。

市政公用配套设施可以是界区外配套的水、电、路、信等，包括绿化、人防等建设或缴纳的费用。

7. 专项评价费

专项评价费是指建设单位按照国家规定委托相关单位开展专项评价及有关验收工作发生的费用，包括环境影响评价费、安全预评价费、职业病危害预评价费、地震安全性评价费、地质灾害危险性评价费、水土保持评价费、压覆矿产资源评价费、节能评估费、危险与可操作性分析及安全完整性评价费以及其他专项评价费。

1）环境影响评价费：是指为全面、详细评价建设项目对环境可能产生的污染或造成的重大影响，而编制环境影响报告书（含大纲）、环境影响报告表和评估等所需的费用。

2）安全预评价费：是指为预测和分析建设项目存在的危害因素种类和危险危害程度，提出先进、科学、合理可行的安全技术和管理对策，而编制评价大纲、安全评价报告书和评估等所需的费用。

3）职业病危害预评价费：是指因建设项目可能产生职业病危害，而编制职业病危害预评价报告书、职业病危害控制效果评价报告书和评估所需的费用。

4）地震安全性评价费：是指通过对建设场地和场地周围的地震活动与地震地质环境的分析，进行的地震活动环境评价、地震地质构造评价、地震地质灾害评价，编制地震安全评价报告书和评估所需的费用。

5）地质灾害危险性评价费：是指在灾害易发区对建设项目可能诱发的地质灾害和建设项目本身可遭受的地质灾害危险程度的预测评价，编制评价报告书和评估所需的费用。

6）水土保持评价费：是指对建设项目在生产建设过程中可能造成的水土流失进行预测，编制水土保持方案和评估所需的费用。

7）压覆矿产资源评价费：是指对需要压覆重要矿产资源的建设项目进行分析评估，编制压覆重要矿产评价和评估所需的费用。

8）节能评估费：是指对建设项目的能源利用是否科学合理进行分析评估，编制节能评估报告书以及评估所需的费用。

9）危险与可操作性分析及安全完整性评价费：是指对应用于生产具有流程性工艺特征的新、改、扩建项目进行工艺危害分析，以及对安全仪表系统的设置水平及可靠性进行定量评估所需的费用。

10）其他专项评价费：是指除以上 9 项评价费外，根据国家法律法规、建设项目所在省

（直辖市、自治区）人民政府有关规定，以及行业规定需进行的其他专项评价、评估、咨询（如重大投资项目社会稳定风险评估、防洪评价、消防性能化设计评估费等）所需的费用。

具体建设项目应按实际发生的专项评价项目计列，不得虚列项目费用。由政府有关部门组织实施，且所发生费用由政府部门财政支出的专项评价费，不得列入工程建设其他费用中。

8. 工程咨询服务费

工程咨询服务费是指在项目建设全部过程中委托第三方提供项目策划、技术咨询、勘察设计、项目管理和跟踪验收评估等技术服务发生的费用，包括勘察费、设计费、监理费、研究试验费、特殊设备安全监督检验费、招标代理费、设计评审费、信息管理系统开发及使用费、工程造价咨询费、造价信息和数据使用费及其他咨询费。根据《国家发展改革委关于进一步放开建设项目专业服务价格的通知》，工程咨询服务费实行市场调节价。

1）勘察费：是指勘察人根据发包人的委托，收集已有资料、现场踏勘、制定勘察纲要，进行勘察作业，以及编制工程勘察文件和岩土工程设计文件等收取的费用，分为水文地质、初勘、详勘等费用。

2）设计费：是指设计人根据发包人的委托、提供编制建设项目初步设计文件、施工图设计文件、非标准设备设计文件、竣工图文件等服务所收取的费用，分为方案设计费、初步设计费、施工图设计费、竣工图编制费等。

3）监理费：是指受建设单位委托，工程监理单位为工程建设提供监理服务所发生的费用。

4）研究试验费：是指为建设项目提供和验证设计参数、数据、资料等进行必要的研究和试验，以及设计规定在施工中必须进行试验、验证所需要的费用，包括自行或委托其他部门的专题研究、试验所需人工费、材料费、试验设备及仪器使用费等。研究试验费不包括以下项目：

① 应由科技三项费用（即新产品试制费、中间试验费和重要科学研究补助费）开支的项目。

② 应在建筑安装费用中列支的施工企业对建筑材料、构件和建筑物进行一般鉴定、检查所发生的费用及技术革新的研究试验费。

③ 应由勘察设计费或工程费用中开支的项目。

5）特殊设备安全监督检验费：是指对在施工现场安装的列入国家特种设备范围内的设备（设施）检验检测和监督检查所发生的应列入项目开支的费用。特殊设备包括锅炉及压力容器、消防设备、燃气设备、起重设备、电梯、安全阀等特殊设备和设施。

6）招标代理费：是指建设单位委托招标代理机构进行招标服务所发生的费用。

7）设计评审费：是指建设单位委托有资质的机构对设计文件进行评审的费用。其中，设计文件包括初步设计文件和施工图设计文件等。设计评审费分为方案设计评审费、初步设计评审费、施工图设计评审费等。

8）信息管理系统开发及使用费：是指为建设项目管理而发生的信息管理系统采购、开发及集成等费用。

9）工程造价咨询费：是指建设单位委托造价咨询机构进行各阶段相关造价业务工作所发生的费用。其中，相关造价业务工作包括项目投资规模确定、招标投标计价、合同价格确定、过程费用控制、结算等。

10）造价信息和数据使用费：是指建设项目投资确定与计价、费用控制过程中使用相关造价信息和有关数据所发生的费用，包括有偿使用的工程造价数据库、造价指标指数、市场价格信息和工程造价计价依据等信息。

9. 专利及专有技术使用费

专利及专有技术使用费是指在建设期内取得专利、专有技术、商标、商誉和特许经营的所有权或使用权发生的费用，包括工艺包费、设计及技术资料费、有效专利专有技术使用费、技术保密费和技术服务费、商标权、商誉和特许经营权费、软件费等。

10. 联合试运转费

联合试运转费是指新建或新增生产能力的工程项目，在交付生产前按照批准的设计文件规定的工程质量标准和技术要求，对整个生产线或装置进行负荷联合试运转所发生的费用净支出，包括试运转所用材料、燃料及动力消耗、低值易耗品费、其他物料消耗费、机械使用费、联合试运转人员工资、施工单位参加试运转人工费、专家指导费，以及必要的工业炉烘炉费。其中，费用净支出是指试运转支出大于收入的差额部分费用。

11. 生产准备费

生产准备费是指在建设期内，建设单位为保证项目正常生产而做提前准备工作所发生的费用，包括人员培训费、生产人员提前进厂费，以及投产使用必备的办公及生活家具用具、工器具等的购置费。

1）人员培训费：是指生产人员的培训费和学习资料费，以及异地培训发生的住宿费、伙食补助费、交通费等。

2）生产人员提前进厂费：是指生产单位人员为熟悉工艺流程、设备性能、生产管理等，提前进厂参与工艺设备、电气、仪表安装调试等生产准备工作而发生的人工费等费用。

3）办公及生活家具用具购置费：是指为保证建设项目初期正常生产（或营业、使用）而必须购置的办公、生活家具用具等费用。

4）工器具购置费：是指为保证建设项目初期正常生产而必须购置的第一套不够固定资产标准的设备、仪器、工卡模具、器具等费用。

生产准备费的计算公式为

$$\text{生产准备费}=\text{设计定员}\times\text{生产准备费指标(元/人)}$$

式中，新建项目以设计定员为基数计算，改扩建项目以新增设计定员为基数计算。

12. 工程保险费

工程保险费是指在建设期内对建筑工程、安装工程和设备等进行投保而发生的费用，包括建筑安装工程一切险、工程质量保险、进口设备财产保险和人身意外伤害险等。工程保险费是为转移工程项目建设的意外风险而发生的费用，不同的建设项目可根据工程特点选择投保险种。

13. 税费

按《基本建设项目建设成本管理规定》（财建〔2016〕504 号），工程建设其他费中的税费统一归纳计列，是指城镇土地使用税、耕地占用税、印花税、车船使用税等和行政性收费，不包括增值税。

3.1.6　预备费的构成

微视频：
预备费的构成及
例 3-3 讲解

预备费是指在建设期内因各种不可预见因素的变化而预留的可能增加的费用，包括基本预备费和价差预备费。

1. 基本预备费

基本预备费是指在项目实施中可能发生难以预料的支出，需要预先预留的费用，又称不可预见费。它主要指设计变更及施工过程中可能增加工程量的费用。计算公式为

基本预备费＝(设备工器具购置费+建筑安装工程费用+工程建设其他费)×基本预备费费率　　(3-7)

2. 价差预备费

价差预备费是指为在建设期内利率、汇率或价格等因素的变化而预留的可能增加的费用，又称价格变动不可预见费。价差预备费的内容包括人工、设备、材料、施工机具的价差费，建筑安装工程费用及工程建设其他费用调整，利率、汇率调整等增加费用。计算公式为

$$P = \sum_{t=1}^{n} I_t \times [(1+f)^m \times (1+f)^{0.5} \times (1+f)^{t-1} - 1] \qquad (3\text{-}8)$$

式中　P——价差预备费；

n——建设期年份数；

I_t——建设期第 t 年的投资计划额，包括工程费用、工程建设其他费用及基本预备费，即第 t 年的静态投资计划额；

f——投资价格指数；

t——建设期第 t 年；

m——建设前期年限（从编制概算到开工建设年数）。

价差预备费中的投资价格指数按国家颁布的计取，当前暂时为零。式中 $(1+f)^{0.5}$表示建设期第 t 年当年投资分期均匀投入考虑涨价的幅度。对设计建设周期较短的项目，价差预备费计算公式可简化处理。特殊项目或必要时可进行项目未来价差分析预测，确定各时期的投资价格指数。

【例 3-3】 某建设工程项目在建设期初的建筑安装工程费用、设备及工器具购置费为 16000 万元，工程建设其他费用 4000 万元，基本预备费率 5%。项目建设前期为 1 年，建设期 3 年，项目建设期为 3 年，各年投资计划分别为 20%、60%、20%，年均投资价格上涨率为 6%。建设期贷款利息为 1395 万元，建设工程项目其他费用为 3860 万元，基本预备费费率为 10%。试计算该项目建设期间的价差预备费。

解：

基本预备费＝(16000 万元+4000 万元)×5%＝1000 万元

静态投资＝16000 万元+4000 万元+1000 万元＝21000 万元

建设期第 1 年完成投资＝21000 万元×20%＝4200 万元

第 1 年价差预备费：P_1＝4200 万元×$[(1+6\%)^1 \times (1+6\%)^{0.5} - 1]$＝383.6 万元

建设期第 2 年完成投资＝21000 万元×60%＝12600 万元

第 2 年的价差预备费：$P_2 = 12600\text{ 万元} \times [(1+6\%) \times (1+6\%)^{0.5} \times (1+6\%) - 1] = 1975.9\text{ 万元}$

建设期第 3 年完成投资 = 21000 万元×20% = 4200 万元

第 3 年的价差预备费：$P_3 = 4200\text{ 万元} \times [(1+6\%) \times (1+6\%)^{0.5} \times (1+6\%)^2 - 1] = 950.1\text{ 万元}$

项目建设期的价差预备费 = 383.6 万元+1975.9 万元+950.1 万元 = 3309.6 万元

3.1.7　建设期利息

建设期利息是指项目借款在建设期内发生并计入固定资产的利息。为了简化计算，在编制投资估算时通常假定借款均在每年的年中支用，借款第一年按半年计息，其余各年份按全年计息。计算公式为

微视频：
建设期利息及
例 3-4 讲解

各年应计利息 = (年初借款本息累计+本年借款额/2)×年利率

【例 3-4】　某新建项目建设期为 3 年，共向银行贷款 1300 万元，贷款时间为第 1 年 300 万元，第 2 年 600 万元，第 3 年 400 万元，年利率为 6%，建设期计息不付息。计算建设期利息。

解：建设期各年利息计算如下：

$$\text{第 1 年应计利息} = \frac{1}{2} \times 300\text{ 万元} \times 6\% = 9\text{ 万元}$$

$$\text{第 2 年应计利息} = \left(300\text{ 万元} + 9\text{ 万元} + \frac{1}{2} \times 600\text{ 万元}\right) \times 6\% = 36.54\text{ 万元}$$

$$\text{第 3 年应计利息} = \left(300\text{ 万元} + 9\text{ 万元} + 600\text{ 万元} + 36.54\text{ 万元} + \frac{1}{2} \times 400\text{ 万元}\right) \times 6\% = 68.73\text{ 万元}$$

建设期利息总和 = 9 万元+36.54 万元+68.73 万元 = 114.27 万元

3.1.8　流动资金的估算

流动资金是指运营期内长期占用并周转使用的营运资金，不包括运营中需要的临时性营运资金。

流动资金的估算方法有扩大指标估算法和分项详细估算法两种。

1. 扩大指标估算法

扩大指标估算法是参照同类企业的流动资金占营业收入、经营成本的比例或者单位产量占用营运资金的数额估算流动资金，并按以下公式计算：

流动资金 = 各种费用基数×相应的流动资金所占比例(或占营运资金的数额)

式中，各种费用计算基数是指年营业收入、年经营成本或年产量等。

2. 分项详细估算法

分项详细估算法可简化计算，其公式如下：

流动资金 = 流动资产−流动负债

流动资产 = 应收账款+预付账款+存货+库存现金

流动负债 = 应付账款+预收账款

3.2 建设工程项目投资估算

3.2.1 投资估算概述

1. 投资估算的内容

项目总投资由建设投资、建设期利息和流动资金构成。

1）建设投资是指在项目筹建与建设期间所花费的全部建设费用，按概算法分类包括工程费用、工程建设其他费用和预备费，其中工程费用包括建筑工程费、设备购置费和安装工程费，预备费包括基本预备费和价差预备费。

2）建设期利息是指债务资金在建设期内发生并应计入固定资产原值的利息，包括借款（或债券）利息及手续费、承诺费、管理费等。

3）流动资金是指项目运营期内长期占用并周转使用的营运资金。

2. 投资估算的要求

建设项目决策分析与评价阶段一般可分为投资机会研究、初步可行性研究（项目建议书）、可行性研究和项目前评估四个阶段。由于不同阶段的工作深度和掌握的资料详略程度不同，在建设项目决策分析与评价的不同阶段，允许投资估算的深度和准确度有所差别。随着工作的进展和项目条件的逐步明确，投资估算应逐步细化，准确度应逐步提高，从而对项目投资起到有效的控制作用。建设项目决策分析与评价的不同阶段对投资估算的准确度要求（即允许误差率）见表 3-2。

表 3-2　建设项目决策分析与评价的不同阶段对投资估算的准确度要求

序　　号	建设项目决策分析与评价的不同阶段	投资估算的允许误差率
1	投资机会研究阶段	±30%以内
2	初步可行性研究（项目建议书）阶段	±20%以内
3	可行性研究阶段	±10%以内
4	项目前评估阶段	±10%以内

尽管投资估算在具体数额上允许存在一定的误差，但必须达到以下要求：

1）估算范围应与项目建设方案所涉及的范围、确定的各项工程内容一致。

2）估算的工程内容和费用构成齐全、计算合理，不提高或者降低估算标准，不重复计算或者漏项少算。

3）估算应做到方法科学、基础资料完整、依据充分。

4）估算选用的指标与具体工程之间存在标准或者条件差异时，应进行必要的换算或者调整。

5）估算的准确度应能满足建设项目决策分析与评价不同阶段的要求。

3. 投资估算的依据及作用

（1）投资估算的基础资料与依据

1）专门机构发布的建设工程造价费用构成、估算指标、计算方法，以及其他有关工程造价的文件。

2）专门机构发布的工程建设其他费用估算办法和费用标准，以及有关机构发布的物价指数。

3）部门或行业制定的投资估算办法和估算指标。

4）拟建项目所需设备、材料的市场价格。

5）拟建项目建设方案确定的各项工程建设内容及工程量。

（2）投资估算的作用

1）投资估算是投资决策的依据之一。项目前期决策阶段，投资估算确定项目建设与运营所需资金量，是投资者进行投资决策的依据之一。投资者根据自身的财力和信用状况做出是否投资的决策。

2）投资估算是制订项目融资方案的依据。项目前期决策阶段投资估算所确定的项目建设与运营所需的资金量，是项目制订融资方案、进行资金筹措的依据。投资估算准确与否，直接影响融资方案的可靠性，直接影响各类资金在币种、数量和时间要求上能否满足项目建设的需要。

3）投资估算是进行项目经济评价的基础。经济评价是对项目的费用与效益做出全面的分析评价。项目投资额度是项目费用的重要组成部分，是进行经济评价的基础。投资估算准确与否，将直接影响经济评价的可靠性。

在投资机会研究和初步可行性研究阶段，虽然对投资估算的准确度要求相对较低，但投资估算仍然是该阶段的一项重要工作。投资估算完成之后才有可能进行经济效益的初步评价。

4）投资估算是编制初步设计概算的依据，对项目的工程造价起控制作用。按照项目建设程序，应在可行性研究报告被审定或批准后进行初步设计。经审定或批准的可行性研究报告是编制初步设计的依据，报告中所估算的投资额是编制初步设计概算的依据。

3.2.2　建设工程项目投资估算方法

建设投资的估算方法有简单估算法和分类估算法。简单估算法又分为单位生产能力估算法、生产能力指数法、比例估算法、系数估算法和指标估算法等。其中，前四种估算方法的估算准确度相对不高，主要适用于投资机会研究和初步可行性研究阶段。项目可行性研究阶段应采用指标估算法和分类估算法。

1. 单位生产能力估算法

该方法根据已建成、性质类似的建设项目的单位生产能力投资（如元/t）乘以拟建项目的生产能力来估算拟建项目的投资额。其计算公式为

$$Y_2=\frac{X_2}{X_1}\times Y_1\times \mathrm{CF} \tag{3-9}$$

式中　Y_2——拟建项目的投资额；

Y_1——已建类似项目的投资额；

X_1——已建类似项目的生产能力；

X_2——拟建项目的生产能力；

CF——不同时期、不同地点的定额、单价、费用变更等的综合调整系数。

该方法将项目的建设投资与其生产能力的关系视为简单的线性关系，估算简便迅速，但

准确度较差。使用这种方法要求拟建项目与所选取的已建项目类似，仅存在规模大小和时间上的差异。

【例 3-5】　已知 2019 年建设污水处理能力 16 万 m^3/日的污水处理厂的建设投资为 18000 万元。2021 年拟建一座污水处理能力 20 万 m^3/日的污水处理厂，工程条件与 2019 年已建项目类似，调整系数 CF 为 1.25，试估算该项目的建设投资。

解：该项目的建设投资为

$$Y_2=\frac{X_2}{X_1}\times Y_1\times \mathrm{CF}=\frac{20\ 万\ \mathrm{m}^3/日}{16\ 万\ \mathrm{m}^3/日}\times 18000\ 万元\times 1.25=28125\ 万元$$

2. 生产能力指数法

该方法根据已建成的、性质类似建设项目的生产能力和投资额与拟建项目的生产能力来估算拟建项目投资额，其计算公式为

$$Y_2=Y_1\times\left(\frac{X_2}{X_1}\right)^n\times \mathrm{CF} \tag{3-10}$$

式中　n——生产能力指数；

其他符号含义同前。

计算公式表明，建设项目的投资额与生产能力呈非线性关系。运用该方法估算项目投资的重要条件是要有合理的生产能力指数。不同性质的建设项目，n 的取值是不同的。在正常情况下，$0\leqslant n\leqslant 1$。若已建类似项目的规模和拟建项目的规模相差不大，Y_1 与 Y_2 的比值在 0.5~2，则生产能力指数 n 的取值近似为 1。一般认为 Y_1 与 Y_2 的比值在 2~50，且拟建项目规模的扩大仅靠增大设备规模来达到时，则 n 的取值在 0.6~0.7；若靠增加相同规格设备的数量来达到时，则 n 的取值在 0.8~0.9。

采用生产能力指数法，计算简单、速度快；但要求类似项目的资料可靠、条件基本相同，否则误差就会增大。对于建设内容复杂多变的项目，实践中该方法往往应用于分项装置的工程费用估算。

【例 3-6】　已知建设年产 30 万 t 尿素项目的装置投资为 40000 万元。现拟建年产 50 万 t 的聚酯项目，工程条件与上述项目类似，生产能力指数 n 为 0.8，调整系数为 1.1，试估算该项目的装置投资。

解：该项目的装置投资为

$$Y_2=Y_1\times\left(\frac{X_2}{X_1}\right)^n\times \mathrm{CF}=40000\ 万元\times\left(\frac{50\ 万\ \mathrm{t}}{30\ 万\ \mathrm{t}}\right)^{0.8}\times 1.1=66211.23\ 万元$$

3. 比例估算法

比例估算法可分为两种：

微视频：比例估算法及例 3-7 讲解

（1）以拟建项目的设备购置费为基数进行估算　该方法是以拟建项目的设备购置费为基数，根据已建成同类项目的建筑工程费和安装工程费占设备购置费的百分比，

求出相应的建筑工程费和安装工程费，再加上拟建项目其他费用（包括工程建设其他费用和预备费等），其总和即为拟建项目的建设投资。计算公式为

$$C=E\times(1+f_1P_1+f_2P_2)+I \tag{3-11}$$

式中　C——拟建项目的建设投资；

E——拟建项目根据当时当地价格计算的设备购置费；

P_1、P_2——已建项目中建筑工程费和安装工程费占设备购置费的百分比；

f_1、f_2——由于时间因素引起的定额、价格、费用标准等综合调整系数；

I——拟建项目的其他费用。

【例 3-7】 某拟建项目设备购置费为 20000 万元，根据已建同类项目统计资料，建筑工程费占设备购置费的 25%，安装工程费占设备购置费的 10%，该拟建项目的其他有关费用估计为 3000 万元，调整系数 f_1、f_2 均为 1.1，试估算该项目的建设投资。

解： 该项目的建设投资为

$$C=E\times(1+f_1P_1+f_2P_2)+I=20000\text{ 万元}\times[1+(25\%+10\%)\times1.1]+3000\text{ 万元}=30700\text{ 万元}$$

（2）以拟建项目的工艺设备投资为基数进行估算　该方法**以拟建项目的工艺设备投资为基数**，根据同类型的已建项目的有关统计资料，各专业工程（总图、土建、暖通、给排水、管道、电气、电信及自控等）占工艺设备投资（包括运杂费和安装费）的百分比，求出拟建项目各专业工程的投资，然后把各部分投资（包括工艺设备投资）相加求和，再加上拟建项目的其他有关费用，即为拟建项目的建设投资。计算公式为

$$C=E\times(1+f_1P'_1+f_2P'_2+\cdots)+I \tag{3-12}$$

式中　E——拟建项目根据当时当地价格计算的工艺设备投资；

P'_1、P'_2——已建项目各专业工程费用占工艺设备投资的百分比；

其他符号含义同前。

4. 系数估算法

（1）朗格系数法　该方法**以设备购置费为基础，乘以适当系数来推算项目的建设投资。**计算公式为

$$C=E\times(1+\sum K_i)\times k_c \tag{3-13}$$

式中　C——建设投资；

E——设备购置费；

K_i——管线、仪表、建筑物等项费用的估算系数；

k_c——管理费、合同费、应急费等间接费在内的总估算系数。

建设投资与设备购置费之比为朗格系数 k_L，即 $k_L=(1+\sum K_i)\times k_c$。

运用朗格系数法估算投资，方法比较简单，但由于没有考虑项目（或装置）规模大小、设备材质的影响以及不同地区自然、地理条件差异的影响，所以估算的准确度不高。

（2）设备及厂房系数法　该方法在拟建项目工艺设备投资和厂房土建投资估算的基础上，其他专业工程参照类似项目的统计资料，与设备关系较大的按设备投资系数计算，与厂房土建关系较大的则按厂房土建投资系数计算，将两类投资加起来，再加上拟建项目的其他

有关费用，即为拟建项目的建设投资。

【例3-8】 某项目工艺设备及其安装费用估计为3000万元，厂房土建费用估计为4200万元，参照类似项目的统计资料，各专业工程投资系数见表3-3，其他有关费用为2400万元，试估算该项目的建设投资。

表3-3　各专业工程投资系数

工艺设备	系　数	厂房土建	系　数
工艺设备	1.00	厂房土建（含设备基础）	1.00
起重设备	0.08	给排水工程	0.04
加热炉及烟道	0.13	采暖通风	0.03
汽化冷却	0.02	工业管道	0.01
余热锅炉	0.03	电器照明	0.01
供电及转动	0.17	系数合计	1.09
自动化仪表	0.03		
系数合计	1.46		

解： 根据上述方法，则该项目的建设投资为

3000万元×1.46+4200万元×1.09+2400万元=11358万元

5. 指标估算法

估算指标是比概算指标更为扩大的单项工程指标或单位工程指标，以单项工程或单位工程为对象，综合项目建设中的各类成本和费用，具有较强的综合性和概括性。

单项工程指标一般用单项工程生产能力单位投资表示，如工业窑炉砌筑以元/m^3表示；变配电站以元/(kV·A)表示；锅炉房以元/t蒸汽表示。单位工程指标一般以如下方式表示：房屋区别不同结构形式以元/m^2表示；道路区别不同结构层、面层以元/m^2表示；管道区别不同材质、管径以元/m表示。

使用估算指标应根据不同地区、不同时期的实际情况进行适当调整，因为地区、时期不同，设备、材料及人工的价格均有差异。

6. 建设投资分类估算法

建设投资分类估算法是对构成建设投资的各类投资，即工程费用（含建筑工程费、设备购置费和安装工程费）、工程建设其他费用和预备费（含基本预备费和价差预备费）分类进行估算。

（1）建筑工程费估算

1）估算内容。建筑工程费是指为建造永久性建筑物和构筑物所需要的费用，主要包括以下几部分内容：各类房屋建筑工程和列入房屋建筑工程预算的供水、供暖、卫生、通风、煤气等设备费用及其装饰、油饰工程的费用，列入建筑工程的各种管道、电力、电信和电缆导线敷设工程的费用；设备基础、支柱、工作台、烟囱、水塔、水池、灰塔等建筑工程，以及各种窑炉的砌筑工程和金属结构工程的费用；建设场地的大型土石方工程、施工临时设施

和完工后的场地清理、环境绿化的费用；矿井开凿、井巷延伸、露天矿剥离，石油、天然气钻井，修建铁路、公路、桥梁、水库、堤坝、灌渠及防洪等工程的费用。

2）估算方法。建筑工程费的估算方法有单位建筑工程投资估算法、单位实物工程量投资估算法和概算指标投资估算法。其中，前两种方法比较简单，后一种方法要以较为详细的工程资料为基础，工作量较大，实际工作中可根据具体条件和要求选用。

① 单位建筑工程投资估算法。单位建筑工程投资估算法是以单位建筑工程量投资乘以建筑工程总量来估算建筑工程费的方法。一般工业与民用建筑以单位建筑面积（m^2）投资，工业窑炉砌筑以单位容积（m^3）投资，水库以水坝单位长度（m）投资，铁路路基以单位长度（km）投资，矿山掘进以单位长度（m）投资，乘以相应的建筑工程总量计算建筑工程费。

② 单位实物工程量投资估算法。单位实物工程量投资估算法是以单位实物工程量投资乘以实物工程量总量来估算建筑工程费的方法。土石方工程按每立方米投资，矿井巷道衬砌工程按每延长米投资，路面铺设工程按每平方米投资，乘以相应的实物工程量总量计算建筑工程费。

③ 概算指标投资估算法。在估算建筑工程费时，对于没有前两种估算指标或建筑工程费占建设投资比例较大的项目，可采用概算指标投资估算法。建筑工程概算指标通常以整个建筑物为对象，以建筑面积、体积等为计量单位来确定劳动、材料和机械台班的消耗量标准和造价指标。建筑工程概算指标分别有一般土建工程概算指标、给水排水工程概算指标、采暖工程概算指标、通信工程概算指标、电气照明工程概算指标等。采用概算指标投资估算法，需要有较为详细的工程资料、建筑材料价格和工程费用指标，工作量较大。具体方法参照专门机构发布的概算编制办法。

（2）安装工程费估算

1）估算内容。安装工程费一般包括：生产、动力、起重、运输、传动和医疗、试验等各种需要安装的机电设备、专用设备、仪器仪表等设备的安装费；工艺、供热、供电、给水排水、通风空调、净化及除尘、自控、电信等管道、管线、电缆等的材料费和安装费；设备和管道的保温、绝缘、防腐，设备内部填充物等的材料费和安装费。

2）估算方法。投资估算中的安装工程费通常是根据行业或专门机构发布的安装工程定额、取费标准进行估算的，具体计算可按安装费费率、每吨设备安装费指标或每单位安装实物工程量费用指标进行估算。计算公式为

$$\text{安装工程费}=\text{设备原价}\times\text{安装费费率} \tag{3-14}$$

或

$$\text{安装工程费}=\text{设备吨位}\times\text{每吨设备安装费指标} \tag{3-15}$$

或

$$\text{安装工程费}=\text{安装工程实物量}\times\text{每单位安装实物工程量费用指标} \tag{3-16}$$

附属管道量大的项目，还应单独估算管道工程费用，有的还要单独列出主要材料费用。

在项目决策分析与评价阶段，根据投资估算的深度要求，安装工程费也可以按单项工程分别估算。

估算安装工程费应编制安装工程费估算表。

3.3 工程项目成本费用的构成及计算

3.3.1　总成本费用

微视频：
总成本费用

总成本费用是指在一定时期内为生产和销售产品所花费的全部费用。总成本费用包括产品生产成本和期间费用两部分。

1. 生产成本

生产成本也称制造成本，是指工业企业为制造一定种类和数量的产品所发生的各项生产费用的总和。生产成本包括直接材料费、直接工资、其他直接支出和制造费用等。

（1）直接材料费　直接材料费是指在生产过程中直接消耗于产品生产的各种物资费用，包括生产经营过程中实际消耗的原材料、辅助材料、外购半成品、备品配件、燃料、动力、包装物以及其他直接材料费用。

（2）直接工资　直接工资是指在生产过程中直接从事产品生产人员的工资性消耗，包括直接从事产品生产人员的工资、奖金、津贴和各类补贴。

（3）其他直接支出　其他直接支出包括直接从事产品生产人员的职工福利费等。

（4）制造费用　制造费用是指组织和管理生产所发生的各项间接费用，即发生在生产作业单位的间接费用，包括生产作业单位管理人员的工资和职工福利费、生产作业单位房屋建筑和机器设备的折旧费、修理维护费、机物料消耗、取暖费、水电费、低值易耗品、办公费、差旅费、运输费、保险费、设计制图费、试验检验费、劳动保护费、季节性及维修期间停工损失等费用。

直接材料费、直接工资及其他直接支出构成产品的直接成本；制造费用则构成产品的间接成本。直接成本加上间接成本构成产品的生产成本，即制造成本。

2. 期间费用

期间费用包括销售费用、财务费用和管理费用。

（1）销售费用　销售费用是指销售商品、提供劳务等日常经营过程中发生的各项费用，以及专设销售机构的各项经费，包括应由企业负担的运输费、装卸费、包装费、保险费、展览费、差旅费、广告费，以及销售部门人员工资、职工福利费、折旧费、修理费及其他销售费用。

（2）财务费用　财务费用是指在企业筹集资金等财务活动中发生的各项费用，包括生产经营期间发生的利息净支出及其他财务费用（汇兑净损失、外汇调剂手续费、支付给金融机构的手续费等）。

（3）管理费用　管理费用是指企业行政管理部门为管理和组织生产经营活动所发生的一般管理费，包括管理人员工资和福利费、折旧费、修理费、无形资产及递延资产摊销费，以及其他管理费用（办公费、差旅费、劳动保护费、技术转让费、土地使用税）等。

3.3.2　经营成本

经营成本是工程经济中常用的指标。经营成本是从总成本费用中分离出来的一部分费用，它是指总成本费用扣除固定资产折旧费、维简费（维持简单再生产费用）、无形资产及递延资产摊销费和流动资金贷款利息支出以后的费用。其计算公式为

微视频：
经营成本

$$经营成本=总成本费用-折旧费-维简费-摊销费-流动资金贷款利息 \tag{3-17}$$

按照工程经济分析方法，需要考虑生产系统现金流入与流出。而按照会计核算方法，总成本费用中的折旧与摊销等费用既不属于现金流入，也不属于现金流出，要计算项目运营期间各年的现金流出，必须将这些费用从总成本费用中剔除。

经营成本中不包括折旧费、摊销费、维简费及流动资金贷款利息，因为：

1）现金流量表反映项目在计算期内逐年发生的现金流入和流出。与常规会计方法不同，现金收支在何时发生就在何时计入，不做分摊。由于投资已在其发生时作为一次性支出被计入现金流出，所以不能再以折旧和摊销的方式计为现金流出，否则会发生重复计算。因此，作为经常性支出的经营成本中不包括折旧费和摊销费。

2）全部现金流量表以全部投资作为计算基础，利息支出不作为现金流出，而自有资金现金流量表中已将利息支出单列。因此，经营成本中也不包括流动资金利息支出。

3）维简费又称更新改造资金，是从成本中提取专项用于维持简单再生产的资金，该部分资金相当于折旧。依据折旧费性质，该项不能包含在经营成本中，只能计算在总成本费用中。

3.4 工程项目收入及税费的计算

3.4.1 收入的计算

营业收入（简称收入）是企业在销售商品、提供劳务以及让渡资产使用权等日常活动中所形成的经济利益的总流入，包括主营业务收入和其他业务收入。收入是企业日常经济活动的经济利益流入，必然导致所有者权益的增加。收入可划分为销售商品收入、提供劳务收入、让渡资产使用权收入、建造合同收入及补贴收入等。

对多数企业而言，收入主要来自销售。产成品生产完工、验收入库后，标志着生产过程的结束和销售过程的开始。销售过程是企业再生产过程的重要环节，是产成品价值的实现过程。在这一过程中，一方面，企业要把生产出来的产品（劳务），按照合同规定向购货单位提供；另一方面，企业要按照销售的数量和价格，从购货单位收回货币资金。

销售收入与同期总产值不同。总产值是指已加工制造完毕的成品、半成品和正在加工制造的在产品按相应价格计算的总值，是生产阶段效益的反映；销售收入是产品经过流通领域之后，给企业带来的真正效益。

$$销售收入=\sum(产品或劳务销售量\times 销售单价) \tag{3-18}$$

3.4.2 利润的计算

利润是企业在一定会计期间内从事生产经营活动所取得的财务成果，它能综合反映企业生产经营各方面的情况。企业产品的产量多少、质量优劣、成本高低、经营情况，以及技术

和管理工作的水平等，都可以通过盈利（或亏损）集中表现出来。利润主要包括营业利润、利润总额、税后利润（净利润）等。

1. 营业利润

营业利润是指企业一定期间取得的主营业务利润和其他业务利润减去期间费用之后的余额，即

营业利润=营业收入−营业成本−营业税费−期间费用+公允价值变动净收益+投资净收益

投资净收益是指投资收益扣除投资损失后的余额。其中，投资收益包括对外投资分得的利润、股利和债券利息等；投资损失包括投资作价损失、投资到期收回或者中途转让取得款项低于账面净值的差额等。

2. 利润总额

利润总额是指企业一定期间各项收支相抵后的盈亏总额，包括营业利润、营业外收支净额和补贴收入，即

利润总额=营业利润+营业外收入−营业外支出+补贴收入　　(3-19)

企业的营业外收入和营业外支出是指与企业生产经营无直接关系的各项收入和支出。其中，营业外收入包括固定资产盘盈、处理固定资产净收益、罚没收入、罚款收入、确实无法支付的应付款项、以前年度收入等；营业外支出包括固定资产盘亏、报废毁损、研究与开发失败损失、非常损失、公益救济性捐赠、罚息、赔偿金、违约金、以前年度损失等。补贴收入是企业从政府或某些国际组织得到的补贴，一般是企业履行了一定的义务后得到的定额补贴。我国企业的补贴收入主要是按规定应收取的政策性亏损补贴和其他补贴。

3. 税后利润（净利润）

企业实现利润，一部分以税金的形式上交国家，另一部分按规定进行分配。企业的税后利润（净利润）为利润总额减去所得税后的余额，即

税后利润(净利润)=利润总额−所得税

企业的利润按照国家规定做相应的调整后，必须依法缴纳所得税。缴纳所得税后的利润，除国家另有规定外，按照以下顺序分配：①被没收财务的损失，违反税法规定支付的滞纳金和罚款；②弥补企业五年内的亏损；③提取法定公积金（法定公积金用于弥补亏损、按照国家规定转增的资本金等）；④提取公益金（公益金主要用于企业职工的集体福利支出）；⑤提取特种基金（企业在盈利的年份计提的、专门用于应对突发自然灾害为企业带来的财务风险的支出）；⑥向投资者分配利润（企业以前年度未分配的利润，可以并入本年度向投资者分配）；⑦未分配利润（留存收益）。

3.4.3　税金的计算

税金是指企业根据国家税法规定向国家缴纳的各种税款，是企业为国家提供累积的重要方式。

1. 消费税

消费税是对工业企业生产、委托加工和进口的部分应税消费品按差别税率或税额征收的一种税。消费税是在普遍征收增值税的基础上，根据消费政策、产业政策的要求，有选择地对部分消费品征收的一种特殊税种。目前，我国的消费税共设 11 个税目、13 个子目。消费税税率有从量定额和从价定率两种。其中，黄酒、啤酒、汽油、柴油产品采用从量定额的方

法；其他消费品均为从价定率计税，税率从 3%～45%不等。应纳税额计算公式分以下情况：

1）实行从量定额办法计算的，其计算公式为

$$应纳税额=应税消费品销售数量\times单位税额$$

2）实行从价定率办法计算的，其计算公式为

$$\begin{aligned}应纳税额&=应税消费品销售额\times适用税率\\&=销售收入(含增值税)\div(1+增值税税率)\times消费税税率\\&=组成计税价格\times消费税税率\end{aligned}\tag{3-20}$$

应税消费品的销售额是指纳税人销售应税消费品向买方收取的全部价款和价外费用，不包括向买方收取的增值税税款。销售数量是指应税消费品的数量。

2. 增值税

1）增值税税率。根据《关于深化增值税改革有关政策的公告》(财税〔2019〕39 号)，调整后的增值税税率见表 3-4。

表 3-4　增值税税率

<table>
<tr><th>序号</th><th colspan="2">增值税纳税行业</th><th>增值税税率或扣除率</th></tr>
<tr><td rowspan="3">1</td><td colspan="2">销售或进口一般货物（另有列举的货物除外）</td><td rowspan="3">13%</td></tr>
<tr><td rowspan="2">提供服务</td><td>提供加工、修理、修配劳务</td></tr>
<tr><td>提供有形动产租赁服务</td></tr>
<tr><td rowspan="6">2</td><td rowspan="5">销售或进口货物</td><td>粮食等农产品、食用植物油、食用盐</td><td rowspan="6">9%</td></tr>
<tr><td>自来水、暖气、冷气、热气、煤气、石油液化气、天然气、沼气、居民用煤炭制品</td></tr>
<tr><td>图书、报纸、杂志、音像制品、电子出版物</td></tr>
<tr><td>饲料、化肥、农药、农机、农膜</td></tr>
<tr><td>国务院规定的其他货物</td></tr>
<tr><td>销售（提供）服务</td><td>转让土地使用权、销售不动产、提供不动产租赁、提供建筑服务、提供交通运输服务、提供邮政服务、提供基础电信服务</td></tr>
<tr><td rowspan="2">3</td><td>销售（转让）无形资产</td><td>技术、商标、著作权、商誉、自然资源使用权（不含土地使用权）和其他权益性无形资产</td><td rowspan="2">6%</td></tr>
<tr><td colspan="2">提供服务（另有列举的服务除外）</td></tr>
<tr><td rowspan="4">4</td><td colspan="2">出口货物（国务院另有规定的除外）</td><td rowspan="4">零税率</td></tr>
<tr><td rowspan="3">提供服务</td><td>国际运输服务、航天运输服务</td></tr>
<tr><td>向境外单位提供的完全在境外消费的相关服务</td></tr>
<tr><td>财政部和国家税务总局规定的其他服务</td></tr>
</table>

纳税人兼营不同税率的项目，应当分别核算不同税率项目的销售额；未分别核算销售额的，从高适用税率。

2）增值税应纳税额计算。纳税人销售货物、劳务、服务、无形资产、不动产（以下统称应税销售行为），应纳税额为当期销项税额抵扣当期进项税额后的余额。应纳税额计算公式为

$$应纳税额=当期销项税额-当期进项税额$$

当期销项税额小于当期进项税额不足以抵扣时，其不足部分可以结转下期继续抵扣。纳税人发生应税销售行为，按照销售额和增值税暂行条例规定的税率计算收取的增值税额，为销项税额。销项税额计算公式为

$$销项税额=销售额\times税率$$

销售额为纳税人发生应税销售行为收取的全部价款和价外费用，但是不包括收取的销项税额。销售额以人民币计算。纳税人以人民币以外的货币结算销售额的，应当折合成人民币计算。

纳税人购进货物、劳务、服务、无形资产、不动产支付或者负担的增值税额，为进项税额。

3）小规模纳税人应纳税额的简易计算办法。小规模纳税人发生应税销售行为，实行按照销售额和征收率计算应纳税额的简易办法，并不得抵扣进项税额。应纳税额计算公式为

$$应纳税额=销售额\times征收率$$

小规模纳税人的标准由国务院财政、税务主管部门规定。小规模纳税人增值税征收率为3%，国务院另有规定的除外。

小规模纳税人以外的纳税人应当向主管税务机关办理登记，具体登记办法由国务院税务主管部门制定。

3. 城乡维护建设税

城乡维护建设税是以纳税人实际缴纳的流转税额为计税依据征收的一种税。城乡维护建设税按纳税人所在地区实行差别税率：项目所在地为市区的，税率为 7%；项目所在地为县城、镇的，税率为 5%；项目所在地为乡村的，税率为 1%。

城乡维护建设税以纳税人实际缴纳的增值税、消费税税额为计税依据，并分别与上述两种税同时缴纳。其应纳税额计算公式为

$$应纳税额=(增值税+消费税)的实纳税额\times适用税率$$

4. 教育费附加

教育费附加是为了加快地方教育事业的发展、扩大地方教育经费的资金来源而开征的一种附加费。根据有关规定，凡缴纳消费税、增值税的单位和个人，都是教育费附加的纳税人。教育费附加伴随消费税、增值税同时缴纳。教育费附加的计征依据是各缴纳人实际缴纳的消费税、增值税的税额，征收率为 3%。其计算公式为

$$应纳教育费附加额=(消费税+增值税)的实纳税额\times3\%$$

5. 地方教育附加

地方教育附加应专项用于发展教育事业，通常是由实际缴纳的增值税额和消费税额的总和乘以 2%确定。其计算公式为

$$应纳地方教育附加额=(消费税+增值税)的实纳税额\times2\%$$

6. 资源税

资源税是对在我国境内开采应税矿产品和生产食盐的单位和个人，就其应税数量征收的一种税。在中华人民共和国境内开采《中华人民共和国资源税暂行条例》规定的矿产品或者生产食盐的单位和个人，为资源税的纳税义务人，应缴纳资源税。

7. 企业所得税

企业所得税适用于中国境内的实行独立经济核算的企业和组织，包括国有企业、集体企业、私营企业、联营企业、股份制企业及其他组织。上述企业在我国境内和境外生产、经营所得和其他所得，为应纳税所得额，按25%的税率计算缴纳税款。同时，《中华人民共和国企业所得税暂行条例》还对准予扣除的项目做了规定，对民族自治地区的企业和其他有关企业，依照规定经过批准给予优惠政策。

企业所得税的计税依据是企业应纳税所得额，即纳税人在纳税年度取得的总收入减去税收准予扣除项目后的余额。其计算公式为

应纳税所得额=收入总额-税收准予扣除项目金额

准予扣除的项目包括国家有关规定的核定成本、费用、税金和损失等项目的金额和税收调整项目的金额。

计征企业所得税税额的关键是确定应纳税所得额。应纳税所得额乘以适用税率即可计算出所得税税额。最后再考虑有无税收优惠和税额抵免，以确定实际应纳所得税税额。其计算公式为

应纳所得税税额=应纳税所得额×适用税率-税额减免-税额抵免

本章小结与重要概念

【本章小结】

建设工程项目总投资是指为完成项目建设并达到使用要求或生产条件，在建设期内预计或实际发生的总费用。生产性建设工程项目总投资包括建设投资、建设期利息和流动资金三部分；非生产性建设工程项目总投资包括建设投资和建设期利息两部分。建设投资由工程费用（包括设备及工器具购置费、建筑安装工程费用）、工程建设其他费用、预备费（包括基本预备费和价差预备费）构成。

建设期利息包括各类借款利息、债券利息、贷款评估费、国外借款手续费及承诺费、汇兑损益、债券发行费用及其他债务利息支出或融资费用。流动资金是指为正常生产运营，用于购买原材料、燃料、支付工资及其他运营费用等所需的周转资金。固定资产投资可以分为静态投资部分和动态投资部分。静态投资部分由建筑安装工程费用、设备及工器具购置费、工程建设其他费和基本预备费构成；动态投资部分包括价差预备费、建设期利息等。

建设项目决策分析与评价阶段一般可分为投资机会研究、初步可行性研究（项目建议书）、可行性研究和项目前评估四个阶段。建设投资的估算方法有简单估算法和分类估算法。简单估算法又分为单位生产能力估算法、生产能力指数法、比例估算法、系数估算法和指标估算法等。

总成本费用包括产品生产成本和期间费用两部分。经营成本是工程经济中常用的指标，它是从总成本费用中分离出来的一部分费用。

营业收入包括主营业务收入和其他业务收入。收入是企业日常经济活动的经济利益流入，必然导致所有者权益的增加。收入可划分为销售商品收入、提供劳务收入、让渡资产使用权收入、建造合同收入及补贴收入等。利润主要包括营业利润、利润总额、税后利润（净利润）等。税金是指企业根据国家税法规定向国家缴纳的各种税款，包括消费税、增值

税、城乡维护建设税、教育费附加、地方教育附加、资源税和企业所得税。

【重要概念】

建设工程项目总投资　建设投资　设备及工器具购置费　工程费用　工程建设其他费用　建设期利息　流动资金　基本预备费　价差预备费　总成本费用　经营成本　营业利润　利润总额

思考题与练习题

1. 简述工程项目投资的构成。

2. 什么是建筑安装工程费用？它由什么构成？

3. 什么是工程建设其他费用？它可以分为哪几类？

4. 简述投资估算的基本内容。

5. 投资估算在具体数额上允许存在一定的误差，但必须达到的要求是什么？

6. 什么是经营成本？为什么经营成本中不包括折旧费、摊销费、维简费及流动资金贷款利息？

7. 某建设项目工程费用为 7200 万元，工程建设其他费用为 1800 万元，基本预备费为 400 万元。项目前期年限 1 年，建设期 2 年，各年度完成静态投资额的比例分别为 60%与 40%，年均投资价格上涨率为 6%，则该项目建设期第二年价差预备费为多少？

8. 已知某项目设备及工器具购置费为 1000 万元，建筑安装工程费用 580 万元，工程建设其他费用 240 万元，基本预备费 150 万元，价差预备费 50 万元，建设期贷款 500 万元，建设期贷款利息 80 万元，项目正常生产年份流动资产平均占用额为 350 万元，流动负债平均占用额为 280 万元，则该建设项目建设投资为多少？

9. 某项目的建设期为 3 年，第一年至第三年分别向银行贷款 300 万元、600 万元和 400 万元。贷款资金在各年均衡使用，建设期只计息不付息其中。若年利率为 6%，计算建设期贷款利息。

10. 进口某设备，已知装运港船上交货价为 500 万美元，国际运费费率为 7.5%，运输保险费费率为 4%，关税税率为 15%，增值税税率为 13%，消费税税率为 10%，则该设备的关税完税价格是多少？（1 美元＝7.03 元人民币）

11. 某年在某地兴建一座年产量 30 万 t 尿素的化肥厂，总投资为 25000 万元，假如 5 年后在该地开工兴建年产量 50 万 t 尿素的工厂，尿素的生产能力指数为 0.7，则所需静态投资为多少？（假定该 5 年中每年平均工程造价指数为 1.15）

二维码形式客观题

扫描二维码可在线做题，提交后可查看答案。

第 3 章
客观题

第 4 章 工程项目融资与资金成本

学习导图

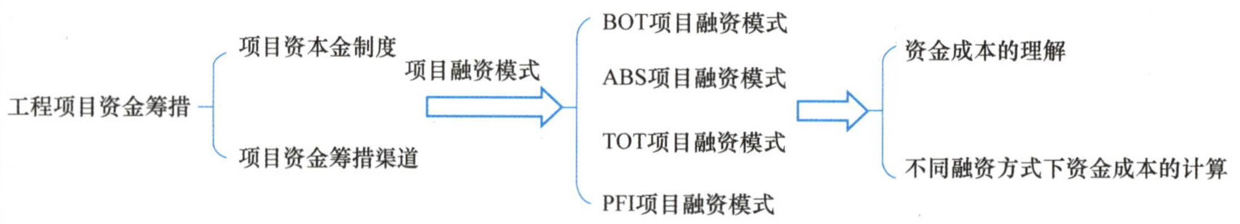

学习内容及目标

知 识 点	能 力 要 求	相 关 知 识	素 质 目 标
工程项目资金筹措	熟悉项目资本金制度 熟悉项目资金筹措渠道	项目资本金的含义 项目资本金制度的实施范围 项目资本金来源 资本金 负债资金	培养社会责任感和企业家精神 形成环保意识和可持续发展理念 树立风险意识、创新意识
项目融资的主要模式	掌握项目融资的含义 掌握几种主要的项目融资模式	项目融资的概念及特点 BOT 项目融资模式 ABS 项目融资模式 TOT 项目融资模式 PFI 项目融资模式	
项目融资成本及计算	掌握资金成本的含义 掌握资金成本的计算	资金成本的概念 资金成本的性质和作用 债务资金成本的计算 权益资金成本的计算 综合资金成本率的计算	

导入案例

英法海底隧道工程是目前世界上规模最大的 BOT 项目，也是世界上规模最大的利用私人资本建设的工程项目，全长约 50.5 km，其中海底部分长约 38 km。作为项目公司的欧洲隧道公司中标获得了特许权，特许期 55 年，后延长到 99 年。欧洲隧道公司作为项目发起人，以 BOT 方式开始融资建设。工程建设所需的全部资金约 103 亿英镑，均由欧洲隧道公司通过发行股票、银行借贷等形式筹集得来，其中商业银行贷款总额为 85 亿英镑，股票融资 18 亿英镑。

英法海底隧道工程完工后，实际费用大大超过了工程预算费用，但它采用了多元化的筹资策略，降低资金供应风险的同时确保了工程建设的资金需求。建设资金中，既有股权资本又有债务资金。资金来源上，既向国际上知名的大银行、大财团筹资，又向公众个人募集资金。另外，根据不同建设阶段的特点，适时调整资金结构，满足了不同阶段对资金的需求，确保了资金供给。负债股本比在工程建设中呈下降趋势就是业主根据工程建设各阶段的不同特点，适时调整筹资方案的结果。

思考：通过对英法海底隧道工程的介绍，作为一个投资项目，有哪些资金来源方式？不同方式会产生什么样的代价？如何对不同来源资金代价进行计算？这是本章需要学习和了解的基本内容。

4.1　工程项目资金筹措

4.1.1　项目资本金制度

微视频：
项目资本金制度

1. 项目资本金的含义

项目资本金是指在建设项目总投资中，由投资者认缴的出资额。对于建设项目来说，项目资本金是非债务性资金，项目法人不承担这部分资金的任何利息和债务；对投资者来说，可按其出资的比例依法享有所有者权益，也可转让其出资及其相应权益，但不得以任何方式抽回。

项目资本金主要强调的是作为项目实体而不是企业所注册的资金。注册资金是指企业实体在工商行政管理部门登记注册的资金，通常是指营业执照登记的资金，即会计上的“实收资本”或“股本”，是企业投资者按比例投入的资金。在我国，注册资金又称为企业资本金。因此，项目资本金有别于注册资金。

2. 项目资本金制度的实施范围

各种经营性固定资产项目，包括国有单位的基本建设、技术改造、房地产项目和集体投资项目，都必须先落实资本金才能进行建设。

计算资本金基数的总投资，是指投资项目的固定资产投资与铺底流动资金之和。国家为了从宏观上调控固定资产投资，根据不同行业和项目的经济效益，对投资项目资本金占总投资的比例有不同的具体规定：

1）钢铁、电解铝项目，最低资本金比例为 40%。

2）水泥项目，最低资本金比例为 35%。

3）煤炭、电石、铁合金、烧碱、焦炭、黄磷、玉米深加工、机场、港口、沿海及内河航运项目，最低资本金比例为 30%。

4）铁路、公路、城市轨道交通、化肥（钾肥除外）项目，最低资本金比例为 25%。

5）保障性住房和普通商品住房项目，最低资本金比例为 20%；其他房地产开发项目，最低资本金比例为 30%。

6）其他项目，最低资本金比例为 20%。

3. 项目资本金来源

项目投资可以用货币出资，也可以用实物、工业产权、非专利技术、土地使用权等出资，但必须经过有资格的资产评估机构依照法律、法规评估作价。以工业产权、非专利技术作价出资的比例不得超过投资项目资本金总额的 20%，国家对采用高新技术成果有特别规定的除外。

投资者以货币方式认缴的资本金，其资金来源有：

1）各级人民政府的财政预算内资金、国家批准的各种专项建设基金、经营性基本建设基金回收的本息、土地批租收入、国有企业产权转让收入、地方人民政府根据国家有关规定收取的各种规费及其他预算外资金。

2）国家授权的投资机构及企业法人的所有者权益、企业折旧资金以及投资者按照国家规定从资金市场上筹措的资金。

3）社会个人合法所有的资金。

4）国家规定的其他可以用作投资项目资本金的资金。

对某些投资回报率稳定、收益可靠的基础设施、基础产业投资项目以及经济效益好的竞争性投资项目，经国务院批准，可以试行通过可转换债券或组建股份制公司发行股票的方式筹措资本金。

4.1.2　项目资金筹措渠道

项目资金来源比较复杂，从资金筹措形式上看，项目资金来源可分为投入资金和借入资金，前者形成项目的资本金，后者形成项目的负债；从筹资方式上看，可以分为自有资本、长期贷款、发行股票筹资、发行债券筹资、融资租赁等方式。这里按资本金和负债资金两种形式进行阐述。

1. 资本金

建设项目可通过政府投资、股东直接投资、发行股票等多种方式来筹集资本金。

（1）政府投资　政府投资包括各级政府的财政预算内资金、国家批准的各种专项建设基金、统借国外贷款、土地批租收入、地方政府按规定收取的各种费用及其他预算外资金等。国家根据资金来源、项目性质和调控需要，分别采取直接投资、资本金注入、投资补助、转贷和贷款贴息等方式，按项目安排政府投资。

（2）股东直接投资　股东直接投资包括政府授权投资机构入股资金、国内外企业入股资金、社会团体和个人入股资金以及基金投资公司入股的资金，构成国家资本金、法人资本金、个人资本金和外商资本金。

（3）发行股票　股票是一种有价证券，是股份公司在筹集资本时向出资人公开或私下发行的、用以证明出资人的股东身份和权利，并根据持有人所持有的股份数享有权益和承担义务的凭证。股票代表着其持有人（股东）对股份公司的所有权，每一股同类型股票所代表的公司所有权是相等的，即“同股同权”。

股票具有不可偿还性、参与性、收益性、流通性、价格波动性和风险性等特点。按股东承担风险和享有权益的大小，股票可分为普通股和优先股两大类。普通股和优先股是股票最基本的两种类型。普通股是股份公司最基本、最大量、最重要的股票种类，是构成股份公司资本的基础。优先股主要比普通股具有盈利分配的优先性和剩余财产分配的优先性两个方面的优先权。

发行股票筹资是一种有弹性的融资方式。股票无到期日，并可降低公司负债比率，提高公司财务信用，增加公司今后的融资能力；但同时具有资金成本高，增发普通股需给新股东投票权和控制权而降低原有股东的控制权，需公开披露信息，接受投资者和社会公众的监督等不足。

2. 负债资金

（1）银行贷款　从我国现实来看，银行贷款是项目筹资的主要渠道。它包括商业银行对项目的贷款、国家政策性银行从地区或行业发展需要的角度考虑而对某些项目提供的扶持性贷款。商业银行贷款是我国建设项目获得短期、中长期贷款的重要渠道，国内商业银行贷款手续简单、成本较低，适用于有偿债能力的建设项目；国家政策性银行贷款一般期限较长、利率较低，是为配合国家产业政策等的实施，对有关政策性项目提供的贷款。我国政策性银行有国家开发银行、中国进出口银行和中国农业发展银行。

（2）发行债券　债券是政府、金融机构、工商企业等机构直接向社会借债筹措资金时，向投资者发行，承诺按一定利率支付利息并按约定条件偿还本金的债权债务凭证。债券的本质是债的证明，具有法律效力。债券购买者（或投资者）与发行者之间是一种债权债务关系，债券发行者即债务人，投资者（或债券持有人）即债权人。

债券的基本要素包括债券的面值、债券的利率和债券的期限。债券的面值主要是指债券的面值币种和债券票面上直接标示的货币单位。债券的利率是指债券持有人每年可获得的利息与债券面值的比率。债券利率通常是固定的，即在债券到期之前保持不变。债券的期限即从债券发行日起到本息偿清之日止的时间。债券期限短的只有数月，长的可达几十年。

债券作为一种重要的融资手段和金融工具，具有偿还性、流通性、安全性和收益性的特征。债券融资具有融资成本较低、保障企业控制权、发挥财务杠杆作用等优点同时，也具有财务杠杆负效应、提高企业负债比率、经营管理受限制等缺点。

（3）融资租赁　融资租赁是指出租人根据承租人对出卖人、租赁物的选择，向出卖人购买租赁物件，提供给承租人使用，并向承租人收取租金的交易。它以出租人保留租赁物的所有权和收取租金为条件，使承租人在租赁合同期内对租赁物取得占有、使用和受益的权利。与传统租赁的一个本质区别是：传统租赁以承租人租赁使用物件的时间计算租金；而融资租赁以承租人占用融资成本的时间计算租金。融资租赁是市场经济发展到一定阶段而产生的一种适应性较强的融资方式。

融资租赁一般涉及三方当事人，即出租人、承租人和供应商，并同时签订两个或两个以上的合同，即融资租赁合同和买卖合同。租赁物件和供应商由承租人选定，出租人不承担租赁物的瑕疵责任。租赁期满后，承租人一般对租赁设备有留购、续租和退租三种选择。

融资租赁是筹措资金的新途径。它能缓解承租人为购置设备的现金流压力，解决企业更新和添置生产急需设备而资金不足的困难，并能延长资金融通的期限，保持资金的流动性，提高资金使用效率。在租赁期结束时，承租人可按象征性的价格购买租赁物件，作为自己的财产。

（4）利用国外资金　借用国外资金大致可分为以下几种途径：

1）外国政府贷款。这种贷款的特点是利率较低（年利率一般为 2%～4%）、期限较长（一般为 20～30 年，最长可达 50 年），但数额有限。因此，这种贷款比较适用于建设周期较长、金额较大的工程建设项目，如发电站、港口、铁路及能源开发等项目。目前，我国可利用的外国政府贷款主要有日本国际协力银行贷款、日本能源贷款、美国国际开发署贷款、加拿大国际发展署贷款，以及德国、法国等政府的贷款。外国政府贷款一般以混合贷款方式提供，即在贷款总额中，政府贷款一般占 1/3，其余 2/3 为出口信贷。此外，贷款一般都限定用途，如用于支付从贷款国进口设备，或用于某类项目建设。

2）国际金融组织贷款。目前与我国关系密切的国际金融组织有国际货币基金组织、世界银行和亚洲开发银行。

① 国际货币基金组织贷款。其贷款用途限于弥补国际收支逆差或用于经常项目的国际支付，期限为 1～5 年。

② 世界银行贷款。世界银行贷款利率低于市场利率，甚至免收利息，贷款期限（含宽限期）均较长，一般为 20 年左右，最长可达 30 年，宽限期为 5 年，借款者主要承担贷款货币汇率变动的风险。世界银行贷款立项认真、严格，一般与特定的工程项目相联系，对项目进行精心挑选、认真核算、系统分析和严格监督，但审批时间较长。

③ 亚洲开发银行贷款。亚洲开发银行（简称亚行）贷款分为普通资金贷款（硬贷款）、亚洲开发基金贷款（软贷款）和技术援助基金。硬贷款是由亚行普通资金提供的贷款，贷款的期限为 10～30 年，含 2～7 年的宽限期，贷款的利率为浮动利率，每年调整一次。软贷款是由亚行开发基金提供的贷款，贷款的期限为 40 年，含 10 年的宽限期，不收利息，仅收 1%的手续费。此种贷款只提供给还款能力有限的发展中国家。技术援助基金来源于亚行发达成员和发展中成员的捐赠，主要用于成员进行技术传播、实施项目开发与运营、专项问题的研究等。普通基金贷款期限一般 15 年，含 3 年宽限期，无承诺费；开发基金贷款 32 年，含 8 年宽限期，宽限期利率为 1%，之后为 1. 5%。

3）国外商业银行贷款。国外商业银行贷款是指项目相关方在国际金融市场上以借款方式筹集的资金，主要包括国外开发银行、投资银行、长期信用银行以及开发金融公司提供的贷款。

4）出口信贷。出口信贷是一种国际信贷方式，是一国为了支持和鼓励本国大型机械设备、工程项目的出口，增强国际竞争力，以向本国出口商或国外进口商提供利息补贴和信贷担保的优惠贷款方式，鼓励本国银行对本国出口商或国外进口商提供利率较低的贷款，以解决本国出口商资金周转的困难，或满足国外进口商对本国出口商支付货款需要的融资方式。

这种贷款的特点是利率较低，期限一般为 10～15 年，借方所借款项只能用于购买出口信贷国设备。出口信贷利率通常要低于国际上商业银行的贷款利率，但需要支付一定的附加费用（管理费、承诺费、信贷保险费等）。

4.2 项目融资的主要模式

4.2.1 项目融资概述

1. 项目融资的概念

项目融资始于 20 世纪 30 年代美国油田开发项目，后来逐渐扩大范围，广泛应用于石油、天然气、煤炭、铜、铝等矿产资源的开发。目前项目融资已成为应用于大型工程项目资金筹集过程中的重要手段，对解决大型工程建设的资金缺口，尤其是缓解基础设施项目建设的资金紧张局面，起到十分重要的作用。

广义的项目融资是指为了建设一个新项目或者收购一个现有项目，或者对已有项目进行债务重组所进行的一切融资活动。本书所讨论的项目融资主要是指无追索或有限追索形式的项目融资。

《美国财会标准手册》中对项目融资的定义为：“项目融资是指对需要大规模资金的项目而采取的金融活动。借款人原则上将项目本身拥有的资金及其收益作为还款的资金来源，而且将其项目资产作为抵押条件来处理。”

彼德·内维特（Peter Nevitt）在其《项目融资》一书中为项目融资下的定义为：“为一特定经济实体所安排的融资，其贷款人在最初考虑安排融资时，将满足于使用该经济实体的现金流量和收益作为偿还贷款的资金来源，并且将满足于使用该经济实体的资产作为贷款的安全保障。”

中国银行官方网站定义项目融资为：“项目融资即项目的发起人（即股东）为经营项目成立一家项目公司，以该项目公司作为借款人筹借贷款，以项目公司本身的现金流量和全部收益作为还款来源，并以项目公司的资产作为贷款的担保物。该融资方式一般应用于现金流量稳定的发电、道路、铁路、机场、桥梁等大型基础建设项目。”

以上项目融资的定义有以下共同点：①项目融资至少有项目发起方、项目公司、贷款方三方参与；②项目发起方以股东身份组建项目公司，该项目公司为独立法人，从法律上与股东分离；③贷款银行为项目公司提供贷款，贷款银行主要依靠项目本身的资产和未来的现金流量作为贷款保证，而原则上对项目公司之外的资产没有追索权或仅有有限追索权。

2. 项目融资的特点

项目融资有别于传统融资（公司融资）方式，具有以下特点：

微视频：
项目融资的特点

(1) 项目导向　项目融资的第一大特点是主要依赖于项目的现金流量和资产，而不是依赖于项目投资者或发起人的资信来安排融资。在项目融资中，贷款银行在贷款时主要把精力集中于项目在贷款期限内究竟能够产生多少现金流量用于还款。贷款的数量、融资成本的高低以及融资结构的设计等，都与项目的预期现金流量的资产价值直接联系在一起。在传统融资中，贷款银行主要考虑发起人或担保人的信用，并对项目资产实行完全追索权，且贷款金额需要计入发起人的资产负债等，最终影响发起人的信用。

由于以项目为导向，项目融资与传统融资方式相比，可获得较高的贷款比例，根据项目经济效益的状况，通常可以得到项目60%~75%的资本需求量。同时，项目融资的贷款期限可以根据项目的具体需要和项目经济生命周期来安排设计。近几年的实例表明，有的项目贷款期限可以长达20年之久。

（2）**有限追索** 作为有限追索的项目融资，贷款人可以在贷款的某个特定阶段（如建设期）对项目借款人实行追索，或者在一个规定的范围内（包括金额和形式的限制）对项目借款人实行追索。除此之外，无论项目出现任何问题，贷款人均不能追索到项目借款人除该项目资产、现金流量以及所承担的义务之外的任何形式的资产。而对于完全追索形式的贷款，贷款人主要依赖的是借款人自身的资信情况，而不是项目的经济效益。

（3）**风险分担** 一项成功的项目融资，应该将项目的各种风险在项目的主要参与者和其他利益相关者之间以某种形式进行合理分配，而不应该由项目中的任何一方单独承担项目的全部风险。只有进行风险分担，才能实现有限追索。

由于项目融资的资金需求量大、风险高，因此往往由多家金融机构参与提供资金，并通过书面协议明确各贷款银行承担风险的程度，一般还会形成结构严谨而复杂的担保体系。

（4）**实现资产负债表外融资** 资产负债表外融资是指项目的债务不表现在项目投资者的公司资产负债表中。根据项目融资风险分担原则，贷款人对于项目的债务追索权主要被限制在项目公司的资产和现金流量中，项目投资者所承担的是有限责任，因此，有条件使融资被安排为一种不需要进入项目投资者的公司资产负债表的贷款形式。资产负债表外融资对于项目投资者的价值在于使某些财力有限的公司能够从事更多的投资，特别是一个公司在从事超过自身资产规模的投资时，这种融资方式的价值就会充分体现。

（5）**信用结构多样化** 采用项目融资的项目需要大量的资金，面临许多风险，为了获得银行贷款，并尽可能降低和分散风险，需要在很多环节上设计好信用担保结构，这是项目融资成功的关键。例如，对于资源性项目融资来说，由于其价格变动影响因素很多，能否获得一个稳定的、合乎贷款银行要求的项目产品，长期销售合同往往成为组织成功项目融资的关键；在工程建设方面，可以要求工程承包公司提供"交钥匙"工程合同，也可以要求项目设计者为工程技术项目产品的价格设计一定的浮动价格，保证最低收益。这些做法都可以成为项目融资强有力的信用支持。

（6）**信用成本较高** 由于项目融资风险大，融资结构、担保体系复杂，参与方较多，因此前期需要做大量协议签署、风险分担、咨询顾问的工作，会发生各种融资顾问费、成本费、承诺费、律师费等。另外，由于风险的因素，项目融资的利息一般也要高出同等条件抵押贷款的利息。这些都导致项目融资的融资成本比其他融资方式的融资成本高。

（7）**充分利用税务优势** 所谓"充分利用税务优势"，是指在项目所在国法律允许范围内，通过精心设计的投资结构模式，将所在国政府对投资的税务鼓励政策在项目参与者各方中最大限度地加以分配和利用，以此为杠杆来降低融资成本，减轻项目高负债期内的现金流量压力，提高项目的偿债能力和综合收益率。

4.2.2 几种主要的项目融资模式

微视频：
BOT 融资模式

1. BOT 项目融资模式

BOT 的概念是由土耳其总理厄扎尔于1984年正式提

出的，并得到广泛运用。所谓 BOT（Build-Operate-Transfer）即建设—经营—转让，是指政府通过契约授予私营企业（包括外国企业）以一定期限的特许专营权，许可其融资建设和经营特定的公用基础设施，并准许其通过向用户收取费用或出售产品以清偿贷款，回收投资并赚取利润。特许权期限届满时，该基础设施将被无偿移交给政府。

世界银行在《1994 年世界发展报告》中指出，BOT 至少有三种具体形式：标准 BOT、BOOT、BOO。

（1）标准 BOT　在标准 BOT 模式中，私人财团或国外财团自己融资来设计、建设基础设施项目。项目开发商根据事先约定，经营一段时间以收回投资。经营期满，项目所有权或经营权将被转让给东道国政府。标准 BOT 融资模式的基本思路是：由政府或所属机构对项目的建设和经营提供一种特许权协议作为项目融资的基础；由本国公司或者外国公司作为项目的投资者和经营者安排融资，承担风险，开发建设项目，并在有限的时间内经营项目，获取商业利润，最后根据协议将该项目转让给相应的政府机构。有时，标准 BOT 模式被称为“暂时私有化”过程。

（2）BOOT　BOOT（Build-Own-Operate-Transfer）即建设—拥有—经营—转让。项目公司对所建项目设施拥有所有权并负责经营，经过一定期限后，再将该项目移交给政府。

（3）BOO　BOO（Build-Own-Operate）即建设—拥有—经营。项目一旦建成，项目公司对其拥有所有权，当地政府只是购买项目服务。

标准 BOT 和 BOOT 的区别有二：①所有权的区别。标准 BOT 模式，项目建成后，私人只拥有所建成项目的经营权；而 BOOT 模式，在项目建成后，在规定的期限内，私人既有经营权，也有所有权。②时间上的区别。采取标准 BOT 模式，从项目建成到移交给政府的这一段时间一般比采取 BOOT 模式短一些。每一种标准 BOT 模式及其变形都体现了对基础设施部分政府所愿意提供的私有化程度。标准 BOT 意味着一种较低的私有化程度，因为项目设施的所有权并不转移给私人。BOOT 代表了一种居中的私有化程度，因为设施的所有权在一定有限的时间内转给私人。最后，就项目设施没有任何时间限制地被私有化并转移给私人而言，BOO 代表的是一种最高级别的私有化程度。

由于基础设施项目通常直接对社会产生影响，并且要使用公共资源，如土地、公路、铁路、管道、广播电视网等，因此，基础设施的私有化是一个特别重要的问题。运输项目（如收费公路、收费桥梁、铁路等）一般都采用 BOT 模式，因为政府通常不愿将运输网的所有权转交给私人。在动力生产项目方面，通常会采用标准 BOT、BOOT 或 BOO 模式。一些国家很重视发电，因此只会与私人签署标准 BOT 或 BOOT 特许协议；而在电力资源充足的国家（如阿根廷），其政府并不如此重视发电项目，一般会签署一些 BOO 许可证或特许协议。最后，对于电力的分配和输送以及天然气、石油来说，这类行业通常被认为关系到一个国家的国计民生，因此，建设这类设施项目一般都采用标准 BOT 或 BOOT 模式。

标准 BOT 模式主要应用于投资规模大、建设周期较长、投资风险大而传统融资方式难以满足的大型资本、技术密集型且竞争性不强的公共基础设施或基础工业项目，如电力、公路、铁路、水利、桥梁、隧道、城市交通、供水、环保排污、港口、码头、机场等。

2. ABS 项目融资模式

ABS（Asset-Backed Securitization）即资产支持证券。ABS 项目融资模式是指以项目所拥有的资产为基础，以项目资产可以带来的预期收益为保证，通过在国际资本市场发行高档债券来募集资金的一种证券化融资模式。

ABS 模式通过项目公司特殊目的载体（Special Purpose Vehicle，SPV）［通常包括特殊目的公司（Special Purpose Company，SPC）和特殊目的信托（Special Purpose Trust，SPT）两种主要表现形式］发行高档债券筹集资金，接触的多为国际一流的证券机构，能够充分利用外部信用保障。其债券利息低，在发行债券期内项目的资产所有权归 SPC 所有。

在 ABS 模式中，清偿债务本息的资金与项目资产的未来现金收入有关，ABS 对原始权益人没有追索权，因此资产的风险主要由投资者和担保机构承担。同时，在资本市场上发行的债券被众多投资者购买，进一步分散了投资风险。

3. TOT 项目融资模式

（1）TOT 项目融资模式的概念　TOT（Transfer-Operate-Transfer）即移交—经营—移交。TOT 模式是国际上较为流行的一种项目融资模式，通常是指政府部门或国有企业将建设好项目的一定期限的产权或经营权，有偿转让给投资人，由其进行运营管理；投资人在约定的期限内通过经营收回全部投资并得到合理的回报，双方合约期满之后，投资人再将该项目交还政府部门或原企业的一种融资模式。

采用 TOT 模式，借款人不需要背负较大的债务负担，可以节省沉重的利息费用。TOT 模式的流程大致是：首先进行经营权转让，即把存量部分资产的经营权置换给投资者，双方约定一定的转让期限；其次，在此期限内，经营权受让方全权享有经营设施及资源所带来的收益；最后，期满后，再由经营权受让方移交给经营权转让方。它是相对于增量部分资源转让即 BOT 而言的，TOT 和 BOT 都是融资的方式和手段。

（2）TOT 项目融资模式的特点

1）与 BOT 相比，省去建设环节，使项目接手后就有收益。同时，由于项目已步入正常运转阶段，项目经营者通过把经营收益权向金融机构提供质押担保方式再融资，也变得容易多了。

2）以现有投产项目为基础，收益基础相对有保障，项目管理方便，为各种类型的公司或投资主体参与工程项目融资提供了基础。

3）一般在项目转让过程中，只转让项目经营权，不转让项目所有权。

4）相对而言，实施 TOT 项目融资风险较小，同时综合了项目建设周期，加快了资金周转，与银行贷款等比较，不需要偿还资金和利息。

4. PFI 项目融资模式

PFI（Private Finance Initiative）即私人主动融资。PFI 项目融资模式于 1992 年发源于英国。当时英国政府为了努力降低公共项目的投资支出，鼓励私人资本在服务业等领域进行投资，英国财政大臣诺曼·拉蒙特（Norman Lamont）提出了 PFI 的概念，目的是使私有资金和公共项目更好地结合，明确和规范政府在私有资金建设项目中的角色，提高私有资金的利用率和政府的管理水平，最终获得了巨大的成功，并迅速传播到其他发达国家。PFI 模式是国际上用于开发基础设施、公用事业项目的一种模式。

PFI 项目融资模式是利用私营企业进行项目的开发、实施、建设、运营公共项目的一种建设模式，即政府根据社会需求提出建设项目，通过招标投标，由获得特权的私营企业进行基础设施和公共物品的建设、运营，并在特许期结束时将项目移交给政府。PFI 项目从发起到实施完成的整个过程都存在风险。在风险的压力下，项目公司（SPC）尽可能地使人、财、物等资源得到优化，从而在一定程度上克服了基础设施和公共事业由政府机构统一经营而造成的效率低下、投资回报率低等弊端。这也是 PFI 项目价值最大化的来源。

实质上，PFI 模式是提供某种公共项目的服务，并同时负责对公共项目的管理，而不是提供某个具体的建筑物。典型的 PFI 项目，实质上是政府或公众对公共物品生产者提供的公共服务的购买，如购买医院、学校、监狱的服务等。

4.3 项目融资成本及计算

4.3.1 资金成本概述

1. 资金成本的概念

微视频：
资金成本

每种项目融资模式都有资金成本，不可能无偿使用，需要付出代价，也就是要向资金提供者如股东、银行支付股息、利息等作为报酬，即要产生资金成本。资金成本是指企业为筹集和使用资金而付出的代价。资金成本包括资金筹集费用和资金占用费用两部分。资金筹集费用是指资金筹集过程中支付的各种费用，如发行股票、发行债券支付的印刷费、律师费、公证费、担保费及广告宣传费。资金占用费用是指占用他人资金应支付的费用，如股东的股息、红利，债券及银行借款支付的利息。

不同的融资模式产生的资金成本不同，因此，资金成本通常以相对数表示。企业使用资金所负担的费用同筹集资金净额的比率，称为资金成本率。其计算公式为

$$资金成本率=\frac{资金占用费}{筹集资金总金额-资金筹集费用}\times 100\% \tag{4-1}$$

由于资金筹集费用一般与筹集资金总额成正比，所以一般用筹集费用率表示资金筹集费用。由此，资金成本率的计算公式也可表示为

$$资金成本率=\frac{资金占用费}{筹集资金总额}\times\frac{1}{1-筹集费用率}\times 100\% \tag{4-2}$$

2. 资金成本的性质和作用

（1）资金成本的性质　资金成本是一个重要的经济范畴，是在市场经济条件下，由于资金所有权和使用权相分离而形成的一种财务概念。它具有以下性质：

1）资金成本是资金使用者向资金所有者或中介支付的占用费用和筹资费用，因此，资金成本是市场经济条件下资金所有权和资金使用权分离的产物。

2）资金成本具有一般产品成本的基本属性，即同为资金耗费，但又不同于一般产品成本的某些特征，因为这种资金耗费，一部分计入成本费用，相当一部分则作为利润分配处理。

3）资金成本的基础是资金时间价值，但通常还包括投资风险价值和物价变动因素。

（2）资金成本的作用

1）资金成本是企业选择资金来源、拟定筹资方案的依据。项目进行融资的方案有多种形式，如发行股票、债券、银行贷款等，每种融资方案的资金成本不同。因此，要比较各种资金来源的成本，合理调整资本结构，确定筹资方案。

2）资金成本是评价投资项目、比较投资的重要经济标准，即最低报酬率。只有项目的预期收益足以弥补资金成本时，项目才可以接受。

3）资金成本可以作为衡量企业经营成果的尺度。

4.3.2 资金成本的计算

资金成本的计算按照资金来源方式的不同，可以分为债务资金成本的计算和权益资金成本的计算；按照融资方案数量的不同，可以分为个别资金成本的计算和综合资金成本的计算。

1. 债务资金成本的计算

（1）长期债券资金成本　长期债券资金成本主要包括债券的利息和筹资费用。**长期债券资金利息作为财务费用计入所得税前成本费用内，具有抵税作用。**债券的筹资费用一般比较高，不可在计算资金成本时省略，它主要包括发行债券的手续费、注册费用、印刷费以及上市推销费用等。按照一次还本付息、分期付息的方式，债券融资成本的计算公式为

微视频：
长期债券资金成本

$$K_b = \frac{I_b \times (1-T)}{B \times (1-F_b)} \tag{4-3}$$

式中　K_b——债券资金成本；

I_b——债券年利息；

B——债券发行额，即实际筹集资金额度；

F_b——债券筹资费用率；

T——所得税税率。

【例 4-1】　某公司发行总面额为 100 万元的 10 年期债券，票面利率为 10%，按面值发行且发行费用率为 3%，公司所得税税率为 25%，计算资金成本。

解：

$$K_b = \frac{100\text{ 万元} \times 10\% \times (1-25\%)}{100\text{ 万元} \times (1-3\%)} = 7.7\%$$

（2）长期借款资金成本　长期借款手续费较低，包括借款利息和筹资费用两部分。**借款利息计入税前成本费用，可以起到抵税作用。**因此，一次还本息、分期付息借款的成本可表示为

微视频：
长期借款资金成本

$$K_l = \frac{I_l \times (1-T)}{L \times (1-F_l)} = \frac{R_l \times (1-T)}{1-F_l} \tag{4-4}$$

式中　K_l——项目借款的融资成本；

I_l——项目借款每年的利息；

L——项目借款筹资额；

F_l——项目借款的筹资费用率；

T——所得税税率；
R_l——借款年利率。

【例 4-2】 某项目公司向某银行借得年利率为 8%的 5 年期借款 200 万元，每年付息一次，到期一次还本。项目公司所得税税率为 25%，融资费用率为 1%，计算这笔借款的资金成本。

解：

$$K_l=\frac{8\%\times(1-25\%)}{1-1\%}=6.1\%$$

2. 权益资金成本的计算

（1）普通股的资金成本　由于普通股股价的变化性，以及每股股利的不确定性，因此普通股资金成本不易确定。可采用的计算方法主要有资本资产定价模型法、税前债务成本加风险溢价法和股利增长模型法。

1）资本资产定价模型法。普通股资金成本的计算公式为

$$K_s=R_f+\beta\times(R_m-R_f) \tag{4-5}$$

式中　K_s——普通股资金成本；
R_f——社会无风险投资收益率；
R_m——市场投资组合预期收益率；
β——项目的投资风险系数。

2）税前债务成本加风险溢价法。普通股资金成本的计算公式为

$$K_s=K_b+\mathrm{RP}_c \tag{4-6}$$

式中　K_s——普通股资金成本；
K_b——所得税前的债务资金成本；
RP_c——投资者比债权人承担更大风险所要求的风险溢价。

3）股利增长模型法。普通股资金成本的计算公式为

$$K_s=\frac{D_1}{P_0\times(1-f)}+g \tag{4-7}$$

式中　P_0——当年普通股市场价格；
D_1——第 1 年股利；
f——普通股融资费用率；
g——普通股股利每年预期增长率。

【例 4-3】 XYZ 公司准备增发普通股，每股发行价为 20 元，发行费用 3 元，预定第一年分派现金股利每股 1 元，以后每年股利增长 5%。求该公司普通股的资金成本。

解：

$$K_s=\frac{1\text{ 元}}{20\text{ 元}-3\text{ 元}}+5\%=10.9\%$$

（2）优先股的资金成本　优先股成本取决于投资者对优先股收益率的要求，股利都是固定的计算公式为

$$K_s=\frac{D_1}{P_0\times(1-f)} \tag{4-8}$$

【例4-4】 某公司发行100万元优先股，发行费用为5%，每年支付10%的股利。求该公司优先股的资金成本。

解：

$$K_s=\frac{100\text{万元}\times10\%}{100\text{万元}\times(1-5\%)}=10.53\%$$

3. 综合资金成本率的计算

企业从不同来源筹集资金，筹资比例也不同，其资金成本不同。企业出于经济效益的考虑，希望资金成本为最低。因此，为了进行筹资决策和投资决策，就需要计算全部资金来源的综合资金成本率，即加权平均的资金成本率。其计算公式为

$$K_w=\sum_{j=1}^{n}(K_j\times W_j) \tag{4-9}$$

式中　K_w——综合资金成本率；

W_j——第j种资金来源占全部资金的比重；

K_j——第j种资金来源的资金成本率。

【例4-5】 某公司有长期资本总额1亿元，其具体情况见表4-1。计算综合资金成本率。

表4-1　各类资金额及其占比

资金种类	资金额（万元）	资金比例（%）	个别资金成本率（%）
长期借款	2000	20	4
长期债券	3500	35	6
优先股	1000	10	10
普通股	3000	30	14
留存收益	500	5	13
合计	10000	100	—

解：

$$K_w=4\%\times0.20+6\%\times0.35+10\%\times0.10+14\%\times0.30+13\%\times0.05=8.75\%$$

本章小结与重要概念

【本章小结】

项目资本金是指在建设项目总投资中，由投资者认缴的出资额。对于建设项目，项目资本金是非债务性资金，项目法人不承担这部分资金的任何利息和债务；对投资者，可按其出资的比例依法享有所有者权益，也可转让其出资及其相应权益，但不得以任何方式抽回。各种经营性固定资产项目，包括国有单位的基本建设、技术改造、房地产项目和集体投资项目，都必须先落实资本金才能进行建设。计算资本金基数的总投资，是指投资项目的固定资产投资与铺底流动资金之和。项目投资可以用货币出资，也可以用实物、工业产权、非专利技术、土地使用权等出资。项目资金来源比较复杂，从资金筹措形式上看，项目资金来源可分为投入资金和借入资金，前者形成项目的资本金，后者形成项目的负债。从筹资方式上看，可以分为自有资本、长期贷款、发行股票筹资、发行债券筹资、融资租赁等方式。建设项目可通过政府投资、股东直接投资、发行股票等多种方式来筹集资本金。负债资金主要有银行贷款、发行债券、融资租赁和利用国外资金。

项目融资即项目的发起人（即股东）为经营项目成立一家项目公司，以该项目公司作为借款人筹借贷款，以项目公司本身的现金流量和全部收益作为还款来源，并以项目公司的资产作为贷款的担保物。项目融资的特点有项目导向、有限追索、风险分担、实现资产负债表外融资、信用结构多样化、信用成本较高、充分利用税务优势。常用的主要项目融资模式有 BOT 项目融资模式、ABS 项目融资模式、TOT 项目融资模式、PFI 项目融资模式。

资金成本是指企业为筹集和使用资金而付出的代价。资金成本包括资金筹集费用和资金占用费用两部分。资金筹集费用是指资金筹集过程中支付的各种费用。资金占用费用是指占用他人资金应支付的费用。不同的融资模式产生的资金成本不同，因此，资金成本通常以相对数表示。企业使用资金所负担的费用同筹集资金净额的比率，称为资金成本率。资金成本的计算按照资金来源方式的不同，可以分为债务资金成本的计算和权益资金成本的计算；按照融资方案数量的不同，可以分为个别资金成本的计算和综合资金成本的计算。

【重要概念】

项目资本金　项目融资　BOT 项目融资模式　ABS 项目融资模式　TOT 项目融资模式　PFI 项目融资模式　资金成本

思考题与练习题

1. 什么是项目资本金？它与企业的注册资金有何区别？
2. 简述投资者以货币方式认缴的资本金来源。
3. 什么是项目融资？有何特点？
4. 什么是资金成本？有何作用？
5. 某企业为建设项目计划筹集资金 100 万元，所得税税率为 25%。相关资料如下：

（1）向银行借款 10 万元，借款年利率为 7%，手续费费率为 2%。

（2）发行债券，债券面值为 14 万元，发行价格为 15 万元，票面利率为 9%，期限 5 年，每年支付一次利息，其筹资费费率为3%。

（3）发行普通股40万元，每股发行价10元，预计第一年每股股利为1.2元，股利增长率为8%，筹资费费率为6%。

（4）其余所需资金通过留存收益取得。

要求：1）计算债权资本的个别资金成本。

2）计算股权资本的个别资金成本。

3）计算综合资金成本。

6. 某企业拟采用三种方式筹资，并拟定了三个筹资方案，相关数据见表4-2。要求：选择最佳筹资方案。

表4-2　三个筹资方案

筹资方式	资金成本（%）	资本结构（%）		
		A	B	C
发行股票	15	50	40	40
发行债券	10	30	40	30
长期借款	8	20	20	30

7. 某项目公司因发展需要，现要追加资金11000万元，有以下两个方案：

方案一：筹集资金来源有长期借款、发行普通股和短期借款。

（1）长期借款6000万元，时间5年，年借款利率为8%，手续费费率为0.1%。

（2）发行普通股，股数为1000万股，每股面值为4元，按面值发行，发行费费率为0.2%，采取固定股利，每股股利为0.5元。

（3）短期借款1000万元，时间9个月，年借款利率为6%，手续费20万元。

方案二：筹集资金来源为发行长期债券和短期借款。

（1）发行长期债券10000万元，债券面值为每张10万元，债券期限为5年，债券票面利率为10%，发行费费率为0.1%，发行价格为每张12万元。

（2）短期借款1000万元，时间9个月，年借款利率为6%，手续费20万元。

问题：请选择追加资金的方案。

二维码形式客观题

扫描二维码可在线做题，提交后可查看答案。

第4章
客观题

第 5 章 工程经济评价指标

学习导图

工程经济评价指标分类
- 静态经济评价指标：总投资收益率、投资利税率、资本金利润率、静态投资回收期、追加投资回收期、借款偿还期、利息备付率、偿债备付率
- 动态经济评价指标：动态投资回收期、财务净现值、财务净现值率、财务净年值、财务内部收益率、费用现值与费用年值

学习内容及目标

知识点	能力要求	相关知识	素质目标
工程经济评价指标概述	了解经济评价指标的含义 熟悉经济评价指标分类	经济评价指标的含义 按照投资项目对资金的回收速度、是否考虑资金时间价值、指标表现形式、指标所表现的经济性质进行分类	认识标准制度的重要性 树立问题分析中辩证的思维理念 树立正确的价值观和科学观
基准收益率的确定	熟悉基准收益率的确定	基准收益率的概念 基准收益率的测定	
静态经济评价指标的计算	掌握静态经济评价指标的计算、判别标准和适用条件	总投资收益率、投资利税率、资本金利润率、静态投资回收期、追加投资回收期、借款偿还期、利息备付率、偿债备付率	
动态经济评价指标的计算	掌握动态经济评价指标的计算、判别标准和适用条件	动态投资回收期、财务净现值、财务净现值率、财务净年值、财务内部收益率、费用现值与费用年值	

导入案例

某工业园项目占地面积 40 万 m^2，总建筑面积 125088m^2，其中厂房 94320m^2，办公用房 30768m^2，项目总投资 16700.2 万元（含土地征购 3000 万元）。该项目建设投运后从第一年即可获利，年可获纯利 707 万元，全部投资回收期为 4.9 年（含建设期），投资利润率 29.3%，投资利税率 31.9%。根据项目的现金流量分析可知，项目在整个经济

活动期（20年）的指标为：所得税前财务内部收益率为28.70%、财务净现值4244.18万元，投资回收期4.9年；自有资金财务内部收益率为25.70%，自有资金财务净现值为2350.07万元。根据固定资产投资贷款还本付息条件，该项目在4.5年内归还全部贷款；资产负债表表明，该项目在达产后各年负债率小于10%，流动比率与速动比率大于1，表明该项目清偿能力很强。由此说明，该项目在财务和偿债能力上是可接受的。

思考：该工业园项目通过计算利润率、财务内部收益率、财务净现值、流动比率等指标，最后得出了在财务和偿债能力方面可行的结论。这些指标的含义分别是什么？如何进行计算？如何用于判别项目可行性？这是本章需要学习和了解的基本内容。

5.1 工程经济评价指标概述

1. 经济评价指标的含义

经济效果评价是工程项目评价的核心。为了正确、科学地从经济角度对各种项目进行评价，首先要确定经济评价指标，它们从不同角度反映项目经济效益某一方面的数量。由于投资者对投资的目标一般有多方面的要求，因此，项目的经济评价指标也具有多元性。针对同一项目，根据评价深度要求的不同和获得资料的多少，以及项目本身所处条件的不同，可选用不同的评价指标，这些指标从不同的方面反映投资项目的经济效果。本章将详细介绍项目经济评价的各种指标。

2. 经济评价指标的分类

1）按照投资项目对资金的回收速度、获利能力和资金的使用效率进行分类，经济评价指标可分为时间型指标、价值型指标（即以货币量来表示的）和效率型指标，具体见表5-1。

表5-1 按照对资金的回收速度、获利能力和资金的使用效率进行分类

经济评价指标	具体指标	备注
时间型指标	投资回收期 追加投资回收期 固定资产投资借款偿还期	静态、动态 静态、动态 静态
价值型指标	财务净现值、财务净年值、净未来值	动态
效率型指标	投资利润率、投资利税率 财务内部收益率、外部收益率 财务净现值指数 效率-费用比 增额投资收益率	静态 动态 动态 动态 静态，用于多个项目比较选择

2）按照是否考虑资金时间价值进行分类，经济评价指标可分为静态经济评价指标和动态经济评价指标，具体见表5-2。

表 5-2 按照是否考虑资金时间价值进行分类

经济评价指标	具 体 指 标
静态经济评价指标	总投资收益率、投资利税率、资本金利润率、静态投资回收期、追加投资回收期、借款偿还期、利息备付率、偿债备付率
动态经济评价指标	动态投资回收期、财务净现值、财务净现值率、财务净年值、财务内部收益率、费用现值与费用年值

3）按照指标表现形式进行分类，经济评价指标可分为绝对经济评价指标和相对经济评价指标，具体见表 5-3。

表 5-3 按指标表现形式进行分类

经济评价指标	具 体 指 标
绝对经济评价指标	静态投资回收期、动态投资回收期、财务内部收益率、财务净现值
相对经济评价指标	财务净现值率、总投资收益率、资本金净利润率、利息备付率、偿债备付率、资产负债率、财务净现值率、财务净年值

4）按照指标所表现的经济性质进行分类，经济评价指标可分为盈利能力分析指标、偿债能力分析指标和财务生存能力分析指标，具体见表 5-4。

表 5-4 按指标所表现经济性质进行分类

经济评价指标	具 体 指 标
盈利能力分析指标	投资回收期、总投资收益率、资本金净利润率、财务净现值、财务内部收益率、财务净现值率、财务净年值
偿债能力分析指标	利息备付率、偿债备付率、资产负债率
财务生存能力分析指标	净现金流量、累积盈亏资金

5.2 基准收益率的确定

1. 基准收益率的概念

基准收益率也称基准折现率，是企业或行业投资者以动态的观点所确定的，可接受的工程项目投资方案最低标准的收益水平。其在本质上体现了投资者对工程项目投资资金时间价值的判断和对方案风险程度的估计，是投资资金应当获得的最低盈利水平。它是评价和判断工程项目投资方案在财务上是否可行和技术方案比选的主要依据。因此，基准收益率的确定的合理与否，对工程项目投资方案经济效果的评价结论有直接的影响，定得过高或过低都会导致投资决策的失误。所以基准收益率是一个重要的经济参数，而且根据不同角度编制的现金流量表以及所得税前和所得税后指标，计算所需的基准收益率应有所不同。

2. 基准收益率的测定

1）在政府投资项目以及按政府要求进行财务评价的建设项目中采用的行业财务基准收益率，应根据政府的政策导向进行测定。

2）在工程项目投资方案的经济效果评价中，参考选用的行业财务基准收益率应在分析一定时期内国家和行业发展战略、发展规划、产业政策、资源供给、市场需求、资金时间价值、技术方案目标等情况的基础上，结合行业特点、行业资本构成情况等因素综合测定。

3）在中国境外的工程项目投资方案、财务基准收益率的测定应首先考虑国家风险因素。

4）投资者自行测定技术方案的最低可接受财务收益率，除了应考虑上述第 2）条中所涉及的因素外，还应根据自身的发展战略和经营策略、技术方案的特点和风险、资金成本、机会成本等因素综合测定。具体如下：

① 资金成本是为取得资金使用权所支付的费用，主要包括筹资费和资金的使用费。工程项目投资方案实施后所获利润额必须能够补偿资金成本，然后才有可能有利可图。因此，基准收益率是最低限度，不应小于资金成本。

② 投资的机会成本是指投资者将有限的资金用于拟实施工程项目投资方案而放弃的其他投资机会所能获得的最大收益。换而言之，由于资金有限，当把资金投入拟实施工程项目投资方案时，将失去从其他最大投资机会中获得收益的机会。机会成本的表现形式是多种多样的，可以用货币形式表现（如收入、利润等），也可以用利率表现。

机会成本是在工程项目投资方案外部形成的，它不可能反映在该工程项目投资方案财务上，因而必须通过工程经济分析人员的分析比较，才能确定机投资方案的机会成本。机会成本虽不是实际支出，但在工程经济分析时应将其作为一个因素加以认真考虑，这有助于选择最优方案。

显然，基准收益率应不低于单位资金成本和单位投资的机会成本，这样才能使资金得到最有效的利用。其表达式为

$$i_c \geqslant i_1 = \max\{\text{单位资金成本,单位投资机会成本}\} \tag{5-1}$$

如果工程项目投资方案完全由企业自由资金投资时，可参考的行业平均收益水平可以理解为是一种资金的机会成本；如果工程项目投资方案的投资资金来源于自由资金和贷款时，最低收益率不应低于行业平均收益水平（或新筹集权益投资的资金成本）与贷款利率的加权平均值。如果有好几种贷款时，贷款利率应为加权平均贷款利率。

③ 投资风险。在整个工程项目投资方案计算期内，存在着发生不利于方案的环境变化的可能性，这种变化难以预料，即投资者要冒着一定的风险做出决策。为此，投资者自然要求获得较高的利润，否则不愿意冒险。所以，在确定基准收益率时，仅考虑资金成本和机会成本影响因素是不够的，还应考虑风险因素。通常以一个适当的风险补贴率 i_2 来提高 i_c 值，即以一个较高的收益水平补偿投资者所承担的风险，风险越大，补贴率越高。为了限制对风险大、盈利低的工程项目投资方案进行投资，可以采取提高基准收益率的办法来进行工程项目投资方案经济效果评价。

一般来说，客观上资金密集型的技术方案，其风险高于劳动密集型；资产专用性强的风险高于资产通用性强的风险；以降低生产成本为目的的风险低于以扩大产量、扩大市场份额为目的风险。主观上资金雄厚的投资主体的风险低于资金拮据者。

④ 通货膨胀。所谓通货膨胀，是指由于货币（纸币）的发行量超过商品流通所需要的货币量而引起的货币贬值和物价上涨的现象。在通货膨胀影响下，各种材料、设备、房屋、土地的价格以及人工费都会上升。为反映和评价拟实施工程项目投资方案在未来的真实经济效果，在确定基准收益率时应考虑这种影响，结合投入产出价格的选择决定对通货膨胀因素的处理。

通货膨胀以通货膨胀率来表示，通货膨胀率主要表现为物价指数的变化，即通货膨胀率约等于物价指数变化。由于通货膨胀年年存在，因此通货膨胀的影响具有复利性质。一般每年的通货膨胀率有差异，但为了便于研究，较长一段时间的平均通货膨胀率及在所研究时期内的通货膨胀率可以视为固定的。

综上分析，投资者自行测定的基准收益率可确定如下：

若工程项目投资方案现金流量是按当年价格预测估算的，则应以年通货膨胀率 i_3 修正 i_c 值，即

$$i_c=(1+i_1)\times(1+i_2)\times(1+i_3)-1\approx i_1+i_2+i_3 \tag{5-2}$$

若工程项目投资方案的现金流量是按基年不变价格预测估算的，预测结果已排除通货膨胀因素的影响，就不再重复考虑通货膨胀的影响去修正 i_c 值，即

$$i_c=(1+i_1)\times(1+i_2)-1\approx i_1+i_2 \tag{5-3}$$

以上近似处理的条件是 i_1、i_2、i_3 都为小数。

总之，合理确定基准收益率对于投资决策极为重要。从代价补偿的角度确定基准收益的基础是资金成本和机会成本，而投资风险和通货成本通货膨胀则是必须考虑的因素。

5.3 静态经济评价指标的计算

1. 总投资收益率

微视频：
总投资收益率

总投资收益率也称投资利润率，是指工程项目达到设计生产能力时正常年份的年息税前利润或运营期内年平均息税前利润与项目总投资的比率。其计算公式为

$$\mathrm{ROI}=\frac{\mathrm{EBIT}}{\mathrm{TI}}\times100\% \tag{5-4}$$

式中 ROI——总投资收益率；

EBIT——项目达到设计能力后正常年份的年息税前利润或运营期内年平均息税前利润；

TI——项目总投资。

其中

年息税前利润=年营业收入-年销售税金及附加-年总成本费用+年利息支出

年销售税金及附加=年消费税+年增值税+年资源税+年城乡维护建设税+年教育费附加+地方教育附加

项目总投资=建设投资+建设期利息+流动资金

当计算出的总投资收益率高于行业收益率参考值时，认为该项目的盈利能力满足条件。

2. 投资利税率

投资利税率是指项目正常年份的利税总额或年平均利税总额与项目总投资额的比值，是考察项目单位投资对国家贡献水平的指标。其计算公式为

$$投资利税率=\frac{年利税总额或年平均利税总额}{项目总投资} \tag{5-5}$$

式中

年利税总额=年销售收入-年总成本费用=年利润总额+年销售税金及附加

当计算出的投资利税率高于行业利税率参考值时，认为该项目经济上可行。

3. 资本金利润率

资本金利润率表示项目资本金的盈利能力水平，是指项目达到设计能力后正常年份的年净利润或运营期内年平均净利润与项目资本金的比率。其计算公式为

$$\mathrm{ROE}=\frac{\mathrm{NP}}{\mathrm{EC}}\times 100\% \tag{5-6}$$

式中　ROE——项目资本金利润率；

NP——项目达到设计能力后正常年份的年净利润或运营期内年平均净利润；

EC——项目资本金。

当计算出的资本金利润率高于行业净利润率参考值时，表明项目资本金净利润表示的盈利能力满足要求。

4. 静态投资回收期

微视频：静态投资回收期及例 5-1 讲解

（1）静态投资回收期的概念　在不考虑资金时间价值的情况下，从项目投资建设之日起，用项目各年的净收入，抵偿全部投资（包括固定资产和流动资金）所需要的时间称为静态投资回收期。投资回收期一般从项目建设开始年计算，必要时可以从投产期开始算起，但必须说明。

（2）静态投资回收期的计算　根据静态投资回收期的定义，则计算公式为

$$\sum_{t=0}^{P_t}(\mathrm{CI}-\mathrm{CO})_t=0 \text{ 或 } \sum_{t=0}^{P_t}\mathrm{NCF}_t=0 \tag{5-7}$$

式中　$(\mathrm{CI}-\mathrm{CO})_t$——第 t 年的净现金流量；

NCF_t——第 t 年的净现金流量；

P_t——静态投资回收期。

在实际项目评价中，累计净现金流量等于零时的时点往往不是某一自然年份。这时可以利用已知的现金流量表或现金流量图，通过累计净现金流量，采用下列公式计算静态投资回收期：

$$P_t=T-1+\frac{\text{第}(T-1)\text{年累计净现金流量绝对值}}{\text{第 }T\text{ 年的净现金流量}} \tag{5-8}$$

式中　T——项目各年累计净现金流量首次出现正值年份或零的年份。

在投资回收期的计算中，回收期是指通过项目的净收益（包括利润和折旧）来回收总投资（包括固定资产和流动资金）所需要的时间。如果项目投产后的年净收益相等或用年平均净收益计算，则 P_t 的计算公式可转化为以下形式：

从投资开始年算起的投资回收期为

$$P_t=\frac{I}{R}+\text{建设期} \tag{5-9}$$

式中　I——总投资；

R——年净收益。

【例 5-1】　某建设项目的投资及各年纯收入见表 5-5，期末固定资产的残值忽略不计，试求静态投资回收期。

表 5-5　项目的投资及纯收入　　（单位：万元）

项　目	年　份								
	0	1	2	3	4	…	10	11	12
固定资产投资	200	300	200						
流动资金投资			300						
纯收入				100	150	200	200	200	200

解：

折旧自投产后计提，共 10 年，预计残值为 0，则

$$每年折旧费=700\ 万元/10=70\ 万元$$

将有关现金流量按期末计算法累计，得到表 5-6。

表 5-6　项目的累计现金流量　　（单位：万元）

项　目	年　份											
	1	2	3	4	5	6	7	8	9	10	11	12
固定资产投资	-200	-300	-200									
流动资金投资			-300									
纯收入			100	150	200	200	200	200	200	200	200	200
纯收入加折旧			170	220	270	270	270	270	270	270	270	270
净现金流量	-200	-300	-330	220	270	270	270	270	270	270	270	270
累计净现金流量	-200	-500	-830	-610	-340	-70	200	470	740	1010	1280	1550

$$P_t=\left(7-1+\frac{|-70|}{270}\right)年=6.26\ 年$$

由表 5-6 计算出来的投资回收期是从基建开始年份算起的。若从投产年份算起，需减去 2 年，即 6.26 年−2 年=4.26 年

（3）关于静态投资回收期的几点说明

1）静态投资回收期的特点。技术方案的决策面临着未来的不确定因素，这种不确定因素所带来的风险随着时间的延长而增加。因为未来的时间越远，人们所确知的东西就越少，风险就越大，为了减少风险，投资者必然希望投资回收期越短越好。

静态投资回收期的优点是：

① 概念清晰，简单易行，便于理解。

② 不仅在一定程度上反映了技术方案的经济性，而且从静态角度反映了技术方案的风险大小和投资的补偿速度。

③ 既可判定单个方案的可行性（与预计投资回收期 P_c 比较），也可用于方案间的比较（判定优劣）。

静态投资回收期指标的缺点是：

① 没有反映资金的时间价值，因此用它来决定项目的取舍，有时会做出错误的判断。

② 静态投资回收期舍弃了方案在回收期以后的收入和支出情况，难以全面反映方案在

整个寿命周期内的真实效益，因此用它来选择项目，有可能排错方案的优劣顺序。

例如，有两个投资项目，初期投资均为 5000 万元。A 项目每年收益 5000 万元，但其经济寿命只有 1 年；B 项目每年收益 2500 万元，有 5 年的经济寿命。分别计算它们的静态投资回收期。

A 项目：　　P_{tA} = 5000 万元÷5000 万元/年 = 1 年

B 项目：　　P_{tB} = 5000 万元÷2500 万元/年 = 2 年

如果单纯根据投资回收期来判断，A 项目要优于 B 项目，但这个项目实际上不能盈利，即 5000 万元−5000 万元 = 0；而 B 项目在回收期之后还有 2500 万元的收益，即每年还有 8% 的收益率（动态计算）。

③ 部门或行业的基准投资回收期的合理性难以确定。由于地域性差异，各个地方的经济发展水平、行业管理等存在不同，形成行业的基准投资回收期有时候难以用于项目评价，甚至会导致项目在该指标方面进行决策的失误。

2）基准投资回收期。基准投资回收期也称预计投资回收期，用 P_c 表示。不同的地区、行业、时期，P_c 都有所区别。

投资回收期反映了方案的盈利能力，与各年的实际收益有关。收益大、回收快，回收期就短。而折旧期反映了设备（固定资产）的折旧寿命，它与设备的盈利能力无关，与折旧方法、设备投资、设备使用寿命、国家规定等有关。

3）静态投资回收期的判别标准。将计算出的静态投资回收期 P_t 与确定的基准投资回收期 P_c 进行比较。若 $P_t \leqslant P_c$，表明项目投入的总资金能在规定的时间内收回，则方案可行；若 $P_t > P_c$，则方案不可行。

5. 追加投资回收期

（1）追加投资回收期概念及计算公式　当对单一方案进行评价时，可以用投资回收期分析和判断方案是否可行。当比较和评价两个或两个以上方案时，同样可用投资回收期法计算每个方案的总投资回收期，并根据投资回收期的长短来比较和判断方案是否可行。

现实中，有的投资项目可以形成诸多可以选择的方案。这些方案的效果相同或相似，有时这些方案的效益甚至无法明确计量，但这些方案的投资额、经营成本等费用数据易于收集。一般来讲，投资额大的方案，成本较低；投资额小的方案，成本较高，此时计算各自的投资回收期就有困难。

例如：甲方案投资 7000 万元，年运行费用 1000 万元；乙方案投资 5000 万元，年运行费用 1300 万元。若两方案的效果相同，如何决策？

当方案间的投资额相差较大或方案的收益无法计量时，则需要用追加投资回收期指标来判断方案的优劣。

追加投资回收期指标又称差额投资回收期、追加投资返本期，是指用投资大的方案所节约的年经营成本来偿还其多花费的追加投资（或差额投资）所需要的年限。

设两个对比方案的投资分别为 K_1 与 K_2，年经营成本为 C_1 与 C_2，年净收益相同（或效用相同，或无法计量），并设 $K_1 \leqslant K_2$，$C_1 \geqslant C_2$。在不考虑资金时间价值的条件下，静态差额投资回收期（ΔT）计算公式为

$$\Delta T = \frac{\Delta K}{\Delta C} = \frac{K_2 - K_1}{C_1 - C_2} \tag{5-10}$$

据前例，甲方案与乙方案相比，有追加投资为

$$7000\text{ 万元}-5000\text{ 万元}=2000\text{ 万元}$$

年运行费用每年可节约

$$1300\text{ 万元}-1000\text{ 万元}=300\text{ 万元}$$

$$\Delta T=2000\text{ 万元}\div 300\text{ 万元}=6.67\text{ 万元}$$

很明显，ΔT 所表明的只是追加投资（差额投资）的经济效益，即投资大的方案多花投资的回收时间。

若两方案的年净收益不同，年产量分别为 Q_1 与 Q_2，则需要转化为单位产量参数后再计算。此时，静态差额投资回收期（ΔT）的计算公式为

$$\Delta T=\left(\frac{K_2}{Q_2}-\frac{K_1}{Q_1}\right)\div\left(\frac{C_1}{Q_1}-\frac{C_2}{Q_2}\right) \tag{5-11}$$

（2）追加投资回收期的判别准则　追加投资回收期的判别准则为：

当 $\Delta T\leqslant P_c$ 时，则投资大、成本低方案的追加投资回收时间较短，投资大的方案较优。

当 $\Delta T>P_c$ 时，则投资大、成本低方案的追加投资回收时间较长，投资小的方案较优。

显然，静态差额投资回收期法主要用于多个方案的优劣比较。如果参与比较的可行方案较多，一般需要两两比较、淘汰，循序进行，但计算和比较的工作量较大。

应当指出，差额投资回收期法可以用来比较方案的优劣与好坏，至于某一较优的方案本身的经济性如何，是否可行，还不能断定。因此，差额投资回收期法仅适合可行方案间的比较和选优，并在比较和选优中作为辅助指标。

【例 5-2】 某项目有三个可行方案供选择，其投资额与年经营成本如下：

第一方案：$K_1=100$ 万元，$C_1=120$ 万元/年；第二方案：$K_2=110$ 万元，$C_2=115$ 万元/年；第三方案：$K_3=140$ 万元，$C_3=105$ 万元/年。设基准投资回收期 $P_c=3$ 年，试选择最优方案。

解：

第一步，第二方案与第一方案相比较：

$$\Delta T_{2-1}=\frac{110\text{ 万元}-100\text{ 万元}}{120\text{ 万元/年}-115\text{ 万元/年}}=2\text{ 年}$$

所以，投资较大的第二方案优于第一方案，第一方案被淘汰。

第二步，第三方案与第二方案相比较：

$$\Delta T_{3-2}=\frac{140\text{ 万元}-110\text{ 万元}}{115\text{ 万元/年}-105\text{ 万元/年}}=3\text{ 年}$$

可见，投资较大的第三方案比第二方案优越，故选择第三方案为最优方案。但第三方案是否可行，还需另行判断，或者只有当断定第二方案或第一方案为可行方案时，第三方案才是可行的最优方案。

从以上计算和分析可知，采用静态差额投资回收期法可以进行多方案之间的比较和选择，但较为烦琐。差额投资回收期也可以考虑资金的时间价值，称为动态差额投资回收期。读者可自己推演，这里不做详细介绍。

6. 借款偿还期

借款偿还期是指按照国家规定以及在该投资项目具体财务条件下，**项目开发经营期内可用作还款的利润、折旧、摊销及其他还款资金偿还项目借款本息所需要的时间。**其计算公式为

$$I_{\mathrm{d}} = \sum_{t=0}^{P_{\mathrm{d}}} R_t \tag{5-12}$$

式中 I_{d}——项目借款还本付息数额；

P_{d}——借款偿还期（从借款开始年计算）；

R_t——第 t 年可用于还款的资金（包括利润、折旧、摊销及其他还款资金）。

当计算结果**P_{d}（借款偿还期）满足贷款机构的要求期限时，即认为项目有清偿能力。**

7. 利息备付率

利息备付率是指**在借款偿还期内的息税前利润与当年应付利息的比值**，它从付息资金来源的充裕性角度反映支付债务利息的能力。利息备付率的含义和计算公式均与财政部对企业效绩评价的“已获利息倍数”指标相同。息税前利润等于利润总额和当年应付利息之和，当年应付利息是指计入总成本费用的全部利息。利息备付率的计算公式为

$$\text{利息备付率} = \text{息税前利润} \div \text{应付利息} \tag{5-13}$$

利息备付率应分年计算，分别计算在债务偿还期内各年的利息备付率。若偿还前期的利息备付率数值偏低，为分析所用，也可以补充计算债务偿还期内的年平均利息备付率。

利息备付率表示利息支付的保证倍率，对于正常经营的企业，**利息备付率至少应当大于 1，一般不宜低于 2，并结合债权人的要求确定。**利息备付率高，说明利息支付的保证度大，偿债风险小；利息备付率低于 1，说明没有足够的资金支付利息，偿债风险大。

8. 偿债备付率

微视频：偿债备付率及例 5-3 讲解

偿债备付率是从偿债资金来源的充裕性角度反映偿付债务本息的能力，它是指在债务偿还期内，可用于计算还本付息的资金与当年应还本付息额的比值。可用于计算还本付息的资金是指**息税折旧摊销前利润（EBITDA，息税前利润加上折旧和摊销）减去所得税后的余额；**当年应还本付息额包括还本金额及计入总成本费用的全部利息。国内外也有其他略有不同的计算偿债备付率的公式。

$$\text{偿债备付率} = \frac{\text{息税折旧摊销前利润} - \text{所得税}}{\text{应还本付息额}} \tag{5-14}$$

如果运营期间支出了维护运营的投资费用，应从分子中扣减。

偿债备付率应分年计算，分别计算在债务偿还期内各年的偿债备付率。若偿还前期的偿债备付率数值偏低，为分析所用，也可以补充计算债务偿还期内的年平均偿债备付率。

偿债备付率表示偿付债务本息的保证倍率，**至少应大于 1，一般不宜低于 1.3，并结合债权人的要求确定。**偿债备付率低，说明偿付债务本息的资金不充足，偿债风险大。当这一指标小于 1 时，表示可用于计算还本付息的资金不足以偿付当年债务。

【例 5-3】 某项目与备付率指标有关的数据见表 5-7，试计算利息备付率和偿债备付率。

表 5-7　某项目与备付率指标有关的数据　（单位：万元）

项　目	年　份				
	2	3	4	5	6
应还本付息额	97.8	97.8	97.8	97.8	97.8
应付利息额	24.7	20.3	15.7	10.8	5.5
息税前利润	43.0	219.9	219.9	219.9	219.9
折旧	172.4	172.4	172.4	172.4	172.4
所得税	6.0	65.9	67.4	69.0	70.8

解：根据表 5-7 数据计算备付率指标，见表 5-8。

表 5-8　某项目利息备付率与偿债备付率

项　目	年　份				
	2	3	4	5	6
利息备付率	1.74	10.83	14.01	20.36	39.98
偿债备付率	2.14	3.34	3.32	3.31	3.29

表 5-8 中，1.74=43 万元/24.7 万元；2.14=（172.4 万元+43 万元−6 万元）/97.8 万元。其他数据用同样的方法计算。

计算结果分析：由于投产后第 1 年负荷低，同时负担利息大，所以利息备付率低，但这种状况从投产后第 2 年起就得到了较大改善。

5.4　动态经济评价指标的计算

1. 动态投资回收期

（1）动态投资回收期的概念　为了克服静态投资回收期未考虑资金时间价值的缺点，在投资项目评价中常常将资金的时间价值考虑在内，此指标称为动态投资回收期。

（2）动态投资回收期的计算　根据动态投资回收期的定义，其表达式为

$$\sum_{t=0}^{P_t'} (CI - CO)_t (1 + i_0)^{-t} = 0 \tag{5-15}$$

动态投资回收期就是能使该式成立的 P_t'。

动态投资回收期 P_t'通常也用列表法计算。首先根据各年净现金流，计算出各年折现值的累计值，再采用插值法计算出 P_t'。插值公式为

$$P_t' = (\text{累计折现值出现正值的年数} - 1) + \frac{\text{上年累计折现值的绝对值}}{\text{当年净现金流量的现值}} \tag{5-16}$$

在计算 P_t'时，如果项目仅第 0 年有一个投资 P，以后各年的净现金流量（净效益）均为 A，在折现率为 i_0 的情况下，动态回收期 P_t'的解析式为

$$P = A\times(P/A, i_0, P_t') = A\times\left[\frac{(1+i_0)^{P_t'}-1}{i_0(1+i_0)^{P_t'}}\right]$$

解得

$$P_t'=\frac{-\ln\left(1-\frac{Pi_0}{A}\right)}{\ln(1+i_0)}$$

用动态投资回收期 P_t'评价投资项目的可行性时，需要与基准投资回收期 P_c 相比较。

【例 5-4】 某项目的投资支出和净收益数据见表 5-9。基准折现率 $i_0=10\%$，基准投资回收期 $P_c=8$ 年，试计算动态投资回收期，并判断该项目的可行性。

表 5-9　动态投资回收期计算表

年　　份	0	1	2	3	4	5
1. 投资支出（万元）	-20	-500	-100			
2. 净收入（万元）				150	250	250
3. 净现金流量 $(CI-CO)_t$（万元）	-20	-500	-100	150	250	250
4. 现值系数 $(1+10\%)^{-t}$	1.0	0.9091	0.8264	0.7513	0.6830	0.6209
5. 折现值（万元）	-20.0	-454.6	-82.6	112.7	170.8	155.2
6. 累计折现值（万元）	-20.0	-474.6	-557.2	-444.5	-273.7	-118.5
年　　份	6	7	8	9	10	
1. 投资支出（万元）						
2. 净收入（万元）	250	250	250	250	250	
3. 净现金流量 $(CI-CO)_t$（万元）	250	250	250	250	250	
4. 现值系数 $(1+10\%)^{-t}$	0.5645	0.5132	0.4665	0.4241	0.3855	
5. 折现值（万元）	141.1	128.3	116.6	106.0	96.38	
6. 累计折现值（万元）	22.6	150.9	267.5	373.5	469.9	

解：首先，用投资和收益数据计算出各年净现金流量，再计算出各年净现金流量的折现值，以及折现值的累计值，即 $\sum_{t=0}^{P_t'}(CI-CO)_t(1+i_0)^{-t}$。由表中数据可知，投资回收期应在第 5 年和第 6 年之间。

本例中，在第 6 年出现正值，代入式（5-16）得

$$P_t'=(6\text{ 年}-1\text{ 年})+\frac{|-118.5|}{141.1}\text{年}=5.84\text{ 年}$$

因为 $P_t'<P_c$，所以项目可以被接受。

（3）动态投资回收期的判别标准　判别准则为：若 $P_t'\leqslant P_c$，则项目可以被考虑接受；若 $P_t'>P_c$，则项目应被拒绝。

2. 财务净现值

（1）财务净现值的概念及计算　财务净现值（Financial Net Present Value，FNPV）是指按一定的折现率将方案计算期内各时点的净现金流量折现到计算期初的现值累加之和。财务净现值的表达式为

$$FNPV=\sum_{t=0}^{n}\left[(CI-CO)_t(1+i_0)^{-t}\right] \tag{5-17}$$

式中　FNPV——财务净现值；

CI_t——第 t 年的现金流入额；

CO_t——第 t 年现金流出额；

n——项目寿命年限（或计算期）；

i_0——基准折现率。

若工程项目只有初始投资 K_0，以后各年均获得相等的净收益 NB，则此时式（5-17）简化为

$$FNPV=NB\times(P/A,i_0,n)-K_0 \tag{5-18}$$

式中　$(P/A,i_0,n)$——年金现值系数。

（2）财务净现值的经济含义　先看一个简单的例子：某方案的现金流量如图 5-1 所示。

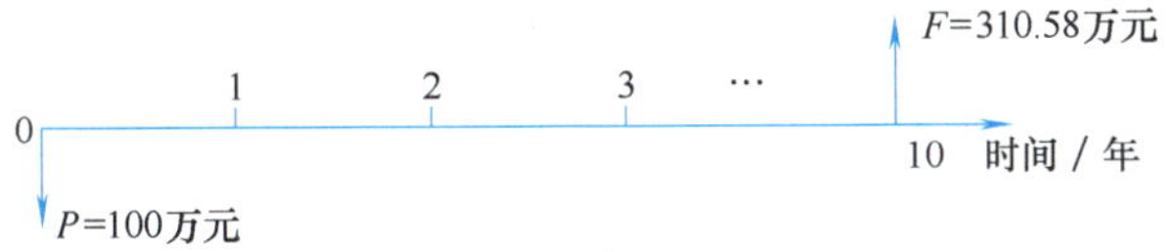

图 5-1　某方案的现金流量

经计算，可得出该投资的收益率 $i=12\%$。由此可知，如果 $i_0=12\%$，$n=10$，$P=100$ 万元，$F=310.58$ 万元，则财务净现值 FNPV=0。

这表明：①从投资回收期的角度看，按照给定的折现率，方案在寿命期内刚好收回投资；②从定义的含义看，项目各年的净现金流量的现值累计之和刚好为零；③收益率 i 刚好等于项目基准收益率 i_0，即技术方案（项目）的获利能力等于给定的贴现率 i_0，即达到资本的最低获利要求。

若财务净现值 FNPV>0，则表明项目获利能力高于基准折现率，即高于资本的最低获利要求，有附加收益。

若财务净现值 FNPV<0，则表明项目获利能力低于基准折现率，即低于资本的最低获利要求（此项目不一定亏损）。

由此可见，当财务净现值 FNPV≥0 时，项目可行；反之，项目不可行。

（3）财务净现值的判别准则

1）对单一项目方案而言，**若 FNPV≥0，则对项目应予以接受；若 FNPV<0，则对项目应予以拒绝。**

2）多方案比选时，若方案间的投资规模相差不大，则根据财务净现值最大准则，财务净现值越大的方案相对越优。

（4）财务净现值的评价　财务净现值通常利用公式计算，也可用现金流量表逐年折现累计求得。用现金流量表逐年累计计算时，计算结果一目了然，便于检查，适用于寿命周期较长而各年现金流量值不同且无规律可循时项目现值的手工计算；公式法则是利用现金流量图来进行资金的等值计算。

【例 5-5】 某项目的各年现金流量见表 5-10，试用财务净现值指标判断项目的经济性，$i_0=10\%$。

微视频：
例 5-5 讲解

表 5-10 某项目的各年现金流量 （单位：万元）

年份（时点）	0	1	2	3	4~10
投资	20	500	100		
年经营费用				300	450
年收入				450	700
净现金流量	-20	-500	-100	150	250

解：首先计算各年净现金流量（见表 5-10 中最后一行），并绘制现金流量图，如图 5-2 所示。

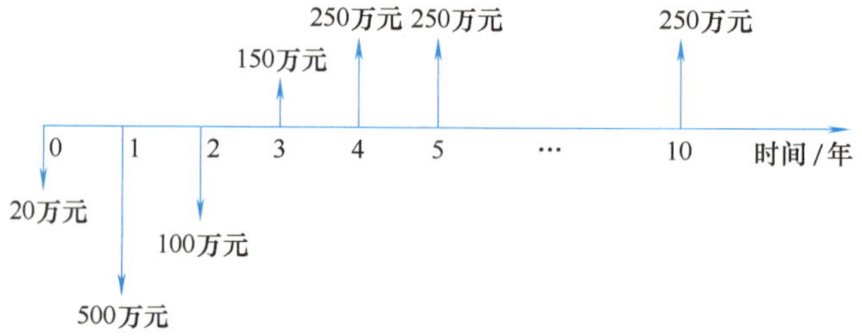

图 5-2 现金流量图

1）公式法。根据表 5-10 中各年的净现金流量，当 $i_0=10\%$时，有

$$\text{FNPV}=-20\text{ 万元}-500\text{ 万元}\times(1+10\%)^{-1}-100\text{ 万元}\times(1+10\%)^{-2}+150\text{ 万元}\times(1+10\%)^{-3}+250\text{ 万元}\times(P/A,10\%,7)(P/F,10\%,3)=469.91\text{ 万元}$$

2）表格法。表格法是在现金流量表 5-11 的基础上，分别计算各年净现金流量折现值，然后进行累计得出项目的财务净现值，见表 5-11。

表 5-11 现金流量表

时点 t	0	1	2	3	4	5	6	7	8	9	10
$(CI-CO)_t$（万元）	-20	-500	-100	150	250	250	250	250	250	250	250
累计净现金流量（万元）	-20	-520	-620	-470	-220	30	280	530	780	1030	1280
$i_0=10\%$折现系数	1	0.9091	0.8264	0.7513	0.6830	0.6209	0.5645	0.5132	0.4665	0.4241	0.3855
各年折现值（万元）	-20	-454.6	-82.6	112.7	170.8	155.2	141.1	128.3	116.6	106	96.38
累计财务净现值（万元）	-20	-474.5	-557.2	-444.5	-273.8	-118.5	22.6	150.9	267.5	373.5	469.88

根据表 5-11 中的数据，也可以计算出该项目的静态投资回收期为 4.88 年，动态投资回收期为 5.84 年。

（5）关于财务净现值法的说明

1）财务净现值法的优点：①计算较简便，且考虑了资金的时间价值。考虑了项目整个寿命周期内的现金流入、流出情况，全面、科学；②计算结果稳定，不会因现金流量换算方法的不同而带来任何差异。

2）财务净现值法的缺点：需要预先给定折现率，这给项目决策带来了困难。因为若折现率定得过高，可行项目就可能被否定；反之，若折现率定得过低，不合理的项目就可能被选中。对于寿命周期不同的技术方案，不宜直接使用财务净现值（FNPV）指标评价。

财务净现值法一方面可用于独立方案的评价及可行与否的判断，如当 FNPV≥0 时，方案可行，可以考虑接受；当 FNPV<0 时，方案不可行，应予拒绝。另一方面可用于多方案的比较、选择，通常以 FNPV 大者为优。

3. 财务净现值率

财务净现值率（Financial Net Present Value Rate，FNPVR）又称财务净现值比、财务净现值指数，是指项目财务净现值与总投资现值的比率。财务净现值率是一种动态投资收益指标，用于衡量不同投资方案的获利能力大小，说明某项目单位投资现值所能实现的财务净现值大小。财务净现值率小，单位投资的收益就低；财务净现值率大，单位投资的收益就高。

财务净现值率的经济含义是单位投资现值所能带来的财务净现值，是一个考察项目单位投资盈利能力的指标，常作为财务净现值的辅助评价指标。其计算公式为

$$\text{FNPVR}=\frac{\text{FNPV}}{\text{总投资额现值}} \tag{5-19}$$

财务净现值率法的优点是从动态角度反映项目投资的资金投入与净产出之间的关系；财务净现值率法的缺点是无法直接反映投资项目的实际收益率水平。

4. 财务净年值

（1）财务净年值的含义及计算　财务净年值（Financial Net Annual Value，FNAV）或称财务平均年盈利（Financial Average Annual Benefit，FAAB）指标，有些书上写成 EUAW（Equivalent Uniform Annual Worth）或直接简写成 AW（Annual Worth）。

财务净年值的定义为：方案寿命周期内的财务净现值用复利方法平均分摊到各个年度而得到的等额年盈利额。其表达式为

$$\text{FNAV}=\text{FNPV}\times(A/P,i_0,n) \tag{5-20}$$

（2）财务净年值的经济含义及判别标准　①经济含义：项目在寿命周期内附加收益的年金额。②判据：FNAV≥0，项目可以被考虑接受；FNAV<0 时，项目不能被接受。③考虑到不同方案投资额的大小不同，也可采用财务净年值指数（FNAVI）指标，即财务净年值与总投资现值的比值。④经济效益表达很不直观，常常使项目投资者或是经营者感到困惑，因此指标缺乏说服力，一般不用于单个方案的评价。即使用于多个方案的比较评价时，也只是作为辅助指标来考虑。

FNAV 指标评价一般适用于现金流量和利率已知、初始投资额相等，但各方案的寿命周期相差悬殊时的方案比较，FNAV 最大值的方案是最优的。如果各方案的 FNAV 值均为负值时，投资者最佳决策为不投资。

在投资方案的比选中，财务净年值法是现在广泛应用的财务净现值法的补充。

例如，现有 A、B 两个方案，基准收益率为 10%，投资均为 5 万元。方案 A 年收益为 2 万元，运行 5 年；方案 B 年收益为 1.5 万元，运行 8 年。用 FNAV 评价指标计算可得

$$FNAV_A = -5 \text{万元} \times (A/P, 10\%, 5) + 2 \text{万元} = 0.68 \text{万元}$$

$$FNAV_B = -5 \text{万元} \times (A/P, 10\%, 8) + 1.5 \text{万元} = 0.56 \text{万元}$$

$FNAV_A > FNAV_B$，这样就得出了方案 A 优于方案 B 的正确结果。

因此，FNAV 指标适用于投资额相差不大而寿命周期不等方案的比选。

但是从式（5-20）中可以看出，该指标只考虑了项目中净利润的再投资，而没有考虑到折旧基金和资金中自有资金利息的再投资。因此，从盈利性的角度考虑，用 FNAV 指标判断后认为是较好的项目，却不一定是最优的。

5. 财务内部收益率

（1）财务内部收益率的含义　财务内部收益率（Financial Internal Rate of Return，FIRR）又称内部（含）报酬率。在所有的经济评价指标中，财务内部收益率是最重要的评价指标之一，它是对项目进行盈利能力分析时采用的主要方法。

财务内部收益率 FIRR 是指项目在整个计算期内各年净现金流量的现值累计等于零（或财务净年值等于零）时的折现率。

（2）财务内部收益率的计算　财务内部收益率是效率型指标，它反映项目所占用资金的盈利率，是考察项目资金使用效率的重要指标。其定义式为

$$\sum_{t=0}^{P_t'} \left[(CI - CO)_t (1 + FIRR)^{-t} \right] = 0 \tag{5-21}$$

式中　FIRR——财务内部收益率或内部报酬率。

由上述概念及式（5-21）可以看出，财务内部收益率法实质上也是基于现值计算方法的。财务内部收益率除通过式（5-21）求得外，还可根据现金流量表中的累计财务净现值，用线性内插法计算求得。从经济意义上讲，财务内部收益率 FIRR 的取值范围应是 $-1 < FIRR < +\infty$。但大多数情况下，FIRR 的取值范围是 $0 < FIRR < +\infty$。

（3）财务内部收益率的判别准则　计算求得财务内部收益率 FIRR 后，要与项目的设定收益率 i_0（财务评价时的行业基准收益率、国民经济评价时的社会折现率）相比较。**当 $FIRR \geqslant i_0$ 时，则表明项目的收益率已达到或超过设定的基准折现率水平，项目可行；当 $FIRR < i_0$ 时，则表明项目的收益率未达到设定的基准折现率水平，项目不可行。**

对于互斥项目，FIRR 不能直接用于排序选优，应根据具体情况分析。

（4）财务内部收益率的评价

【例 5-6】 有 A、B 两个项目，其逐年投资及收益见表 5-12。试评价项目的经济性。

微视频：
例 5-6 讲解

表 5-12　项目 A、B 的逐年投资及收益　（单位：万元）

项　目	年　份					
	0	1	2	3	4	5
A	-50	20	15	15	10	20
B	-150	50	60	40	40	20
B-A	-100	30	45	25	30	0

解： 由表 5-12 可求得在不同 i 值下相应的 FNPV（表 5-13），$FIRR_A = 18.69\%$ 和 $FIRR_B = 14.35\%$。

表 5-13　项目 A、B 的 FNPV 值　（单位：万元）

项　目	i（%）							
	0	5	10	11.77	14.35	15	18.69	20
A	30	19.51	11.10	8.51	5.07	4.25	0	-1.38
B	60	35.17	14.83	8.51	0	-2.04	-12.71	-16.19
B-A	30	15.66	3.73	0	-5.07	-6.29	-12.71	-14.81

由表 5-13 所得的数据可绘得图 5-3。在图 5-3 中，两条曲线交点对应的 FNPV 是 8.51 万元，对应的 i_0 是 11.77%（即项目 B-A 的财务内部收益率）。

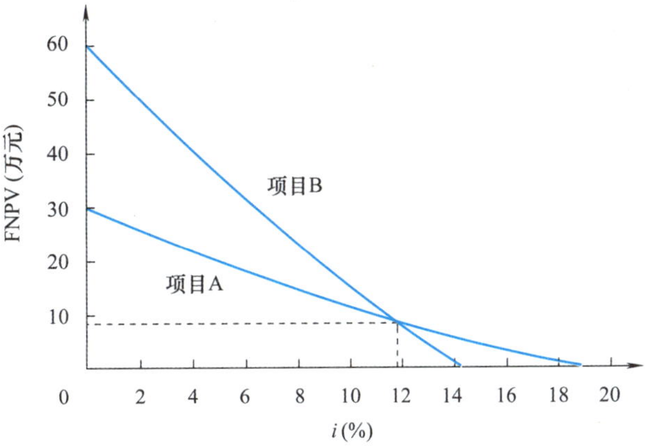

图 5-3　项目 A、B 的 FNPV-i 曲线

对互斥项目，不能用 FIRR 值来进行排序和选优，对项目 A 和项目 B，尽管 $FIRR_A > FIRR_B$，但不能就得出应优先选择项目 A 的结论。因为如表 5-13 和图 5-3 所示，当投资者的 MARR<11.77%（MARR，Minimum Attractive Rate of Return，最低可接受的回报率）时，由于 $FNPV_A < FNPV_B$，应当优选项目 B；当 MARR>11.77%时，由于 $FNPV_A > FNPV_B$，应当选择项目 A；在 MARR = 11.77%时，可以任选项目 A 或项目 B；当 MARR>18.69%时，$FNPV_A$ 和 $FNPV_B$ 均为负值，项目 A 或项目 B 均不能被接受。

因此，在对互斥项目的排序优选上，应采用差额投资财务内部收益率。

应用 FIRR 对单一项目（或独立项目组中的各个项目）进行评价的判别标准是：FIRR≥i_0 或 MARR，项目经济上可行；FIRR<i_0 或 MARR，项目经济上不可行。

6. 费用现值与费用年值

微视频：费用现值和费用年值及例 5-7 讲解

（1）费用现值与费用年值的含义　在对多个方案比较选优时，如果各方案产出价值相同，或者各方案能够满足同样的需要但其产出效益难以用价值形态（货币）计量（如环保、教育、保健、国防类项目）时，可以通过对各方案费用现值（Present Cost，PC）、费用年值（Annual Cost，AC）或年度费用等值（Average Annual Cost，AAC）的比较进行选择。

费用现值 PC 的定义式为

$$PC = \sum_{t=0}^{n} [CO_t \times (1 + i_0)^{-t}] \tag{5-22}$$

费用年值 AC 的定义式为

$$AC=\left[\sum_{t=0}^{n}CO_t(1+i_0)^{-t}\right](A/P,i_0,t)=PC\times(A/P,i_0,t) \tag{5-23}$$

式中 PC——费用现值；

AC——费用年值。

（2）费用现值与费用年值判别标准 费用现值与费用年值方法是建立在如下假设基础上的：参与评价的各个方案是可行的；方案的产出价值相同，或者诸方案能够满足同样的需要但是其产出效益难以用价值形态（货币）计量。费用现值与费用年值指标只能用于多个方案的比选，不能用于单个方案评价。其判别标准是费用现值或费用年值最小的方案为优。下面举例加以说明。

【例5-7】 某项目有三个采暖方案A、B、C，均能满足同样的取暖需要。其费用数据见表5-14。在基准折现率 $i_0=10\%$ 的条件下，试用费用现值与费用年值确定最优方案。

表5-14 三个采暖方案的费用数据 （单位：万元）

方 案	总投资（0时点）	年运营费用（1~10年）	PC	AC
A	200	60	568.68	92.54
B	240	50	547.23	89.05
C	300	35	515.06	83.81

解：各方案的费用现值计算如下：

$$PC_A=200\text{ 万元}+60\text{ 万元}\times(P/A,10\%,10)=568.68\text{ 万元}$$

$$PC_B=240\text{ 万元}+50\text{ 万元}\times(P/A,10\%,10)=547.23\text{ 万元}$$

$$PC_C=300\text{ 万元}+35\text{ 万元}\times(P/A,10\%,10)=515.06\text{ 万元}$$

各方案的费用年值计算如下：

$$AC_A=200\text{ 万元}\times(A/P,10\%,10)+60\text{ 万元}=92.54\text{ 万元}$$

$$AC_B=240\text{ 万元}\times(A/P,10\%,10)+50\text{ 万元}=89.05\text{ 万元}$$

$$AC_C=300\text{ 万元}\times(A/P,10\%,10)+35\text{ 万元}=83.81\text{ 万元}$$

根据费用最低的选优准则，费用现值与费用年值的计算结果都表明，方案C最优，方案B次之，方案A最差。

本章小结与重要概念

【本章小结】

项目的经济评价指标具有多元性。按照投资项目对资金的回收速度、获利能力和资金的使用效率，经济评价指标可分为时间型指标、价值型指标和效率型指标；按照是否考虑资金时间价值，经济评价指标分为静态经济评价指标和动态经济评价指标；按照指标表现形式，经济评价指标可分为绝对经济评价指标和相对经济评价指标；按照指标所表现的经济性质评价指标可分为盈利能力分析指标、偿债能力分析指标和财务生存能力分析指标在工程项目投资方案的经济效果评价中，投资者参考选用的行业财务基准收益率应在分析一定时期内国家和行业发展战略、发展规划、产业政策、资源供给、市场需求、资金时间价值、技术方案目标等情况的基础上，结合行业特点、行业资本构成情况等因素，再根据自身的发展战略和经营策略、技术方案的特点和风险、资金成本、机会成本等因素综合测定。

主要的静态经济评价指标有总投资收益率、投资利税率、资本金利润率、静态投资回收期、追加投资回收期、借款偿还期、利息备付率、偿债备付率；主要的动态经济评价指标有动态投资回收期、财务净现值、财务净现值率、财务净年值、财务内部收益率、费用现值与费用年值。

【重要概念】

经济评价指标　基准收益（折现）率　机会成本　通货膨胀　总投资收益率　投资利税率　资本金利润率　静态投资回收期　借款偿还期　利息备付率　偿债备付率　财务净现值　财务净现值率　财务净年值　财务内部收益率

思考题与练习题

1. 某企业基建项目设计方案总投资为 1995 万元，投产后年经营成本 500 万元，年销售额 1500 万元，第 3 年年末工程项目配套追加投资 1000 万元。若计算期为 5 年，基准收益率为 10%，残值等于零。试计算投资方案的财务净现值和财务净年值。

2. 设基准收益率为 15%，用 FIRR 判断方案的可行性，具体数据见表 5-15。

表 5-15　具体数据

年　份	0	1	2	3	4	5
净现金流量（万元）	-100	20	30	20	40	40

3. 建一个临时仓库需 8000 元，一旦拆除即毫无价值，假定仓库每年净收益为 1360 元，使用 8 年时，其财务内部收益为多少？若希望得到 10%的收益率，则该仓库至少使用多少年才值得投资？

4. 已知某项目的有关数据见表 5-16，当基准收益率为 10%时，分别计算财务净现值、财务净年值、静态投资回收期和动态投资回收期。

表 5-16　有关数据

年　份	1	2	3	4	5	6	7	8	9
净现金流量（万元）	-1000	-2000	300	600	800	800	800	800	800

5. 某房地产开发公司拟开发某城市商品房住宅小区，该小区拟建建筑面积 16 万 m^2，其中高层 4 万 m^2，多层 12 万 m^2，两年建成。在该项目决策阶段，业主与其委托的某咨询公司进行了广泛的市场调查和分析研究，得到有关投资决策的数据如下：

（1）该项目平均售房价格为高层每平方米建筑面积 3800 元，多层每平方米建筑面积 2900 元。预计建设的第 1 年年末销房率为 10%，第 2 年年末销房率为 50%，第 3 年年末销房率为 40%。多层、高层各年平均按上述销房率销房。

（2）该项目单位建筑面积总投资为 2187. 5 元，其中建设期初需投资 5000 万元用于支付土地使用费等前期费用，建设期末需投资 2000 万元用于小区环境建设，其余投资平均在建设期末支出。

问题：

（1）若该房地产开发公司的财务内部基准收益率为 15%，请画出现金流量图，并计算该项目的财务净现值。

（2）若该项目商品房销售情况不好，第 1 年至第 4 年年末的商品房销房率分别为 10%、20%、40%、30%，绘制现金流量图并计算财务净现值。

二维码形式客观题

扫描二维码可在线做题，提交后可查看答案。

第 5 章
客观题

第 6 章 工程方案的确定性决策

学习导图

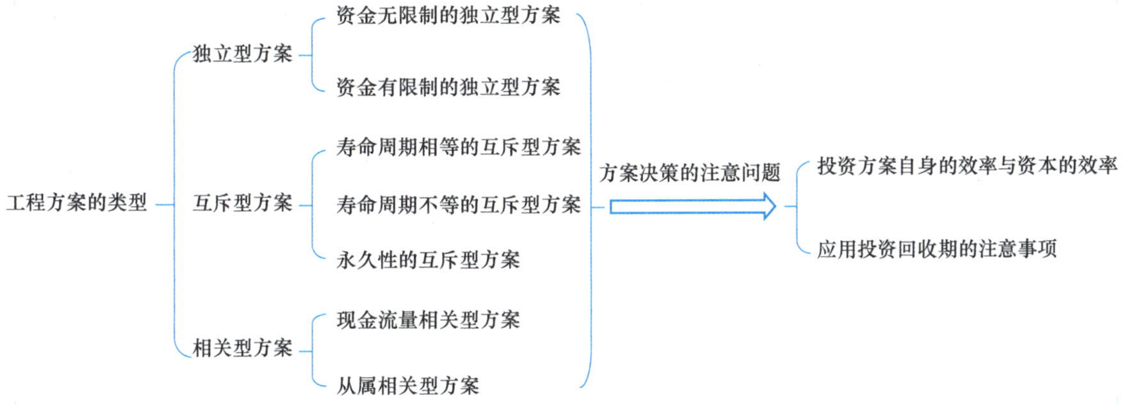

学习内容及目标

知识点	能力要求	相关知识	素质目标
工程方案的类型	熟悉工程方案及相互之间关系	工程方案的含义 方案独立关系 方案互斥关系 方案相关关系	树立辩证思维和正确的价值观 培养不断进取、不断创新、不断发展的精神和毅力，感悟从局部到系统推进的哲学思想、系统观点、整体思路
独立型方案的决策	掌握独立型方案的选择方法及注意事项	资金无限制的独立型方案选择 资金有限制的独立型方案选择	
互斥型方案决策	掌握互斥型方案的选择方法及注意事项	寿命周期相等的互斥型方案选择 寿命周期不等的互斥型方案选择 永久性的互斥型方案选择	
相关型方案决策	熟悉相关型方案的类型及选择方法	现金流量相关型方案评价 从属相关型方案的经济效果评价	
方案决策中应注意的问题	了解方案决策中应该注意的问题	投资方案自身的效率与资本的效率 应用投资回收期的注意事项	

导入案例

川藏铁路穿越地球上地质活动最为剧烈的青藏高原东南部，成为世界上风险最大也是连接众多美景的铁路，因建设难度大于青藏铁路，而被誉为第二条“天路”。该项目的建设既可保证藏区的生活生产物资供应与商品贸易，又可促进沿线特色产业发展和特色产品的输出。川藏铁路既是产品和人员的运输线，也是经济建设的发展线，可进一步加强西藏与中、东部发达地区的联系，同时也为区域间经济互补、资源共享提供了重要的交通支撑，极大地促进四川、西藏地区的对外开放，并促进中国—南亚陆路经贸通道的构建。当时，川藏铁路的论证方案提出了两条线路：南线和北线。

南线设计从成都经蒲江、雅安、康定、理塘、左贡、波密、林芝到西藏首府拉萨，全长1629km，预计投资约530亿元；北线方案沿317国道，路径为成都—马尔康—甘孜—昌都—波密—林芝—拉萨，全长1787km，预计投资约600亿元。尽管两条线路的地质条件都很复杂，但考虑到南线的人口和经济因素，以及建设成本的节省，因此建议倾向于选择沿318国道的南线作为川藏铁路的主要线路。这个选择在经济效益和实际可行性上更具优势。

思考：川藏铁路项目的南线和北线两个方案之间是什么关系？用什么方法和指标判断出南线方案比北线方案优？通过本章知识的学习，可以掌握方案之间的选择方法和原理。

6.1 工程方案的类型

1. 工程方案类型的含义

工程方案类型是指一组备选方案之间所具有的相互关系。这种关系类型一般有单一方案（又称独立型方案）和多方案两类，其中多方案又分为互斥型方案和相关型方案，如图6-1所示。

微视频：
工程方案类型

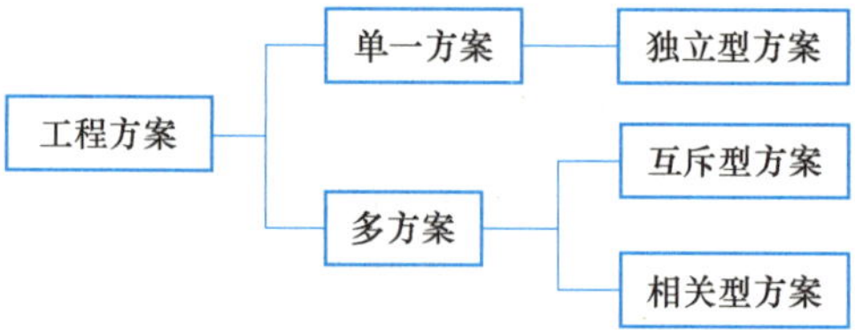

图6-1 工程方案的分类

2. 方案独立关系

独立型方案是指方案间互不干扰、在经济上互不相关的一组方案，即这些方案是彼此独立的关系，选择或放弃其中一个方案，并不影响对其他方案的选择。在选择方案时可以任意组合，直到资源得到充分利用为止。例如，某部门欲建几个产品不同、销售数额互不影响的工厂时，这些方案之间的关系就是独立的。

更加严格地讲，独立型方案可以定义为：若方案间加法法则成立，则这些方案是彼此独立的。例如，现有 A、B 两个投资方案（假设投资期为 1 年），仅向方案 A 投资时，投资额为 2000 万元，收益为 2600 万元；仅向方案 B 投资时，投资额为 3000 万元，收益为 3750 万元；同时向两个方案投资时，若有投资额为 5000 万元（2000 万元+3000 万元），收益为 6350 万元（2600 万元+3750 万元）的关系成立，则说明这两个方案间加法法则成立，即 A、B 两个方案是相互独立的。

独立型方案根据资源数量，可分为资源无限制的独立型方案和资源有限制的独立型方案。

资源无限制的独立型方案是指方案间的选择不受总资源的控制，方案间的取舍仅仅是自身指标的衡量。但在若干个可采用的独立型方案中，如果有资源约束条件，如受资金、劳动力、材料、设备及其他资源拥有量限制，则只能从中选择一部分方案实施。例如，现有独立型方案 A、B、C、D，它们所需要的投资分别为 10000 万元、40000 万元、30000 万元、20000 万元。若资金总额限量为 60000 万元，可能选择的方案共有 A、B、C、D、A+B、A+C、A+D、B+D、C+D、A+C+D 这 10 个组合方案。因此，当受某种资源约束时，独立型方案可以组合成多种组合方案，这些组合方案之间是互斥或排他的。

3. 方案互斥关系

互斥型方案就是指若干个方案中，选择其中任意一个方案，则其他方案必然被排斥的一组方案。例如，在某一个确定的地点建工厂、商店、住宅、公园等方案，此时选择其中任何一个方案，其他方案就无法实施，即具有排他性。因此，这些方案间的关系就是互斥的。在工程建设中，互斥型方案还可按以下因素进行分类：

（1）按寿命周期长短分类

1）寿命周期相等的互斥型方案，即参与对比或评价的工程方案的寿命周期均相同。

2）寿命周期不等的互斥型方案，即参与对比或评价的工程方案的寿命周期均不相同。

3）永久性的互斥型方案。在工程建设中，永久性工程即可视为无限寿命的工程，如大型水坝、运河工程等。

（2）按规模分类

1）相同规模的互斥型方案，即参与对比或评价的方案具有相同的产出量或容量，在满足相同功能的数量方面具有一致性和可比性。

2）不同规模的互斥型方案，即参与对比或评价的方案具有不同的产出量或容量，在满足相同功能的数量方面不具有一致性和可比性。

对项目互斥型方案的比较是工程经济评价工作的重要组成部分，也是寻求合理决策的必要手段。

4. 方案相关关系

（1）现金流量相关型方案　现金流量相关是指各方案的现金流量之间存在着相互影响。即使方案间不完全互斥，也不完全互补，但如果若干方案中任一方案的取舍会导致其他方案现金流量的变化，这些方案之间也具有相关性，这种相关性被称为现金流量相关。例如，一过江项目有两个考虑方案，一个是建桥方案 A，另一个是轮渡方案 B，两个方案都是收费的。此时任一方案的实施或放弃都会影响另一方案的现金流量。

（2）从属相关型方案 **在多方案中，出现技术经济互补的方案称为从属相关型方案。**根据从属相关型方案之间相互依存的关系，从属相关型方案可能是对称的。例如，建一个大型非坑口电站，必须同时建设铁路、电厂，它们无论在建成时间、建设规模上都要彼此适应，缺少其中任何一个项目，其他项目就不能正常运行，它们之间是互补的又是对称的。此外，还存在着大量不对称的经济互补方案。例如，建造一座建筑物 A 和增加一个空调系统 B，建筑物 A 本身是有用的，增加空调系统 B 后，建筑物 A 更有用，但不能说采用 A 方案的同时一定要采用 B 方案。

6.2 独立型方案的决策

1. 资金无限制的独立型方案选择

微视频：资金无限制的独立型方案选择及例 6-1 讲解

该类独立型方案采用与否，只取决于方案自身的经济性，即只需看其是否能够符合财务净现值、财务净年值或财务内部收益率指标的评价标准。因此，多个独立型方案与单一方案的评价方法是相同的。

【例 6-1】 三个独立方案 A、B、C 的现金流量见表 6-1。$i_0=15\%$，试判断其经济可行性。

表 6-1 A、B、C 的现金流量

方 案	初始投资（0 年）（万元）	年收入（万元）	年支出（万元）	寿命/年
A	5000	2400	1000	10
B	8000	3100	1200	10
C	10000	4000	1500	10

解：首先，计算各方案的 FNPV。计算结果如下：

$$FNPV_A=-5000\text{ 万元}+(2400\text{ 万元}-1000\text{ 万元})\times(P/A,15\%,10)=2026\text{ 万元}$$

$$FNPV_B=-8000\text{ 万元}+(3100\text{ 万元}-1200\text{ 万元})\times(P/A,15\%,10)=1536\text{ 万元}$$

$$FNPV_C=-10000\text{ 万元}+(4000\text{ 万元}-1500\text{ 万元})\times(P/A,15\%,10)=2547\text{ 万元}$$

由于 $FNPV_A$、$FNPV_B$、$FNPV_C$ 均大于零，故 A、B、C 三个方案均可行。

各方案 FNAV 的计算结果如下：

$$FNAV_A=-5000\text{ 万元}\times(A/P,15\%,10)+(2400\text{ 万元}-1000\text{ 万元})=404\text{ 万元}$$

$$FNAV_B=-8000\text{ 万元}\times(A/P,15\%,10)+(3100\text{ 万元}-1200\text{ 万元})=306\text{ 万元}$$

$$FNAV_C=-10000\text{ 万元}\times(A/P,15\%,10)+(4000\text{ 万元}-1500\text{ 万元})=507\text{ 万元}$$

由于 $FNAV_A$、$FNAV_B$、$FNAV_C$ 均大于零，故 A、B、C 三个方案均可行。

各方案 FIRR 的计算结果如下：

$$-5000\text{ 万元}+(2400\text{ 万元}-1000\text{ 万元})\times(P/A,FIRR_A,10)=0\rightarrow FIRR_A=25\%$$

$$-8000\text{ 万元}+(3100\text{ 万元}-1200\text{ 万元})\times(P/A,FIRR_B,10)=0\rightarrow FIRR_B=16\%$$

-10000 万元 $+(4000$ 万元 -1500 万元 $)\times(P/A,FIRR_C,10)=2547$ 万元 $\rightarrow FIRR_C=22\%$

由于 $FIRR_A$、$FIRR_B$、$FIRR_C$ 均大于 15%，故 A、B、C 三个方案均可行。

从例 6-1 可见，对于独立型方案，不论采用财务净现值、财务净年值和财务内部收益率当中哪种评价指标，评价结论都是一样的。

2. 资金有限制的独立型方案选择

如果独立型方案之间共享的资源是有限的，不能满足所有方案的需要，则在这种不超出资源限额的条件下，独立型方案的选择有两种方法：一是方案组合法；二是财务内部收益率或财务净现值率排序法。

微视频：方案组合法及例 6-2 讲解

（1）方案组合法　方案组合法的原理是列出独立型方案所有可能的组合，每个组合形成一个组合方案（其现金流量为被组合方案现金流量的叠加）。由于是所有可能的组合，则最终的选择只可能是其中一种组合方案，因此所有可能的组合方案形成互斥关系，可按互斥型方案的比较方法确定最优的组合方案，最优的组合方案即为独立型方案的最佳选择。具体步骤如下：

1）列出 m 个独立型方案的所有可能组合，形成 2^m 个新的互斥的组合方案（其中包括 0 方案，即不投资，其投资为 0，收益也为 0）。

2）每个组合方案的现金流量为被组合的各独立方案的现金流量的叠加。

3）将所有的组合方案按初始投资额从小到大的顺序排列。

4）排除总投资额超过投资资金限额的组合方案。

5）对剩余的所有组合方案按互斥型方案的比较方法确定最优的组合方案。

6）最优组合方案即为该组独立型方案的最佳选择。

【例 6-2】　有 3 个独立型方案 A、B 和 C，寿命周期皆为 10 年，现金流量见表 6-2。基准收益率为 8%，投资资金限额为 12000 万元。试求选择最优方案。

表 6-2　方案 A、B、C 的现金流量　（单位：万元）

方　案	初始投资	年净收益
A	3000	600
B	5000	850
C	7000	1200

解：列出所有可能的组合方案（包括 0 方案），见表 6-3。

表 6-3　组合方案　（单位：万元）

序　号	组合方案	初始投资	年净收益	财务净现值
1	0	0	0	0
2	A	3000	600	1026
3	B	5000	850	704
4	C	7000	1200	1052

（续）

序　号	组合方案	初始投资	年净收益	财务净现值
5	A+B	8000	1450	1730
6	A+C	10000	1800	2078
7	B+C	12000	2050	1756
8	A+B+C	15000	—	—

对每个组合方案内的各独立型方案的现金流量进行叠加，作为组合方案的现金流量，并按叠加的投资额从小到大的顺序对组合方案进行排列，排除投资额超过资金限制的组合方案（A+B+C）。

按组合方案的现金流量计算各组合方案的财务净现值，方案（A+C）的财务净现值最大，为最优组合方案，故最优选择应是方案 A 和 C。

方案组合法的优点是在各种情况下均能保证获得最优组合方案；缺点是在方案数目较多时，其计算比较烦琐。

（2）财务净现值率排序法　财务净现值率（FNPVR）排序法的原理是：计算各方案的财务净现值，排除财务净现值小于零的方案，然后计算各方案的财务净现值率，按财务净现值率从大到小的顺序依次选取方案，直至所选取方案的投资额之和最大限度地接近或等于投资限额。

微视频：财务净现值率排序法及例 6-3 讲解

按财务净现值率排序原则选择项目方案，其基本思想是单位投资的财务净现值越大，在一定投资限额内所能获得的财务净现值总额就越大。

财务净现值率排序法的优点是计算简便，选择方法简明扼要；缺点是由于投资方案的不可分性，即一个方案只能作为一个整体被接受或放弃，经常会出现资金没有被充分利用的情况。

【例 6-3】　某一经济区投资预算为 150 万元，有六个投资方案，其财务净现值与投资额见表 6-4，试按照财务净现值率排序法对方案进行选择（$i_0=10\%$）。

解： 计算各方案的财务净现值及财务净现值率，见表 6-4。

表 6-4　各方案的财务净现值及财务净现值率

方　案	期初投资（万元）	财务净现值（万元）	财务净现值率	按财务净现值率排序
A	60	13. 73	0. 23	1
B	40	1. 78	0. 04	5
C	35	5. 5	0. 16	3
D	20	-1. 56	-0. 08	6
E	55	11. 58	0. 21	2
F	10	1. 06	0. 11	4

去掉财务净现值及财务净现值率为负数的 D 方案，按财务净现值率 FNPVR 的大小排序，可知满足资金总额约束的方案为 A、E、C，所用的资金总额为 150 万元，财务净现值

总额为 30.81 万元。

【例 6-4】 现有八个独立方案，数据见表 6-5。试在投资预算限额 12000 万元内，用财务净现值率 FNPVR 排序法确定其投资方案的最优组合。

解：计算各方案的财务净现值率，见表 6-5。

表 6-5　方案基本数据

方　案	A	B	C	D	E	F	G	H
投资额（万元）	4000	2400	800	1800	2600	7200	600	3000
FNPV（万元）	2400	1080	100	450	572	1296	84	1140
FNPVR	0.6	0.45	0.13	0.25	0.22	0.18	0.14	0.38
FNPVR 排序	1	2	8	4	5	6	7	3

最佳方案组合投资额：

$$P_{(A+B+H+D)} = 4000\text{ 万元}+2400\text{ 万元}+3000\text{ 万元}+1800\text{ 万元}=11200\text{ 万元}$$

最佳方案组合的 FNPV：

$$FNPV_{(A+B+H+D)} = 2400\text{ 万元}+1080\text{ 万元}+1140\text{ 万元}+450\text{ 万元}=5070\text{ 万元}$$

6.3 互斥型方案的决策

1. 寿命周期相等的互斥型方案选择

（1）财务净现值法　财务净现值法就是以基准收益率将包括初期投资额在内的各期净现金流量换算成财务净现值（FNPV）的比较方法。首先，分别计算各个方案的财务净现值，剔除 FNPV<0 的方案，然后比较所有 FNPV≥0 的方案的财务净现值，选择财务净现值最大的方案为最佳方案。财务净现值法评价互斥型方案的判断准则为：财务净现值大于或等于零且为最大的方案是最优可行方案。

微视频：
财务净现值法及
例 6-5 讲解

【例 6-5】 某企业准备生产某种新产品，为此需增加新的生产线。现有 A、B、C 三个方案，各自的初期投资额、每年年末的销售收益及作业费用见表 6-6。各投资方案的寿命周期均为 6 年，6 年后的残值为零，基准收益率 $i_0=10\%$。选择哪个方案最有利？

表 6-6　各投资方案的现金流量　　（单位：万元）

投资方案	初期投资	销售收益	作业费用	净收益
A	2000	1200	500	700
B	3000	1600	650	950
C	4000	1600	450	1150

解：为了正确选择方案，首先画出三个方案的现金流量图，如图 6-2 所示。

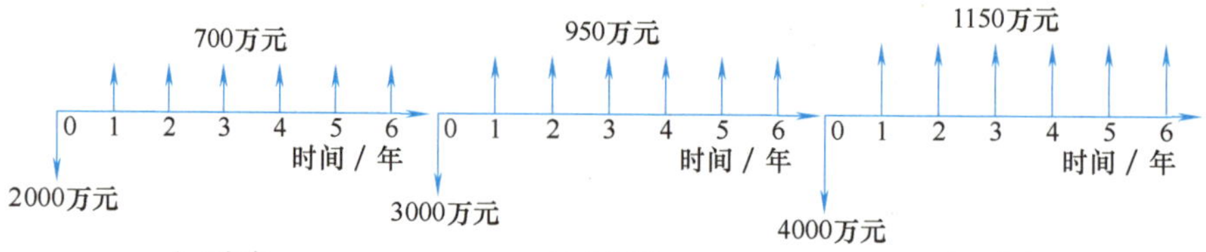

a) A方案　　b) B方案　　c) C方案

图 6-2 互斥型方案的净现金流量图

将各年的净收益折算成现值时，只要利用等额支付现值系数$(P/A,10\%,6)=4.3553$即可。各方案的财务净现值$FNPV_A$、$FNPV_B$、$FNPV_C$如下：

$$FNPV_A=-2000\text{万元}+700\text{万元}\times(P/A,10\%,6)=1049\text{万元}$$

$$FNPV_B=-3000\text{万元}+950\text{万元}\times(P/A,10\%,6)=1137\text{万元}$$

$$FNPV_C=-4000\text{万元}+1150\text{万元}\times(P/A,10\%,6)=1009\text{万元}$$

因此，方案B是最优方案，相当于现时点产生的利润值为1137万元（已排除了10%的机会成本）。该方案的财务净现值较方案A多88万元，较方案C多128万元。

(2) 财务净年值法　财务净年值法就是以基准收益率将包括初期投资额在内的各期的净现金流量换算成等额年值。

财务净年值法的计算公式为

$$FNAV=\left[\sum_{t=0}^{n}(CI-CO)_t(1+i_0)^{-t}\right]\times(A/P,i_0,n)=FNPV\times(A/P,i_0,n) \quad (6\text{-}1)$$

式中　$(A/P,i_0,n)$——资本回收系数。

其评价准则是：若$FNAV\geqslant0$，则项目在经济上可行；若$FNAV<0$，则项目在经济上不可行。

下面以例6-5为例进行计算：

解：各方案的财务净年值$FNAV_A$、$FNAV_B$、$FNAV_C$如下：

$$FNAV_A=-2000\text{万元}\times(A/P,10\%,6)+700\text{万元}=241\text{万元}$$

$$FNAV_B=-3000\text{万元}\times(A/P,10\%,6)+950\text{万元}=261\text{万元}$$

$$FNAV_C=-4000\text{万元}\times(A/P,10\%,6)+1150\text{万元}=232\text{万元}$$

可见方案B最优，与财务净现值法计算出的结果一致。

(3) 差额法　差额法就是以基准收益率将包括初期投资额差额在内的各期的差额净现金流量换算成现值。设有方案1和方案2，且方案2为投资额大的方案，方案1为投资额小的方案，则差额法的计算公式为

$$FNPV_{2-1}=\sum_{t=0}^{n}[(NCF_2-NCF_1)(P/F,i_0,t)]\text{ 或者 }FNPV_{2-1}=FNPV_2-FNPV_1 \quad (6\text{-}2)$$

此方法评价准则为：若$FNPV_{2-1}\geqslant0$，则方案2在经济上比方案1更优；若$FNPV_{2-1}<0$，则方案1在经济上比方案2更优。此方法与财务净现值法得出的结论是一致的，但直接用财务净现值法来比较更为方便。

(4) 增量投资财务内部收益率法　应用财务内部收益率（FIRR）对互斥型方案评价，能否直接根据各互斥型方案财务内部收益率（$FIRR\geqslant i_0$）的高低来选择方案呢？答案是否

定的。因为财务内部收益率不是项目初始投资的收益率，而且财务内部收益率受现金流量分布的影响很大，财务净现值相同的两个分布不同的现金流量，会得出不同的财务内部收益率。因此，直接按各互斥型方案的财务内部收益率的高低来选择方案并不一定能选出财务净现值（基准收益率下）最大的方案，即 $FIRR_2>FIRR_1\geqslant i_0$ 并不意味着一定有 $FIRR_{2-1}=\Delta FIRR\geqslant i_0$。

【例 6-6】 以例 6-5 某企业的投资方案为例加以说明。向方案 B 投资就意味着比方案 A 多投资 1000 万元，追加投资的结果使方案 B 较方案 A 每年年末多 250 万元的净收益。

解： 当 $i=0$ 时，有

$$FNPV_A=700\text{ 万元}\times6-2000\text{ 万元}=2200\text{ 万元}$$

$$FNPV_B=950\text{ 万元}\times6-3000\text{ 万元}=2700\text{ 万元}$$

当 $i=i_0=10\%$时，$FNAV_A=241$ 万元；$FNAV_B=261$ 万元；

由 $FNPV_A=0$，得 $FIRR_A=26.4\%$；由 $FNPV_B=0$，得 $FIRR_B=22.1\%$

增量投资财务内部收益率 $\Delta FIRR_{B-A}$ 由下式求得：

$$250\text{ 万元}\times(P/A,\Delta FIRR_{B-A},6)-1000\text{ 万元}=0\rightarrow\Delta FIRR_{B-A}=13\%$$

根据上述数据绘出图 6-3。

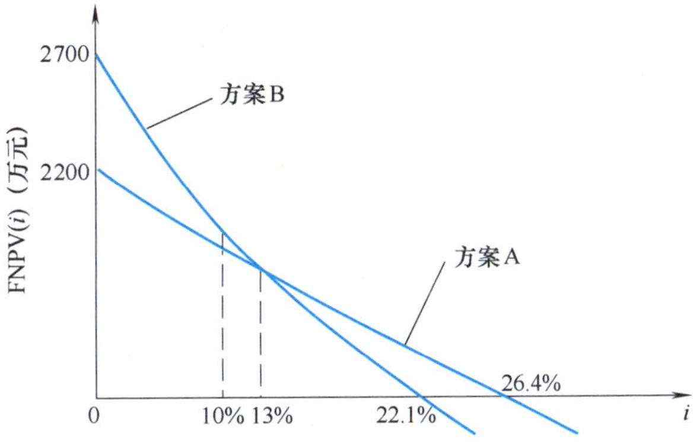

图 6-3　追加投资财务内部收益率的数学和经济解释

由图 6-3 可知，方案 B 的财务内部收益率低，财务净现值高。而方案 A 的财务内部收益率高，财务净现值低。从计算结果或图 6-3 可看出，$FIRR_A>FIRR_B$，如果以财务内部收益率为评价准则，则方案 A 优于方案 B；而以财务净现值为评价准则，基准收益率为 $i_0=10\%$时，$FNPV_B>FNPV_A$，方案 B 优于方案 A。这就产生了矛盾。但由财务净现值的经济含义可知，财务净现值最大准则因符合收益最大化的决策准则，故是正确的。因此，要确定的差额财务内部收益率评价准则应与财务净现值最大化准则相一致才正确。若采用财务内部收益率，就不能仅看方案自身的财务内部收益率是否最大，还要看其他条件。这就是要看方案 B 比方案 A 多花的投资的财务内部收益率（即追加投资财务内部收益率 ΔFIRR）是否大于基准收益率 i_0。若 $\Delta FIRR\geqslant i_0$，则投资大的方案 B 为优；若 $\Delta FIRR<i_0$，则投资小的方案 A 为优。

增量投资财务内部收益率 ΔFIRR 是两个方案各年净现金流量的差额的现值之和等于零时的折现率，其表达式为

$$\Delta FNPV(\Delta FIRR)=\sum_{t=0}^{n}(NCF_1-NCF_2)(1+\Delta FIRR)^{-t}=0 \tag{6-3}$$

式中　ΔFIRR——增量投资财务内部收益率。

从上式可以看出，增量投资财务内部收益率就是 $FNPV_1=FNPV_2$ 时的折现率。其评价准则为：**若 $\Delta FIRR\geqslant i_0$，则投资大的方案为优；若 $\Delta FIRR<i_0$，则投资小的方案为优。所以，增量投资财务内部收益率的评价结果总是与按财务净现值指标的评价结果一致。**

2. 寿命周期不等的互斥型方案选择

上面所述内容都是假定各方案的投资寿命周期（服务年限）相同情况下的方案选择问题。但现实中，很多方案的寿命周期往往不同。例如，在建造各种建筑物、构筑物时，采用的结构形式（如木结构、钢结构、钢筋混凝土结构等）不同，其投资额及寿命周期也不同；建筑施工单位所购置的机械设备型号不同、厂家不同，其寿命周期和初期投资额也不同。那么，对于寿命周期不同的方案应该采用什么标准和方法加以选择呢？以下介绍两种寿命周期不同的互斥型投资方案比选的方法，并用具体例题加以说明。

（1）计算期统一法

1）最小公倍数法。最小公倍数法是以各备选方案计算期的最小公倍数为方案比选的共同计算期，并假设各方案均在这样一个共同的计算期内重复进行，在此基础上计算出各方案的财务净现值或者费用现值，以财务净现值最大或费用现值最小的方案为最佳方案。

微视频：最小公倍数法及例6-7讲解

【例6-7】 某部门欲购置大型施工机械，现有A、B两个互斥型投资方案。该两个方案的工作效率和质量均相同，但每年（已折算到年末）的作业费用不同，寿命周期也不同（表6-7）。基准收益率为12%，此时应选哪种方案？

表6-7　两种方案的投资、作业费用和寿命周期

投资方案	初期投资额（万元）	年作业费用（万元）	寿命周期/年
A	20	4.5	4
B	30	4.0	6

解：两个方案寿命周期的最小公倍数为12年，在此期间，方案A第一周期的现金流量重复了两次，方案B重复了一次，因而方案A、B的净现金流量图如图6-4所示。设方案A、B 12年间的费用现值分别为 $PC_A(12)$、$PC_B(12)$，则

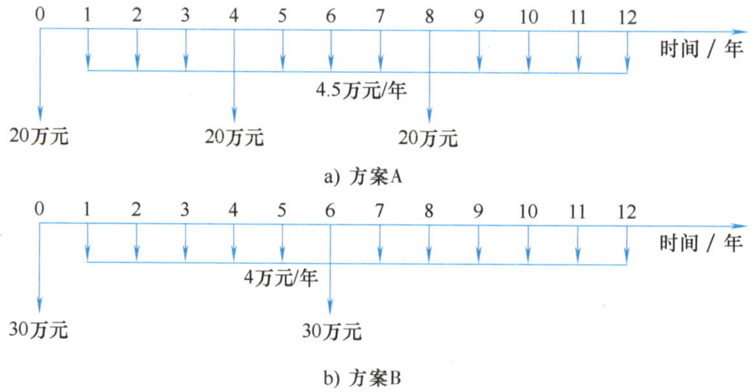

图6-4　方案A、B的净现金流量图

$$
\begin{aligned}
PC_A(12) &= 4.5\text{万元}\times(P/A,12\%,12)+20\text{万元}\times(P/F,12\%,8)+20\text{万元}\times(P/F,12\%,4)+20\text{万元} \\
&= 68.66\text{万元}
\end{aligned}
$$

$$PC_B(12)=4.0\text{万元}\times(P/A,12\%,12)+30\text{万元}\times(P/F,12\%,6)+30\text{万元}=70\text{万元}$$

由于两个方案中，方案 A 的费用现值更小，因而方案 A 优。

2）研究期法。对计算期不相等的互斥型方案，可采用另一种确定共同计算期的方法——研究期法。这种方法是根据对市场前景的预测，直接选取一个适当的分析期作为各个方案的共同计算期。这样不同期限的方案就转化为相同期限的方案了。

研究期的确定一般以互斥型方案中年限最短或最长方案的计算期作为互斥型方案评价的共同研究期。当然也可取所期望的计算期为共同研究期。通过比较各个方案在研究期内的财务净现值来对方案进行比选，以财务净现值（费用现值）最大（最小）的方案为最佳方案。

对于计算期短于共同研究期的方案，仍可假定其计算期完全相同地重复延续，也可按新的不同的现金流量序列延续。需要注意的是，对计算期（或者是计算期加其延续）比共同研究期长的方案，要对其在研究期以后的现金流量余值进行估算，并回收余值。该项余值估算的合理性及准确性对方案比选结论有重要影响。

【例 6-8】 仍以例 6-7 为例，取年限短的方案计算期作为共同研究期。本例研究期为 4 年。

解：

$$PC_A(4)=4.5\text{万元}\times(P/A,12\%,4)+20\text{万元}=33.67\text{万元}$$

$$PC_B(4)=[30\text{万元}\times(A/P,12\%,6)+4\text{万元}]\times(P/A,12\%,4)=34.31\text{万元}$$

由于两个方案中，方案 A 的费用现值小，因而方案 A 优。

（2）财务净年值（费用年值）法　用财务净年值进行寿命周期不等的互斥型方案的经济效果评价，假设各备选方案在其寿命周期结束时均可按原方案重复实施或以与原方案经济效果水平相同的方案接续。财务净年值（费用年值）是以“年”为时间单位比较各个方案的经济效果，一个方案无论重复实施多少次，其财务净年值不变的，从而使寿命周期不等的互斥型方案间具有可比性。评价准则为：$FNAV\geq 0$，且 FNAV 最大者（AC 最小者）为最优方案。

【例 6-9】 仍以例 6-7 为例。设 A、B 两个方案的费用年值分别为 AC_A、AC_B。

解：

$$AC_A=20\text{万元}\times(A/P,12\%,4)+4.5\text{万元}=11.09\text{万元}$$

$$AC_B=30\text{万元}\times(A/P,12\%,6)+4\text{万元}=11.3\text{万元}$$

由于两个方案中，方案 A 的费用年值更小，因而方案 A 优。

3. 永久性的互斥型方案选择

如果评价方案的计算期很长，用前面介绍的方法计算非常麻烦，则可取无穷大计算期法计算 FNPV(PC)，FNPV 最大者（PC 最小者）为最优方案。其计算公式为

$$FNPV=FNAV\times(P/A,i,n) \tag{6-4}$$

当 n 无限大时，有 $FNPV=FNAV\div i$。

【例 6-10】 为在某河上修建大桥，经考虑有 A、B 两处可供选点。在 A 点建桥，预计投资为 1200 万元，年维护费 2 万元，水泥桥面每 10 年翻修一次需 5 万元；在 B 点建桥，预计投资 1100 万元，年维护费 8 万元，该桥每 3 年粉刷一次需 3 万元，每 10 年整修一次需 4 万元。若基准折现率为 10%，试比较两个方案哪个为优。

解：首先画出方案 A、B 的现金流量图，如图 6-5 所示。

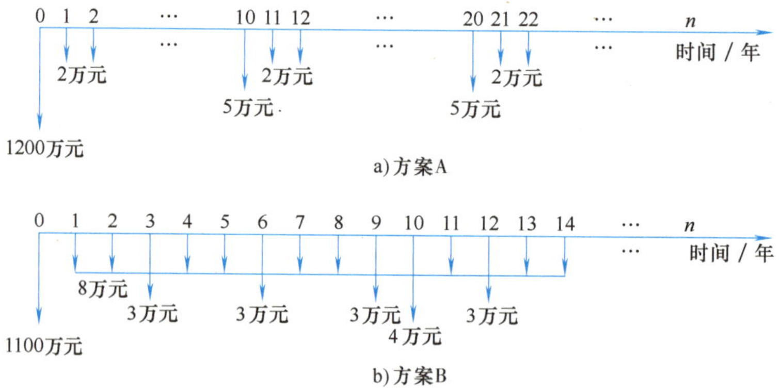

图 6-5　方案 A、B 的现金流量图

设方案 A、B 的费用现值分别为 PC_A、PC_B，则

$$PC_A = 1200\text{ 万元}+2\text{ 万元}\div 10\%+5\text{ 万元}\times(A/F,10\%,10)\div 10\% = 1223.14\text{ 万元}$$

$$PC_B = 1100\text{ 万元}+8\text{ 万元}\div 10\%+3\text{ 万元}\times(A/F,10\%,3)\div 10\%+4\text{ 万元}\times(A/F,10\%,10)\div 10\%$$
$$= 1191.57\text{ 万元}$$

由两个方案的费用现值知，方案 B 的费用现值更小，因而方案 B 优。

6.4 相关型方案的决策

1. 现金流量相关型方案评价

其主要思路是：先将各方案组合成互斥型方案，计算各互斥型方案的现金流量，再应用各种经济效果评估指标进行评价。

【例 6-11】 在两座城市间有两个投资方案 A、B，A 为建高速公路，B 为建铁路。只上一个方案时，各方案的净现金流见表 6-8；两个方案都建设时，会对其中另一方案的现金流产生影响，估计有关数据见表 6-8。基准折现率为 10%，试进行方案评价择优。

表 6-8　现金流量

方　案	初始投资额（亿元）	年净现金流（亿元）	寿命周期/年
A	-50	10	40
B	-30	6	40
A+B	-80	13.5	40

解： A、B 两个方案均为现金流量相关型方案，可用“方案组合法”评价择优。

第一步，先将各相关方案组合成互斥型方案。

第二步，用财务净年值法，对各互斥型方案进行评价择优。

$$FNAV_A = -50\text{ 亿元}\times(A/P,10\%,40)+10\text{ 亿元}\approx 4.887\text{ 亿元}$$

$$FNAV_B = -30\text{ 亿元}\times(A/P,10\%,40)+6\text{ 亿元}\approx 2.932\text{ 亿元}$$

$$FNAV_{A+B} = -80\text{ 亿元}\times(A/P,10\%,40)+13.5\text{ 亿元}\approx 5.319\text{ 亿元}$$

$$FNAV_{A+B} > FNAV_A > FNAV_B$$

故同时采纳两个方案为最佳。

2. 从属相关型方案的经济效果评价

如果两个或多个方案之间，某方案的实施要求以另一方案（或另几个方案）的实施为条件，则两个方案之间具有从属性。例如，汽车零配件制造厂与汽车总装厂之间就有从属性。

【例 6-12】 有 5 个投资建议方案 A_1、A_2、B_1、B_2 及 C，它们的现金流量及财务净现值见表 6-9。已知 A_1 及 A_2 互斥，B_1 及 B_2 相斥，B_1 及 B_2 都从属于 A_2，C 从属于 B_1。设定资金限额为 220 万元，基准折现率为 10%，试选择出最优的投资组合方案。

表 6-9　方案基本数据　　（单位：万元）

方　案	现 金 流 量					FNPV
	0	1	2	3	4	
A_1	-200	80	80	80	80	53.6
A_2	-120	48	48	48	48	32
B_1	-56	18	18	18	18	1.06
B_2	-60	20	20	20	20	3.4
C	-40	24	24	24	24	36

解： 先不考虑资金的限制。5 个投资建议方案共可组成 5 个互斥型投资方案，见表 6-10。显然方案 5 的财务净现值最高，应优先采纳。方案 5 是由 A_2、B_1 及 C 三个投资建议方案组成的，其总投资为 216 万元，财务净现值为 69.06 万元。

表 6-10　组合方案评价结果　　（单位：万元）

组合方案号	组 合 规 则					投　资	FNPV
	A_1	A_2	B_1	B_2	C		
1	1	0	0	0	0	-200	53.6
2	0	1	0	0	0	-120	32
3	0	1	1	0	0	-176	33.06
4	0	1	0	1	0	-180	35.4
5	0	1	1	0	1	-216	69.06

6.5 方案决策中应注意的问题

1. 投资方案自身的效率与资本的效率

从众多的投资方案中选择最合适的方案时，财务内部收益率（即投资的效率）指标在很多情况下都是有效的。此时，重要的是搞清各方案之间的相互关系和资金的制约因素。

本节将讲述以收益率为尺度进行方案选择时应注意的一个问题，即不应将投资方案自身的效率与投入的净资本的效率混同起来。下面用一个具体的例子予以说明。

【例 6-13】 某企业现正在研究互相独立的投资方案 A、B、C 何者有利的问题。三个方案的投资额都为 5000 万元，每年年末的净收益 A 为 800 万元，B 为 700 万元，C 为 600 万元，投资的寿命周期皆为 20 年。如无特殊情况，那么优选的次序应为 A、B、C。

但是，各方案的情况是不同的：方案 A 是企业内工厂的扩建问题；方案 B 是公共工程，其投资的一半（2500 万元）可以由市政府提供 20 年无息贷款；方案 C 是引进外资的企业，其中的 4000 万元可以按 4%的利率获得。

此时方案 A、B、C 自身的效率（即财务内部收益率）分别为

$$5000\text{ 万元}\times(A/P,\mathrm{FIRR}_A,20)-800\text{ 万元}=0\rightarrow\mathrm{FIRR}_A=15\%$$

$$5000\text{ 万元}\times(A/P,\mathrm{FIRR}_B,20)-700\text{ 万元}=0\rightarrow\mathrm{FIRR}_B=12.7\%$$

$$5000\text{ 万元}\times(A/P,\mathrm{FIRR}_C,20)-600\text{ 万元}=0\rightarrow\mathrm{FIRR}_C=10.3\%$$

方案 B 投资的一半（2500 万元）可以由市政府提供 20 年无息贷款，有无息贷款时的现金流量如图 6-6 所示，此时方案 B 自有资金的效率为

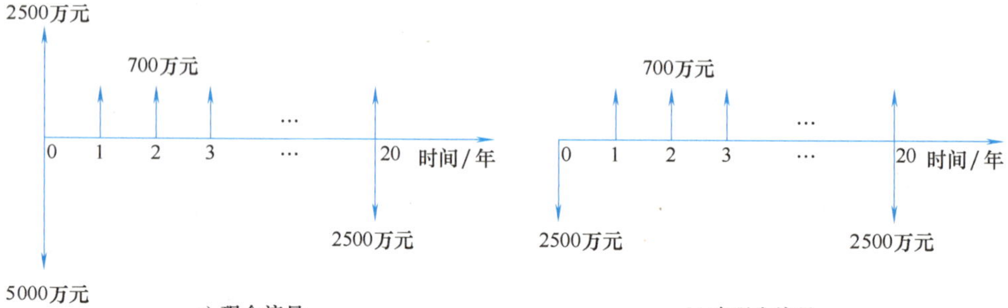

图 6-6　有无息贷款时的现金流量

$$2500\text{ 万元}+2500\text{ 万元}\times(P/F,\mathrm{FIRR}_B,20)-700\text{ 万元}\times(P/A,\mathrm{FIRR}_B,20)=0\rightarrow\mathrm{FIRR}_B=27.6\%$$

可见，其投资效率远比方案 A 有利。

方案 C 以 4%的低息贷款 4000 万元，因而每年都需偿还，假如复本利和 20 年内偿还完了，则其现金流量如图 6-7a 所示。其中每年偿还金额为

$$A=4000\text{ 万元}\times(A/P,4\%,20)=294.3\text{ 万元}$$

因而其净现金流量如图 6-7b 所示。其他资金的效率为

$$1000\text{ 万元}\times(A/P,\mathrm{FIRR}_C,20)-305.7\text{ 万元}=0\rightarrow\mathrm{FIRR}_C=30.4\%$$

可见方案 C 自有资金的效率比方案 B 更高。

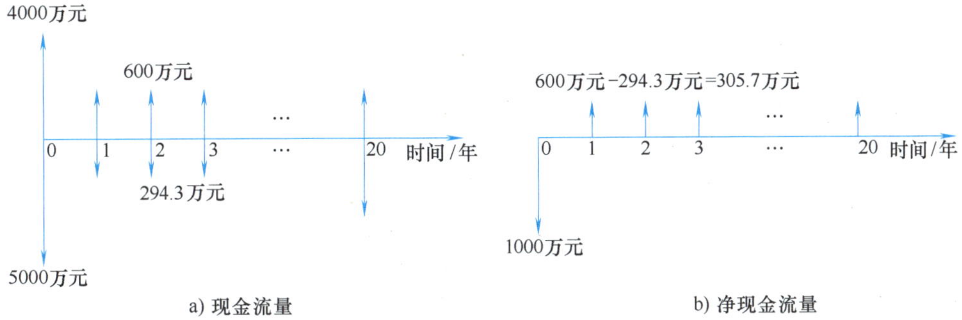

图 6-7　有低息贷款时的现金流量

2. 应用投资回收期的注意事项

在此之前讨论的方案都是在初期投资之后，每期期末都产生均等净收益情况下的方案评价与选择的问题。但是，假如参加比较的各投资方案的现金流量截然不同，那么收益率法有时就不能正确地反映各投资方案的优劣。下面用实例说明。

【例 6-14】 某企业现有 A、B 两个投资方案，其初期投资额都是 1000 万元。但方案 A 投资之后一直没收益，直到第 10 年年末才有一笔 5000 万元的净收益；方案 B 初期投资之后从第 1 年年末开始，每年年末都有相同的净收益 300 万元。假如基准收益率为 10%，哪个投资方案更有利？

解： A、B 两个方案的财务内部收益率分别为

$$1000\text{ 万元}\times(F/P,\mathrm{FIRR}_A,10)-5000\text{ 万元}=0\rightarrow\mathrm{FIRR}_A=17.5\%$$

$$1000\text{ 万元}\times(A/P,\mathrm{FIRR}_B,10)-300\text{ 万元}=0\rightarrow\mathrm{FIRR}_B=27.3\%$$

如果用财务内部收益率作为评价投资方案优劣的标准，那么显然方案 B 较方案 A 优越得多。但是，方案 B 果真较方案 A 优越吗？为此，需要研究两个方案相当于现时点的净收益哪个多，多者才是优选方案。两个方案的财务净现值分别为

$$\mathrm{FNPV}_A=5000\text{ 万元}\times(P/F,10\%,10)-1000\text{ 万元}=928\text{ 万元}$$

$$\mathrm{FNPV}_B=300\text{ 万元}\times(P/A,10\%,10)-1000\text{ 万元}=843\text{ 万元}$$

因此，实际是方案 A 较方案 B 有利。

那么，为什么财务内部收益率大的方案反而是差的方案，财务内部收益率小的方案反而是有利的方案呢？这种现象可以做如下解释：将 A、B 两个方案的投资比作向银行存款，虽然 B 银行较 A 银行的存款利率高，但是由于每年都需要从银行取出 300 万元存款，而取出的款项按基准收益率 10%在运用；虽然 A 银行较 B 银行的存款利率低，但所存款额 1000 万元始终按 17.5%计息，因而导致方案 A 10 年内的财务净现值较方案 B 大得多。

由此可见，对投资类型截然不同方案的选择，不宜以财务内部收益率作为方案优选的尺度，而应采用财务净现值法（财务净年值法）。

本章小结与重要概念

【本章小结】

工程方案的类型一般有独立型方案和多方案两类。独立型方案是指方案间互不干扰、在经济上互不相关的一组方案。独立型方案根据资源数量，可分为资源无限制的独立型方案和资源有限制的独立型方案。多方案又分为互斥型和相关型方案。互斥型方案就是指若干个方案中，选择其中任意一个方案，则其他方案必然被排斥的一组方案。互斥型方案按服务寿命周期长短不同，分为寿命周期相等的互斥型方案、寿命周期不等的互斥型方案和永久性的互斥型方案；按规模不同，分为相同规模的互斥型方案和不同规模的互斥型方案。相关型方案可分为现金流量相关型方案和从属相关型方案。

资金无限制的独立型方案采用与否，只需看其是否能够通过财务净现值、财务净年值或财务内部收益率指标的评价标准；资金有限制的独立型方案的选择方法有方案组合法和财务内部收益率或财务净现值率排序法。寿命周期相等的互斥型方案的选择方法通常有财务净现值法、财务净年值法、差额法和增量投资财务内部收益率法；寿命周期不等的互斥型方案的选择方法有计算期统一法和财务净年值（费用年值）法。现金流量相关型方案评价的主要思路是先将各方案组合成互斥型方案，计算各互斥型方案的现金流量，再应用各种经济效果评估指标进行评价；如果两个或多个方案之间，某方案的实施要求以另一方案（或另几个方案）的实施为条件，则两个方案之间具有从属性。

以收益率为尺度进行方案选择时应注意：①不应将投资方案自身的效率与投入的净资本的效率混同起来；②假若参加比较的各投资方案的现金流量截然不同，那么收益率法有时就不能正确地反映各投资方案的优劣。

【重要概念】

工程方案类型　独立型方案　互斥型方案　方案组合法　增量投资财务内部收益率法　最小公倍数法

思考题与练习题

1. 某企业为降低产品成本，拟定出三个互斥型技术方案A、B、C，各方案的服务寿命周期均为10年，净现金流量见表6-11。试在基准收益率为12%的条件下选择经济上最有利的方案。

表6-11　三个互斥型方案的现金流　（单位：元）

方　案	初始投资	年净现金流量
A	5000	1400
B	9000	1950
C	11000	2600

2. 公司打算购买两种新机器A、B中的一种，假如公司基准贴现率为12%，各设备方案的数据见表6-12，应购买哪种机器？

表 6-12　各设备方案的数据

项　　目	方案 A	方案 B
投资额（元）	10000	16000
年经营收入（元）	6000	6500
年经营支出（元）	3000	2800
残值（元）	1000	1600
寿命周期/年	6	9

3. 某项目有三个方案 A、B、C，均能满足同样的需要，但各方案的投资及年运营费用不同，见表 6-13。在基准收益率为 12%的情况下，对方案进行比选。

表 6-13　三个方案的投资及费用数据　（单位：万元）

方　　案	期 初 投 资	1~5 年运营费用	6~10 年运营费用
A	70	13	13
B	90	10	10
C	105	6	8

4. 试对表 6-14 中三个寿命周期不等的互斥型投资方案 A、B、C 做出取舍决策（基准收益率为 12%）。

表 6-14　现金流量表

方　　案	A	B	C
初始投资（万元）	6000	8000	10000
残值（万元）	0	200	350
年度支出（万元）	1200	1200	1600
年度收入（万元）	3400	4200	4800
寿命周期/年	3	4	6

5. 某公司有三个独立型方案 A、B、C 可供选择，其投资额均为 500 万元，寿命周期均为 20 年。各方案的年净收益不同：方案 A 为 80 万元，方案 B 为 70 万元，方案 C 为 60 万元。但是，三个方案由于所处的投资环境及投资内容不同，各方案的融资成本不一样。其中：方案 A 为新设工厂，融资无优惠；方案 B 为环保项目，可以得到 250 万元的无息贷款；方案 C 为新兴扶植产业，当地政府可以给予 400 万元的低息贷款（年利率 4%）。在这种情况下，如何选择独立型方案（基准收益率为 12%）？

6. 某公司正在考虑下一个资本预算期内的五个工程项目。五个工程项目的预计净现金流量见表 6-15。

表 6-15　五个工程项目的预计净现金流量　（单位：万元）

项　　目	第 t 年年末的现金流					MARR 为每年 10%计算的财务净现值
	0	1	2	3	4	
A	−50	20	20	20	20	13.4
B	−30	12	12	12	12	8.0
C	−14	4	4	4	4	−1.3
D	−15	5	5	5	5	0.85
E	−10	6	6	6	6	9.0

其中，项目 A 和 B 互斥，项目 C 和 D 互斥且依存于 B，项目 E 依存于 C。假设基准收益率每年为 10%，如果公司资本限额为 60 万元，请确定最优项目组合。

7. 某建筑企业打算购置一台建筑机械，现有两种选择，设基准收益率为 15%，相关数据见表 6-16，试用费用年值法进行方案选择。

表 6-16 两种建筑机械的现金流量

机　　械	机械 A	机械 B
期初投资（元）	11000	18000
每年费用支出（元）	3500	3100
残值（元）	1000	2000
服务期/年	6	9

8. 为某工厂提供两种储存水方案：方案 A 为在高楼上安装水塔，造价为 102000 元，年运营成本为 800 元；方案 B 为在离厂一定距离的小山上安装储水池，造价为 83000 元，年运营成本为 1500 元。两种方案的寿命周期估计为 40 年，均无残值。方案 B 还需要购置价值为 9500 元的附加设备，附加设备的寿命周期为 20 年，第 20 年年末的残值为 500 元。基准收益率为 8%，试用 FNAV 法和 FNPV 法比较两种方案。

二维码形式客观题

扫描二维码可在线做题，提交后可查看答案。

第 6 章
客观题

7

第7章 工程方案的不确定性分析与风险分析

学习导图

- 工程方案的不确定性分析与风险分析
  - 工程方案的不确定性分析
    - 盈亏平衡分析
      - 线性盈亏平衡分析
      - 非线性盈亏平衡分析
      - 互斥型方案盈亏平衡分析
    - 敏感性分析
      - 单因素敏感性分析
      - 多因素敏感性分析
  - 工程方案的风险分析
    - 工程方案风险因素
    - 工程方案风险分析方法：概率分析法和决策树法

学习内容及目标

知 识 点	能 力 要 求	相 关 知 识	素 质 目 标
工程方案的不确定性分析	了解不确定性分析的含义 掌握线性盈亏平衡分析 熟悉非线性和互斥型方案盈亏平衡分析 掌握单因素敏感性分析 熟悉多因素敏感性分析	不确定性分析的概念、产生的原因和作用、分析的方法 盈亏平衡分析的含义 线性盈亏平衡分析、非线性盈亏平衡分析、互斥型方案盈亏平衡分析 敏感性分析的概念、单因素和多因素敏感性分析、敏感性分析的优缺点	正确对待人生路上的坎坷和风险，树立努力克服困境的精神 培养面对困难不放弃、开拓进取的优良品格 培养科学决策、勇于担当、勇于承担应尽社会责任的品质
工程方案的风险分析	了解工程方案风险因素 掌握风险分析的概率分析法和决策树法	风险分析的概念和影响方案效益的风险因素 概率分析法和决策树法	

导入案例

某海滨浴场项目拟建成当地规模较大、环境优美、配套齐全的以海鲜文化为主题，集海鲜美食体验、休闲度假、渔业旅游等功能于一体的文化特色小镇。项目规划总建设用地面积为 5.83hm^2（1hm^2=10000m^2），计划分两期开发：一期占地面积 2.7hm^2，开发建筑面积为 16500m^2；二期占地面积 3.13hm^2，开发建筑面积为 23700m^2。由于项目经济评价所采用数据大部分来自对未来建设和运营期间的预测和估算，项目的计算结果具有很大程度的不确定性。对该项目进行经济分析后得出 2021—2025 年 BEP 生产能力利用率为 58.59%，2026—2035 年 BEP 生产能力利用率为 32.46%，满足平衡点的生产能力利用率小于 75%。随着项目营运，BEP 生产能力利用率明显减小，表明项目适应产出能力越大，抗风险能力越强。对项目经济评价指标产生影响主要因素有营业收入、经营成本、建设投资、游客数量等。项目的财务经济情况对游客数量反应最敏感。不过可以预期随着未来基地做大做强，知名度和游客数量增加，项目的不确定性越来越小，抵抗风险能力会逐步加强。

思考：该项目的财务经济指标所得结论为什么会存在不确定性？通过哪些方面能够体现出项目财务的指标存在不确定性？不确定与风险存在什么差异？通过对本章的学习，能够解决项目经济分析中的这些问题。

7.1 工程方案的不确定性分析

7.1.1 不确定性分析概述

微视频：不确定性分析概述

1. 不确定性分析的概念

项目经济评价所采用的数据大部分来自预测和估算，具有一定程度的不确定性，预测和估算的结果可能与未来实际情况有较大出入，甚至有时不可能预测各种变量的变化情况，因而产生了项目经济评价的不确定性问题。

项目经济评价不确定性的直接后果是方案经济效果的实际值与评价值相偏离，从而使依据评价值做出的经济决策带有不确定性。严格意义上讲，不确定性分析与风险分析是有差异的。其区别在于：不确定性分析是不知道未来可能发生的结果，或不知道各种结果发生的可能性，由此产生的问题称为不确定性问题；风险分析是知道未来可能发生的各种结果的概率，由此产生的问题称为风险问题。

2. 不确定性分析产生的原因

影响项目经济效果的各种因素的未来变化带有不确定性，而且由于测算项目现金流量时，各种数据缺乏足够信息或测算方法上的误差，使得项目经济效果评价指标值带有不确定性。可以说，不确定性是所有项目固有的内在特性。一般情况下，产生不确定性的主要原因如下：

1）**项目基础数据的偏差。**项目经济评价都是基于确定的数据进行的，如项目总投资、建设期、年销售数量、产品价格、年经营成本、年利率、设备残值等基础数据。由于项目经济评价的着眼点是“未来”，而“未来”始终存在不确定性因素。因此，对项目基础数据的预测与估计肯定存在偏差，而这将关系到项目经济评价的结果。

2）**通货膨胀。**因通货膨胀的存在，会产生物价浮动，并影响项目评价中所用的价格，进而导致诸如建设投资、年销售收入、年经营成本、基准收益率等数据与实际发生偏差。

3）**技术进步。**技术进步会引起新老产品和工艺的交替，这样，根据原有技术条件和生产水平所估计的年销售收入等指标就会与实际值发生偏差。

4）**市场供求结构的变化。**这种变化会影响到产品的市场供求状况，进而对某些指标值产生影响。

5）**其他外部影响因素。**如政府政策的变化、新的法律法规的颁布、国际政治经济形势的变化等，均会对项目的经济效果产生一定的甚至难以预料的影响。

3. 不确定性分析的作用

1）进行不确定性分析在一定程度上可以避免投资决策的失误。项目经济评价都是以项目未来的基础数据进行评价的，由于不确定性因素的存在，这些基础数据的预测值与实际值之间往往存在着差异，甚至存在很大的差距，仅凭一些基础数据所做的确定性分析来取舍项目，就可能会导致投资决策失误。

2）进行不确定性分析可以掌握不确定性因素对项目经济评价的影响程度。通过预测不确定性因素的变化范围，分析这些因素变化对项目经济效果的影响程度，可以找出影响项目经济评价效果的不确定性因素，分析项目抗风险的程度。

3）进行不确定性分析可以为提出项目风险防范措施提供依据。通过不确定性分析找出不确定性因素，从而可以提出相应的防范措施以减少不确定性。

4. 不确定性分析的方法

常用的不确定性分析方法有盈亏平衡分析和敏感性分析等。

7.1.2 盈亏平衡分析

1. 盈亏平衡分析的含义

盈亏平衡分析是在一定的市场、生产能力及经营管理条件下，通过对产品产量、成本、利润相互关系的分析，判断企业对市场需求变化适应能力的一种不确定性分析方法，故也称为量本利分析。在工程经济评价中，这种方法的作用是找出投资项目的盈亏临界点，以判断不确定性因素对方案经济效果的影响程度，说明方案实施的风险大小及投资项目承担风险的能力，为投资决策提供科学依据。

2. 线性盈亏平衡分析

微视频：
线性盈亏平衡
分析的理解

（1）线性盈亏平衡分析的条件

1）生产量等于销售量。

2）生产量变化，单位变动成本不变，使总生产成本成为生产量的线性函数。

3）销售量变化，销售单价不变，从而使销售收入成为销售量的线性函数。

（2）线性盈亏平衡分析的计算

1）基本的损益方程式。根据成本总额对产量的依存关系，全部成本可分解成固定成本和变动成本两部分。在一定期间将成本分解成固定成本和变动成本两部分后，再同时考虑收入和利润，成本、产量和利润的关系就可以统一于一个数学模型。其表达式为

$$利润=销售收入-总成本-税金 \tag{7-1}$$

假设生产量等于销售量，并且项目的销售收入与总成本均是生产量的线性函数，则式（7-1）中

$$销售收入=单位产品售价\times销售量 \tag{7-2}$$

$$总成本=变动成本+固定成本=单位产品变动成本\times生产量+固定成本 \tag{7-3}$$

$$销售税金=单位产品销售税金及附加\times销售量 \tag{7-4}$$

将式（7-2）、式（7-3）和式（7-4）代入式（7-1）中，则利润的表达式为

$$B=pQ-C_VQ-C_F-tQ \tag{7-5}$$

式中 B——利润；

p——单位产品售价；

Q——销售量或生产量；

t——单位产品销售税金及附加；

C_V——单位产品变动成本；

C_F——固定成本。

式（7-5）明确表达了量本利之间的数量关系，是基本的损益方程式。它含有相互联系的6个变量，给定其中5个，便可求出另一个变量的值。

由于单位产品的销售税金及附加是随产品的销售单价变化而变化的，为了便于分析，将销售收入与销售税金及附加合并考虑，即可将产销量、成本、利润的关系反映在直角坐标系中，成为基本的量本利图，如图7-1所示。

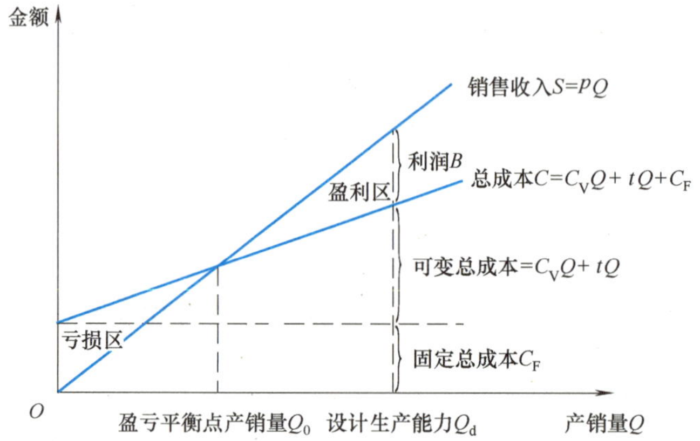

图7-1 量本利图

2）盈亏平衡点的表达形式。项目盈亏平衡点（Break-Even Point，BEP）的表达形式有多种，可以用实物产销量、年销售额、单位产品售价、单位产品的变动成本以及年固定成本的绝对量表示，也可以用某些相对值表示，如生产能力利用率。其中，以产销量和生产能力利用率表示的盈亏平衡点应用最为广泛。

形式一：用产销量表示的盈亏平衡点 BEP(Q)。从图 7-1 可见，当企业在小于 Q_0 的产销量下组织生产，则项目亏损；在大于 Q_0 的产销量下组织生产，则项目盈利。显然，产销量 Q_0 是盈亏平衡点的一个重要表达形式。就单一产品企业来说，盈亏临界点的计算并不困难，一般是从销售收入等于总成本费用即盈亏平衡方程式中导出。由式（7-5）可知，令基本损益方程式中的利润 $B=0$，此时的产销量 BEP（Q_0）即为盈亏临界点产销量，即

$$\mathrm{BEP}(Q_0)=\frac{\text{年固定成本}}{\text{单位产品售价}-\text{单位产品变动成本}-\text{单位产品销售税金及附加}} \tag{7-6}$$

形式二：用生产能力利用率表示的盈亏平衡点 BEP（%）。生产能力利用率表示的盈亏平衡点，是指盈亏平衡点产销量占企业正常产销量的比重。正常产销量是指达到设计生产能力的产销量，也可以用销售收入来表示：

$$\mathrm{BEP}(\%)=\frac{\text{盈亏平衡点产销量}}{\text{正常产销量}}\times 100\% \tag{7-7}$$

进行项目评价时，生产能力利用率表示的盈亏平衡点常常根据正常年份的产品产销量、变动成本、固定成本、产品价格和销售税金及附加等数据来计算，即

$$\mathrm{BEP}(\%)=\frac{\text{年固定成本}}{\text{年销售收入}-\text{年变动成本}-\text{年销售税金及附加}} \tag{7-8}$$

由式（7-6）与式（7-8）得到

$$\mathrm{BEP}(Q)=\mathrm{BEP}(\%)\times\text{设计生产能力(即正常生产能力)} \tag{7-9}$$

盈亏平衡点应按项目的正常年份计算，不能按计算期内的平均值计算。

形式三：用年销售收入表示的盈亏平衡点 BEP(S)。单一产品企业在现代经济中只占少数，大部分企业产销多种产品。多品种企业可以使用年销售收入表示盈亏临界点：

$$\mathrm{BEP}(S)=\text{单位产品售价}\times\frac{\text{年固定成本}}{\text{单位产品售价}-\text{单位产品变动成本}-\text{单位产品销售税金及附加}} \tag{7-10}$$

式（7-10）既可用于单品种企业，也可用于多品种企业。

形式四：用销售单价表示的盈亏平衡点 BEP(p)。如果按设计生产能力进行生产和销售，BEP 还可以由盈亏平衡点价格 BEP(p)来表达，即

$$\mathrm{BEP}(p)=\frac{\text{固定成本}}{\text{设计生产能力}}+\text{单位产品变动成本}+\text{单位产品销售税金及附加} \tag{7-11}$$

表示盈亏平衡点的各指标与项目风险大小的关系见表 7-1。

表 7-1　各指标与项目风险大小的关系

BEP 指标	项 目 风 险	
盈亏平衡点产销量	↑	↑
盈亏平衡点价格	↑	↑
盈亏平衡点单位产品变动成本	↑	↓
盈亏平衡点生产能力利用率	↑	↑
盈亏平衡点销售收入	↑	↑

【例 7-1】 某项目设计生产能力为年产 50 万件产品，根据资料分析，估计单位产品价格为 100 元，单位产品变动成本为 80 元，固定成本为 300 万元，试用产销量、生产能力利用率、销售额、单位产品价格分别表示项目的盈亏平衡点。已知该产品销售税金及附加的合并税率为 5%。

微视频：
例 7-1 讲解

解：(1) 计算 BEP(Q)，由式 (7-6) 计算得

$$\mathrm{BEP}(Q)=\frac{300\text{ 万元}}{100\text{ 元/件}-80\text{ 元/件}-100\text{ 元/件}\times5\%}=200000\text{ 件}$$

(2) 计算 BEP(%)，由式 (7-8) 计算得

$$\mathrm{BEP}(\%)=\frac{300\text{ 万元}}{(100\text{ 元/件}-80\text{ 元/件}-100\text{ 元/件}\times5\%)\times50\text{ 万件}}\times100\%=40\%$$

(3) 计算 BEP(S)，由式 (7-10) 计算得

$$\mathrm{BEP}(S)=100\text{ 元/件}\times\frac{300\text{ 万元}}{100\text{ 元/件}-80\text{ 元/件}-100\text{ 元/件}\times5\%}\times100\%=2000\text{ 万元}$$

(4) 计算 BEP(p)，由式 (7-11) 计算得

$$\mathrm{BEP}(p)=\frac{300\text{ 万元}}{50\text{ 万件}}+80\text{ 元/件}+\mathrm{BEP}(p)\times5\%=90.53\text{ 元/件}$$

盈亏平衡点反映了项目对市场变化的适应能力和抗风险能力。从图 7-1 中可以看出，**盈亏平衡点越低，达到此点的盈亏平衡产量和成本就越少，项目投产后盈利的可能性越大，适应市场变化的能力越强，抗风险能力也越强。**

线性盈亏平衡分析方法简单明了，但在应用中有一定的局限性。这主要表现在实际的生产经营过程中，收益和支出与产品产销量之间往往呈现出一种非线性的关系，而非所假设的线性关系。例如，当项目的产销量在市场中占有较大份额时，其产销量的高低可能会明显影响市场的供求关系，从而使市场价格发生变化。又如，根据报酬递减规律，变动成本随着生产规模的扩大而可能与产量呈非线性的关系，在生产中还有一些辅助性的生产费用（通常称为半变动成本）。

随着产量的变化而呈曲线分布，这时就需要用到非线性盈亏平衡分析方法。

3. 非线性盈亏平衡分析

在垄断竞争下，随着项目产销量的增加，市场上产品的单位价格会下降，因而销售收入与产销量之间是非线性关系；同时，企业增加产量时原材料价格可能上涨，同时要多支付一些加班费、奖金以及设备维修费，使产品的单位变动成本增加，从而总成本与产销量之间也呈非线性关系。这种情况下盈亏平衡点可能出现一个以上，如图 7-2 所示。

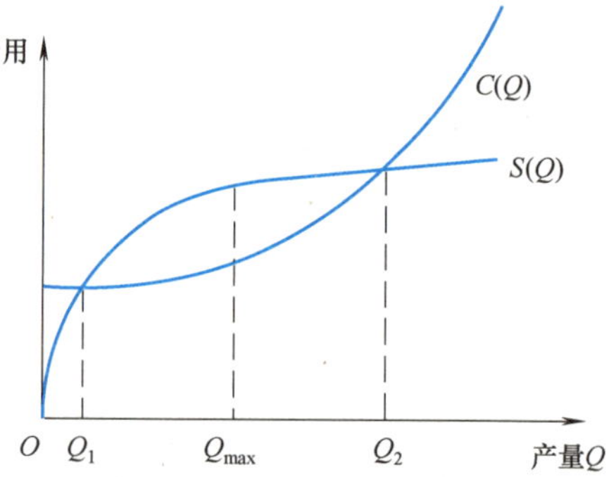

图 7-2 非线性盈亏平衡分析

【例 7-2】 某企业投产以后，正常年份的年固定成本为 66000 元，单位变动成本为 28 元，单位售价为 55 元。由于原材料整批购买，每多生产 1 件产品，单位变动成本可降低 0.001 元；销量每增加 1 件产品，售价下降 0.0035 元。试求盈亏平衡点的产量 Q_1 和 Q_2 及最大利润时的销售量 Q_{max}。

解：1）单位产品的售价为 $55-0.0035Q$；单位产品的变动成本为 $28-0.001Q$

总成本为

$$C(Q)=66000+(28-0.001Q)Q$$
$$=66000+28Q-0.001Q^2$$

收入为

$$S(Q)=55Q-0.0035Q^2$$

根据盈亏平衡原理：

$$B=S-C=-0.0025Q^2+27Q-66000$$

解得

$$Q_1=3739\text{ 件}\quad Q_2=7061\text{ 件}$$

2）由 $B=S-C\Rightarrow B=-0.0025Q^2+27Q-66000$

对 Q 求导并令 $B'(Q)=0\Rightarrow 0.005Q+27=0\Rightarrow Q_{max}=5400$ 件

如果一个企业生产多种产品，可换算成单一产品，或选择其中一种不确定性最大的产品进行分析。运用盈亏平衡分析，在方案选择时应优先选择平衡点较低者。盈亏平衡点越低，意味着项目的抗风险能力越强，越能承受意外的风险波动。

4. 互斥型方案盈亏平衡分析

在需要对若干个互斥型方案进行比选的情况下，如果有某个共有的不确定性因素影响对这些方案的取舍，可以先求出这些方案两两之间的盈亏平衡点，再根据盈亏平衡点进行方案取舍。

【例 7-3】 某房地产开发商拟投资开发建设住宅项目，建筑面积为 5000~10000m²，现有 A、B、C 三种建设方案，各方案的数据见表 7-2。现假设基准收益率为 5%，试确定各建设方案经济合理的建筑面积范围。

表 7-2　各方案的数据

方　　案	造价（元/m²）	运营费用（万元/年）	寿命/年
A	1200	35	50
B	1450	25	50
C	1750	15	50

解：假设建筑面积为 x，则各方案的年度总成本 AC 为

$$\text{AC}(x)_A=1200x\times(A/P,5\%,50)+350000$$
$$\text{AC}(x)_B=1450x\times(A/P,5\%,50)+250000$$

$$AC(x)_C=1750x\times(A/P,5\%,50)+150000$$

令

$$AC(x)_A=AC(x)_B\Rightarrow x_{AB}=7299m^2$$
$$AC(x)_B=AC(x)_C\Rightarrow x_{BC}=6083m^2$$
$$AC(x)_A=AC(x)_C\Rightarrow x_{AC}=6636m^2$$

以横轴表示建筑面积，纵轴表示年度总成本，绘出盈亏平衡分析图，如图7-3所示。从图中可看出：当建筑面积小于6083m^2时，方案C为优；当建筑面积为6083~7299m^2时，方案B为优；当建筑面积大于7299m^2时，方案A为优。

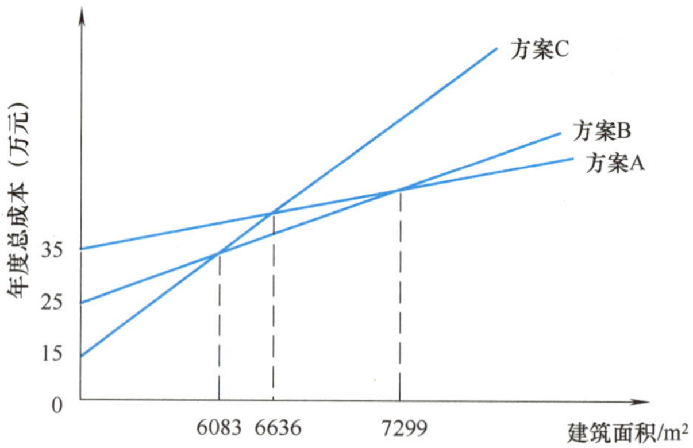

图7-3 各方案盈亏平衡分析图

盈亏平衡分析虽然能够度量项目风险的大小，但并不能揭示产生项目风险的来源。虽然知道降低盈亏平衡点就可以降低项目的风险，提高项目的安全性，也知道降低盈亏平衡点可采取降低固定成本的方法，但是如何降低固定成本，应该采取哪些可行的方法或通过哪些有效的途径来达到目的，分析并没有给出答案，还需采用其他一些方法来帮助达到目的。因此，在运用盈亏平衡分析时，应注意使用的场合及欲达到的目的，以便正确地运用这种方法。

7.1.3 敏感性分析

1. 敏感性分析的概念

敏感性分析是指通过分析不确定性因素发生增减变化时对财务或经济评价指标的影响，并计算敏感度系数和临界点，找出敏感因素。

敏感性分析的目的和作用包括：①研究影响因素所引起的经济效果指标变动的范围；②找出影响拟建项目经济效果的最敏感因素；③通过多方案敏感性大小的对比，选取敏感性小的方案，即风险小的方案；④通过对可能出现的最有利与最不利的经济效果范围的分析，用寻找替代方案或对原方案采取某些控制措施的办法，确定最现实的方案。

项目在其建设与生产经营的过程中，由于其内外部环境的变化，许多因素都会发生变化。一般将建设投资、产品价格、产品成本、产品产量（生产负荷）、主要原材料价格、工期、汇率等作为考察的不确定性因素。敏感性分析不仅可以使决策者了解不确定性因素对评价指标的影响，从而提高决策的准确性，还可以启发评价者对那些较为敏感的因素重新进行分析研究，以提高预测的可靠性。

敏感性分析有单因素敏感性分析和多因素敏感性分析两种。

2. 单因素敏感性分析

单因素敏感性分析是指假设各不确定性因素之间相互独立，每次只改变一个因素的数值进行分析，其他因素保持不变，估算单个因素的变化对项目效益的影响。单因素敏感性分析是敏感性分析的基本方法。

单因素敏感性分析一般按以下步骤进行：

微视频 4：单因素敏感性分析的过程

（1）**确定敏感性分析指标**　建设项目经济评价有一套完整的财务评价指标，敏感性分析可以选定其中一个或几个主要指标进行分析，最基本的分析指标是财务内部收益率。根据项目的实际情况，也可以选择财务净现值或投资回收期评价指标，必要时可同时针对两个或两个以上指标进行敏感性分析。

如果主要分析方案状态和参数变化对方案投资回收快慢的影响，则可选用投资回收期作为分析指标；如果主要分析产品价格波动对方案超额净收益的影响，则可选用财务净现值作为分析指标；如果主要分析投资大小对方案资金回收能力的影响，则可选用财务内部收益率作为分析指标。

在机会研究阶段，主要是对项目的设想和鉴别，确定投资方向和投资机会，此时各种经济数据不完整，可信程度低，深度要求不高，可选用静态评价指标，常采用投资收益率和投资回收期；如果在初步可行性研究和可行性研究阶段，则需选用动态评价指标，常采用财务净现值和财务内部收益率，也可以辅之以投资回收期。

（2）**选择需要分析的不确定性因素**　根据项目特点，结合经验判断选择对项目经济效益影响较大且重要的不确定性因素进行分析。经验表明，主要对产出物价格、建设投资、主要投入物价格或变动成本、生产负荷、建设工期及汇率等不确定性因素进行敏感性分析。

（3）**分析每个不确定性因素的波动程度及其对分析指标可能带来的增减变化影响**　对所选定的不确定性因素，应根据实际情况设定这些因素的变动幅度，其他因素固定不变。敏感性分析一般选择不确定性因素变化的比率为±5%、±10%、±20%等，对于不便于使用百分数表示的因素，如建设工期，可采用延长一段时间来表示，如延长 1 年。计算不确定性因素每次变动对经济评价指标的影响，对每一因素的每一次变动均重复以上计算，然后把因素变动及相应指标变动的结果用表或图的形式表示出来，以便测定敏感性因素。

（4）**确定敏感性因素**　敏感性分析的目的在于寻求敏感性因素。各因素的变化都会引起经济评价指标一定的变化，但其影响程度各不相同。有些因素可能仅发生较小幅度的变化就能引起经济评价指标发生大的变动；而另一些因素即使发生了较大幅度的变化，对经济评价指标的影响也不是太大。前一类因素称为敏感性因素，后一类因素称为非敏感性因素。**敏感性分析的目的在于寻求敏感性因素，可以通过计算敏感度系数和临界点来判断。**

1）敏感度系数。敏感度系数是指表示项目评价指标对不确定性因素的敏感程度。计算公式为

$$S_{AF}=\frac{\Delta A/A}{\Delta F/F} \tag{7-12}$$

式中　S_{AF}——评价指标 A 对于不确定性因素 F 的敏感度系数；

$\Delta F/F$——不确定性因素 F 的变化率（%）；

$\Delta A/A$——不确定性因素 F 发生 ΔF 的变化时，评价指标 A 的相应变化率（%）。

$S_{AF}>0$，表示评价指标与不确定性因素同方向变化；$S_{AF}<0$，表示评价指标与不确定性因素反方向变化。S_{AF}的绝对值越大，表明评价指标 A 对于不确定性因素 F 越敏感；反之，则越不敏感。

2）临界点。临界点是指项目允许不确定性因素向不利方向变化的极限值。超过极限，项目的效益指标将不可行。例如，当产品价格下降到某一值时，财务内部收益率将刚好等于基准收益率，此点称为产品价格下降的临界点。临界点可用临界点百分比或者临界值分别表示某一变量的变化达到一定的百分比或者一定数值时，项目的效益指标将从可行转变为不可行。临界点可用专用软件的财务函数计算，也可由敏感性分析图直接求得近似值。

（5）方案选择　如果进行敏感性分析的目的是对不同的投资项目或某一项目的不同方案进行选择，则一般应选择敏感程度小、承受风险能力强、可靠性大的项目或方案。

【例 7-4】　某小型电动汽车的投资方案用于确定性经济分析的现金流量见表 7-3，所采用的数据是根据未来最可能出现的情况而预测估算的。由于对未来影响经济环境的某些因素把握不大，投资额、经营成本和销售收入均有可能在±20%的范围内变动。设定基准收益率为 10%，不考虑所得税，针对财务净现值指标就三个不确定性因素做单因素敏感性分析。

表 7-3　项目现金流量　（单位：万元）

年　份	0	1	2~10	11
投资额（K）	15000			
销售收入（B）			19800	19800
经营成本（C）			15200	15200
期末残值（L）				2000
净现金流量	−15000		4600	6600

解：（1）确定性分析

$$\begin{aligned}\text{FNPV} &= -K+(B-C)\times(P/A,10\%,10)\times(P/F,10\%,1)+L\times(P/F,10\%,11)\\ &= -15000\text{ 万元}+4600\text{ 万元}\times(P/A,10\%,10)\times(P/F,10\%,1)+2000\text{ 万元}\times(P/F,10\%,11)\\ &= 11397\text{ 万元}\end{aligned}$$

（2）敏感性分析

1）求变化关系：设投资额、经营成本和销售收入变动的百分比为 x、y、z 且其对 FNPV 产生线性影响，分析这些百分比对方案 FNPV 的影响规律。

投资额（K）变动 x：

$$\text{FNPV}_K=-K\times(1+x)+(B-C)\times(P/A,10\%,10)\times(P/F,10\%,1)+L\times(P/F,10\%,11)$$

$$\text{整理得 FNPV}_K=11397-15000x$$

经营成本（C）变动 y：

$$\text{FNPV}_C=-K+[B-C(1+y)]\times(P/A,10\%,10)\times(P/F,10\%,1)+L\times(P/F,10\%,11)$$

$$\text{整理得 FNPV}_C=11397-84908y$$

销售收入（B）变动 z：

$$FNPV_B=-K+[B\times(1+z)-C]\times(P/A,10\%,10)\times(P/F,10\%,1)+L\times(P/F,10\%,11)$$

$$整理得\ FNPV_B=11397+110604z$$

2）求影响方案取舍的不确定性因素变化的临界值——敏感性分析图中（图 7-4）直线与横轴的交点。

令 $FNPV=0\Rightarrow x'=76.0\%$，$y'=13.4\%$，$z'=10.3\%$。

C、B 不变，K 增长大于 76.0%；K、B 不变，C 增长大于 13.4%；K、C 不变，B 减少大于 10.3%时，方案变得不可行。

分别对 x、y、z 取不同的值，计算方案的 FNPV，结果见表 7-4。

表 7-4　单因素变化对 FNPV 的影响　　（单位：万元）

变化率	−20%	−15%	−10%	−5%	0	5%	10%	15%	20%
投资额	14397	13647	12897	12147	11397	10647	9897	9147	8397
经营成本	28379	24133	19888	15642	11397	7152	2906	−1339	−5585
销售收入	−10724	−5194	337	5864	11397	16927	22457	27988	33518

注：表中数据均四舍五入保留整数。

绘制单因素敏感性分析图，如图 7-4 所示。

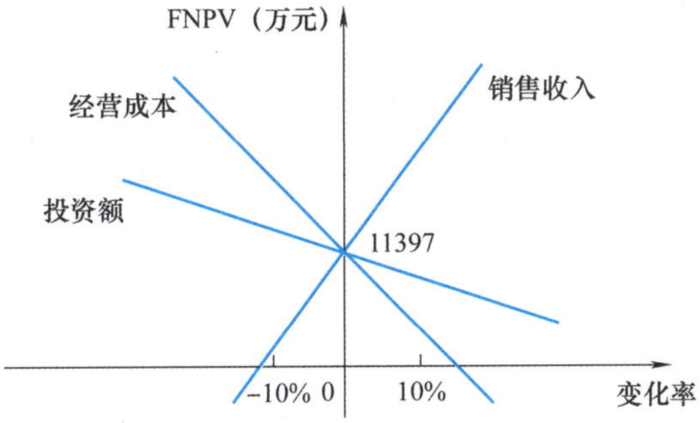

图 7-4　单因素敏感性分析

本例中，销售收入（产品价格）是最敏感的因素，经营成本是次敏感的因素，投资额显然不是影响方案经济性的主要因素。这对项目经营者的启示为：企业在项目生产经营过程中采取科学管理、降低成本和做好市场作为主要措施，提高项目经营效益，抵御风险。

【例 7-5】　某项目单因素变化对财务净现值的影响计算结果见表 7-5。试计算财务净现值对投资额、产品价格和经营成本的敏感度系数。

表 7-5　单因素变化对财务净现值（FNPV）的影响　　（单位：万元）

变化率	−20%	−10%	0	10%	20%	单位变化幅度（+1%）	单位变化幅度（−1%）
投资额	361.21	241.21	121.21	1.21	−118.79	−9.90%	9.90%
产品价格	−308.91	−93.85	121.21	336.28	551.34	17.75%	−17.75%
经营成本	293.26	207.24	121.21	35.19	−50.83	−7.10%	7.10%

解： 财务净现值对投资额的敏感度系数计算如下：

$$S_{AF}=\frac{\Delta A/A}{\Delta F/F}=\frac{\dfrac{241.21-121.21}{121.21}}{-10\%-0}=-9.9$$

同理，财务净现值对产品价格的敏感度系数计算结果为17.75，财务净现值对经营成本的敏感度系数计算结果为-7.10。根据计算所得财务净现值对投资额、产品价格和经营成本的敏感度系数可知，财务净现值对产品价格的变动最敏感。

由此可见，按财务净现值对各个因素的敏感程度来排序，依次是产品价格、投资额、经营成本，其中最敏感的因素是产品价格。因此，从方案决策的角度来讲，应该对产品价格进行进一步更准确的测算。因为从项目风险的角度来讲，如果未来产品价格发生变化的可能性较大，则意味着这一投资项目的风险性也较大。

需要说明的是，单因素敏感性分析虽然对项目分析中不确定性因素的处理是一种简便易行、有效实用的变化方法，适用于分析最敏感的因素，但它是以假定其他因素不变为前提的，而这种假定条件在实际经济活动中是很难实现的。

3. 多因素敏感性分析

多因素敏感性分析是对两个或两个以上互相独立的不确定性因素同时变化时，分析这些变化的因素对经济评价指标的影响程度和敏感程度。

单因素敏感性分析的方法简单，但其不足在于忽略了各因素之间相互作用的可能性。实际上，一个因素的变动往往也伴随着其他因素的变动。例如，固定资产投资的变化可能导致设备残值的变化；产品价格的变化可能引起需求量的变化，从而引起市场销售量的变化；等等。多因素敏感性分析考虑了这种相关性，因而能反映几个因素同时变动对项目评价指标产生的综合影响，弥补了单因素分析的局限性，更全面地揭示了事物的本质。因此，在对一些有特殊要求的项目进行敏感性分析时，除进行单因素敏感性分析外，还应进行多因素敏感性分析。多因素敏感性分析由于要考虑可能发生的各种因素不同变动情况的多种组合，因此计算起来要比单因素敏感性分析复杂得多。

多因素敏感性分析方法有两种：一是把一次改变一个参数的敏感性分析方法应用于多参数的敏感性分析；二是采用乐观-悲观分析法。

1）敏感性分析法。一次改变一个参数的敏感性分析可以得到敏感性曲线。如果分析两个参数同时变化的敏感性，则可以得到敏感面。

【例7-6】 某项目有关数据见表7-6。假定可变因素为初始投资与年收入，并考虑它们同时发生变化，试进行该项目财务净年值指标的敏感性分析。

表7-6　某项目有关数据

项　目	初始投资（万元）	使用寿命/年	残值（万元）	年收入（万元）	年支出（万元）	i_0
估计值	10000	5	2000	5000	2200	8%

解： 令 x、y 分别代表初始投资及年收入变化的百分数，则项目必须满足：

$FNAV = -10000万元 \times (1+x)(A/P,8\%,5)+5000万元 \times (1+y)-2200万元+2000万元 \times (A/F,8\%,5)$
$= 636-2505x+5000y \geqslant 0$

如果 FNAV≥0 或 $=636-2505x+5000y \geqslant 0$，则该投资方案可以盈利 8%以上。将以上不等式绘制成图形，就得到如图 7-5 所示的两个区域。这是一个直线方程，在临界线上，FNAV=0；在临界线左上方的区域 FNAV>0；在临界线右下方的区域 FNAV<0。在进行双因素敏感性分析时，投资者（决策者）所希望的区域 FNAV>0 占优势。

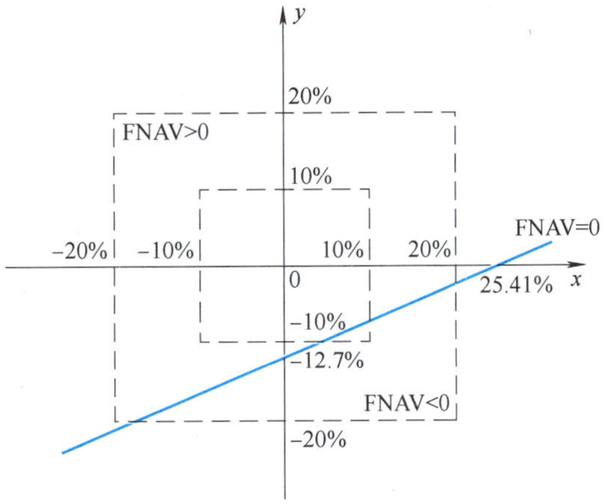

图 7-5　双因素敏感性分析

如果预计造成±20%的估计误差，则 FNAV 对投资增加比较敏感。例如，投资增加 10%，年收入减少 10%，则 FNAV<0，此时便达不到 8%的基准收益率。

【例 7-7】　假设例 7-6 中使用寿命也是一个影响因素，试进行初始投资、年收入和使用寿命三个因素同时变化的敏感性分析。

解：要推导出一个三维的敏感性分析数学表达式是困难的，但可以先根据每一可能方案的使用寿命画出来的一组盈亏线来考察 FNAV，然后根据结果考察改变这三个参数的估计误差的敏感性。

设以使用寿命 t 为自变量，则有

$FNAV_t = -10000万元 \times (1+x)(A/P,8\%,t)+5000万元 \times (1+y)-2200万元+2000万元 \times (A/F,8\%,t) \geqslant 0$

则

$$FNAV(2) = -1846.4-5608x+5000y \geqslant 0 \Rightarrow y \geqslant 0.369+1.121x$$
$$FNAV(3) = -464-3880x+5000y \geqslant 0 \Rightarrow y \geqslant 0.093+0.776x$$
$$FNAV(4) = 224.8-3019x+5000y \geqslant 0 \Rightarrow y \geqslant -0.045+0.604x$$
$$FNAV(5) = 636-2505x+5000y \geqslant 0 \Rightarrow y \geqslant -0.127+0.50x$$
$$FNAV(6) = 909.6-2163x+5000y \geqslant 0 \Rightarrow y \geqslant -0.182+0.433x$$
$$FNAV(7) = 1103.2-1921x+5000y \geqslant 0 \Rightarrow y \geqslant -0.221+0.384x$$

根据以上方程，可画出如图 7-6 所示的一组盈亏线。在使用寿命盈亏线上的区域 FNAV>0，在盈亏线以下的区域 FNAV<0。

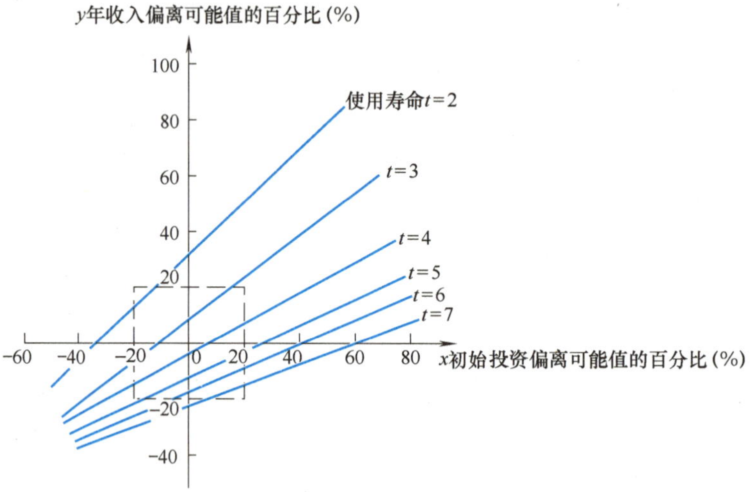

图 7-6　三个参数的敏感性分析图

由图 7-6 看出，在初始投资（x）和年收入（y）偏离最可能值±20%的变化范围内，当 t=5、6、7 时，均显示良好的投资盈利效果。但当 t=4 时，所需投资和年收入的允许变动范围非常小。例如，当 t=4 时，如果投资增加 20%，为了使 FNAV>0，年收入至少必须增加 7.5%。

2）乐观-悲观分析法。多因素敏感性分析要考虑可能发生的多种因素不同变动幅度的多种组合，计算起来要比单因素敏感性分析复杂得多。当分析的不确定性因素不超过三个，且指标计算比较简单时，可以采用乐观-悲观分析法。

乐观-悲观分析法的基本思路是：对技术方案的各种参数分别给出三个预测值（估计值），即悲观的预测值 P、最可能的预测值 M 和乐观的预测值 O，根据这三种预测值即可对技术方案进行敏感性分析并做出评价。

【例 7-8】 某企业准备购置新设备，总投资、使用寿命等数据见表 7-7，假设 $i_0=8\%$，试就使用寿命、年销售收入和年支出三项因素按最有利、很可能和很不利三种情况，进行财务净现值敏感性分析。

表 7-7　新设备的相关数据

因素变化	因素			
	总投资（万元）	使用寿命/年	年销售收入（万元）	年支出（万元）
最有利（O）	15	18	11	2
很可能（M）	15	10	7	4.3
最不利（P）	15	8	5	5.7

解： 计算过程见表 7-8。在表 7-8 中，最大的 FNPV 是 69.35 万元，即使用寿命、年销售收入、年支出均处于最有利状态时，有

$$\text{FNPV}=(11\text{ 万元}-2\text{ 万元})\times(P/A,8\%,18)-15\text{ 万元}=69.35\text{ 万元}$$

在表 7-8 中，最小的 FNPV 是-21.56 万元，即使用寿命在 O 状态，年销售收入和年支出在 P 状态时，有

$$\text{FNPV}=(5\text{ 万元}-5.7\text{ 万元})\times(P/A,8\%,18)-15\text{ 万元}=-21.56\text{ 万元}$$

表 7-8　乐观-悲观敏感性分析　　（单位：万元）

年销售收入	年支出								
	O			*M*			*P*		
	使用寿命								
	O	*M*	*P*	*O*	*M*	*P*	*O*	*M*	*P*
O	69.35	45.39	36.72	47.79	29.89	23.5	34.67	20.56	15.46
M	31.86	18.55	13.74	10.3	3.12	0.52	-2.82	-6.28	-7.53
P	13.12	5.13	2.24	8.44	-10.30	-10.98	-21.56	-19.70	-19.00

4. 敏感性分析的优缺点

综上所述，敏感性分析在一定程度上就各种不确定性因素的变动对方案经济效果的影响做了定量描述。这有助于决策者了解方案的风险情况，有助于确定在决策过程及各方案实施过程中需要重点研究与控制的因素。

但是，敏感性分析没有考虑各种不确定性因素在未来发生变化的概率，这可能会影响分析结论的准确性。实际上，各种不确定性因素在未来发生某一幅度变化的概率一般是有所不同的。可能有这样的情况：通过敏感性分析找出的某一敏感性因素未来发生不利变化的概率很小，因而实际上所带来的风险并不大，以至于可以忽略不计；而另一不太敏感的因素未来发生不利变化的概率却很大，实际上所带来的风险比敏感性因素更大。这种问题是敏感性分析所无法解决的，必须借助风险概率分析方法。

7.2 工程方案的风险分析

7.2.1 工程方案风险分析概述

微视频：工程方案风险分析概述

1. 风险分析的概念

工程方案风险分析是指风险管理主体通过风险识别、风险评价去认识工程项目的风险，并以此为基础，合理地使用风险回避、风险控制、风险分散、风险转移等管理方法、技术和手段对工程项目的风险进行有效控制。工程方案风险分析是在市场预测、技术方案、工程方案、融资方案和社会评价论证中已进行的初步风险分析的基础上，进一步综合分析识别拟建项目在建设和运营中潜在的主要风险因素，以揭示风险来源，判别风险程度，提出规避风险对策，降低风险损失。

在可行性研究阶段，工程方案风险分析是研究分析产品（或服务）的销售量、销售价格、产品成本、投资、建设工期等风险变量可能出现的各种状态及概率分布，计算工程方案评价指标财务内部收益率、财务净现值等的概率分布，以确定工程方案偏离预期指标的程度

和发生偏离的概率，判断工程方案的风险程度，从而为工程方案决策提供依据。

2. 影响方案效益的风险因素

1）方案收益风险，包括产品的数量（服务量）与预测（财务与经济）价格。

2）建设风险，包括建筑安装工程量、设备选型与数量、土地征用和拆迁安置费、人工、材料价格、机械使用费及取费标准等。

3）融资风险，包括资金来源、供应量与供应时间等。

4）建设工期风险，主要是指工期延长。

5）运营成本费用风险，包括投入的各种原料、材料、燃料、动力的需求量与预测价格、劳动力工资、各种管理费取费标准等。

6）政策风险，包括税率、利率、汇率及通货膨胀率等。

3. 方案风险分析的方法

常用的风险分析方法包括概率分析法、决策树法、专家调查法等。本书主要介绍概率分析法和决策树法。

7.2.2　工程方案风险分析的基本方法

1. 概率分析法

（1）概率分析法的含义　概率分析法是运用概率方法和数理统计方法，对风险因素的概率分布和风险因素对评价指标的影响进行定量分析的方法。概率分析，首先预测风险因素发生的概率，将风险因素作为自变量，预测其取值范围和概率分布；再将选定的评价指标作为因变量，测算评价指标的相应取值范围和概率分布，计算评价指标的期望值，以及项目成功的概率。

概率分析法的步骤如下：

1）选定一个或几个评价指标，通常将财务内部收益率、财务净现值等作为评价指标。

2）选定需要进行概率分析的风险因素，通常有产品价格、销售量、主要原材料价格、投资额以及外汇汇率等。针对项目的不同情况，通过敏感性分析，选择最敏感的因素进行概率分析。

3）预测风险因素变化的取值范围及概率分布。一般分为两种情况：一是单因素概率分析，即设定一个自变量因素变化，其他因素均不变化，进行概率分析；二是多因素概率分析，即设定多个自变量因素同时变化，进行概率分析。

4）根据测定的风险因素值和概率分布，计算评价指标相应取值和概率分布。

5）计算评价指标的期望值和项目可接受的概率。

6）分析计算结果，判断其可接受性，研究减轻和控制风险因素的措施。

风险因素概率分布的测定是概率分析的关键，也是进行概率分析的基础。例如，将产品售价作为概率分析的风险因素，需要测定产品售价的可能区间和在可能区间内各价位发生变化的概率。风险因素概率分布的测定方法，应根据评价需要，以及资料的可得性和费用条件来选择，或者通过专家调查法确定，或者用历史统计资料和数理统计分析方法进行测定。

概率分析的方法有很多，这些方法大多是以项目经济评价指标（主要是财务净现值）的期望值的计算过程和计算结果为基础的。这里仅介绍项目财务净现值的期望值法，通过计算项目财务净现值的期望值及财务净现值大于或等于零时的累计概率，判断项目承担风险的能力。

（2）财务净现值期望值法　期望值是用来描述随机变量的一个主要参数。所谓随机变量，是指能够知道其所有可能的取值范围，也知道其取各种值的可能性，但不能肯定其最后确切取值的变量。在投资项目经济评价中所遇到的大多数变量因素，如投资额、成本、销售量、产品价格、项目寿命周期等，都是随机变量。可以预测其未来可能的取值范围，估计各种取值或值域发生的概率，但不可能肯定地预知其取值。投资方案的现金流量序列是由这些因素的取值所决定的，所以，方案的现金流量序列实际上也是随机变量，而以此计算出来的经济评价指标也是随机变量。由此可见，项目财务净现值也是一个随机变量。

从理论上讲，要完整地描述一个随机变量，需要知道其概率分布的类型和主要参数，但在实际应用中，这样做不仅非常困难，而且也没有太大的必要，因为在许多情况下，只需要知道随机变量的某些主要特征即可。在这些随机变量的主要特征中，最重要也是最常用的就是期望值。

期望值是在大量重复事件中随机变量取值的平均值。换言之，它是随机变量所有可能取值的加权平均值，权重为各种可能取值出现的概率。

一般来讲，期望值的计算公式可表达为

$$E(x) = \sum_{i=1}^{n} (x_i \times p_i) \tag{7-13}$$

式中　$E(x)$——随机变量 x 的期望值；

x_i——随机变量 x 的各种取值；

p_i——x 取值 x_i 时所对应的概率。

根据式（7-13），可以很容易地推导出项目财务净现值的期望值计算公式。即

$$E(\mathrm{FNPV}) = \sum_{i=1}^{n} (\mathrm{FNPV}_i \times p_i) \tag{7-14}$$

式中　$E(\mathrm{FNPV})$——财务净现值的期望值；

FNPV_i——各种现金流量情况下的财务净现值；

p_i——对应于各种现金流量情况的概率。

对于多个方案比较，其评价准则为：若标准差相等，则期望值越高，方案风险越小；若期望值相等，则标准差越大，方案风险越大；若期望值与标准差均不相等，则离散系数越小，方案风险越小。

【例 7-9】　已知某投资方案各种因素可能出现的数值及其对应的概率见表 7-9。假设投资发生在期初，年净现金流量均发生在各年的年末。已知基准折现率为 10%，试求其财务净现值的期望值。

微视频：
例 7-9 讲解

表 7-9　投资方案各种因素可能出现的数值及其对应的概率

投　资　额		年 净 收 益		寿 命 周 期	
数值（万元）	概率	数值（万元）	概率	数值/年	概率
120	0.30	20	0.25		
150	0.50	28	0.40	10	1.00
175	0.20	33	0.35		

解：根据各因素的取值范围，共有9种不同的组合，根据财务净现值的计算公式，可求出各种组合的概率及财务净现值，见表7-10。

表7-10 方案所有组合状态的概率及财务净现值

投资额（万元）	120			150			175		
年净收益（万元）	20	28	33	20	28	33	20	28	33
组合概率	0.075	0.12	0.105	0.125	0.2	0.175	0.05	0.08	0.07
财务净现值（万元）	2.89	52.05	82.77	-27.11	22.05	52.77	-52.11	-2.95	27.77

根据财务净现值的期望值计算公式，可求出

$$E(\text{FNPV})=2.89\text{万元}\times0.075+52.05\text{万元}\times0.12+82.77\text{万元}\times0.105+\cdots+27.77\text{万元}\times0.07=24.51\text{万元}$$

投资方案财务净现值的期望值为24.51万元。

财务净现值的期望值在概率分析中是一个非常重要的指标。在对项目进行概率分析时，一般都要计算项目财务净现值的期望值及财务净现值大于或等于零时的累计概率。累计概率越大，表明项目的风险越小。

2. 决策树法

决策树法是指在已知各种情况发生概率的基础上，通过构造决策树来求取财务净现值的期望值大于或等于零的概率，评价项目风险、判断其可行性的决策分析方法。它是直观运用概率分析的一种图解方法，特别适用于多阶段决策分析。

决策树一般由决策点、机会点、方案枝、概率枝等组成，如图7-7所示。为了便于计算，对决策树中的“□”（决策点）和“○”（机会点）均进行编号，编号的顺序是从左到右、从上到下。通过绘制决策树，可以很容易地计算出各个方案的期望值并进行比选。

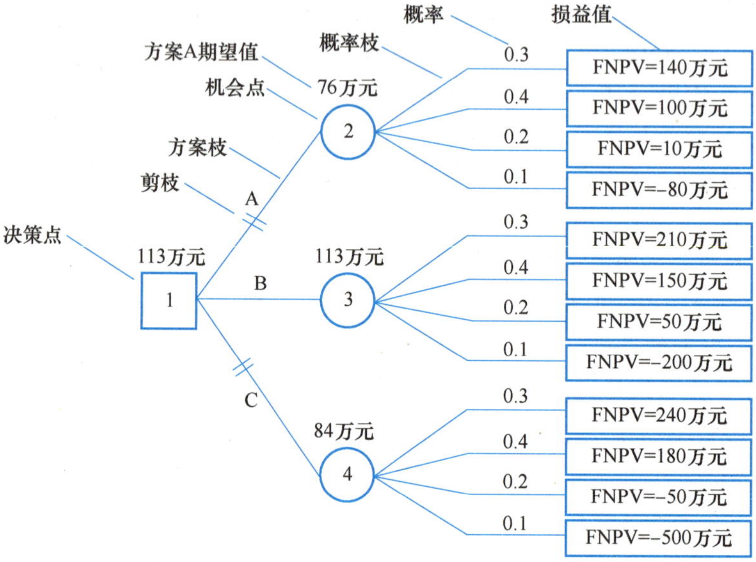

图7-7 三个方案的决策树

【例 7-10】　某项目有三种方案，面对四种市场状态（$\theta_1 \sim \theta_4$）有不同的经济效果，其财务净现值数据见表 7-11。决策者应该选择哪个方案？

微视频：
决策树及
例 7-10 讲解

表 7-11　三个方案的基本数据

状态与概率 / FNPV（万元） / 方案	θ_1	θ_2	θ_3	θ_4
	0.3	0.4	0.2	0.1
A	140	100	10	-80
B	210	150	50	-200
C	240	180	-50	-500

解：三个方案的决策树如图 7-7 所示。

由图 7-7 计算节点 2 方案 A 的期望值：

$$E(\text{FNPV}_A) = 140\ 万元 \times 0.3 + 100\ 万元 \times 0.4 + 10\ 万元 \times 0.2 - 80\ 万元 \times 0.1 = 76\ 万元$$

同理可得

$$E(\text{FNPV}_B) = 113\ 万元 \quad E(\text{FNPV}_C) = 84\ 万元$$

由计算结果，选择方案 B。

本章小结与重要概念

【本章小结】

项目经济评价所采用的数据大部分来自预测和估算，具有一定程度的不确定性，预测和估算的结果可能与未来实际情况有较大出入，甚至有时不可能预测各种变量的变化情况，因而产生了项目经济评价的不确定性问题。一般情况下，产生不确定性的主要原因有项目基础数据的偏差、通货膨胀、技术进步、市场供求结构的变化和其他外部影响因素。进行不确定性分析在一定程度上可以避免投资决策的失误，可以掌握不确定性因素对项目经济评价的影响程度，可以为提出项目风险防范措施提供依据。常用的不确定性分析方法有盈亏平衡分析和敏感性分析等。

盈亏平衡分析是在一定的市场、生产能力及经营管理条件下，通过对产品产量、成本、利润相互关系的分析，判断企业对市场需求变化适应能力的一种不确定性分析方法，故也称为量本利分析。线性盈亏平衡分析中，项目盈亏平衡点的表达形式有多种，如用产销量表示的盈亏平衡点、用生产能力利用率表示的盈亏平衡点、用年销售收入表示的盈亏平衡点、用销售单价表示的盈亏平衡点。盈亏平衡点反映了项目对市场变化的适应能力和抗风险能力。盈亏平衡点越低，达到此点的盈亏平衡产量和成本就越少，项目投产后盈利的可能性越大，适应市场变化的能力越强，抗风险能力也越强。

敏感性分析是指通过分析不确定性因素发生增减变化时对财务或经济评价指标的影响，

并计算敏感度系数和临界点，找出敏感因素。敏感性分析有单因素敏感性分析和多因素敏感性分析两种。单因素敏感性分析是指假设各不确定性因素之间相互独立，每次只改变一个因素的数值进行分析，其他因素保持不变，估算单个因素的变化对项目效益的影响。单因素敏感性分析是敏感性分析的基本方法。多因素敏感性分析是对两个或两个以上互相独立的不确定性因素同时变化时，分析这些变化的因素对经济评价指标的影响程度和敏感程度。

工程方案风险分析是指风险管理主体通过风险识别、风险评价去认识工程项目的风险，并以此为基础，合理地使用风险回避、风险控制、风险分散、风险转移等管理方法、技术和手段对工程项目的风险进行有效控制。影响方案效益的风险因素有方案收益风险、建设风险、融资风险、建设工期风险、运营成本费用风险和政策风险。工程方案风险分析的基本方法包括概率分析法和决策树法等。

【重要概念】

不确定性分析　盈亏平衡分析　敏感性分析　敏感度系数　临界点　风险分析　决策树法

思考题与练习题

1. 某项目设计生产能力为年产50万件，每件产品价格为120元，单位产品变动成本为100元，年固定成本为700万元。试计算：

（1）产品销售税金及附加忽略不计，盈亏平衡点的生产能力利用率。

（2）产品销售税金及附加为3%时，盈亏平衡点的生产能力利用率。

2. 某项目所生产的产品的总固定成本为16万元，单位变动成本为1500元，产品销售收入为$26000Q^{-1/2}+500Q$（Q为产品产销量）。试确定该产品的盈利区域和最大盈利产量。

3. 某厂生产和销售一种产品，单价为18元，单位变动成本为11元，销售税率为6%，全月固定成本10万元，每月销售4万件。现企业通过市场分析，决定将其产品单价降至16元，同时每月还将增加广告费2000元。试计算：

（1）该产品降价前的盈亏平衡点。

（2）该产品降价后的盈亏平衡点。

（3）增加销售多少件产品才能使降价后的利润比原来增加5%。

4. 有一投资方案，其设计能力为年产某产品1500台，预计产品售价1800元/台，单位经营成本为700元/台，估算投资额为800万元，方案寿命为8年。试对此方案的静态投资回收期做敏感性分析。

二维码形式客观题

扫描二维码可在线做题，提交后可查看答案。

第7章
客观题

下篇

工程经济学知识应用

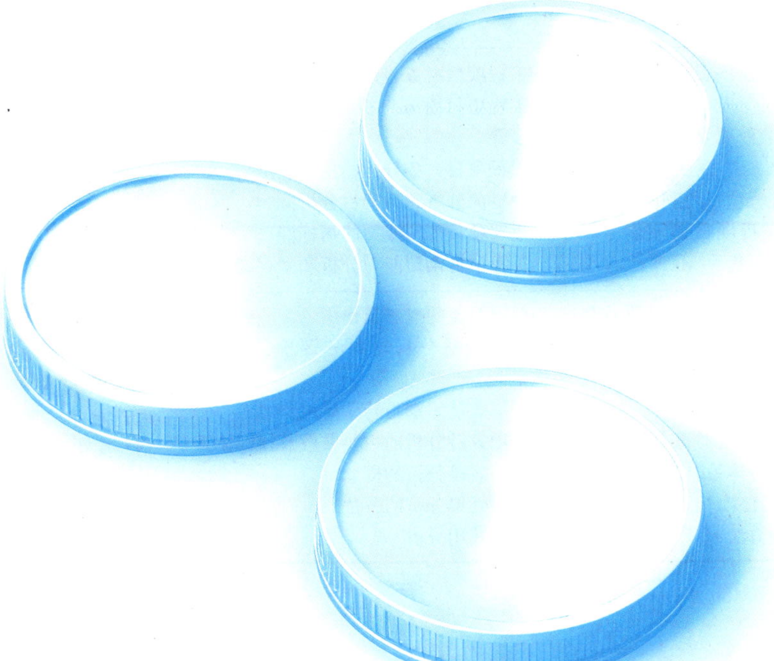

第 8 章 工程项目财务分析与经济影响分析

学习导图

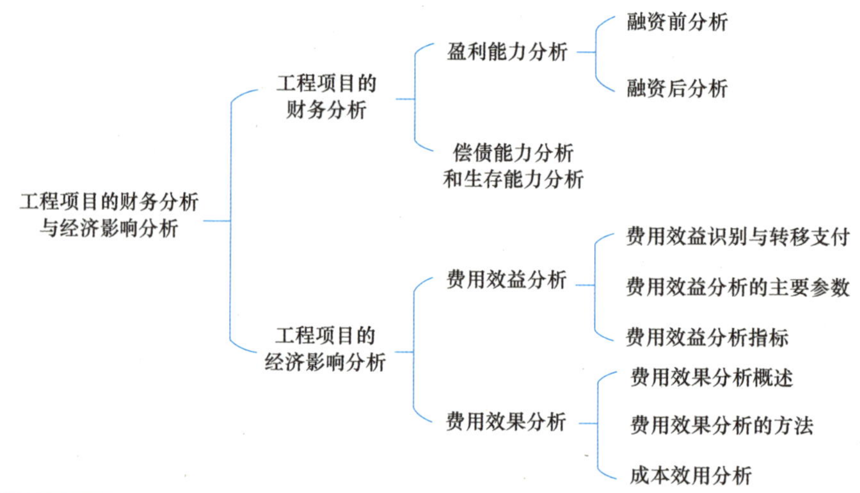

学习内容及目标

知识点	能力要求	相关知识	素质目标
工程项目的财务分析	熟悉工程项目财务分析的含义 掌握工程项目财务分析的主要表格 掌握工程项目盈利能力分析 掌握工程项目偿债能力和生存能力分析	工程项目财务分析的定义和作用 工程项目财务分析的基本原则、内容与步骤 工程项目财务分析的主要表格 融资前分析和融资后分析 反映项目盈利能力的指标 工程项目偿债能力分析和生存能力分析	培养实事求是的科学精神，以及明辨是非、追求真理的科学态度 增强大局观念和全局意识 增强中国特色社会主义道路自信、理论自信、制度自信、文化自信
工程项目的经济影响分析	熟悉工程项目费用效益分析的含义 掌握费用效益识别与转移支付 掌握费用效益分析的主要参数及指标体系 熟悉工程项目费用效果分析概述及方法	费用效益的概念及作用 费用效益分析与财务评价的区别与联系 费用效益识别与转移支付 费用效益分析的主要参数及指标体系 费用效果分析的概念 费用效果分析的方法 成本效用分析	

导入案例

白鹤滩水电站是实施“西电东送”的国家重大工程，是当今世界在建规模最大、技术难度最高的水电工程，全面建成投产后成为仅次于三峡工程的世界第二大水电站。白鹤滩水电站安装了 16 台中国自主研制、全球单机容量最大功率百万千瓦水轮发电机组，实现了我国高端装备制造的重大突破。经济效益方面，白鹤滩水电站自运行以来，与乌东德、向家坝、溪洛渡、三峡、葛洲坝等构成的世界最大清洁能源走廊每年例行开展梯级水库生态调度试验 10 余次，为保护流域生物多样性注入新动能。

白鹤滩水电站建成后，在 2023—2024 年枯水期，已向下游补水超 300 亿 m^3。白鹤滩水电站共安装 16 台百万千瓦水轮发电机组，总装机容量 1600 万 kW，多年平均发电量达 624.43 亿 kW·h。对于能源结构调整，白鹤滩水电站可以提供大量的清洁能源，替代部分的化石能源，降低能源消耗强度和污染排放强度，优化能源供需格局，增强能源安全保障能力；对于碳中和目标，白鹤滩水电站可以减少大量的温室气体排放，缓解全球气候变化的压力，为我国实现 2060 年碳中和目标做出贡献，展现我国作为负责任大国的担当；对于区域协调发展，白鹤滩水电站可以促进川、滇两省的经济社会发展，增加当地的财政收入和就业机会，改善当地的基础设施和公共服务，提高当地居民的生活水平和幸福感；对于国家综合实力，白鹤滩水电站可以展示我国在水电工程领域的创新能力和领先地位，提升我国在国际舞台上的话语权和影响力，增强我国在全球治理中的参与度和贡献度。白鹤滩水电站是一项了不起的工程，不仅创造了世界水电建设的新纪录，也为我国能源转型、碳中和、区域发展、国家崛起等方面提供了有力的支撑。白鹤滩水电站是我国水电事业的一座里程碑，是我国科技创新的一面旗帜，是一项让世界惊叹、让人民自豪、让后代敬仰的工程。

思考：白鹤滩水电站建设展现出了良好的经济效益和巨大的社会效益，这些经济效益如何进行计算？从国家和社会角度产生的效益如何进行衡量？通过对本章知识的学习能够解决这些问题。

8.1 工程项目财务分析

8.1.1 工程项目财务分析概述

1. 工程项目财务分析的定义和作用

（1）财务分析的定义　财务分析是以财务报告资料及其他相关资料为依据，采用一系列专门的分析技术和方法，对一定期间的财务活动的过程和结果进行研究和评价，借以认识财务活动规律，促进企业提高经济效益的财务管理活动。

工程项目财务分析是项目可行性研究的核心内容，其分析结论是决定项目取舍的重要决策依据。各个投资主体、各种投资来源、各种筹资方式兴办的大中型和限额以上的建设项目，均需进行财务分析。

在进行财务分析时，要明确分析范围，根据项目的特点和性质，选取适宜的分析方法，然后在研究和预测的基础上选取必要的基础数据进行成本费用分析、收入税费估算，并编制财务辅助报表。在此基础上，编制主要财务报表和计算财务评价指标进行财务分析。

（2）财务分析的作用　工程项目财务分析服务于各个信息使用者，即项目的利益相关者。财务分析对项目的利益相关者起着非常重要的作用。

1）财务分析是项目投资决策与评价的重要组成部分。项目评价应从多角度、多方面进行，无论是项目的前评价、中间评价和后评价，财务分析都是必不可少的重要内容。在项目的前评价，即投资决策与评价的各个阶段中，无论是机会研究报告、项目建议书、初步可行性研究报告还是可行性研究报告，财务分析都是其中的重要组成部分。

2）财务分析是重要的决策依据。在经营性项目决策过程中，财务分析结论是重要的决策依据。项目发起人决策是否发起或进一步推进该项目，权益投资人决策是否投资于该项目，债权人决策是否贷款给该项目，审批人决策是否批准该项目，这些都要以财务分析为依据。对那些需要政府核准的项目，各级核准部门在做出是否核准该项目的决策时，相关财务数据可作为项目社会和经济影响大小的估算基础。

3）财务分析在项目或方案比选中起着重要作用。项目投资决策与评价的精髓是方案比选，在规模、技术、工程等方面都必须通过方案比选予以优化。财务分析结果可以反馈到建设方案构造和研究中，用于方案比选，优化方案设计，使项目整体更趋于合理。

4）财务分析中的财务生存能力分析，对项目特别是对非经营性项目的财务可持续性考察起着重要作用。

2. 工程项目财务分析的基本原则、内容与步骤

（1）财务分析的基本原则

微视频：
财务分析的
基本原则

1）费用与效益计算口径的一致性原则。为了正确评价项目的获利能力，必须遵循项目的费用与效益计算口径的一致性原则。如果在投资估算中包括了某项工程，那么就应该考虑因建设该工程增加的效益，否则就低估了项目的效益；反之，如果考虑了该工程对项目效益的贡献，但投资却未计算进去，那么项目的效益就被高估。只有将投入和产出的估算限定在同一范围内，计算的净效益才是投入的真实回报。

2）费用与效益识别的有无对比原则。有无对比原则是国际上进行项目评价通用的费用与效益识别的基本原则。项目评价的许多方面都需要遵循这条原则，采用有无对比的方法进行。“有”是指实施项目的将来状况；“无”是指不实施项目的将来状况。在识别项目的费用和效益时，须注意只有“有无对比”的差额部分，才是由于项目的建设增加的费用和效益，即增量费用和效益。因为即使不实施该项目，现状也很可能发生变化。

例如农业灌溉项目，即使没有该项目，将来的农产品产量也会由于气候、施肥、种子、耕作技术的变化而变化；又如计算交通运输项目效益的基础——车流量，即使无该项目，也会由于地域经济的变化而改变。采用有无对比的方法，就是为了识别那些真正应该算作项目效益的部分，即增量效益，排除那些由于其他原因产生的效益；同时也要找出与增量效益相对应的增量费用。只有这样，才能真正体现项目投资的净效益。

有无对比原则直接适用于依托老厂进行的改扩建与技术改造项目的增量盈利能力分析。

3）动态分析与静态分析相结合、以动态分析为主的原则。国际通行的财务分析都是以

动态分析方法为主，即根据资金时间价值原理，考虑项目整个计算期内各年的效益和费用，采用现金流量分析的方法，计算内部收益率和净现值等评价指标。我国分别于 1987 年、1993 年和 2006 年由国家发展和改革委员会（简称发展改革委，原国家计委）和建设部发布施行的《建设项目经济评价方法与参数》(简称《方法与参数》）第一版、第二版以及第三版都采用了动态分析与静态分析相结合，以动态分析为主的原则制定出一整套项目经济评价方法与指标体系。2002 年由原国家计委办公厅发文试行的《投资项目可行性研究指南（试用版)》(以下简称《指南》）同样采用这条原则。

4）基础数据确定的稳妥原则。财务分析结果的准确性取决于基础数据的可靠性。财务分析中所需要的大量基础数据都来自预测和估计，难免有不确定性。为了使财务分析结果能提供较为可靠的信息，避免人为的乐观估计所带来的风险，更好地满足投资决策需要，在基础数据的确定和选取中遵循稳妥原则是十分必要的。

（2）财务分析的基本内容

1）确定财务分析的范围、依据和方法。

2）确定财务分析的基础数据和参数，主要包括计算期、财务基准收益率、成本估算、收入估算及其他相关税费。

3）编制财务报表，主要包括项目全部投资现金流量表、项目资本金现金流量表、利润及利润分配表、资产负债表、借款还本付息表、资金来源与运用表等。

4）选取适宜的分析方法和评价指标，进行盈利能力、偿债能力、营运能力分析。

5）进行不确定性分析，如盈亏平衡分析、敏感性分析等。

6）得出财务分析的结论，并提出建议。

（3）财务分析的基本步骤

融资前分析是在不考虑债务融资条件下进行的财务分析，只进行盈利能力分析，并以项目投资现金流量分析为主，计算项目投资财务内部收益率和财务净现值指标，也可计算投资回收期指标（静态）。

融资后分析是以设定的融资方案为基础进行的财务分析，主要针对项目资本金现金流和投资各方现金流进行分析，既包括盈利能力分析，又包括偿债能力分析和财务生存能力分析等内容。如图 8-1 所示。

3. 工程项目财务分析的主要表格

（1）基本报表

1）现金流量表，包括项目投资现金流量表、权益投资现金流量表（自有资金现金流量表、资本金现金流量表)、投资各方现金流量表。

2）损益表（利润表，或利润与利润分配表）。

3）资金来源与运用表。

4）资产负债表。

5）借款还本付息计划表。

6）财务外汇平衡表。

（2）辅助报表

1）固定资产投资估算表。

2）流动资金估算表。

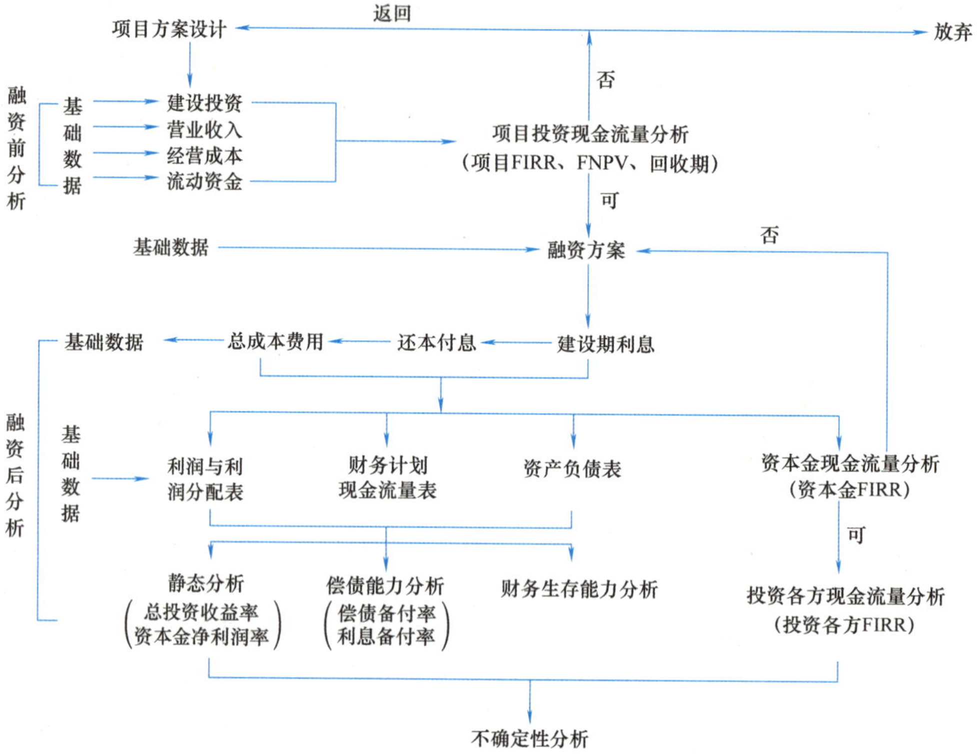

图 8-1　工程项目财务分析的步骤

3）投资使用计划与资金筹措表。

4）主要产出物和投入物使用价格依据表。

5）单位产品生产成本估算表。

6）固定资产折旧费估算表。

7）无形资产及递延资产摊销估算表。

8）总成本费用估算表。

9）销售收入估算表、销售税金估算表。

8.1.2　工程项目盈利能力分析

1. 融资前分析

微视频：融资前分析及现金流量表

融资前分析（项目投资现金流量分析）可从所得税前和（或）所得税后两个角度进行考察，选择计算所得税前和（或）所得税后分析指标。融资前分析只进行盈利能力分析，即项目投资现金流量分析。融资前分析是针对项目基本方案进行的现金流量分析。它是在不考虑债务融资条件下进行的，从项目投资总获利能力的角度，考察项目方案设计的合理性，即不论实际可能支付的利息是多少，分析结果都不发生变化，因此可以排除融资方案对决策的影响。**项目投资现金流量分析应以动态分析（项目折现现金流量分析）为主、静态分析（非折现现金流量分析）为辅。**

(1) 项目投资现金流量识别与报表编制　进行现金流量分析，首先要正确识别和选用现金流量，包括现金流入和现金流出。能否作为融资前分析的现金流量，要看其与融资方案的关系，若与融资方案无关，则可作为融资前分析的现金流量。

1) 现金流入。按照上述原则，项目投资现金流量分析的现金流入主要包括营业收入（必要时还包括补贴收入），在计算期的最后一年还包括回收固定资产余值（该回收固定资产余值应不受利息因素的影响，它区别于项目资本金现金流量表中的回收固定资产余值）及回收流动资金。

2) 现金流出。现金流出主要包括建设投资、流动资金、经营成本、销售税金及附加。

如果运营期内需要投入维持运营投资，也应将其作为现金流出。所得税后分析还要将所得税作为现金流出。由于是融资前分析，该所得税应与融资方案无关，其数值应区别于其他财务报表中的所得税。该所得税应根据不受利息因素影响的息税前利润（EBIT）乘以所得税税率计算，称为调整所得税，也可称为融资前所得税。

3) 净现金流量，即同一时刻现金流入与现金流出之差，是计算评价指标的基础。

根据上述现金流量编制的现金流量表称为项目投资现金流量表，其格式见表 8-1。

表 8-1　项目投资现金流量表

序号	项　　目	合计	计　算　期				
			0	1	2	…	n
1	现金流入						
1.1	营业收入						
1.2	补贴收入						
1.3	回收固定资产余值						
1.4	回收流动资金						
2	现金流出						
2.1	建设投资						
2.2	流动资金						
2.3	经营成本						
2.4	销售税金及附加						
2.5	维持运营投资						
3	所得税前净现金流量						
4	累计所得税前净现金流量						
5	调整所得税						
6	所得税后净现金流量（3-5）						
7	累计所得税后净现金流量						
计算指标：税前 FIRR、税后 FIRR、税前 FNPV、税后 FNPV、税前投资回收期、税后投资回收期							

(2) 项目投资现金流量分析的指标依据　项目投资现金流量表可以计算项目税前和税后投资财务内部收益率（FIRR）和项目投资财务净现值（FNPV），这两项指标通常被认定是主要指标。

另外，还可借助该表计算项目投资回收期，可以分别计算静态或动态的投资回收期。我国的评价方法只规定计算静态投资回收期。

2. 融资后分析

微视频：融资后分析及资本金现金流量表

融资后分析是指以设定的融资方案为基础进行的财务分析。融资后分析应以融资前分析和初步的融资方案为基础，考察项目在拟定融资条件下的盈利能力、偿债能力和财务生存能力等内容，判断项目方案在融资条件下的可行性。融资后分析是比选融资方案、进行融资决策和投资者最终决定投资的依据。可行性研究阶段必须进行融资后分析，但只是阶段性的。实践中，在可行性研究报告完成之后，还需要进一步深化融资后分析，才能完成最终融资决策。

融资后的盈利能力分析应包括动态分析和静态分析两种。

（1）动态分析　动态分析是指通过编制财务现金流量表，根据资金时间价值原理，计算财务内部收益率和财务净现值等指标，分析项目的获利能力。融资后的动态分析可分为项目资本金现金流量分析和投资各方现金流量分析两个层次。

1）项目资本金现金流量分析。项目资本金现金流量分析是从项目权益投资者整体的角度，考察项目给项目权益投资者带来的收益水平。它是在拟定的融资方案基础上进行的息税后分析，可以进而判断项目方案在融资方案条件下的合理性。因此，项目资本金现金流量分析结果是融资决策的重要依据，有助于投资者在其可接受的融资方案下最终做出出资决策。

① 项目资本金现金流量识别与报表编制。项目资本金现金流量分析需要编制项目资本金现金流量表，其格式见表 8-2。

表 8-2　项目资本金现金流量表

序号	项　　目	合计	计　算　期				
			0	1	2	…	n
1	现金流入						
1.1	营业收入						
1.2	补贴收入						
1.3	回收固定资产余值						
1.4	回收流动资金						
2	现金流出						
2.1	项目资本金						
2.2	借款本金偿还						
2.3	借款利息支付						
2.4	经营成本						
2.5	销售税金及附加						
2.6	维持运营投资						
2.7	所得税						
3	净现金流量（1-2）						

计算指标：资本金的税前 FIRR、税后 FIRR、税前 FNPV、税后 FNPV、税前投资回收期、税后投资回收期

a. 现金流入。项目资本金现金流量表的现金流入包括营业收入(必要时还包括补贴收入)，在计算期的最后一年还包括回收固定资产余值及回收流动资金。

b. 现金流出。现金流出主要包括建设投资和流动资金中的项目资本金（权益资金）、经营成本、营业税金及附加、借款本金偿还、借款利息支付和所得税。该所得税应等同于利润与利润分配表等财务报表中的所得税，而区别于项目投资现金流量表中的调整所得税。如果运营期内需要投入维持运营投资，也应将其作为现金流出（通常设定维持运营投资由企业自有资金支付)。

c. 净现金流量。净现金流量即同一时刻现金流入与现金流出之差。由表 8-2 可见，该表中的净现金流量包括了项目（企业）在缴税和还本付息之后所剩余的收益（含投资者应分得的利润)，也即企业的净收益，又是投资者的权益性收益。

② 项目资本金现金流量分析指标。按照我国财务分析方法的要求，一般可以只计算项目资本金财务内部收益率一个指标。

2）投资各方现金流量分析。对于某些项目，为了考察投资各方的具体收益，还需要编制从投资各方角度出发的现金流量表，即应从投资各方实际收入和支出的角度，确定其现金流入和现金流出，分别编制投资各方现金流量表，计算投资各方的财务内部收益率指标，考察投资各方可能获得的收益水平。其格式见表 8-3。

表 8-3　投资各方现金流量表

序号	项　　目	合计	计　算　期				
			0	1	2	…	n
1	现金流入						
1.1	应得利润						
1.2	资产清理分配						
(1)	回收固定资产余值						
(2)	回收流动资金						
(3)	净转收入						
(4)	其他收入						
2	现金流出						
2.1	建设投资额						
2.2	经营出资额						
3	净现金流量（1−2）						
4	累计净现金流量						
计算指标：投资各方的税前 FIRR、税后 FIRR、税前 FNPV、税后 FNPV、税前投资回收期、税后投资回收期							

（2）静态分析　静态分析是指不采取折现方式处理数据，主要依据利润与利润分配表计算总投资收益率（ROI）和项目资本金净利润率（ROE）等静态指标，也可借助前述的现金流量表计算静态投资回收期（P_t）指标。

1）利润与利润分配表的概念。利润与利润分配表是反映项目计算期内各年的利润总额、所得税及税后利润的分配情况，用以计算总投资收益率（ROI）和项目资本金净利润率

（ROE）等静态财务分析指标的表格。

2）利润与利润分配表的编制。利润与利润分配表的格式见表 8-4。

表 8-4　利润与利润分配表

序号	项　目	合计	计　算　期				
			0	1	2	…	n
1	营业收入						
2	营业税金及附加						
3	总成本费用						
4	补贴收入						
5	利润总额（1-2-3+4）						
6	弥补以前年度亏损						
7	应纳税所得额（5-6）						
8	所得税						
9	净利润（5-8）						
10	期初未分配利润						
11	可供分配的利润（9+10）						
12	提取法定盈余公积金						
13	可供投资者分配的利润（11-12）						
14	应付优先股股利						
15	提取任意盈余公积金						
16	应付普通股股利（13-14-15）						
17	各投资方利润分配						
18	未分配利润（13-14-15-16-17）						
19	息税前利润（利润总额+利息支出）						
20	息税折旧摊销前利润（19+折旧+摊销）						

a. 利润总额。利润总额是项目在一定时期内实现盈亏总额，即营业收入扣除销售税金及附加和总成本费用之后（若有补贴收入则加上）的数额。其计算公式为

$$利润总额=营业收入-销售税金及附加-总成本费用+补贴收入 \tag{8-1}$$

营业收入和销售税金及附加依据“营业收入、营业税金及附加估算表”填列；总成本费用依据“总成本费用估算表”填列。

b. 项目亏损及亏损弥补的处理。项目在上一个年度发生亏损，可用当年获得的所得税前利润弥补；当年所得税前利润不足弥补的，可以在 5 年内用所得税前利润延续弥补；延续 5 年未弥补的亏损，用缴纳所得税后的利润弥补。

c. 所得税的计算。利润总额按照现行财务制度规定进行调整（如弥补上年的亏损）后，作为计算项目应缴纳所得税税额的计税基数，即应纳税所得额。其计算公式为

$$应纳税所得额=利润总额-弥补以前年度亏损 \tag{8-2}$$

则所得税计算公式为

$$所得税=应纳税所得额\times所得税税率 \tag{8-3}$$

所得税税率按照国家规定执行。国家对特殊项目有减免所得税规定的，按国家主管部门有关规定执行。

d. 所得税后利润的分配。缴纳所得税后的利润，即净利润，连同上年度未分配利润，构成了本期可供分配的利润。

e. 息税前利润。息税前利润（EBIT）是指扣除当年利息和所得税前的利润额，等于当年利润总额和当年利息支出之和。其计算公式为

$$EBIT=利润总额+利息支出 \tag{8-4}$$

利息支出依据“总成本费用估算表”中的利息支出科目填列。

f. 息税折旧摊销前利润。息税折旧摊销前利润（EBITDA）是指扣除当年利息、所得税、折旧费和摊销费之前的利润额，等于息税前利润加上折旧费和摊销费。其计算公式为

$$EBITDA=EBIT+折旧费+摊销费 \tag{8-5}$$

折旧费和摊销费依据“总成本费用估算表”中的相应科目填列。

3. 反映项目盈利能力的指标

按照是否考虑资金的时间价值，反映盈利能力的指标可分为静态盈利能力指标和动态盈利能力指标两类。

（1）静态盈利能力指标　静态盈利能力指标是指不考虑资金时间价值因素的影响而计算的盈利能力指标，依据利润与利润分配表和现金流量表中的有关数据计算，主要有总投资收益率、项目资本金净利润率和项目静态投资回收期。

（2）动态盈利能力指标　动态盈利能力指标是指考虑资金时间价值因素影响而计算的盈利能力指标，需要根据三个层次的现金流量表（即项目投资现金流量表、项目资本金现金流量表和投资各方现金流量表）计算，主要有投资财务内部收益率和财务净现值、项目资本金财务内部收益率、投资各方财务内部收益率及项目动态投资回收期等。

8.1.3　工程项目偿债能力分析和生存能力分析

偿债能力分析和财务生存能力分析都属于融资后分析。偿债能力分析是通过编制相关报表，计算利息备付率、偿债备付率等比率指标，考察项目借款的偿还能力；财务生存能力分析是通过编制财务计划现金流量表，结合偿债能力分析，考察项目（企业）资金平衡和余缺等财务状况，判断其财务可持续性。项目（企业）的利润表以及资产负债表在偿债能力分析和财务生存能力分析中也起着相当重要的作用。

1. 偿债能力分析

反映偿债能力的报表主要有借款还本付息计划表和资产负债表。

（1）借款还本付息计划表　借款还本付息计划表是反映借款偿还期内借款支用和还本付息的情况，用以计算利息备付率和偿债备付率等指标，进行偿债能力分析的表格。借款还本付息计划表应根据与债权人商定的或预计可能的债务资金条件和方式计算并编制，其格式见表 8-5，该表也可与“建设期利息估算表”合并。

表 8-5　借款还本付息计划表

序号	项　目	利率	建设期			运营期		
			1	2	3	4	…	n
1	年初借款本息累计							
2	本年借款项							
3	本年应计利息							
4	本年偿还本金							
5	本年支付利息							
6	年末剩余借款项							

还款方式及还本付息额的计算有以下几种方法：

微视频：还款方式及还本付息额的计算

1）等额利息法。每期付相同的利息，不还本金，最后一期全部还清。

每期偿还利息额为

$$I_t = L_a \times i \quad t=1,2,3,\cdots,n \tag{8-6}$$

偿还本金为

$$CP_t = \begin{cases} 0 & t=1,2,\cdots,n-1 \\ L_a & t=n \end{cases}$$

式中　I_t——第 t 期付息额；

i——贷款利率；

CP_t——第 t 期还本额；

n——贷款年限；

L_a——贷款总额。

2）等额本金法。每期偿还相等的本金和相应的利息。

每期偿还利息额为

$$I_t = i \times [L_a - L_a(t-1)/n] \quad t=1,2,\cdots,n \tag{8-7}$$

每期偿还本金为

$$CP_t = \frac{L_a}{n} \quad t=1,2,\cdots,n$$

3）等额偿还法。每期偿还相等的本利额（等额分付资本回收）。计算公式为

$$I_t + CP_t = A = L_a \times (A/P,i,n)$$

式中　每年支付利息 I_t=年初借款累计×i；每年偿还本金 $CP_t = A - I_t$。

4）气球法。任意偿还本利，到期全部还清。

【例 8-1】　某工程项目投资每年借款 1438.6 万元，借款期 3 年，利率为 10%，则建设期末，投产期初借款额累计为 5000 万元。假定这笔贷款的偿还期为 5 年，利率为 10%；生产期可用于还本的折旧、摊销费和未分配利润，每年共为 1500 万元。试计算以等额本金法、等额偿还法、气球法三种还款方法偿还贷

微视频：例 8-1 讲解

款每年需偿还的本金和利息分别为多少。

解： 三种还款方法的解题过程见表 8-6、表 8-7 和表 8-8。

表 8-6　等额本金法还本付息表　　（单位：万元）

项　目	年　份					
	1	2	3	4	5	6
年初累计	5000	4000	3000	2000	1000	0
本年借款						
本年应计利息	500	400	300	200	100	
本年偿还本金	1000	1000	1000	1000	1000	
本年应付利息	500	400	300	200	100	
偿还本金资金来源	1500	1500	1500	1500	1500	

表 8-7　等额偿还法还本付息表　　（单位：万元）

项　目	年　份					
	1	2	3	4	5	6
年初累计	5000	4181	3280	2289	1199	0
本年借款						
本年应计利息	500	418.1	328	228.9	119.9	
本年偿还本金	819	900.9	991	1090	1199	
本年应付利息	500	418.1	328	228.9	119.9	
偿还本金资金来源	1500	1500	1500	1500	1500	

表 8-8　气球法还本付息表　　（单位：万元）

项　目	年　份				
	1	2	3	4	5
年初累计	5000	3500	2000	500	0
本年借款					
本年应计利息	500	350	200	50	
本年偿还本金	1500	1500	1500	1500	
本年应付利息	500	350	200	50	
偿还本金资金来源	1500	1500	1500	1500	

（2）资产负债表　资产负债表通常按企业范围编制。企业资产负债表是国际上通用的财务报表，表中数据可由其他报表直接引入或经适当计算后列入，用以反映企业某一特定日期的财务状况。编制过程中应实现资产与负债和所有者权益两方的自然平衡。与实际企业相比，工程项目财务分析中资产负债表的科目可以适当简化，它反映的是各年年末的财务状况，必要时也可以按“有项目”范围编制。其格式见表 8-9 所示。

表 8-9　资产负债表

序号	项　　目	建　设　期			运　营　期			
		0	1	2	3	4	…	n
1	资产							
1.1	流动资产总额							
1.1.1	应收账款							
1.1.2	存货							
1.1.3	现金							
1.1.4	累计盈余资金							
1.2	在建工程							
1.3	固定资产净值							
1.4	无形及递延资产净值							
2	负债及所有者权益							
2.1	流动负债总额							
2.1.1	应付账款							
2.1.2	流动资金借款							
2.1.3	其他短期借款							
2.2	长期借款							
	负债小计							
2.3	所有者权益							
2.3.1	资本金							
2.3.2	资本公积金							
2.3.3	累计盈余公积金							
2.3.4	累计未分配利润							

计算指标：资产负债率、流动比率、速动比率

反映项目偿债能力的指标根据借款还本付息计划表数据、利润表以及总成本费用表的有关数据可以计算利息备付率、偿债备付率指标。

2. 财务生存能力分析

（1）财务生存能力分析的报表　财务生存能力分析旨在分析考察“有项目”（企业）时在整个计算期内的资金充裕程度，分析财务可持续性，判断在财务上的生存能力，应编制资金来源与运用表和财务计划现金流量表。

1）资金来源与运用表。资金来源与运用表，简称资金表，是用来**反映一定期间内各种资金来源、资金运用和资金盈余增减变化的原因，分析资金取得的来源和运用的方向，说明项目财务情况变动的动态报表。**资金来源与运用表的格式见表 8-10。

表 8-10　资金来源与运用表

序号	项　　目	建设期			运营期			合计	上年余值
		0	1	2	3	…	n		
生产负荷									
1	资金来源								
1.1	利润总额								
1.2	折旧费								
1.3	摊销费								
1.4	长期借款								
1.5	流动资金借款								
1.6	其他短期借款								
1.7	自有资金								
1.8	其他								
1.9	回收固定资产余值								
1.10	回收流动资金								
2	资金运用								
2.1	固定资产投资								
2.2	建设期利息								
2.3	流动资金								
2.4	所得税								
2.5	应付利润								
2.6	长期借款本金偿还								
2.7	流动资金借款本金偿还								
2.8	其他短期借款本金偿还								
3	盈余资金（1−2）								
4	累计盈余资金								

需要说明的是，利润计算已经考虑了投产期利息，因此资金运用只考虑建设期利息。折旧与摊销在利润计算时考虑成支出，但是并没有实际支出，故可以作为资金来源继续利用。年盈余资金反映了项目的年资金平衡情况，出现负值表明项目维持需要进一步借贷或通过其他年利润补充；累计盈余资金要求大于零，否则项目无法进行下去。

2）财务计算现金流量表。财务计划现金流量表是国际上通用的财务报表，用以**反映计算期内各年的投资活动、融资活动和经营活动所产生的现金流入、现金流出和净现金流量，考察资金平衡和余缺情况，是表示财务状况的重要财务报表。**表中的绝大部分数据可来自其他表格。财务计划现金流量表的格式见表 8-11。

表 8-11　财务计划现金流量表

序号	项　　目	建　设　期			运　营　期			
		0	1	2	3	4	…	n
1	经营活动净现金流量							
1.1	现金流入							
1.1.1	销售收入							
1.1.2	增值税销项税额							
1.1.3	补贴收入							
1.1.4	其他收入							
1.2	现金流出							
1.2.1	经营成本							
1.2.2	增值税进项税额							
1.2.3	销售税金及附加							
1.2.4	增值税							
1.2.5	所得税							
1.2.6	其他流出							
2	投资活动净现金流量							
2.1	现金流入							
2.2	现金流出							
2.2.1	建设投资							
2.2.2	设备更新投资							
2.2.3	流动资产投资							
2.2.4	其他							
3	筹资活动净现金流量							
3.1	现金流入							
3.1.1	权益资金投入							
3.1.2	建设资金借款							
3.1.3	流动资金借款							
3.1.4	债券							
3.1.5	应付账款							
3.1.6	短期借款							
3.1.7	其他							
3.2	现金流出							
3.2.1	债券债务利息							
3.2.2	债券债务本金							
3.2.3	应付利润							
3.2.4	其他							
4	净现金流量							
5	累计盈余资金							

（2）财务生存能力分析的要点　财务生存能力分析应结合偿债能力分析进行，项目的财务生存能力分析可通过以下相辅相成的两个方面进行：

1）分析是否有足够的净现金流量维持正常运营。在项目（企业）运营期间，只有能够从各项经济活动中得到足够的净现金流量，项目才能持续生存。财务生存能力分析中应根据财务计划现金流量表，考察项目计算期内各年的投资活动、融资活动和经营活动所产生的各项现金流入和流出，计算净现金流量和累计盈余资金，分析项目是否有足够的净现金流量维持正常运营。

拥有足够的经营净现金流量是财务上可持续的基本条件，特别是在运营初期。一个项目具有较大的经营净现金流量，说明项目方案比较合理，实现自身资金平衡的可能性大，不会过分依赖短期融资来维持运营；反之，一个项目不能产生足够的经营净现金流量，或经营净现金流量为负值，说明维持项目正常运行会遇到财务上的困难，实现自身资金平衡的可能性小，有可能要靠短期融资来维持运营，甚至有些项目可能需要政府补助来维持运营。

通常运营期前期的还本付息负担较重，故应特别注重运营期前期的财务生存能力分析。如果拟安排的还款期过短，致使还本付息负担过重，导致为维持资金平衡必须筹借的短期借款过多，可以设法调整还款期，甚至寻求更有利的融资方案，以减轻各年还款负担。所以，财务生存能力分析应结合偿债能力分析进行。

2）各年累计盈余资金不出现负值是财务上可持续的必要条件。在整个运营期间，允许个别年份的净现金流量出现负值，但不能允许任一年份的累计盈余资金出现负值。一旦出现负值时应适时进行短期融资，该短期融资应体现在财务计划现金流量表中，同时短期融资的利息也应纳入成本费用和其后的计算。较大的或较频繁的短期融资有可能导致以后的累计盈余资金无法实现正值，致使项目难以持续运营。

8.2 工程项目经济影响分析

对于具有明显经济外部效应的企业投资项目，应论证工程项目费用效益或效果，以及重大项目可能对宏观经济、产业经济、区域经济等产生的影响，评价拟建项目的经济合理性。

8.2.1 工程项目费用效益分析

1. 工程项目费用效益分析概述

（1）费用效益的概念及作用

1）费用效益分析的概念。费用效益分析是按照资源合理配置的原则，从整个国家和全社会的角度考察项目的效益和费用，运用影子价格、影子工资、影子汇率和社会折现率等经济参数，计算分析项目需要国家付出的代价和对国家的贡献，以考察投资行为的经济合理性的活动。费用效益分析结果是对项目进行决策的首要依据。

对项目进行费用效益分析的目的是把国家有限的各种资源（包括劳动力、资金、土地和自然资源等）投入到最需要的项目上去，使有限的资源能够得到合理配置和有效利用，以取得最大的经济效益。通过费用效益分析，对那些本身财务效益好但经济效益差的项目进行调控，对那些本身财务效益差而经济效益好的项目予以鼓励。

2）费用效益分析的作用。

① 费用效益分析是宏观上合理配置国家有限资源的需要。

② 费用效益分析是真实反映项目对国民经济净贡献的需要。

③ 费用效益分析是政府审批或批准项目的重要依据，有助于实现企业利益和社会利益的统一。

3）费用效益分析的必要性。

① 由于企业（投资者）和国家是两个不同的评价角度，企业利益并不总是与国家利益完全一致，因此，一个项目对国家和企业（投资者）的费用和效益范围不完全一致。财务盈利效果仅是项目内部的直接经济效果，不包括其对外部的影响。

② 财务分析是预测价格。由于种种原因，项目的投入品和产出品财务价格失真，不能正确反映其对国民经济的真实价值。

③ 不同项目的财务分析包括了不尽相同的税收、补贴和贷款条件，使不同项目的财务盈利失去了公正的效果。

基于以上三方面内容，项目的财务评价不能说明项目对国民经济的真实贡献。

4）费用效益分析的基本方法。费用效益分析强调站在整个社会的角度，分析社会资源占用的经济效益，其分析方法应根据项目的具体情况选用。费用效益分析的基本方法包括以下几种：

① 经济费用效益比较分析法，即效益（效果）与费用比较的理论方法，寻求以最小的投入（费用）获取最大的产出（效益、效果）。

② 定性分析法，即对项目的各种经济影响进行全面陈述，为投资决策提供依据。

5）费用效益分析的适用范围。需要进行费用效益分析的项目主要有以下几种：

① 国家及地方政府参与投资的项目。

② 国家给予财政补贴或者减免税费的项目。

③ 主要的基础设施项目，包括铁路、公路、航道整治疏浚等交通基础设施建设项目。

④ 较大的水利水电项目。

⑤ 国家控制的战略性资源开发项目。

⑥ 动用社会资源和自然资源较大的中外合资项目。

⑦ 主要产出物和投入物的市场价格不能反映其真实价值的项目。

对于上述无法完全依靠市场配置资源的项目，往往具有以下特征：

① 项目的产出物不具有市场价格。由于公共产品和外部效果等因数的影响，无法对其进行市场定价。

② 市场价格虽然存在，但无法确切地反映投入物和产出物的边际社会效益和成本，因而在竞争市场上提供这些服务得到的利益将无法充分地反映这些供给所产生的社会净利益。

（2）费用效益分析与财务评价的区别与联系

微视频：费用效益分析与财务评价的区别与联系

1）费用效益分析与财务评价的主要区别。

① 评价角度不同。费用效益分析是按照资源合理配置的原则，从国家整体角度考虑项目的效益和费用；财务评价则站在项目的层次上，从项目的财务主体、投资者、未来债权人的角度计算项目直接发生的财务效益和费用，考察项目的盈利能力、偿债能力和财务生存能力等财务状况，据以判别项目的财务可行性。

由于二者的评价角度不同，对某些项目会产生财务评价和费用效益分析结论不一致的情况。如造纸厂，按其产出收入和投入成本计算，经济效果很好，但是该厂排出的污水严重污染周围环境，其污染环境所造成的损失远远高于其所带来的净利润，从整个国家经济角度来看，该项目不可取。当财务评价和费用效益分析结论不一致时，应以费用效益分析的结论为决策依据。对某些国计民生急需的项目，如费用效益分析可行，而财务评价不可行，应重新考虑方案，采取措施，使项目具有财务上的生存能力。

② 费用与效益的含义及划分范围不同。财务评价是从企业角度出发，凡是企业内部流向企业之外的货币都是财务评价的支出；由外部流向内部的货币都为财务评价的收入。费用效益分析是从全社会的角度考察项目的费用和效益，任何导致社会最终产品或劳务的减少都是费用效益分析的费用；任何导致社会最终产品或劳务的增加都是费用效益分析的效益。有些在财务评价中被视为费用和效益的财务收支，如税金、国内贷款利息和补贴等，在费用效益分析中不能被视为费用和效益；而财务评价中不考虑的间接费用和间接利益，如项目对环境的破坏或改善等，在费用效益分析中则必须被视为费用和效益。

③ 费用与效益的计算价格不同。财务评价采用实际的项目财务收支价格计算费用与效益。而费用效益分析则采用能够反映资源真实经济价值的影子价格来计量项目的费用和效益。

④ 评价的依据不同。财务评价的主要依据是行业基准收益率或设定的折现率，费用效益分析的主要依据是社会折现率。财务评价所依据的行业基准收益率在不同行业是不同的，而社会折现率是统一的。

2）费用效益分析与财务评价的共同之处。

① 评价目的相同。无论是财务评价还是费用效益分析，都要寻求以最小的投入获得最大的产出。

② 评价基础一致。费用效益分析和财务评价都是在完成项目产品市场分析、方案构造、投资估算以及资金筹措等的基础上进行的。

③ 评价方法相似。两者都是经济评价，都用货币作为统一的尺度，同时考虑货币的时间价值因素；都是以现金流量分析（费用效益分析中称为费用效益流量分析）为主要方法；都是通过编制基本报表计算净现值、内部收益率等指标。

2. 费用效益识别与转移支付

（1）费用效益识别

1）费用效益识别的基本原则。

① 全面识别原则。凡是项目对社会经济所做的贡献，均计为项目的经济效益；凡是社会经济对项目所付出的代价，均计为项目的经济费用。

② 边界原则。财务评价从项目自身的利益出发，其系统分析的边界是项目。凡是流入项目的资金，就是财务效益，如销售收入；凡是流出项目的资金，就是财务费用，如投资支出、经营成本和税金。费用效益分析则从国民经济的整体利益出发，其系统分析的边界是整个国家。国民经济分析不仅要识别项目自身的内部效果，而且需要识别项目对国民经济其他部门和单位产生的外部效果。

③ 资源变动原则。在计算财务收益和费用时，依据的是货币变动，凡是流入项目的货币就是直接效益，凡是流出项目的货币就是直接费用。费用效益分析以实现资源最优配置从

而保证国民收入最大增长为目标。经济资源的稀缺性，就意味着一个项目的资源投入会减少这些资源在国民经济其他方面的可用量，从而减少了其他方面的国民收入。从这个意义上说，该项目对资源的使用产生了国民经济费用。同理，项目的产出是国民经济收益，是因为项目的产出能够增加社会资源。因此不难理解，在考察国民经济费用和效益的过程中，依据的不是货币，而是社会资源真实的变动量，凡是减少社会资源的项目投入都产生国民经济费用，凡是增加社会资源的项目产出都产生国民经济收益。

需要注意的是，这里提到的资源应是稀缺的经济资源，而不是闲置或不付出代价就可自由使用的资源。

2）直接效益与直接费用。

微视频：直接效益与直接费用、间接效益与间接费用

①直接效益。直接效益是指由项目产出物直接生成，并在项目范围内计算的经济效益。它一般表现为：增加项目产出物或者服务的数量以满足国内需求的效益；替代效益较低的相同或类似企业的产出物或者服务，使被替代企业减产（停产）从而减少国家有用资源耗费或者损失的效益；增加出口或者减少进口从而增加或者节支外汇的效益等。

直接效益的确定分为以下几种情况：

a. 如果项目的产出物用以增加国内市场的供应量，其效益就是所满足的国内需求，也就等于消费者的支付意愿。

b. 如果国内市场的供应量不变，则若项目产出物增加了出口量，其效益为所获得的外汇；若项目产出物减少了总进口量，即替代了进口货物，其效益为节约的外汇；若项目产出物顶替了原有项目的生产，致使原有项目减产或停产，其效益为原有项目减产或停产而节约的资源。

②直接费用。直接费用是指由项目使用投入物所形成，并在项目范围内计算的费用。一般表现为投入项目的各种物料、人工、资金、技术以及自然资源而带来的社会资源的消耗。项目直接费用的确定分为以下几种情况：

a. 其他部门为供应本项目投入物而扩大生产规模所耗用的资源费用。

b. 减少对其他项目（或最终消费）投入物的供应而放弃的效益。

c. 增加进口（或减少出口）所耗用（或减少）国家外汇的费用。

此外，项目范围内主要为本项目服务的商业、教育、卫生、文化、住宅等生活福利设施投资，应计为项目的费用（这些生活福利设施所产生的效益可视为已经体现在项目的产出效益中，一般不必单独核算）。

直接效益和直接费用可以统称为内部效果。

3）间接效益与间接费用。

①间接效益。间接效益是指由项目引起的，但在直接效益中未得到反映的那部分效益，如技术扩散和示范效果等。

②间接费用。间接费用是指由项目引起的，而在直接费用中未得到反映的那部分费用，例如生态破坏和环境污染等。

间接效益与间接费用主要包括以下几个方面：

①技术扩散和示范效果。技术扩散和示范效果是由于建设技术先进的项目会培养和造就大量的技术人员和管理人员，他们除了为本项目服务外，由于人员流动、技术交流，对整

个社会经济发展都会带来好处。

② 环境和生态效果。例如，造纸厂在给自身带来经济效果的同时，污水的排放也会给社会环境带来巨大损害。

③ 产业关联效果。例如，建设水电站，一般除发电、防洪、灌溉和供水等直接经济效果外，还必然带来养殖和水上运动的发展，以及旅游业的增进等间接效益；此外，农业还会因土地淹没而遭受一定的损失（间接费用）。这些都是修建水电站而产生的产业关联效果。

（2）转移支付　项目的某些财务收益和支出，从国民经济角度看，并没有造成资源的实际增加或者减少，而是国民经济内部的“转移支付”，不计为项目的国民经济效益与费用。转移支付主要包括四部分内容：

1）税金。在财务分析中，税金包括销售税及附加和所得税。对企业（投资者）来说，这些税金都是财务支出。但是，对国民经济整体而言，企业纳税并未减少国民收入，只不过是将企业的这笔货币收入转移到政府手中而已，是收入的再分配。前面谈到，考察项目的费用效益分析系统，是从资源增减的角度区别收益和费用的。税金既然是国民收入的再分配，并不伴随资源的变动，所以，在费用效益分析中既不能把税金列为效益，也不能把税金列为费用。

2）补贴。补贴是一种货币流动方向与税金相反的转移支付。政府如果对某些产品实行价格补贴，可能会降低项目投入的支付费用，或者会增加项目的收入，从而增加项目的净收益。但是，这种收益的增加仍然是国民收入从政府向企业（投资者）的一种转移，仅仅是资源的支配权发生变动，既未增加社会资源，也未减少社会资源，因而补贴也不被视作费用效益分析中的费用和收益。

3）国内贷款的还本付息。项目的国内贷款及其还本付息也是一种转移支付，在项目投资者的财务评价中被视作财务支出。但从国民经济角度看，情况则不同，还本付息并没有减少国民收入，这种货币流动过程仅仅代表资源支配权力的转移，社会实际资源并未增加或减少，因而在费用效益分析中不被视为费用。

4）国外贷款的还本付息。国外贷款还本付息的处理分以下三种情况：

① 评价国内投资经济效益的处理办法。项目的费用效益分析是以项目所在国的经济利益为根本出发点，所以必须考察国外贷款还本付息对项目举办国的真实影响。如果国外贷款利率很高，高于全部投资的内部收益率，那么一个全投资效益好的项目，也可能由于偿还国外债务造成大部分资源外流的局面，致使本国投资得不偿失。为了能够解释这种情况，如实判断本国投资资金的盈利水平，必须进行国内投资的经济效益分析。在分析时，由于还本付息意味着国内资源流向国外，因而应当视作费用（现金流出）。

② 国外贷款不指定用途时的处理办法。对项目进行费用效益分析的目的是使有限的资源得到最佳配置。因此，应当对项目所用全部资源的利用效果做出分析评价，这种评价就是包括国外贷款在内的全投资费用效益分析。不过，对使用国外贷款的项目进行全投资经济评价应是有条件的，就是国外贷款不是针对某一项目专款专用的，该贷款还被允许用于其他项目。这种情况下，与贷款对应的实际资源虽然来自国外，但受贷国在如何有效利用这些资源的问题上面临着与国内资源同样的优化配置任务，因而应当对包括国外贷款在内的全部资源的利用效果做出评价。在这种评价中，国外贷款还本付息不视作效益，也不视作费用，不出现在进行费用效益分析所用的项目国民经济效益费用流量表中。

③ 国外贷款指定用途的处理办法。如果不上马拟建项目，就不能得到国外贷款，这时

便无须进行全投资的经济效益评价，可只进行国内投资资金的经济评价。

3. 费用效益分析的主要参数

（1）影子价格

微视频：
影子价格的理解

1）影子价格的含义。**影子价格依据经济分析的定价原则，反映社会对货物真实价值的度量，是投资项目经济评价的通用参数。**广义的影子价格还包括资金的影子价格（社会折现率）、土地的影子价格、工资的影子价格（影子工资）、外汇的影子价格（影子汇率）等。从宏观角度讲，在一定的生产和技术条件下，可供利用的资源是有限的，资源存在最优分配问题。要实现资源的最优分配，就应该把稀缺资源优先分配给经济效益好的投资项目。资源在最优利用状况下，单位（资源的计量单位）效益增量价值便是资源的影子价格。资源稀缺程度与影子价格成正比，资源越稀缺，资源单位效益增量值就越大，价格也就越高；反之，当资源可以满足全社会需求时，资源单位效益增量价值就越小，当供大于求时，影子价格则为零。

2）使用影子价格的原因。在费用和效益的衡量阶段，作为衡量尺度的价格成为问题的关键。财务评价采用的是市场预测价格，如果在较完全的市场机制下，这样的价格能够真实反映各种资源的经济价值。然而，由于市场缺陷的存在，市场价格往往不能真实反映项目实际效益，不能作为资源配置的正确信号和计量依据。因此，项目费用效益分析应采用计算国民经济效益与费用时的专用价格——影子价格。

3）影子价格的特点。

① 反映各种生产资源的稀缺程度。

② 与市场自由竞争的均衡价格一致。

③ 资源的影子价格反映该资源的边际生产力。

④ 与机会成本含义一致。

4）影子价格的确定。影子价格是指依据一定原则确定的，能够反映投入物和产出物真实经济价值，反映市场供求状况，反映资源稀缺程度，使资源得到合理配置的价格。

影子价格是根据国家经济增长目标和资源可获性来确定的。如果某种资源数量稀缺，同时有许多用途完全取决于它，那么它的影子价格就高。如果这种资源的供应量增多，那么它的影子价格就会下降。

进行费用效益分析时，项目的主要投入物和产出物价格原则上都应采用影子价格。

确定影子价格时，对于投入物和产出物，首先要区分为市场定价货物、政府调控价格货物和特殊投入物三大类别，然后根据投入物和产出物对国民经济的影响分别处理。

① **市场定价货物的影子价格。**

第一类：外贸货物影子价格。

外贸货物是指其生产或使用会直接或间接影响国家出口或进口的货物。原则上石油、金属材料、金属矿物、木材及可出口的商品煤一般都划为外贸货物。外贸货物影子价格的定价基础是国际市场价格。尽管国际市场价格并非就是完全理想的价格，但在国际市场上起主导作用的还是市场机制，各种商品的价格主要由供需规律所决定，多数情况下不受个别国家和集团的控制，一般比较接近物品的真实价值。

外贸货物中的进口品应满足：国内生产成本≥到岸价（CIF）。

外贸货物中的出口品应满足：国内生产成本≤离岸价（FOB）。

到岸价格与离岸价格统称口岸价格。

在费用效益分析中，影子价格实际计算公式如下：

直接进口投入物的影子价格＝到岸价（CIF）×影子汇率＋进口费用

直接出口产出物的影子价格＝离岸价（FOB）×影子汇率－出口费用

进口费用和出口费用是指货物进出口环节在国内所发生的各种相关费用，包括货物的交易、储运、再包装、装卸、保险、检验等环节上的费用支出，还包括长途费用、资金占用的机会成本等。

间接出口、间接进口、替代进口，替代出口的货物在实践中为简化方便，按国内市场价格定价。

【例 8-2】 某工程项目使用进口材料 A，到岸价格为 1000 美元/t，进口费用为 50 元/t，影子汇率为 1 美元＝7.3252 元人民币，试求材料 A 的影子价格。

解：材料 A 属直接进口货物，其影子价格为

$$1000 \text{美元/t} \times 7.3252 \text{元/美元} + 50 \text{元/t} = 7325.2 \text{元/t}$$

第二类：非外贸货物影子价格。

非外贸货物是指其生产或使用不影响国家出口或进口的货物。非外贸货物可分为天然非外贸货物和非天然非外贸货物。天然非外贸货物是指使用和服务天然地限于国内，包括国内施工和商业以及国内运输和其他国内服务。非天然非外贸货物是指由于经济原因或政策原因不能进行外贸的货物，包括由于国家的政策和法令限制不能外贸的货物，还包括国内生产成本加上到口岸的运输、贸易费用后的总费用高于离岸价格，致使出口得不偿失而不能出口，同时国外商品的到岸价格又高于国内生产同样商品的经济成本，致使其也不能从国外进口的货物。

在忽略国内运输费用和贸易费用的前提下，由于经济性原因造成的非外贸货物满足：离岸价格<国内生产成本<到岸价格。

随着我国市场经济发展和贸易范围的扩大，大部分货物的价格由市场形成，价格可以近似反映其真实价值。进行费用效益分析可将这些货物的市场价格加上或者减去国内运杂费作为影子价格。

工程项目非外贸货物的影子价格按下述公式计算：

产出物的影子价格（产出物的出厂价格）＝市场价格－国内运杂费

投入物的影子价格（投入物的到厂价格）＝市场价格＋国内运杂费

② 政府调控价格货物的影子价格。考虑到效率优先兼顾公平的原则，市场经济条件下有些货物或服务不能完全由市场机制形成价格，而需由政府调控价格。例如，政府为了帮助城市中低收入家庭，对经济适用房制定指导价和最高限价。

政府调控的货物或服务的价格不能完全反映其真实价值，确定这些货物或服务的影子价格的原则是：投入物按照机会成本分解定价，产出物按照对经济增长的边际贡献率或消费者的支付意愿定价。

政府主要调控的水、电力、铁路运输等作为投入物和产出物时影子价格的确定方法如下：

a. 水作为项目投入物的影子价格，按后备水源的边际成本分解定价，或者按恢复水资源存量的成本计算。水作为项目产出物的影子价格，按消费者支付意愿或者消费者承受能力加政府补贴计算。

b. 电力作为项目投入物时的影子价格，一般按完全成本分解定价，电力过剩时按可变成本分解定价。电力作为项目产出物的影子价格，可按电力对当地经济的边际贡献率定价。

c. 铁路运输作为项目投入物的影子价格，一般按完全成本分解定价，对运能富余的地区，按可变成本分解定价。铁路运输作为产出物的影子价格，可按铁路运输对国民经济的边际贡献来定价。

③ 特殊投入物的影子价格。

a. 土地的影子价格。项目占用土地致使这些土地对国民经济的其他潜在贡献不能实现，这种因为有了项目而不能实现的最大潜在贡献，就是项目占用土地的机会成本。因此，土地的影子价格也是建立在被放弃的最大收益这一机会成本概念上的。如果项目占用的土地是没有用处的荒山野岭，则其机会成本可视为零；若项目所占用的是农业土地，则其机会成本为原来的农业净收益和拆迁费用及劳动力安置费；如果项目占用城市用地，则应以土地市场价格计算土地的影子价格，主要包括土地出让金、基础设施建设费、拆迁安置补偿费等。

b. 自然资源影子价格。自然资源是一种特殊的投入物，项目使用的矿产资源、水资源、森林资源等都是对国家资源的占用和消耗。其中，矿产等不可再生资源的影子价格按资源的会计成本计算；水和森林等可再生自然资源的影子价格按资源再生费用计算。

（2）影子汇率　影子汇率是反映外汇真实价值的汇率。影子汇率主要由一个国家或地区一段时期内进出口的结构和水平、外汇的机会成本及发展趋势、外汇供需状况等因素确定。一旦上述因素发生较大变化，影子汇率值需做相应的调整。

影子汇率是从国民经济角度对外汇价值的估量，是外汇的影子价格。

在费用效益分析中，影子汇率通过影子汇率换算系数计算，影子汇率换算系数是影子汇率与国家外汇牌价的比值。影子汇率的计算公式如下：

$$影子汇率=外汇牌价\times影子汇率换算系数$$

目前，根据我国外汇收支、外汇供求、进出口结构、进出口关税、进出口增值税及出口退税补贴等情况，影子汇率换算系数为 1.08。

【例 8-3】 某一时刻中国银行外汇牌价为 1 美元兑换 7.1959 元人民币，试求此时的影子汇率。

解：

$$影子汇率=外汇牌价\times影子汇率换算系数=1.08\times7.1959\ 元/美元=7.7716\ 元/美元$$

此时的影子汇率为 1 美元等 7.7716 元人民币。

（3）影子工资　影子工资是指项目增加一名劳动力，社会为此付出的代价。影子工资主要包括劳动力的机会成本和新增资源耗费。劳动力的机会成本是指该劳动力不被拟建项目招用，而从事其他生产经营活动所创造的最大效益。新增资源耗费是指社会为劳动力就业而付出的，但职工又未得到的其他代价，如为劳动力就业而支付的搬迁费、培训费、城市交通费等。影子工资与劳动力的技术熟练程度和供求状况（过剩与稀缺）有关，技术越熟练、稀缺程度越高，其机会成本越高，反之越低。影子工资要按劳动力的潜在社会价值计算，而其潜在社会价值则要从分析项目使用劳动力会给国家和社会带来的影响中得到。

项目使用劳动力，给国家和社会带来以下影响：①项目的实施给社会提供了新的就业机会；②项目使用劳动力，社会损失了劳动力的边际产出或机会成本；③劳动力转移会发生新增的社会资源消耗（学校、医院、水电、粮食）；④使用劳动力增加就业人数和就业时间，也会使劳动力减少闲暇时间比、增加体力消耗和生活资料消耗。

影子工资的计算公式为

$$\text{影子工资}=\text{财务工资}\times\text{影子工资换算系数}$$

费用效益分析影子工资的确定，应符合下列规定：

1）影子工资应根据项目所在地劳动力就业状况、就业或转移成本测定。

2）技术劳动力的工资报酬一般可由市场供求决定，而影子工资一般可以财务实际支付工资计算，即影子工资换算系数为 1。

3）对于非技术劳动力，根据我国非技术劳动力就业状况，其影子工资换算系数一般取为 0.25~0.8。具体系数可根据当地的非技术劳动力供求状况确定，非技术劳动力较为富余的地区可取较低值，不太富余的地区可取较高值，中间状况可取 0.5。

（4）社会折现率　社会折现率代表社会资金被占用应获得的最低收益率。社会折现率是用以衡量资金时间价值的重要参数，也是用作不同年份价值换算的折现率。社会折现率根据社会经济发展多种因素确定，由专门机构统一测算发布。2006 年国家发改委、建设部发布的《关于印发建设项目经济评价方法与参数的通知》附件中推荐的我国现阶段社会折现率为 8%，对于收益为长期的建设项目，如果远期效益较大，效益实现的风险较小，社会折现率可适当降低，但不应低于 6%。

社会折现率是经济内部收益率的基准值，用以衡量项目的经济效益。社会折现率也是经济净现值、经济外汇净现值、经济换汇成本、经济节汇成本等指标计算时使用的折现率。社会折现率可以用于间接调控宏观投资规模，其取值高低会影响项目的选优和方案的比较。

4. 费用效益分析指标体系

（1）费用效益分析指标

微视频：
费用效益分析指标

1）经济净现值。经济净现值（ENPV）是指用社会折现率将项目计算期内各年净效益流量折算到项目建设期初的现值之和。经济净现值的表达式为

$$\text{ENPV}=\sum_{t=1}^{n}\left[(B-C)_t\times(1+i_s)^{-t}\right] \tag{8-8}$$

式中　i_s——社会折现率。

经济净现值是反映项目对国民经济净贡献的绝对指标。项目的经济净现值等于或大于零，表示国家为拟建项目付出代价后，可以得到符合社会折现率所要求的社会盈余，或者还可以得到超额的社会盈余，并且以现值表示这种超额社会盈余的量值。经济净现值越大，表示项目所带来的以绝对数值表示的经济效益越大，项目的盈利能力也就越强。

2）经济内部收益率。经济内部收益率（EIRR）是使项目在计算期内的经济净现值等于零时的折现率。它是项目费用效益分析中的主要判别依据。其表达式为

$$\sum_{t=1}^{n}\left[(B-C)_t \times (1+\mathrm{EIRR})^{-t}\right]=0 \tag{8-9}$$

式中 B——经济效益流量；

C——经济费用流量；

$(B-C)_t$——第 t 年的经济净效益流量。

项目经济内部收益率的计算方法与项目财务内部收益率的计算方法相同，也需要使用插入法试算得到。其计算公式为

$$\mathrm{EIRR}=I_1+(I_1-I_2)\times\frac{|\mathrm{ENPV}_1|}{|\mathrm{ENPV}_1|+|\mathrm{ENPV}_2|} \tag{8-10}$$

式中 I_1——试算的低折现率；

I_2——试算的高折现率；

ENPV_1——低折现率的经济净现值（正值）；

ENPV_2——高折现率的经济净现值（负值）。

项目经济内部收益率是反映项目对国民经济贡献大小的一项相对指标。根据项目内部收益率的这一特性，**如果项目的经济内部收益率大于社会折现率，且项目的经济净现值大于零，则项目在经济上是完全可行的；如果项目的经济内部收益率小于社会折现率，且项目的经济净现值小于零，则项目在经济上完全不可行；如果项目经济内部收益率等于社会折现率，且项目的经济净现值等于零，则项目在经济上是相对可行的边缘型项目。**

（2）费用效益分析费用效益报告表

1）项目投资经济费用效益流量表。项目投资经济费用效益流量表见表8-12。

表8-12 项目投资经济费用效益流量表

序号	项目	计算期					
		1	2	3	4	…	n
1	效益流量						
1.1	项目直接效益						
1.2	回收固定资产余值						
1.3	回收流动资金						
1.4	项目间接效益						
2	费用流量						
2.1	建设投资						
2.2	流动资金						
2.3	经营费用						
2.4	项目间接费用						
3	净效益流量（1-2）						

计算指标：项目投资经济内部收益率；项目投资经济净现值（$i_s=8\%$）。

2）国内投资经济费用效益流量表。国内投资经济费用效益流量表见表8-13。

表 8-13　国内投资经济费用效益流量表

序　号	项　目	计　算　期					
		1	2	3	4	…	n
1	效益流量						
1.1	项目直接效益						
1.2	回收固定资产余值						
1.3	回收流动资金						
1.4	项目间接效益						
2	费用流量						
2.1	建设投资中国内资金						
2.2	流动资金中国内资金						
2.3	经营费用						
2.4	流到国外的资金						
2.4.1	国外借款本金偿还						
2.4.2	国外借款利息支付						
2.4.3	外方利润						
2.4.4	其他						
2.5	项目间接费用						
3	国内投资净效益流量（1-2）						

计算指标：国内投资经济内部收益率；国内投资经济净现值（$i_s=8\%$）。

3）报表编制方式。投资经济费用效益流量表栏目与财务现金流量表基本相同，主要区别如下：

① 表中的效益流量和费用流量均按影子价格计算，外币换算采用影子汇率。

② 销售税金和资源税属于国民经济内部的转移支付，所以既不作为费用，也不作为效益。

③ 由于是从国民经济角度考察项目的效益和费用，因此在效益流量和费用流量中分别增加了“项目间接效益”和“项目间接费用”。

④ 财务现金流量表中作为现金流出的营业外净支出，由于内容较多，而且有些内容在费用效益分析中不属于费用，为简化计算起见，未做详细划分，均不列为费用。

8.2.2　工程项目费用效果分析

1. 工程项目费用效果分析概述

（1）费用效果分析的含义　费用效果分析是指费用采用货币计量，效果采用非货币计量的经济效果分析方法。其中费用是指为实现项目预定目标所付出的财务代价或经济代价，采用货币计量；效果是指项目的结果所起到的作用、效应或效能，是项目目标的实现程度。按照项目要实现的目标，一个项目可选用一个或几个效果指标。

对建设项目进行费用效果分析的重点集中在以下两方面：

首先，制订实现项目目标的方案。正常情况下，在充分论证项目必要性后，项目进入方案比选阶段，此阶段一般不再对项目的可行性提出质疑，而是本着以尽可能少的费用获得尽可能大的效果原则，通过多方案比选，提供优选方案或进行方案优先次序排队。

其次，评价项目难以货币化的效益。在建设项目中，防病治病、防灾减灾、环境保护、国家安全、科技、教育、文化、卫生、体育等一类项目属于公益性项目。公益性项目的建设目的在于向社会公众提供服务，使社会大众受益，而不是项目自身的盈利，其主体效益往往难以货币化。应采用费用效果分析的结论作为项目投资决策的依据之一。

（2）费用效果分析的适用范围　费用效果分析既可以应用于财务现金流量，也可以应用于经济费用效益流量。

费用效果分析一般不适用于财务现金流量项目的整体评价和最终评价，而主要是进行项目总体方案的初步筛选和各个环节的方案比选。这主要是由于费用效果分析很难得出一个建设项目用货币表示的整体投入产出效果。而在可行性研究的不同技术经济环节，如场址选择、工艺比较、设备选型、总图设计、环境保护、安全指标等，无论进行财务分析还是进行费用效益分析，都很难也没必要与项目最终的货币效益直接挂钩测算。这时就很适宜采用费用效果分析。

在经济费用效益流量分析中，费用效果分析除了可用于方案比选，对于项目主体效益难以货币化的，费用效果分析则可取代费用效益分析，并作为经济分析的最终结论。

（3）费用效益分析与费用效果分析的比较

1）费用效益分析的特征。费用效益分析单位统一，认可度高，结果易于被人们接受。在市场经济中，货币作为一般等价物，价格作为市场认可的公平权重，在不同产出效果的叠加计算中，起着重要的参照物的作用。因而用货币衡量效果和费用的费用效益分析具有简洁明了，结果透明，易于被人们接受的优点。当项目效果或其中主要部分易于货币化时，站在社会公众立场上所做的经济评价分析必须采用费用效益分析方法。

2）费用效果分析的特征。费用效果分析回避了效果定价的难题，最适于效果难以货币化的领域。在项目经济费用效益分析中，当涉及发达程度不同的地区、不同收入阶层的代内公平和当代人福利与未来人福利的代际公平，以及环境的价值、生态的价值、生命和健康的价值、人类自然和文化遗产的价值、通过义务教育促进人的全面发展的价值等问题时，很难定价，而且不同的测算方法可能有数十倍的差距，勉强定价会引起争议，降低评价的可信度。

尽管费用效益分析与费用效果分析各自特征明显，但两者评价的基本原则是相同的，即最大限度地节约稀缺资源、提高经济效果。

2. 费用效果分析的方法

（1）费用效果分析条件　费用效果分析只能比较不同方案的优劣，不能像费用效益分析那样保证所选方案的效益大于费用，因此应遵循多方案比选的原则，使所分析的项目满足下列条件：

1）备选方案不少于两个，且为互斥方案或可转化为互斥方案。

2）备选方案应具有共同的目标，且满足效果标准的要求。

3）备选方案的费用应采用同一币种，且资金用量未突破资金限额。

4）备选方案应具有可比的寿命周期。

（2）项目效果的度量　项目效果是指项目的结果所起到的作用、效应或效能，是项目目标的实现程度。项目的效果可以是单方面的，也可以是多方面的。项目效果的度量是测算项目费用效果的基础。

当一个新的公益性项目建成后，社会公众总能享受到比以往要多的好处。例如，一个城市快速干道的建成，将使人们减少上下班的时间，使司机减少等待红绿灯的时间和燃油消耗等。

经营性项目的效益可以用货币表示的收入来度量，但公益性项目没有或仅有很少的货币收入，因此度量公益性项目的效果需特别谨慎。度量公益性项目的效果一般可按照以下步骤进行：

1）估计每年将有多少人使用新设施。

2）假设现在正使用旧设施，但新设施一旦建成，将肯定使用新设施。

3）估计使用旧设施的成本。

4）估计使用新设施的成本。

5）计算使用新、旧设施的成本之差，确定公众能享受到的好处。

设 U_p 表示社会公众使用目前设施的年总成本，U_i 表示相同的社会公众使用新设施后的年总成本，I 为投资主体取得的收益，新项目带来的社会效果为 $E=U_p-U_i+I$。

（3）项目费用的度量　投资主体的费用包括以下两部分：

1）投资成本。设 C_f 表示拟建公益性项目的等额年值投资成本，C_p 为用等额年值表示目前正在使用设施的余值，则新项目的投资成本为 $C_I=C_f-C_p$。

2）运营成本。设 M_f 表示拟建公益性项目的未来年运营费，M_p 表示目前正在使用设施的年运营费，则新项目的运营成本为 $M=M_f-M_p$，新项目的总成本为 $C=C_I+M$。

（4）费用效果分析　在费用效果分析中，较为困难的问题是某些项目的效益不能简单地用货币来衡量。例如，文化、教育、医疗、保健、通信、国防、公安、消防、住宅以及绿化等建设项目的效果，常有涉及降低噪声危害、预防空气污染、防止犯罪、提高人的素质、改善环境、消除疾病、延长寿命以及军事能力增强、就业机会增多等。这些效果称为无形效果。

假如某公益性项目的无形效果可量化为单一指标来衡量，采用费用效果分析法，计算指标一般可用 $R_{E/C}$ 表示，即

$$R_{E/C}=\frac{E}{C}=\frac{\text{项目效果}}{\text{项目用现值或年值表示的计算期费用}}=\frac{\text{效果}}{\text{费用}} \tag{8-11}$$

其判定准则是，投入费用一定、效果最大，或者效果一定、费用最低的方案最佳。费用效果分析一般应包括以下几个步骤：

1）确定预期达到的目标。

2）对预期达到上述目标的具体要求做出说明和规定。

3）制定各种可行方案。

4）建立各方案达到规定要求的量度指标，典型的指标有功能、效率、可靠性、安全性、可维护性、可供应性等。

5）确定各方案达到上述量度指标的水平。

6）选择固定效果法、固定费用法或费用效果比较法确定最佳方案。

【例 8-4】　某流感免疫接种计划可使每 10 万个接种者中 6 人免于死亡，1 人在注射疫苗

时有致命反应。该计划每人接种费用为4元，但因此可以不动用流感救护车，可节省费用为每10万人8万元。试用费用效果分析决定是否实施该计划。

解： 净免疫效果是避免6人死亡减去造成1人死亡，即避免5人死亡，其费用是4元/人×100000人-80000元=320000元。

$$R_{E/C}=\frac{\text{效果}}{\text{费用}}=\frac{5\text{人死亡}}{320000\text{元}}=\frac{1\text{人死亡}}{64000\text{元}}$$

计算结果表明，若社会认可用64000元的代价挽救1人生命，则该计划应予实施。

【例8-5】 某研究机构新研究了4种新型水压机，以可靠性作为评价效果的主要指标，即在一定条件下不发生事故的概率。4种新型水压机的基础数据见表8-14，预算限制为240万元，应选哪个方案？

表8-14 新型水压机的基础数据

方案	费用（万元）	可靠性（1-事故概率）
1	240	0.99
2	240	0.98
3	200	0.98
4	200	0.97

解： 采用固定费用法应淘汰方案2和方案4，由固定效果法也可淘汰方案2和方案4，最后剩下的方案1和方案3采用费用效果分析做出权衡判断。

方案1 $R_{E/C1}=\frac{0.99}{240\text{万元}}\times 100\%=0.413\%$

方案3 $R_{E/C3}=\frac{0.98}{200\text{万元}}\times 100\%=0.49\%$

按每万元取得的可靠性判断，应选方案3。

3. 成本效用分析

对建设项目特别是公益性项目进行评价时，要采用多个指标来全面衡量项目的效果，这些指标既有定量的，又有定性的。在定量指标中有越大越好的，也有越小越好的，且定量指标有各种计量单位。对此类问题，可采用成本效用分析方法，这里的效用是一个衍生系数。成本效用计算指标一般可用$\frac{U}{C}$表示，即

$$\frac{U}{C}=\frac{\text{效用}}{\text{费用}} \tag{8-12}$$

其判定准则是，**投入成本一定、效用最大，或者效用一定、费用最低的方案最佳。**

（1）指标分值的确定　定性指标的效用系数可采用打分法确定；定量指标的效用值可直接计算得到，但当各指标的计量单位不同时，需先将不同计量单位换算为统一的无量纲数值。此时引入下列公式来消除各指标计量单位的不可比性：

1）指标越大越好时，其效用系数U_j由下式计算：

$$U_j=\frac{X_j-X_{j\min}}{X_{j\max}-X_{j\min}}$$

式中　$X_{j\min}$——预先确定的第 j 个指标的最小值（不允许再小的值）；

$X_{j\max}$——预先确定的第 j 个指标的最大值；

j——评价指标的数目，$j=1$，2，…。

2）指标越小越好时，其效用系数 U_j 可由下式计算：

$$U_j=\frac{X_{j\max}-X_j}{X_{j\max}-X_{j\min}}$$

（2）一维矩阵成本效用分析例题

【例 8-6】 某水坝有 A、B、C、D 四个方案可供选择，它们的有关数据见表 8-15。已知年出现水灾概率为越小越好的指标，其最大值为 0.2，最小值为 0.01；通航可能性为越大越好的指标，其最大值为 10，最小值为 0；娱乐指标也为越大越好的指标，最大值为 275000，最小值为 0。试选最优方案。

表 8-15　水坝方案有关数据

方案	费用现值（亿元）	效果指标		
		年出现水灾概率权重 50%	通航可能性（0~10）权重 30%	娱乐（人·日/年）权重 20%
A	1.0	0.3	0	0
B	2.5	0.1	5	100000
C	3.7	0.06	7	150000
D	5.5	0.01	10	275000

解： 确定的各方案的效用系数 U 和 U/C 值见表 8-16。

表 8-16　效用成本指标计算表

方案	费用现值（亿元）	效用系数 U			加权效用系数合计	U/C
		年出现水灾概率（50%）	通航可能性（30%）	娱乐（20%）		
A	1.0	超过标准	0	0	0	淘汰
B	2.5	0.53	0.5	0.36	0.49	0.196
C	3.7	0.74	0.7	0.55	0.69	0.186
D	5.5	1.0	1.0	1.0	1.0	0.182

从综合评价的结果来看，应选择方案 B。

【例 8-7】 某研究机构研究出了 A、B、C、D 四种新型的民用建筑墙体结构体系，欲采用安全性、耐久性、抗震性、耐火性、施工便利性五个指标选出最好的一种投入使用。五个指标的权重和每种结构体系每平方米建筑面积的工程造价见表 8-17，试采用效用成本分析进行选优决策。

解： 采用 100 分制对四种体系就五个指标分别打分，分值和每个方案的 U/C 值见表 8-17。

表 8-17 结构体系数据及效用系数矩阵

指标	权重①	体系 A		体系 B		体系 C		体系 D	
		分值②	效用 ③=②×①	分值④	效用 ⑤=④×①	分值⑥	效用 ⑦=⑥×①	分值⑧	效用 ⑨=⑧×①
安全性	45%	70	31.5	50	22.5	70	31.5	90	40.5
耐久性	20%	20	4	30	6	50	10	30	6
抗震性	15%	30	4.5	70	10.5	50	7.5	50	7.5
耐火性	5%	30	1.5	70	3.5	50	2.5	50	2.5
施工便利性	15%	20	3	40	6	10	1.5	10	1.5
合计	100%		44.5		48.5		53		58
造价/m^2		488		468		520		508	
U/C		0.0912		0.104		0.102		0.114	

可见，应选择新型民用建筑墙体结构体系 D。

(3) 二维矩阵效用成本分析例题

【例 8-8】 某建筑施工企业欲购置一台塔式起重机，起重机的主要功能及权重、起重机的各总成对主要功能的贡献见表 8-18。现有起重机 A 的性能得分见表 8-19，起重机 A 的购置费为 300000 元，试对起重机 A 进行二维矩阵 U/C 分析。

解： 对起重机 A 性能打分采用 10 级分制，其分值、效用系数计算及 U/C 的计算过程见表 8-19。

表 8-18 指标权重及零件总成对功能的贡献率

零件总成	功能		
	B (20%)	C (20%)	D (25%)
甲	0	5	20
乙	45	5	25
丙	25	50	20
丁	30	40	35
总和	100	100	100

表 8-19 起重机 A 的效用系数及 U/C 得分

零件总成	功能							
	A (35%)		B (20%)		C (20%)		D (25%)	
甲	10 (分值)	40 (贡献率)	0	0	7	5	6	20
	10×40=400 (效用)		0		35		120	

（续）

零件总成	功能							
	A（35%）		B（20%）		C（20%）		D（25%）	
乙	0	0	6	45	6	5	5	25
	0		270		30		125	
丙	3	30	6	25	6	50	7	20
	90		150		300		140	
丁	5	30	6	30	7	40	6	35
	150		180		280		210	
零件总成贡献率总和	100		100		100		100	
效用系数总和	640		600		645		595	
	640×35+600×20+645×20+595×25=62175							
U/C	62175/300000 元=0.207							

本章小结与重要概念

【本章小结】

财务分析是以财务报告资料及其他相关资料为依据，采用一系列专门的分析技术和方法，对一定期间的财务活动的过程和结果进行研究和评价，借以认识财务活动规律，促进企业提高经济效益的财务管理活动。在进行财务分析时，要明确分析范围，根据项目的特点和性质，选取适宜的分析方法，然后在研究和预测的基础上选取必要的基础数据进行成本费用分析、收入税费估算，并编制财务辅助报表。在此基础上，编制主要财务报表和计算财务评价指标进行财务分析。财务分析应遵循的基本原则包括：费用与效益计算口径的一致性原则；费用与效益识别的有无对比原则；动态分析与静态分析相结合、以动态分析为主的原则；基础数据确定的稳妥原则。财务分析包括融资前分析和融资后分析。工程项目财务分析的主要表格有基本报表（现金流量表、损益表、资金来源与运用表、资产负债表、借款还本付息计划表、财务外汇平衡表）和辅助报表（固定资产投资估算表、流动资金估算表、投资使用计划与资金筹措表、主要产出物和投入物使用价格依据表、单位产品生产成本估算表、固定资产折旧费估算表、总成本费用估算表等）。

费用效益分析是按照资源合理配置的原则，从整个国家和全社会的角度考察项目的效益和费用，运用影子价格、影子工资、影子汇率和社会折现率等经济参数，计算分析项目需要国家付出的代价和对国家的贡献，以考察投资行为的经济合理性的活动。费用效益分析结果是对项目进行决策的首要依据。费用效益分析的主要方法包括经济费用效益比较分析法和定性分析法。需要进行费用效益分析的项目主要有：①国家及地方政府参与投资的项目；②国家给予财政补贴或者减免税费的项目；③主要的基础设施项目，包括铁路、公路、航道整治疏浚等交通基础设施建设项目；④较大的水利水电项目；⑤国家控制的战略性资源开发项目；⑥动用社会资源和自然资源较大的中外合资项目；⑦主要产出物和投入物的市场价格不能反映其真实价值的项目。

费用效益分析与财务评价在评价角度、费用与效益的含义及划分范围、费用与效益的计算价格、评价的依据方面存在不同，但评价目的、评价基础和评价方法一致。费用效益分析的主要参数有影子价格、影子汇率、影子工资和社会折现率，通过编制项目投资经济费用效益流量表和国内投资经济费用效益流量表计算经济净现值和经济内部收益率。

费用效果分析是指费用采用货币计量，效果采用非货币计量的经济效果分析方法。其中的费用是指为实现项目预定目标所付出的财务代价或经济代价，采用货币计量；效果是指项目的结果所起到的作用、效应或效能，是项目目标的实现程度。

费用效果分析主要是进行项目总体方案的初步筛选和各个环节的方案比选。费用效果分析除了可用于方案比选，对于项目主体效益难以货币化的，费用效果分析则可取代费用效益分析，并作为经济分析的最终结论。项目效果是指项目的结果所起到的作用、效应或效能，是项目目标的实现程度。项目的效果可以是单方面的，也可以是多方面的。项目效果的度量是测算项目费用效果的基础。

【重要概念】

财务分析　融资前分析　融资后分析　调整所得税　动态分析　静态分析　偿债能力分析　生存能力分析　费用效益分析　直接效益与直接费用　间接效益与间接费用　转移支付　影子价格　影子工资　社会折现率　经济净现值　经济内部收益率　费用效果分析　成本效用分析

思考题与练习题

1. 什么是财务分析？为什么要进行财务分析？

2. 简述财务分析的基本原则和内容。

3. 简述间接效益与间接费用主要包括的内容。

4. 什么是影子价格？影子价格有何特点？

5. 某人年初欲购商业店铺，总价为 20 万元，可经营 15 年。经市场调查及预测，市场上同类店铺的销售利润率可达 20%，营业额每 5 年增长 10%。

问：

（1）在 15 年经营期内，各年营业额为多少才能保证收益率达到 14%？

（2）若营业额为 20 万元，销售利润率为多少才能保证 14%的收益率？

（3）若按 20%的销售利润率，营业额为 18 万元，试计算基准收益率 14%下的财务净现值、财务内部收益率和动态投资回收期。

6. 某建设项目的有关资料如下：项目计算期 10 年，其中建设期 2 年。项目第 3 年投产，第 5 年开始达到 100%设计生产能力。项目固定资产投资 9000 万元（不含建设期贷款利息和固定资产投资方向调节税），预计 8500 万元形成固定资产，500 万元形成无形资产。固定资产年折旧费为 673 万元，固定资产残值在项目运营期末收回，固定资产投资方向调节税率为 0。无形资产在运营期 8 年中均匀摊入成本。流动资金为 1000 万元，在项目计算期末收回。项目的设计生产能力为年产量 1.1 万 t，预计销售价为 6000 元/t，年销售税金及附加按销售收入的 5%计取，所得税率为 25%。建设项目的资金投入、收益及成本等基础数据见表 8-20。还款方式：在项目运营期间（即从第 3 到第 10 年）按等额还本利息照付方式偿还，流动资金贷款每年付息。长期贷款利率为 6.22%（按年付息），流动资金贷款利率为 3%。经营成本的 80%作为固定成本。

表 8-20　建设项目资金投入、收益及成本表　　　　（单位：万元）

序号	项目		年份				
			1	2	3	4	5
1	建设投资	自有资金	3000	1000			
		贷款（不含贷款利息）		4500			
2	流动资金	自有资金部分			400		
		贷款			100	500	
3	年销售量（万 t）				0.8	1.0	1.1
4	年经营成本				4200	4600	5000

（1）计算无形资产摊销费。

（2）编制借款还本付息表。

（3）编制总成本费用估算表。

（4）编制项目损益表（盈余公积金提取比例为 10%）。

（5）计算第 7 年的产量盈亏平衡点（保留两位小数）和单价盈亏平衡点（取整），分析项目盈利能力和抗风险能力。

7. 某工程项目估计建设期 3 年，第一年建设投资 600 万元，第二年建设投资 2000 万元，第三年投资 800 万元。投产第一年达到设计能力的 60%，第二年达到 80%，第三年达到 100%。正常年份的销售收入为 3500 万元；正常年份的经营成本为 2000 万元；正常年份的销售税金为 210 万元；残值为 400 万元，项目经营期为 7 年（不含建设期），流动资金总额为 600 万元，从投产年开始按生产能力分 3 次投入，投入比例为 60%、30%、10%。基准收益率为 12%，标准静态投资回收期为 9 年。

（1）试编制该项目税前的投资现金流量表。

（2）计算该项目所得税前的静态投资回收期。

（3）计算该项目所得税前的 FNPV、FIRR 和动态投资回收期指标。

（4）评价该项目是否可行。

8. 某建设项目有关数据如下：建设期 2 年，运营期 8 年，固定资产投资 5000 万元（不含建设期贷款利息），其中包括无形资产 600 万元。项目固定资产投资资金来源为自有资金和贷款，贷款总额 2200 万元，建设期每年贷入 1100 万元，贷款年利率为 5.85%（按季计息）。流动资金 900 万元，全部为自有资金。无形资产在 8 年运营期中，均匀摊入成本。固定资产使用年限为 10 年，残值为 200 万元，按照直线法折旧。固定资产投资贷款在运营期前 3 年按照等额本息法偿还。项目运营期的经营成本见表 8-21，净现金流量见表 8-22。

表 8-21　运营期的经营成本　　　　（单位：万元）

项　目	年份			
	3	4	5	6~10
经营成本	1960	2800	2800	2800

表 8-22　项目净现金流量　　　　（单位：万元）

年　份	1	2	3	4	5	6	7
净现金流量	-100	-80	50	60	70	80	90

问题：

(1) 计算建设期贷款利息、运营期固定资产年折旧费和期末固定资产余值。

(2) 按照格式编制还本付息表和总成本费用表。

(3) 根据假设项目各年的净现金流量表，计算该项目的财务内部收益率（i_2和i_1的差额为5%）。

9. 某投资项目正式投产运营时要购置两台机器设备：一台设备可在国内购得，其国内市场价格为300万元/台，影子价格与国内市场价格的换算系数为1.3；另一台设备必须进口，其到岸价格为150万美元/台，影子汇率换算系数为1.06，外汇牌价为8.63元/美元，进口设备的国内运杂费和贸易费用分别为10万元和5万元。试求该种产品进行生产时，两台设备的影子价格和所需设备的总成本。

10. 某公司生产一种产品，只在国内出售，为进行项目的国民经济评价，需计算其影子价格。已知该产品的市场价格为450元/t，该产品所占用的固定资产投资原值为1560元/t，所用原材料及燃料动力的市场价格为150元/t和50元/t，影子价格与国内市场价格的换算系数分别为1.2和1.1，该产品所占用的流动资金为500元/t，社会折现率取10%，固定资产的寿命为10年。试采用成本分解法求该产品的出厂影子价格。

二维码形式客观题

扫描二维码可在线做题，提交后可查看答案。

第8章
客观题

第9章 工程项目寿命周期成本与价值工程

学习导图

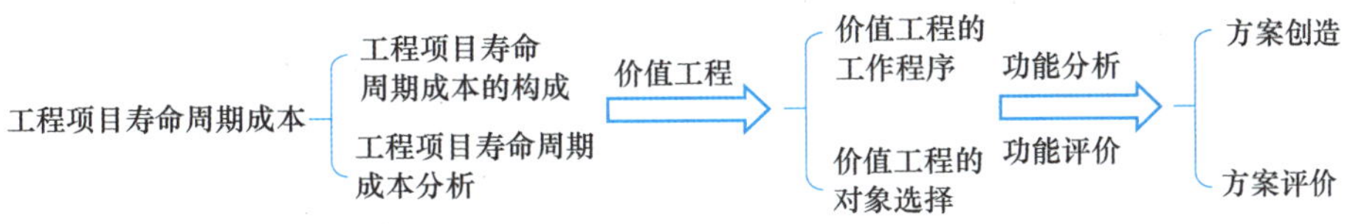

学习内容及目标

知识点	能力要求	相关知识	素质目标
工程项目寿命周期成本	熟悉工程项目寿命周期成本的含义 掌握工程项目寿命周期成本的构成 熟悉工程项目寿命周期成本分析 了解工程项目寿命周期成本分析法与传统投资计算的区别 了解工程项目寿命周期成本分析法的局限性	工程项目寿命周期经济成本、环境成本和社会成本 工程项目寿命周期成本的构成 费用效率法、固定费用法和固定效率法、权衡分析法 工程项目寿命周期成本分析法与传统投资计算的区别 工程项目寿命周期成本分析法的局限性	培养用系统的观点和哲学思维分析问题 培养遵守价值准则，形成正确的价值取向 充分认识社会主义核心价值观，进而树立正确的价值观
价值工程	熟悉价值工程概述 熟悉价值工程的工作程序 掌握价值工程的对象选择 掌握价值工程中的功能分析和功能评价 掌握价值工程中的方案创造及方案评价	价值工程的含义、特点和提高产品价值的途径 价值工程的工作程序 价值工程对象选择的一般原则和方法 价值工程中的功能分类、功能定义、功能整理、功能计量 价值工程中的功能现实成本及指数的计算、功能评价值的计算、功能价值的计算、确定功能价值对象改进范围 价值工程中的方案创造及方案评价	

导入案例

第二次世界大战结束前不久，美国军事工业发展很快，导致一些重要材料难以买到。当时美国通用电气公司的工程师麦尔斯（L. D. Miles）研究发现，采购某种材料的目的并不在于该材料本身，而在于其功能。在一定条件下，可以找到具有同样功能的材料来代替，仍然可以满足其使用效果。比如公司的汽车装配厂急需的耐火材料——石棉板，价格很高而且奇缺。于是，麦尔斯考虑，为什么要用石棉板？其作用是什么？他弄清这种材料的功能后，找到了一种价格便宜且能满足防火要求的防火纸来代替石棉板。经过试用和检验，美国消防部门通过了这一代用材料。

麦尔斯从研究代用材料开始，逐渐摸索出一套特殊的工作方法，把技术设计和经济分析结合起来考虑问题，又进一步把这种分析思想和方法推广到研究产品开发、设计、制造及经营管理等方面，逐渐总结出一套比较系统和科学的方法。1947 年，麦尔斯以《价值分析程序》为题发表了研究成果，“价值工程”正式产生。

我国从 20 世纪 70 年代开始运用价值工程。1984 年，国家将价值工程作为十八种现代化管理方法之一向全国推广。1987 年，国家标准局颁布了第一个价值工程国家标准——《价值工程　基本术语和一般工作程序》。从开始阶段的工业产品开发到工程项目，从企业的工艺、技术，设备等硬件的改进，到企业的生产、经营、供销、成本等管理软件的开发，价值工程在跨行业的许多领域都得到了广泛应用。

思考：麦尔斯从工作实际中总结出了价值工程，并在各行业中得到了使用，产生了良好的经济效果。那么什么是价值工程？如何开展价值工程的工作？开展价值工程工作需要注意哪些问题？这是本章需要学习的内容。

9.1 工程项目寿命周期成本

9.1.1 工程项目寿命周期成本的含义

工程项目寿命周期是指工程产品从研究开发、设计、建造、使用直到报废所经历的全部时间。工程寿命周期成本（Life Cycle Cost，LCC）不仅包括经济意义上的成本，还包括环境成本和社会成本。

1. 工程项目寿命周期经济成本

工程项目寿命周期经济成本是指工程项目从项目构思到项目建成投入使用直至工程寿命终结全过程所发生的一切可直接体现为资金耗费的投入总和，包括建设成本和使用成本。建设成本是指建筑产品从筹建开始到竣工验收为止所投入的全部成本费用。使用成本则是指建筑产品在使用过程中发生的各种费用，包括各种能耗成本、维护成本和管理成本等。工程项目的投入可以是资金的直接投入，也可以是资源性投入，如人力资源、自然资源等。从其投入时间上讲，可以是一次性投入，如建设成本，也可以是分批、连续投入，如使用成本。

2. 工程项目寿命周期环境成本

根据国际标准化组织环境管理体系（ISO 14000）精神，**工程项目寿命周期环境成本是指工程产品系列在其全寿命周期内对环境的潜在和显在的不利影响。**工程建设对环境的影响可能是正面的，也可能是负面的。前者体现为某种形式的收益，后者则体现为某种形式的成本。在分析及计算环境成本时，应对环境影响进行分析甄别，剔除不属于成本的系列。在计量环境成本时，由于这种成本并不直接体现为某种货币化数值，必须借助其他技术手段将环境影响货币化。

3. 工程项目寿命周期社会成本

工程项目寿命周期社会成本是指**工程产品在从项目构思、产品建成投入使用直至报废不再使用的全过程中对社会的不利影响。**与环境成本一样，工程建设及工程产品对社会的影响可以是正面的，也可以是负面的。因此也必须进行甄别，剔除不属于成本的系列。比如，如果建设某个工程项目可以增加社会就业率，有助于社会安定，这种影响就不应计为成本；如果一个工程项目的建设会增加社会的运行成本，如由于工程建设引起大规模移民，可能增加社会的不安定因素，这种影响就应计为社会成本。

在工程项目寿命周期成本中，环境成本和社会成本都是隐性成本，它们不直接表现为量化成本，而必须借助其他方法转化为可直接计量的成本，这就使得它们比经济成本更难以计量。但在工程建设及运行的全过程中，这类成本始终是发生的。目前，在我国工程建设实践中，往往只偏重于经济成本的管理，而对环境成本和社会成本则考虑得较少。这也是我国的成本管理与西方发达国家存在差距较大的地方。在主观上，投资者对项目自身的财务效果考虑得多，对环境、社会等的项目外部效果尚不够重视，项目国民经济评价虽然也做外部效果评价，但往往流于形式；在客观上，虽然环境成本和社会成本难以计量，但在实践中对寿命周期成本也会产生影响。综合各种因素，本书仍主要考虑工程项目寿命周期的经济成本。

9.1.2　工程项目寿命周期成本的构成

工程项目寿命周期成本是工程设计、开发、建造、使用、维修和报废等过程中发生的费用，也即该项工程在其确定的寿命周期内或在预定的有效期内所需支付的研究开发费、制造安装费、运行维修费、报废回收费等费用的总和。在一般情况下，运营与维护成本往往大于项目建设的一次性投入。因此，在分析寿命周期成本时，首先要明确寿命周期成本所包括的费用项目，也就是必须建立寿命周期成本的构成体系。

9.1.3　工程项目寿命周期成本分析

工程项目寿命周期成本分析又称寿命周期成本评价，是指为了从各可行方案中筛选出最佳方案，以有效地利用稀缺资源，而对项目方案进行系统分析的过程或者活动。换言之，寿命周期成本评价是为了使用户所用的系统具有经济寿命周期成本，在系统开发阶段将寿命周期成本作为设计的参数，而对系统进行彻底的分析比较后做出决策的方法。

在通常情况下，从追求寿命周期成本最低的角度出发，首先确定寿命周期成本的各要素，将各要素的成本降低到普通水平；其次，对建设成本和使用成本两者进行权衡，以便确定研究的侧重点，从而使总成本更为经济；最后，从寿命周期成本和系统效率的关系角度进行研究。此外，由于寿命周期成本是在较长时期内发生的，因此对费用发生的时间顺序必须予以掌握。材料费和劳务费用的价格一般都会发生波动，在估算时要加以考虑。同时，在寿命周期成本分析中必须考虑资金的时间价值。

常用的寿命周期成本分析法有费用效率（CE）法、固定效率法和固定费用法、权衡分析法等。

1. 费用效率（CE）法

费用效率（CE）是指工程项目系统效率（SE）与工程项目寿命周期成本（LCC）的比值。其计算公式如下：

$$CE=\frac{SE}{LCC}=\frac{SE}{IC+SC} \tag{9-1}$$

式中　CE——费用效率；

SE——工程项目系统效率；

LCC——工程项目寿命周期成本；

IC——设置费；

SC——维持费。

投资目的是多种多样的，当计算 CE 时，哪些应作为投资所得的“成果”计入 SE（分子要素），哪些应计入 LCC（分母要素），有时是难以区分的。因此，可采用如下方式加以区分：

首先，列出式中分子、分母所包含的各主要项目，如图 9-1 所示。

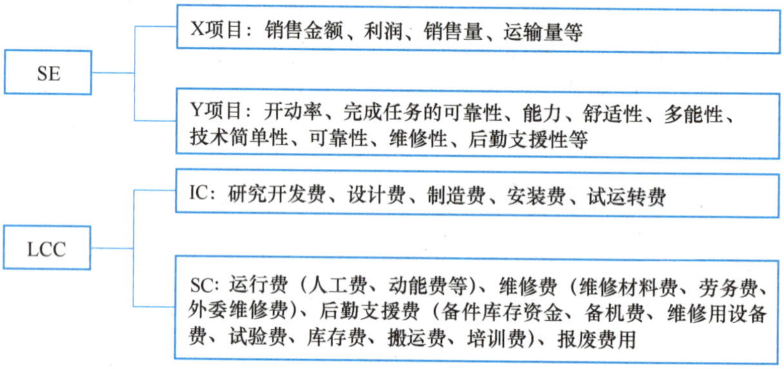

图 9-1　SE 与 LCC 的主要构成

其次，列出投资的目的：增产、维持生产能力、提高质量、稳定质量、降低成本等，然后判断成果所属的项目，见表 9-1。

表 9-1　投资目的和成果的计算方法

投资	投资目的	在 CE 式中所属项目（SE、LCC）
A	增产	增产所得的增收额列入 X 项
	维持生产能力	防止生产能力下降的部分相当于 Y 项
B	提高质量	提高质量所得的增收额列入 X 项 提高质量的增收额=平均售价提高部分×销售量
	稳定质量	防止质量下降而投入的部分列入 Y 项

（续）

投资	投资目的	在 CE 式中所属项目（SE、LCC）
C	降低成本	由于节约所得的增收额列入 X 项（注意：产品的材料费节约额不包括在 LCC 的 SC 中，应计入分子 SE 中）
		由于减少劳动量而节省的劳务费应计入分母 SC 费用科目中，SE 不变

费用效率公式的分子需根据对象和目的不同，用不同的量化值来表示。究竟采用何种量化值，有时较难确定。相比之下，分母是系统寿命周期内的总费用，故比较明确。可以把费用效率公式看成是单位费用的输出值。因此，CE 值越大越好。如果分子为一定值，则可认为寿命周期成本少者为好。

（1）系统效率　系统效率是投入寿命周期成本后所取得的效果或者说明任务完成到什么程度的指标。如以寿命周期成本为输入，则系统效率为输出。通常，系统的输出为经济效益、价值、效率（效果）等。

由于系统的目的不同，输出系统效率的具体表现方式也有所不同。它可以用完成任务的数量、年平均产量、利用率、可靠性、维修性、后勤支援效率等来表示，也可以用销售额、附加价值、利润、产值等来表示。用来表示系统效率的量化值有很多。如果系统效率可以由销售额、附加值、利润、销售量中的一项来表示，则在计算上非常方便。当不能用一个综合要素来表示时，就必须采用几个单项要素。

但是，为了求出费用效率，在任何情况下都必须进行定量计算。当系统的寿命很长时，它在寿命周期内的全部输出都要列为计算对象。

（2）寿命周期成本　寿命周期成本为设置费和维持费的合计额，也就是系统在寿命周期内的总费用。

对寿命周期成本的估算，应尽可能地在系统开发的初期进行。因为在初期阶段还没有做出完整而详尽的设计，所以，在此时进行费用估算并不是一件容易的事情。如果设计进行到了相当深的程度，估算费用会比较容易些。但是，即使是达到可以看清楚具体内容的程度，也需要花费相当多的人力和时间进行费用估算。

估算寿命周期成本时，可先粗分为设置费和维持费。至于如何进一步分别对设置费和维持费进行估算，则要根据估算时所处的阶段以及设计内容的明确程度来决定。

对设置费而言，当掌握了工程的内容之后，根据过去的资料，按物价上涨率加以修正，折算成现在的价格后方可使用。过去的实际业务资料、专业公司的投标资料和估算书等都是非常有用的估算资料。

对维持费的估算，如果存有过去的资料，能够说明在什么条件下支出了什么费用、花费的金额为多少等，则在估算时就方便得多。

费用估算的方法有很多，常用的有以下几种：

1）费用模型估算法。费用模型是指汇总各项实际资料后，用某种统计方法分析求得的数学模型。它是针对所需计算的费用（因变量），运用对其起作用的要因（自变量）经简化归纳而成的数学表达式。

2）参数估算法。这种方法在研制设计阶段运用。它将系统分解为各个子系统和组成部分，运用过去的资料制定出物理的、性能的、费用的适当参数逐个分别进行估算，将结果累计起来便可求出总估算额。所用的参数有时间、重量、性能、费用等。

3）类比估算法。这种方法在开发研究的初期阶段运用，通常在不能采用费用模型估算法和参数估算法时才采用，但实际上是应用最广泛的方法。它是参照过去已有的相似系统或其“部分”，做类比后算出估算值。为了更好地进行这种类比，需要有相当丰富的经验和专门知识，而且由于在时间上有过去和将来的差别，还必须考虑通货膨胀和当地的具体情况。

4）费用项目分别估算法。进行系统总费用的估算，无论运用哪一种现成的方法，都要充分研究使用的条件，必要时应进行适当的修正。

2. 固定费用法和固定效率法

固定费用法是将费用值固定下来，然后选出能得到最佳效率的方案。固定效率法则是将效率值固定下来，然后选取能达到这个效率而费用最低的方案。

各种方案都可用这两种评价法进行比较。例如，住宅的预算只有一个规定的数额，要根据这个数额的预算选出效果最佳的方案，就可采取固定费用法。又如，要建设一个供水系统，可以在完成供水任务的前提下选取费用最低的方案，这就是固定效率法。

根据系统情况的不同，有的只需采用固定费用法或固定效率法即可，有的则需同时运用两种方法。

3. 权衡分析法

权衡分析法是对性质完全相反的两个要素做适当的处理，其目的是提高总体的经济性。寿命周期成本评价法的重要特点是进行有效的权衡分析。通过有效的权衡分析，可使系统的任务较好地完成，既保证了系统的性能，又可使有限的资源（人、财、物）得到有效利用。

在寿命周期成本评价法中，权衡分析法的对象包括以下五种情况：①设置费与维持费的权衡分析；②设置费中各项费用之间的权衡分析；③维持费中各项费用之间的权衡分析；④系统效率和寿命周期成本之间的权衡分析；⑤从开发到系统设置完成这段时间与设置费之间的权衡分析。

【例 9-1】　某机械加工产品生产线有关数据资料见表 9-2。试对其进行权衡分析。

表 9-2　某机械加工产品生产线有关数据资料　　（单位：万元）

规划方案	系统效率（SE）	设置费（IC）	维持费（SC）
原规划方案一	6000	1000	2000
新规划方案二	6000	1500	1200
新规划方案三	7200	1200	2100

解：(1) 设置费与维持费的权衡分析　设原规划方案一的费用效率为 CE_1；新规划方案二的费用效率为 CE_2，则

$$CE_1=\frac{6000\text{ 万元}}{1000\text{ 万元}+2000\text{ 万元}}=2.00；\quad CE_2=\frac{6000\text{ 万元}}{1500\text{ 万元}+1200\text{ 万元}}=2.22$$

通过上述设置费与维持费的权衡分析可知：方案二的设置费虽比原规划方案增加了 500 万元，但使维持费减少了 800 万元，从而使寿命周期成本 LCC_2 比 LCC_1 减少了 300 万元，结果是费用效率由 2.00 提高到 2.22。这表明设置费的增加带来维持费的下降是可行的，即新规划方案二在费用效率上比原规划方案一好。

为了提高费用效率，该机械加工产品生产线还可以采用以下各种有效的手段：改善原设计材质，降低维修频度；支出适当的后勤支援费，改善作业环境，减少维修作业；制定防震、防尘、冷却等对策，提高可靠性；进行维修性设计；置备备用的配套件、部件和整机，设置迂回的工艺路线，提高可维修性；进行节省劳动力的设计，减少操作人员的费用；进行节能设计，节省运行所需的动力费用；进行防止操作和维修失误的设计。

(2) 设置费中各项费用之间的权衡分析　进行充分的研制，降低制造费；将预知维修系统装入机内，减少备件的购置量；购买专利的使用权，从而减少设计、试制、制造、试验费用；采用整体结构，减少安装费。

(3) 维持费中各项费用之间的权衡分析　采用计划预修，减少停机损失；对操作人员进行充分培训，使操作人员能自己进行维修，可减少维修人员的劳务费；反复地完成具有相同功能的行为，其产生效果的体现形式便是缩短时间、减少用料，最终表现为费用减少，而且，重复的次数越多，这种效果就越显著，这就是熟练曲线。计算寿命周期成本时，系统效率中的作业时间、准备时间以及定期维修作业时间等，都可能适用熟练曲线，必须予以注意。

(4) 系统效率与寿命周期成本之间的权衡分析　由表 9-2 的数据可知，新规划方案三的费用效率 CE_3 为

$$CE_3=\frac{7200\text{ 万元}}{1200\text{ 万元}+2100\text{ 万元}}=2.18$$

通过系统效率与寿命周期成本之间的权衡分析可知：方案三的寿命周期成本增加了 300 万元（其中设置费增加了 200 万元，维持费增加了 100 万元），但由于系统效率增加了 1200 万元，其结果是使费用效率由 2.00 提高到 2.18。这表明方案三在费用效率上比原规划方案一好。因为方案三系统效率增加的幅度大于其寿命周期成本增加的幅度，故费用效率得以提高。

在系统效率和寿命周期成本之间权衡时，可以采用以下有效手段：通过增加设置费使系统的能力增强（如增加产量）；通过增加设置费使产品的精度提高，从而有可能提高产品的售价；通过增加设置费提高材料的周转速度，使生产成本降低；通过增加设置费使产品的使用性能具有更大的吸引力（如使用简便、舒适性提高、容易掌握、具有多种用途等），可使售价和销售量得以提高。

(5) 从开发到系统设置完成这段时间与设置费之间的权衡分析　如果要在短时期内实现从开发到设置完成的全过程，往往就得增加设置费。如果将开发到设置完成这段期限规定得太短，便不能进行充分研究，致使设计有缺陷，将会造成维持费增加的不利后果。因此，这一期限与费用之间也有着重要的关系。进行这项权衡分析时，可以运用计划评审技术(PERT)。

综上所述，寿命周期成本评价法在很大程度上依赖于权衡分析的彻底程度。从寿命周期成本评价法的基本原理来看，可以认为

寿命周期成本评价法≈权衡分析

9.1.4　工程项目寿命周期成本分析法与传统投资计算的区别

寿命周期成本评价的目的是降低系统的寿命周期成本，提高系统的经济性。在不考虑技

术细节问题的基础上，与过去传统的概念和工作方法相比，寿命周期成本评价法具有以下显著特点：当选择系统时，不仅考虑设置费，还要研究所有的费用；在系统开发的初期就考虑寿命周期成本；进行“费用设计”，像系统的性能、精度、重量、容积、可靠性、维修性等技术规定一样，将寿命周期成本作为系统开发的主要因素；透彻地进行设置费和维持费之间的权衡、系统效率和寿命周期成本之间的权衡，以及开发、设置所需的时间和寿命周期成本之间的权衡。

1. 费用效率 CE 与传统成本法的比较

如果 CE 公式的分子为一定值，可认为寿命周期成本越低越好。从这方面来看，CE 公式和传统的成本法有着相同的基点。

2. 寿命周期成本评价与回收期法的比较

回收期法同样可以进行寿命周期成本评价。但需注意的是，过去所用的投资回收期计算方法是按用多少年能够回收投资额（即设置费）来考虑的，而现在考虑的是多少年能够回收寿命周期成本总额。

3. 费用效率 CE 与传统投资收益率的比较

传统投资收益率和费用效率 CE 的计算式分别为

$$\text{投资收益率 } R=\frac{\text{销售额 } S-\text{成本 } C}{\text{投资额 } IC}=\frac{\text{以金额表示的效率 } B}{\text{投资额 } IC} \tag{9-2}$$

$$\text{费用效率 } CE=\frac{\text{系统效率 } SE}{\text{寿命周期费用 } LCC}=\frac{\text{以量化值或金额表示的效率 } SE}{\text{设置费 } IC+\text{维持费 } SC} \tag{9-3}$$

值得注意的是，CE 公式并不是投资收益率公式的简单扩大。CE 公式中的分母采用了 LCC，因此，在选择系统时要考虑总费用 IC+SC，并在 IC 和 SC 之间加以权衡（是在 IC 方面多花钱，还是在 SC 方面多花钱，从而使总费用最低）。

9.1.5 工程项目寿命周期成本分析法的局限性

尽管寿命周期成本分析法得到越来越广泛的应用，但它仍然存在着局限性。

1. 假定项目方案有确定的寿命周期

寿命周期成本分析考察的时间对象是工程的整个寿命周期，但是在实践中，计算期限往往很难确定。因此，对项目寿命周期的确定，只有通过假设方法来预测，其合理性和准确性将直接关系到预测寿命周期成本的准确性。而由于各种原因，工程寿命周期往往可能发生变化。例如，技术进步或者人们对工程产品功能的要求发生变化，都可能影响工程寿命周期。这种变化在进行寿命周期成本分析时是无法预见的，这就可能对其分析效果产生影响。

2. 由于在寿命周期早期进行评价，可能会影响评价结果的准确性

工程寿命周期成本分析是工程投资决策的一项重要工作，其作用在于辅助决策，因此必须在项目早期进行，否则就失去其意义。这一特点也对其分析评价结果的准确性有影响。原因在于，工程项目的建设周期和运行周期都较长，影响成本的因素众多，而在项目早期不可能预见到一切变化，从而使寿命成本分析法的应用具有一定的局限性。

工程寿命周期成本分析是一项系统工程，涉及因素众多，专业性、技术性强，需要经济、技术、管理、环境、工程造价等方面的专家或者行家来完成这项工作。寿命周期成本分析必须负担较高的成本，这一点也限制了其应用范围，因而并不是所有的工程建设项目都适宜或者必须进行寿命周期成本分析。

3. 高敏感性使其分析结果的可靠性、有效性受到影响

工程寿命周期成本分析中涉及的参数、指标相当多，而这些指标、参数对于相关因素的敏感性很强，对于政策、法律、金融等宏观环境的变化也相当敏感。一旦其中的某个因素发生变化，寿命周期成本分析的结果就可能不适用或者失去其作为决策依据的作用。

9.2 价值工程

9.2.1 价值工程概述

1. 价值工程的含义

价值工程（Value Engineering，VE）是以提高产品或作业价值为目的，通过有组织的创造性工作，寻求用最低的寿命周期成本，可靠地实现使用者所需功能的一种管理技术。价值工程中所述的“价值”，是指作为某种产品（或作业）所具有的功能与获得该功能的全部费用的比值。它不是对象的使用价值，也不是对象的交换价值，而是对象的比较价值，是作为评价事物有效程度的一种尺度提出来的。这种对比关系可用数学公式表示为

$$V=\frac{F}{C} \tag{9-4}$$

式中　V——研究对象的价值；

F——研究对象的功能；

C——研究对象的成本，即寿命周期成本。

由此可见，价值工程涉及价值、功能和寿命周期成本三个基本要素。

价值工程的目标是以最低的寿命周期成本，使产品具备它所必须具备的功能。产品的寿命周期成本由生产成本和使用及维护成本组成。产品生产成本是指用户购买产品的费用，包括产品的科研、实验、设计、试制、生产、销售等费用及税收和利润等；产品使用及维护成本是指用户在使用过程中支付的各种费用的总和，包括使用过程中的能耗费用、维修费用、人工费用、管理费用等，有时还包括报废拆除所需的费用（扣除残值）。

在一定范围内，产品的生产成本和使用及维护成本之间存在此消彼长的关系。随着产品功能水平提高，产品的生产成本 C_1 增加，使用及维护成本 C_2 降低；反之，产品功能水平降低，其生产成本降低，但使用及维护成本会增加。因此，当功能水平逐步提高时，寿命周期成本 $C=C_1+C_2$，呈马鞍形变化，如图 9-2 所示。

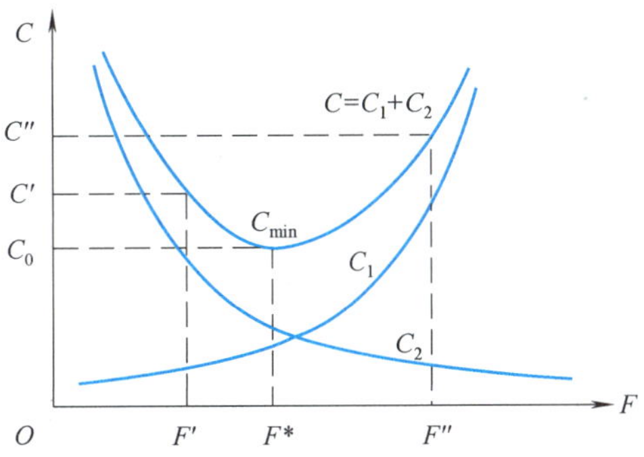

图 9-2　产品功能与寿命周期成本的关系

寿命周期成本为最小值 C_{min} 时，所对应的功能水平是仅从成本方面考虑的最适宜功能水平。从图 9-2 可以看出，在 F' 点，产品功能水平较低，此时虽然生产成本较低，但由于不能满足用户的基本需要，使用及维护成本较高，因此，寿命周期成本较高；在 F'' 点，虽然使用及维护成本较低，但由于存在着多余的功能，致使生产成本过

高，同样，寿命周期成本也较高；只有在 F^* 点，产品功能既能满足用户的需求，又使得寿命周期成本比较低，体现了比较理想的功能与寿命周期成本之间的关系。

由此可见，工程产品的寿命周期成本与其功能是辩证统一的关系。寿命周期成本的降低，不仅关系到生产企业的利益，同时也能满足用户的要求，并与社会密切相关。

2. 价值工程的特点

微视频：价值工程的特点

（1）**价值工程能有效实现对象在技术和经济上的结合** 很多管理技术在思想和方法论上都强调技术和经济的结合，但因为“技术”和“经济”两方面通常分别由不同的责任主体、采用不同的方式进行控制，在实际应用中往往出现重一面而偏废另一面的现象。价值工程也涉及技术和经济两方面的问题：对象的功能设置或配置是技术问题；而对象的费用是经济问题。但价值工程通过“价值”范畴，直接将技术工作和经济工作有机地结合起来分析和解决问题，克服了技术经济管理中普遍存在的技术工作与经济工作相互脱节的现象。

（2）**价值工程基于用户/顾客（消费者）视角解决问题** 企业提供的商品或服务受用户/顾客欢迎必须具备两个条件：①商品或服务具有的功能可以满足消费者的某种需求；②商品或服务的价格适当，符合甚至低于消费者愿意支付的代价。消费者总是试图用较低的价格获取性能较好的商品或服务，即通常所说的“性价比”。价值工程正是针对消费者的这种心理，围绕商品或服务的“物有所值”甚至“物超所值”进行分析以提高产品的价值。

企业开展价值工程活动必须基于消费者视角，解决好以下四个问题：

1）**功能必须是消费者需要的功能。**对产品而言，其功能必须在合理的使用期限内得到保证和满足。例如，工程项目的合理使用年限 50 年通常是针对其结构安全可靠性而言的，而工程项目的不同组成部分均应有其合理使用年限。

2）**处理好消费者获得功能所有权/使用权的费用（成本）和保证功能发挥作用的费用（成本）之间的辩证关系。**价值工程的费用（成本）是指寿命周期成本，即从对象的研究、形成到退出使用所需的全部费用。对产品而言，寿命周期成本指有关该产品的包括策划、设计、采购、生产、经营、维护、使用和处置等所发生费用的总和；对消费者而言，寿命周期成本分为取得成本（包括购买、自造、在购买基础上进行改进等）和使用及维护成本（含处置成本），两者通常存在此消彼长的关系。企业开展价值工程活动时，应合理确定产品生产制造阶段的功能设置和功能配置，以实现功能与寿命周期成本的最佳匹配。

3）**费用（成本）控制效果必须被消费者所感受，**包括直接体现的价格优惠，或者适当提升价格带来的商品或服务效用提高。

4）**保证功能所发生的费用及消费者需要付出的代价应在消费者所能够并愿意支付的范围内。**

（3）**价值工程的目标是提高对象的价值** 价值工程以“价值”为标准衡量和评价对象，并作为选择的依据，包括方案选优、价值工程对象选择、方案创新评价与选择、替代方案选择。价值工程的“价值”是功能与费用（成本）的比较价值，体现的功能与成本之间的协调关系，不是单纯提高或增加功能，也不是为降低成本而节省费用，其目标是提高对象的价值。这种价值提高的效果应为消费者和企业所共享（例如实现消费者购买到物美价廉的商品、企业增加销售的效果）。

（4）价值工程活动的核心是功能分析　价值工程的出发点和目标是提高对象的价值，但价值工程是将价值、功能和成本作为一个整体同时考虑的管理思想和管理方法，在开展价值工程活动中，一系列工作是围绕消费者所需要的功能展开的，因而功能分析是价值工程的核心。

（5）价值工程强调技术方案创新　为实现价值工程提高对象价值的目标，价值工程强调不论采用何种提高对象价值的途径，均应根据功能需求，通过技术方案创新，开发新构思和新方案，创造新功能载体，简化对象结构，提高对象功能，节约原材料等消耗，提高产品的技术经济效益。方案创新包括提出客观环境中尚未存在的创新方案或采用客观环境中已经存在的方案，因此，以产品为对象实施价值工程时，重点应放在产品的研发和设计阶段。

（6）价值工程需要进行量化分析　价值工程要求将功能定量化，即将功能转化为能够与获得该功能的费用（成本）直接相比的量化值。功能量化分析在价值工程对象选择、功能分析、功能评价、实施效果评价等环节均可能需要进行。

（7）价值工程是一种有组织的管理活动　针对产品为对象开展的价值工程而言，价值工程研究的问题涉及产品的整个寿命周期，涉及面广，研究过程复杂，需要所有参与生产的单位、部门及专业人员的相互配合，甚至需要外部专业人员参与，才能准确地进行产品的成本计量和功能评价。价值工程活动需要成立由技术、经济、管理方面的专业人员担任价值工程师的价值工程工作组，确定项目负责人，以集体智慧开展有计划、有组织、有领导的管理活动。

3. 提高产品价值的途径

微视频：
提高产品价值的途径

1）双向型——功能提高，费用降低，即在提高对象功能的同时，降低对象费用。

2）改进型——功能提高，费用不变，即在对象费用不变的条件下，通过提高对象资源利用的成果或效用达到提高对象功能和价值的目的。

3）节约型——功能不变，费用降低，即在保持对象功能不变的前提下，通过降低费用达到提高价值的目的。

4）投资型——功能较大提高，费用较少提高，即通过适当增加投入，较大幅度提高对象的整体功能，从而提高对象的价值。

5）牺牲型——功能略有下降，费用大幅度降低，即通过适当“牺牲”对象功能实现费用大幅度降低，从而提高对象价值。

确定通过何种途径提高对象价值应遵循的原则：①功能调整应以用户/顾客对功能的需求为依据；②提高对象价值应着眼于提升用户体验背后的商业价值；③应从方案创新、替代方案选择和管理控制三方面寻求具体解决办法。

9.2.2　价值工程的工作程序

价值工程的工作程序一般可分为准备、分析、创新、实施与评价四个阶段。其工作步骤实质上就是针对产品的功能和成本提出问题、分析问题和解决问题的过程，见表 9-3。

表9-3　价值工程的工作程序

工作阶段	工作步骤	对应问题
一、准备阶段	对象选择 组成价值工程工作小组 制订工作计划	(1) 价值工程的研究对象是什么? (2) 围绕价值工程对象需要做哪些准备工作?
二、分析阶段	收集整理资料 功能定义 功能整理 功能评价	(3) 价值工程对象的功能是什么? (4) 价值工程对象的成本是多少? (5) 价值工程对象的价值是多少?
三、创新阶段	方案创造 方案评价 方案编写	(6) 有无其他方式可实现同样的功能? (7) 新方案的成本是多少? (8) 新方案能满足要求吗?
四、实施与评价阶段	方案审批 方案实施 成果评价	(9) 如何保证新方案的实施? (10) 价值工程活动的效果如何?

9.2.3　价值工程的对象选择

价值工程是就某个具体对象开展的有针对性的分析评价和改进，只有有了对象，才有分析的具体内容和目标。对企业来讲，凡是为获取功能而发生费用的事物，都可以作为价值工程的研究对象，如产品、工艺、工程、服务或它们的组成部分等。

价值工程的对象选择过程就是逐步收缩研究范围、寻找目标、确定主攻方向的过程。因为生产建设中的技术经济问题很多，涉及的范围也很广，为了节省资金、提高效率，只能精选其中的一部分来实施，而并非企业生产的全部产品，也不一定是构成产品的全部零部件。因此，能否正确选择对象是价值工程收效大小与成败的关键。

1. 价值工程对象选择的一般原则

一般说来，选择价值工程的对象需遵循以下原则：

1）从设计方面看，对产品结构复杂、性能和技术指标差距大、体积大、重量大的产品进行价值工程活动，可使产品结构、性能、技术水平得到优化，从而提高产品价值。

2）从生产方面看，对量多面广、关键部件、工艺复杂、原材料和能源消耗高、废品率高的产品或零部件，特别是对量多、产值比重大的产品，只要成本下降，所取得的经济效果就大。

3）从市场销售方面看，选择用户意见多、系统配套差、维修能力低、竞争力差、利润率低、寿命周期较长、市场上畅销但竞争激烈的产品或零部件，选择新产品、新工艺等。

4）从成本方面看，选择成本高于同类产品、成本比重大的，如材料费、管理费、人工费等。

对生产企业，有以下情况之一者，应优先选择为价值工程的对象：

1）结构复杂或落后的产品。

2）制造工序多或制造方法落后及手工劳动较多的产品。

3）原材料种类繁多和互换材料较多的产品。

4）在总成本中所占比重大的产品。

对由各组成部分组成的产品，应优先选择以下部分作为价值工程的对象：

1）造价高的组成部分。

2）占产品成本比重大的组成部分。

3）数量多的组成部分。

4）体积或重量大的组成部分。

5）加工工序多的组成部分。

6）废品率高和关键性的组成部分。

2. 价值工程对象选择的方法

微视频：价值工程对象选择的方法

价值工程的对象选择往往要兼顾定性分析和定量分析，因此，对象选择的方法有多种，不同方法适用于不同的价值工程对象，应根据具体情况选用适当的方法，以取得较好的效果。常用的方法有以下几种：

（1）**因素分析法**　该方法又称经验分析法，**是指根据价值工程对象选择应考虑的各种因素，凭借分析人员的经验集体研究确定选择对象的一种方法。**因素分析法是一种定性分析方法，依据分析人员的经验做出选择，简便易行，特别是在研究对象彼此相差比较大以及时间紧迫的情况下比较适用。在对象选择中还可以将这种方法与其他方法相结合，往往能取得更好的效果。因素分析法的缺点是缺乏定量依据，准确性较差，对象选择的正确与否主要取决于价值工程活动人员的经验及工作态度，有时难以保证分析质量。为了提高分析的准确程度，可以选择技术水平高、经验丰富、熟悉业务的人员参加，并且要发挥集体智慧，共同确定对象。

（2）**ABC 分析法**　该方法又称重点选择法或不均匀分布定律法，是指应用数理统计分析的方法来选择对象。这种方法由意大利经济学家帕累托提出，其基本原理为**“关键的少数和次要的多数”**，抓住关键的少数可以解决问题的大部分。在价值工程中，这种方法的基本思路是：首先，将一个产品的各种部件（或企业各种产品）按成本的大小由高到低排列起来，绘成费用累计分配图（图 9-3）。然后，将占总成本 70%～80%而占零部件总数 10%～20%的零部件划分为 A 类；将占总成本 5%～10%而占零部件总数 60%～80%的零部件划分为 C 类；其余为 B 类。其中，A 类零部件是价值工程的主要研究对象。

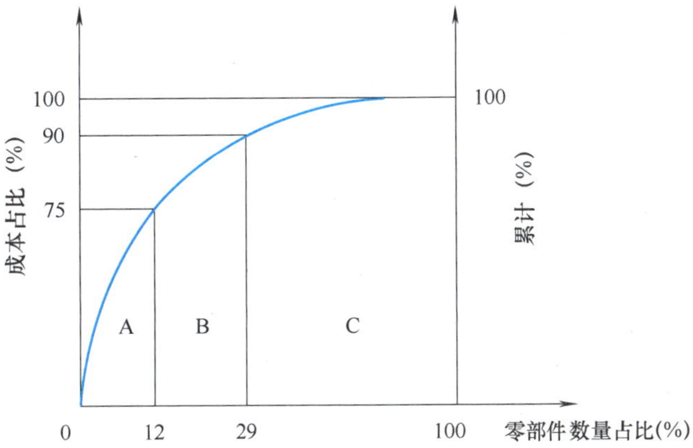

图 9-3　ABC 分析法

有些产品不是由各个部件组成，如工程项目投资等，对这类产品可按费用构成项目分类，如分为管理费、动力费、人工费等，将其中所占比重最大的作为价值工程的重点研究对象。这种分析方法也可从产品成本利润率、利润比重角度分析。其中，利润额占总利润比重最低，而且成本利润率也是最低的，应当考虑作为价值工程的研究对象。

ABC 分析法以成本比重大的零部件或工序作为研究对象，有利于集中精力重点突破，取得较大效果，同时简便易行，因此广泛为人们所采用。但在实际工作中，有时由于成本分配不合理，造成成本比重不大但用户认为功能重要的对象可能被漏选或排序推后。ABC 分析法的缺点可以通过经验分析法、强制确定法等方法补充修正。

（3）**强制确定法**　该方法是以**功能重要程度**作为选择价值工程对象的标准的一种分析方法。具体做法是：先求出分析对象的成本系数、功能系数，然后得出价值系数，以揭示出分析对象的功能与成本之间是否相符。如果不相符，将价值低的选为价值工程的研究对象。这种方法在功能评价和方案评价中也有应用。

强制确定法从功能和成本两方面综合考虑，比较实用、简便，不仅能明确揭示出价值工程的研究对象，而且具有数量概念。但这种方法是人为打分，不能准确反映功能差距的大小，只适用于部件间功能差别不太大且比较均匀的对象，而且一次分析的部件数目也不能太多，以不超过 10 个为宜。在零部件很多时，可以先用 ABC 分析法、经验分析法选出重点部件，然后再用强制确定法细选；也可以用逐层分析法，从部件选起，然后在重点部件中选出重点零件。

（4）**百分比法**　这是一种通过分析某种费用或资源对企业的某个技术经济指标的影响程度的大小（百分比），来选择价值工程对象的方法。

（5）**价值指数法**　这是通过比较各个对象（或零部件）之间的功能水平位次和成本位次，寻找价值较低的对象（零部件），并将其作为价值工程研究对象的一种方法。

9.2.4　价值工程中的功能分析

功能分析是价值工程活动的核心和基本内容。它通过分析信息资料，用动词和名词的组合方式简明、正确地表达各对象的功能，明确功能特性要求，并绘制功能系统图，从而弄清楚产品各功能之间的关系，以便去掉不合理的功能，调整功能间的比重，使产品的功能结构更加合理。功能分析包括功能定义、功能整理和功能计量等内容。通过功能分析，回答对象“是干什么用的”提问，从而准确地掌握用户的功能要求。

1. 功能分类

微视频：功能分类

根据功能的不同特性，功能可从不同的角度进行分类：

（1）按功能的**重要程度**分类　产品的功能一般可分为**基本功能和辅助功能**两类。基本功能就是要达到这种产品的目的所必不可少的功能，是产品的主要功能，如果不具备这种功能，这种产品就失去其存在的价值。例如，建设工程承重外墙的基本功能是承受荷载，室内间壁墙的基本功能是分隔空间。辅助功能是为了更有效地实现基本功能而附加的功能，是次要功能。例如，墙体的隔声、隔热就是墙体的辅助功能。

（2）按功能的**性质**分类　产品的功能可分为**使用功能和美学功能**。使用功能是从功能的内涵反映其使用属性，是一种动态功能；美学功能是从产品的外观反映功能的艺术属性，是一种静态的外观功能。建筑产品的使用功能一般包括可靠性、安全性和维修性等，其美学功能一般包括造型、色彩、图案等。无论是使用功能还是美学功能，都是通过基本功能和辅助功能来实现的。建筑产品构配件的使用功能和美学功能要根据产品的特点而有所侧重：有的产品应突出其使用功能，如地下电缆、地下管道等；有的应突出其美学功能，如塑料墙纸、陶瓷壁画等；当然，有的产品二者功能兼而有之。

(3) 按用户的需求分类　产品的功能可分为必要功能和不必要功能。必要功能是指用户所要求的功能以及与实现用户所需求的功能有关的功能，如使用功能、美学功能、基本功能、辅助功能等。不必要功能是不符合用户要求的功能，又包括三类：一是多余功能；二是重复功能；三是过剩功能。不必要功能必然产生不必要的费用，这不仅增加了用户的经济负担，而且还浪费了国家的资源。因此，功能分析是为了可靠地实现必要功能。对这部分功能，无论是使用功能还是美学功能，都应当充分而可靠地实现，即充分满足用户必不可少的功能要求。

(4) 按功能量化标准分类　产品的功能可分为过剩功能与不足功能。这是相对于功能的标准而言的，从定量角度对功能的分类。过剩功能是指某些功能虽属必要，但满足需要有余，在数量上超过了用户要求或标准功能水平；不足功能是相对于过剩功能而言的，表现为产品整体功能或零部件功能水平在数量上低于标准功能水平，不能完全满足用户需要。

总之，用户购买一项产品，其目的不是获得产品本身，而是通过购买该项产品来获得其所需要的功能。因此，价值工程中的功能一般是指必要功能。价值工程对产品的分析，首先是对其功能的分析，弄清哪些功能是必要的，哪些功能是不必要的，从而在创新方案中去掉不必要的功能，补充不足的功能，使产品的功能结构更加合理，达到可靠实现用户所需功能的目的。

2. 功能定义

任何产品都具有使用价值，即功能。功能定义就是以简洁的语言对产品的功能加以描述。这里要求描述的是“功能”，而不是对象的结构、外形或材质。因此，功能定义的过程就是解剖分析的过程，如图 9-4 所示。

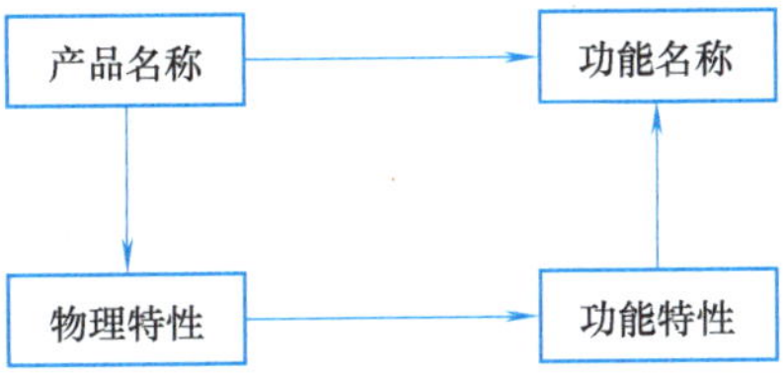

图 9-4　功能定义的过程

通过对功能下定义，可以加深对产品功能的理解，并为以后提出功能代用方案提供依据。功能定义一定要抓住问题的本质，头脑里要问几个为什么，如这是干什么用的，为什么它是必不可少的，没有它行不行，等等。功能定义通常用一个动词和一个名词来描述，不宜太长，以简洁为好。动词是功能承担体发生的动作。而动作的对象就是作为宾语的名词。例如，基础的功能是“承受荷载”，这里基础是功能承担体，“承受”是表示功能承担体（基础）发生动作的动词，“荷载”则是作为动词宾语的名词。但是，并不是只要动词加名词就是功能定义。对功能所下的定义是否准确，对下一步工作的影响很大。因此，对功能进行定义需要反复推敲，既简明准确、便于测定，又要系统全面、一一对应。

3. 功能整理

在进行功能定义时，只是把认识到的功能用动词加名词列出来，但因实际情况很复杂，这种表述不一定都很准确和很有条理，因此需要进一步加以整理。

(1) 功能整理的目的　功能整理是用系统的观点将已经定义了的功能加以系统化，找出各局部功能相互之间的逻辑关系，并用图表形式表达，以明确产品的功能系统，从而为功能评价和方案构思提供依据。通过功能整理，应满足以下要求：

1) 明确功能范围。弄清楚基本功能，这些基本功能是通过什么途径实现的。

2) 检查功能之间的准确程度。对功能定义正确的予以肯定，不正确的加以修改，遗漏的加以补充，不必要的则取消。

3）明确功能之间的上下位关系和并列关系。按逻辑关系把产品的各个功能相互联系起来，对局部功能和整体功能的相互关系进行研究，达到掌握必要功能的目的。

（2）功能整理的工作程序 功能整理的主要任务就是建立功能系统图。因此，功能整理的过程也就是绘制功能系统图的过程。其工作程序如下：

1）编制功能卡片。把功能定义写在卡片上，每条写一张卡片，这样便于排列、调整和修改。

2）选出最基本的功能。从基本功能中挑选出一个最基本的功能，也就是最上位的功能（产品和目的），排列在最左边。其他卡片按功能的性质，以树状结构的形式向右排列，并分别列出上位功能和下位功能。

3）明确各功能之间的关系。逐个研究功能之间的关系，找出功能之间的并列关系或上下位关系。

4）对功能定义做必要的修改、补充和取消。

5）按上下位关系，将经过调整、修改和补充的功能排列成功能系统图。

功能系统图是按照一定的原则和方式，将定义的功能连接起来，从单个到局部、再从局部到整体而形成的一个完整的功能体系。其一般形式如图 9-5 所示。

在图 9-5 中，从整体功能 F_0 开始，由左向右逐级展开。在位于不同级的相邻两个功能之间，左边功能（上级）是右边功能（下级）的目标，而右边功能（下级）是左边功能（上级）的手段。

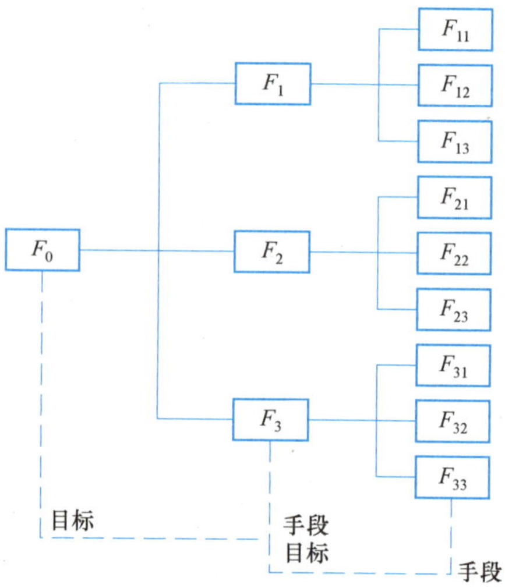

图 9-5 功能系统图

4. 功能计量

功能计量是以功能系统图为基础，依据各个功能之间的逻辑关系，以对象整体功能的定量指标为出发点，从左向右逐级测算、分析，确定各级功能程度的数量指标，揭示出各级功能领域中有无功能不足或功能过剩，从而为保证必要功能、剔除过剩功能、补足不足功能的后续活动（功能评价、方案创新等）提供定性与定量相结合的依据。

功能计量又分为对整体功能的量化和对各级子功能的量化。

（1）对整体功能的量化 整体功能的计量应以使用者的合理要求为出发点，以一定的手段、方法确定其必要功能的数量标准，它应能在质和量两个方面充分满足使用者的功能要求而无过剩或不足。整体功能的计量是对各级子功能进行计量的主要依据。

（2）对各级子功能的量化 产品整体功能的数量标准确定之后，就可依据“手段功能必须满足目标功能要求”的原则，运用目标-手段的逻辑判断，由上而下逐级推算、测定各级手段功能的数量标准。各级子功能的量化方法有很多，如理论计算法、技术测定法、统计分析法、类比类推法、德尔菲法等，可根据具体情况灵活选用。

9.2.5 价值工程中的功能评价

通过功能分析与整理明确必要功能后，价值工程的下一步工作就是功能评价。功能评价即评定功能价值，是指找出实现功能的现实成本和功能的目标成本（又称功能评价值），计算两者的差异值（改善期望值），然后选择功能价值低、改善期望值大的功能作为价值工程活动的重点对象。功能评价工作可以更准确地选择价值工程研究对象，同时，制定目标成本，有利于提高价值工程的工作效率，并增强工作人员的信心。

功能评价的程序如图 9-6 所示。

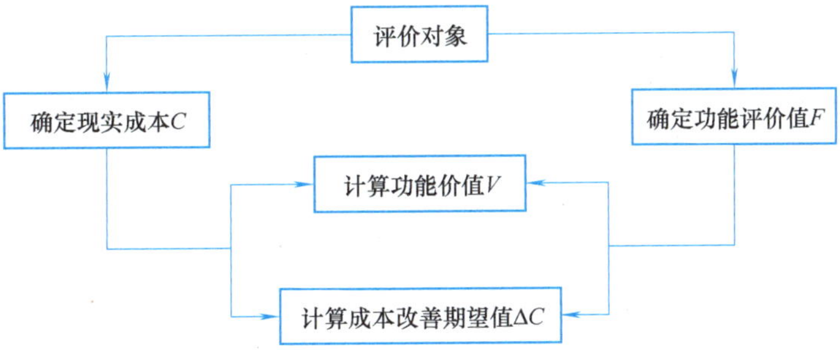

图 9-6　功能评价的程序

1. 功能现实成本及指数的计算

（1）**功能现实成本的计算**　功能现实成本的计算与一般的传统成本核算既有相同点，也有不同之处。两者的相同点是指它们在成本费用的构成项目上是完全相同的，如建筑产品的成本费用都是由人工费、材料费、施工机械使用费、措施费、规费、企业管理费等构成的；而两者的不同之处在于，功能现实成本的计算是以对象的功能为单位，而传统的成本核算是以产品或零部件为单位。因此，在计算功能现实成本时，就需要根据传统的成本核算资料，将产品或零部件的现实成本换算成功能的现实成本。具体地讲，当一个零部件只具有一项功能时，该零部件的成本就是它本身的功能成本；当一项功能要由多个零部件共同实现时，该功能的成本就等于这些零部件的功能成本之和。当一个零部件具有多项功能或同时与多项功能有关时，就需要将零部件成本根据具体情况分摊给各项有关功能。表 9-4 所示即为一项功能由若干零部件组成或一个零部件具有几项功能的情形。

表 9-4　功能现实成本计算表　（单位：元）

零部件			功能区或功能领域					
序号	名称	成本	F_1	F_2	F_3	F_4	F_5	F_6
1	甲	300	100		100			100
2	乙	500		50	150	200		100
3	丙	60				40		20
4	丁	140	50	40			50	
		C	C_1	C_2	C_3	C_4	C_5	C_6
合计		1000	150	90	250	240	50	220

（2）成本指数的计算　成本指数是指评价对象的现实成本在全部成本中所占的比率。其计算公式如下：

$$第\ i\ 个评价对象的成本指数\ CI=\frac{第\ i\ 个评价对象的现实成本\ C_i}{全部成本} \tag{9-5}$$

2. 功能评价值的计算

对象的功能评价值 F（目标成本）是指可靠地实现用户要求功能的最低成本。它可以被定义为企业有把握，或者说应该达到的实现用户要求功能的最低成本。从企业目标的角度来看，功能评价值可以看成是企业预期的、理想的成本目标值。功能评价值一般以货币价值形式表达。

功能的现实成本较易确定，而功能评价值较难确定。求功能评价值的方法较多，这里仅介绍功能重要性系数评价法。

功能重要性系数评价法是一种根据功能重要性系数确定功能评价值的方法。这种方法是**把功能划分为几个功能区（即子系统），并根据各功能区的重要程度和复杂程度，确定各功能区在总功能中所占的比重，即功能重要性系数；然后将产品的目标成本按功能重要性系数分配给各功能区作为该功能区的目标成本，即功能评价值。**

（1）**确定功能重要性系数**　功能重要性系数又称功能评价系数或功能指数，是指评价对象（如零部件等）的功能在整体功能中所占的比率。确定功能重要性系数的关键是对功能进行打分，常用的打分方法有强制评分法（0-1 评分法或 0-4 评分法）、多比例评分法、逻辑评分法、环比评分法等。这里主要介绍环比评分法和强制评分法。

微视频：
环比评分法

1）环比评分法。环比评分法又称 DARE 法，是一种通过确定各因素的重要性系数来评价和选择创新方案的方法。具体做法如下：

① 根据功能系统图（图 9-7）决定评价功能的级别，确定功能区 F_1、F_2、F_3、F_4，见表 9-5 的第（1）列。

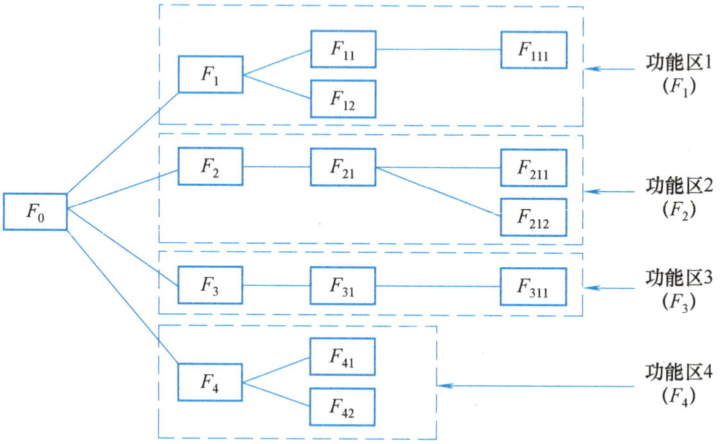

图 9-7　功能系统图

② 对上下相邻两项功能的重要性进行对比打分，将打分作为暂定重要性系数，见表 9-5 中第（2）列的数据。将 F_1 与 F_2 进行对比，如果 F_1 的重要性是 F_2 的 1.5 倍，就将 1.5 记入第（2）列内，同理，F_2 与 F_3 对比为 2.0 倍，F_3 与 F_4 对比为 3.0 倍。

表 9-5 功能重要性系数的计算

功 能 区	功能重要性评价		
	暂定重要性系数	修正重要性系数	功能重要性系数
(1)	(2)	(3)	(4)
F_1	1.5	9.0	0.47
F_2	2.0	6.0	0.32
F_3	3.0	3.0	0.16
F_4		1.0	0.05
合计		19.0	1.00

③ 对暂定重要性系数进行修正。首先将最下面一项功能性的重要性系数定为 1.0，称为修正重要性系数，填入第（3）列。由第（2）列知道，由于 F_3 的暂定重要性是 F_4 的 3 倍，应得 F_3 的修正重要性系数为 3.0（=3.0×1.0），而 F_2 为 F_3 的 2 倍，故 F_2 定为 6.0（=3.0×2.0）。同理，F_1 的修正重要性系数为 9.0（=6.0×1.5），填入第（3）列。将第（3）列的各数相加，即得全部功能区的总分 19.0。

④ 将第（3）列中各功能的修正重要性系数除以全部功能总分 19.0，即得各功能区的重要性系数，填入第（4）列中。如 F_1 的功能重要性系数为 9.0/19.0=0.47，F_2、F_3、F_4 的功能重要性系数依次为 0.32、0.16 和 0.05。

环比评分法适用于各个评价对象之间有明显的可比关系，能直接对比，并能准确地评定功能重要程度比值的情况。

2）强制评分法。强制评分法又称 FD 法，包括 0-1 评分法和 0-4 评分法两种方法。它采用一定的评分规则，采用强制对比打分来评定评价对象的功能重要性。

微视频：
强制评分法

① 0-1 评分法。0-1 评分法是请 5~15 名对产品熟悉的人员参加功能的评价。首先按照功能重要程度两两对比打分，重要的打 1 分，相对不重要的打 0 分，见表 9-6。表中，要分析的对象（零部件）自己与自己相比不得分，用“×”表示。最后，根据每个参与人员选择该零部件得到的功能重要性系数 W_i，可以得到该零部件的功能重要性系数平均值 W 为

$$W=\frac{\sum_{i=1}^{k} W_i}{k} \tag{9-6}$$

式中 k——参加功能评价的人数。

为避免不重要的功能得 0 分，可将各功能累计得分加 1 分进行修正，用修正后的总分分别去除各功能累计得分，即得到功能重要性系数。

表 9-6 功能重要性系数计算表

零 部 件	A	B	C	D	E	功能总分（分）	修正得分（分）	功能重要性系数
A	×	1	1	0	1	3	4	0.267
B	0	×	1	0	1	2	3	0.200

（续）

零部件	A	B	C	D	E	功能总分（分）	修正得分（分）	功能重要性系数
C	0	0	×	0	1	1	2	0.133
D	1	1	1	×	1	4	5	0.333
E	0	0	0	0	×	0	1	0.067
合计						10	15	1.000

② 0-4评分法。0-4评分法中的重要程度差别仅为1分，不能拉开档次。为弥补这一不足，将分档扩大为4级，其打分矩阵仍同0-1评分法。档次划分如下：

a. F_1 比 F_2 重要得多：F_1 得4分，F_2 得0分。

b. F_1 比 F_2 重要：F_1 得3分，F_2 得1分。

c. F_1 与 F_2 同等重要：F_1 得2分，F_2 得2分。

d. F_1 不如 F_2 重要：F_1 得1分，F_2 得3分。

e. F_1 远不如 F_2 重要：F_1 得0分，F_2 得4分。

强制评分法适用于评价对象在功能重要程度上的差异不太大，并且评价对象子功能数目不太多的情况。

以各部件功能得分占总分的比例确定各部件功能重要性系数：

$$\text{第 } i \text{ 个评价对象的功能重要性系数 } F_I = \frac{\text{第 } i \text{ 个评价对象的功能得分 } F_i}{\text{全部功能得分}} \tag{9-7}$$

功能重要性系数大，说明功能重要；反之，说明功能不太重要。

（2）确定功能评价值 F　功能评价值的确定分以下两种情况：

1）新产品设计。产品设计之前，根据市场供需情况、价格、企业利润与成本水平，已初步设计了目标成本。在功能重要性系数确定之后，就可将新产品设定的目标成本（如800元）按已有的功能重要性系数加以分配计算，求得各个功能区的功能评价值，并将此功能评价值作为功能的目标成本，见表9-7。

表9-7　新产品功能评价值的计算

功能区（1）	功能重要性系数（2）	功能评价值 F （3）=（2）×800元
F_1	0.47	376元
F_2	0.32	256元
F_3	0.16	128元
F_4	0.05	40元
合计	1.00	800元

如需要进一步求出各功能区所有各项功能的功能评价值，可采取同样的方法。

2）既有产品的改进设计。既有产品应以现实成本为基础确定功能评价值，进而确定功能的目标成本。由于既有产品已有现实成本，没有必要再假定目标成本。但既有产品的现实成本原已分配到各功能区中的比例不一定合理，这就需要根据改进设计中新确定的功能重要性系数，重新分配既有产品的原有成本。从分配结果看，各功能区新分配成本与原分配成本之间有差异。正确分析和处理这些差异，就能合理确定各功能区的功能评价值，求出产品功能区的目标成本。现设既有产品的现实成本为 500 元，即可计算出功能评价值或目标成本，见表 9-8。

表 9-8　既有产品功能评价值的计算

功　能　区	功能现实成本 C（元）	功能重要性系数	根据产品现实成本和功能重要性系数重新分配的功能区成本（元）	功能评价值 F（或目标成本）（元）	成本降低幅度 $\Delta C=(C-F)$（元）
	（1）	（2）	（3）＝（2）×500	（4）	（5）
F_1	130	0. 47	235	130	0
F_2	200	0. 32	160	160	40
F_3	80	0. 16	80	80	0
F_4	90	0. 05	25	25	65
合计	500	1. 00	500	395	105

表 9-8 中第（3）列是把产品的现实成本 $C=500$ 元按改进设计方案的新功能重要性系数重新分配给各功能区的结果。此分配结果可能有以下三种情况：

① 若功能区新分配的成本等于现实成本，如 F_3，此时应以现实成本作为功能评价值 F。

② 若新分配成本小于现实成本，如 F_2 和 F_4，此时应以新分配的成本作为功能评价值 F。

③ 若新分配的成本大于现实成本，如 F_1，对为什么会出现这种情况需要进行具体分析。

如果是因为功能重要性系数定高了，经过分析后可以将其适当降低。功能重要性系数定得过高可能会存在多余功能，如果是这样，应先调整功能重要性系数，再确定功能评价值。如因成本确实投入太少而不能保证必要功能，可以允许适当提高。除此之外，即可用目前成本作为功能评价值 F。

3. 功能价值的计算

通过计算和分析对象的价值系数 V，可以分析成本功能的合理匹配程度。价值系数 V 的计算方法可分为两大类，即功能成本法和功能指数法。

（1）功能成本法　功能成本法又称绝对值法，是通过一定的测算方法，测定实现应有功能所必须消耗的最低成本，同时计算为实现应有功能所耗费的现实成本，经过分析、对比，求得对象的价值系数和成本降低期望值，确定价值工程的改进对象。其表达式如下：

$$\text{成本降低期望值}=\text{现实成本}-\text{功能评价值}$$

$$\text{第 } i \text{ 个评价对象的价值系数 } V=\frac{\text{第 } i \text{ 个评价对象的功能评价值 } F}{\text{第 } i \text{ 个评价对象的现实成本 } C} \tag{9-8}$$

一般可采用表 9-9 进行定量分析。

表 9-9　功能评价值与价值系数的计算

项目序号	子项目	功能重要性系数①	功能评价值②＝目标成本×①	现实成本③	价值系数④＝②/③	改善幅度⑤＝③－②
1	A					
2	B					

（续）

项目序号	子项目	功能重要性系数①	功能评价值②=目标成本×①	现实成本③	价值系数④=②/③	改善幅度⑤=③-②
3	C					
4	D					
合计						

功能的价值系数计算出来后，需要进行分析，以揭示功能与成本之间的内在联系，确定评价对象是否为功能改进的重点，以及其功能改进的方向及幅度，从而为后面的方案创造工作奠定良好的基础。

功能价值系数的计算结果有以下三种情况：

① $V=1$，即功能评价值等于功能现实成本，表明评价对象的功能现实成本与实现功能所必需的最低成本大致相当。此时说明评价对象的价值最佳，一般无须改进。

② $V<1$，即功能现实成本大于功能评价值，表明评价对象的现实成本偏高，而功能要求不高。这时，一种可能是由于存在着过剩的功能；另一种可能是功能虽无过剩，但实现功能的条件或方法不佳，以致实现功能的成本大于功能的实际需要。这两种情况都应列入功能改进的范围，并且以剔除过剩功能及降低现实成本为改进方向，使成本与功能的比例趋于合理。

③ $V>1$，即功能现实成本低于功能评价值，表明该部件的功能比较重要，但分配的成本较少。此时应进行具体分析，功能与成本的分配可能已较理想，或者有不必要的功能，或者应该提高成本。

应注意一个情况，即 $V=0$ 时，要进一步分析：如果是不必要的功能，该部件应取消；但如果是最不重要的必要功能，则要根据实际情况处理。

（2）功能指数法　功能指数法又称相对值法。在功能指数法中，功能的价值用价值指数 VI 来表示，它是通过评定各对象功能的重要程度，用功能指数来表示其功能程度的大小，然后将评价对象的功能指数与相对应的成本指数进行比较，得出该评价对象的价值指数，从而确定改进对象，并求出该对象的成本改进期望值。其表达式如下：

$$\text{第}\,i\,\text{个评价对象的价值指数 VI}=\frac{\text{第}\,i\,\text{个评价对象的功能指数 FI}}{\text{第}\,i\,\text{个评价对象的成本指数 CI}} \tag{9-9}$$

功能指数法的特点是用归一化数值来表达功能程度的大小，以便使系统内部的功能与成本具有可比性。由于评价对象的功能水平和成本水平都用它们在总体中所占的比率来表示，这样就可以方便地定量表达评价对象价值的大小。因此，在功能指数法中，价值指数作为评定对象功能价值的指标。

根据功能指数和成本指数计算价值指数，可以通过列表进行，见表 9-10。

表 9-10　价值指数的计算

零部件名称	功能指数①	现实成本②（元）	成本指数③	价值指数④=①/③
A				
B				

（续）

零部件名称	功能指数①	现实成本②（元）	成本指数③	价值指数④=①/③
C				
⋮				
合计	1.00		1.00	

价值指数的计算结果有以下三种情况：

① VI=1。此时评价对象的功能比重与成本比重大致平衡，合理匹配，可以认为功能的现实成本是比较合理的。

② VI<1。此时评价对象的成本比重大于其功能比重，表明相对于系统内的其他对象而言，目前所占的成本偏高，从而会导致该对象的功能过剩。应将评价对象列为改进对象，改善方向主要是降低成本。

③ VI>1。此时评价对象的成本比重小于其功能比重。出现这种结果的原因可能有三种：

a. 若由于现实成本偏低，不能满足评价对象实现其应具有的功能要求，致使对象功能偏低，这种情况应列为改进对象，改善方向是增加成本；

b. 若对象目前具有的功能已经超过其应该具有的水平，也即存在过剩功能，这种情况也应列为改进对象，改善方向是降低功能水平；

c. 若对象在技术、经济等方面具有某些特征，在客观上存在着功能很重要而需要消耗的成本却很少的情况，这种情况一般不列为改进对象。

4. 确定功能价值对象改进范围

对产品部件进行价值分析，就是使每个部件的价值系数（或价值指数）尽可能趋近于1。根据此标准，就明确了改进的方向、目标和具体范围。确定对象改进范围的原则如下：

1）F/C 值小的功能区域。计算出来的 $V<1$ 的功能区域，基本上都应进行改进，特别是 V 值比 1 小得较多的功能区域，应力求使 $V=1$。

2）$C-F$ 值大的功能区域。通过核算和确定对象的实际成本和功能评价值，分析、测算成本改善期望值，从而排列出改进对象的重点及优先次序。成本改善期望值的表达式为：

$$\Delta C=C-F \tag{9-10}$$

式中　ΔC——成本改善期望值，即成本降低幅度。

当 n 个功能区域的价值系数同样小时，就要优先选择 ΔC 数值大的功能区域作为重点对象。一般情况下，当 $\Delta C>0$ 时，ΔC 大者为优先改进对象。如表 9-8 中 F_4、F_2 即为价值工程优先选择的改进对象。

3）复杂的功能区域。复杂的功能区域说明其功能是通过很多零部件来实现的。一般复杂的功能区域其价值系数（或价值指数）也较低。

9.2.6　价值工程中的方案创造及方案评价

1. 方案创造

方案创造是从提高对象的功能价值出发，在正确的功能分析和评价基础上，针对应改进的具体目标，通过创造性的思维活动，提出能够可靠地实现必要功能的新方案。从某种意义上讲，价值工程可以说是创新工程，方案创造是价值工程取得成功的关键一步。因为前面所论述的一些问题，如选择对象、收集资料、功能成本分析、功能评价等，虽然都很重要，但都是为方案创造服务的。前面的工作做得再好，如果不能创造出高价值的创新方案，也就不会产生好的效果。所以，从价值工程技术实践来看，方案创造是决定价值工程成败的关键阶段。

方案创造的理论依据是功能载体具有替代性。这种功能载体替代的重点应放在以功能创新的新产品替代原有产品和以功能创新的结构替代原有结构方案。而方案创造的过程是思维高度活跃、进行创造性开发的过程。为了引导和启发创造性的思考，可以采取多种方法。比较常用的方法有以下几种：

（1）头脑风暴法　头脑风暴法是指自由奔放地思考问题。具体地说，就是由对改进对象有较深了解的人员组成的小集体在非常融洽和不受任何限制的气氛中进行讨论、座谈，打破常规、积极思考、互相启发、集思广益，提出创新方案。这种方法可使获得的方案新颖、全面、富有创造性，并可以防止片面和遗漏。

这种方法以5~10人的小型会议的方式进行为宜，会议的主持者应熟悉研究对象，思维活跃，知识面广，善于启发引导，使会议气氛融洽，使与会者广开思路、畅所欲言。会议应按以下原则进行：

1）欢迎畅所欲言，自由地发表意见。

2）希望提出的方案越多越好。

3）对所有提出的方案不加任何评价。

4）要求结合别人的意见提设想，借题发挥。

5）会议应有记录，以便于整理研究。

（2）戈登法　这是美国人戈登（T. Gordon）提出的一种方法。这种方法也是在会议上提出方案，但究竟研究什么问题、目的是什么，只有会议的主持人知道，以免其他人受约束。例如，想要研究试制一种新型剪板机，主持会议者先请大家就如何把东西切断和分离提出方案。当会议进行到一定的时机，再宣布会议的具体要求，在此基础上研究和提出各种新的具体方案。

这种方法的指导思想是把要研究的问题适当抽象，以利于开拓思路。在研究到新方案时，会议主持人开始并不全部摊开要解决的问题，而是只对大家做一番抽象笼统的介绍，要求大家提出各种设想，以激发出有价值的创新方案。这种方法要求会议主持人机智灵活、提问得当。提问太具体，容易限制思路；提问太抽象，则方案可能离题太远。

（3）专家意见法　这种方法又称德尔菲（Delphi）法，是由组织者将研究对象的问题和要求函寄给若干有关专家，使他们在互不商量的情况下提出各种建议和设想，专家返回设想意见，经整理分析后，组织者归纳出若干较合理的方案和建议，再函寄给有关专家征求意见，再回收整理，如此经过几次反复后，专家意见趋于一致，从而最终确定新的功能实现方案。这种方法的优点是专家们彼此不见面，研究问题的时间充裕，可以无顾虑、不受约束地从各种角度提出意见和方案；缺点是花费时间较长，缺乏面对面的交谈和商议。

（4）专家检查法　该方法由主管设计的工程师做出设计，提出完成所需功能的办法和生产工艺，然后按顺序请各方面（如材料、生产工艺、工艺装备、成本管理、采购）的专家审查。这种方法的特点是先由熟悉的人进行审查，以提高效率。

2. 方案评价

在方案创造阶段提出的设想和方案是多种多样的，能否付诸实施，还必须对各个方案的优缺点和可行性进行分析、比较、论证和评价，并在评价过程中进一步完善有希望的方案。方案评价包括概略评价和详细评价两个阶段，其评价内容都包括技术评价、经济评价、社会评价及综合评价，如图 9-8 所示。

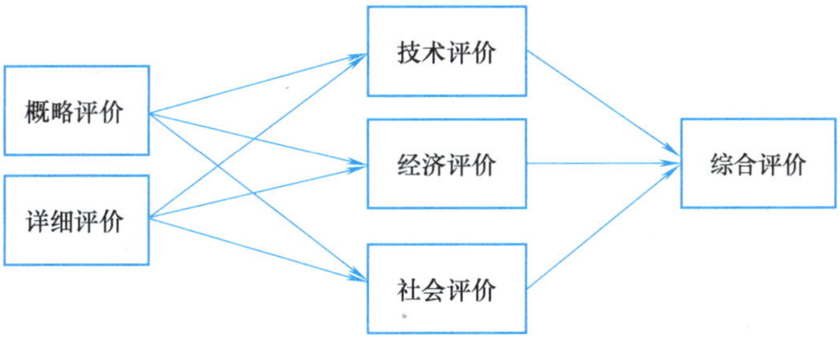

图 9-8　方案评价步骤

在对方案进行评价时，无论是概略评价还是详细评价，一般可先做技术评价，再分别进行经济评价和社会评价，最后进行综合评价。

（1）概略评价　概略评价是对方案创新阶段提出的各个方案设想进行初步评价，目的是淘汰那些明显不可行的方案，筛选出少数几个价值较高的方案，以供详细评价做进一步的分析。概略评价的内容包括以下几个方面：

1）技术可行性方面，应分析和研究创新方案能否满足所要求的功能及其本身在技术上能否实现。

2）经济可行性方面，应分析和研究产品成本能否降低和降低的幅度，以及实现目标成本的可能性。

3）社会评价方面，应分析研究创新方案对社会的影响及大小。

4）综合评价方面，应分析和研究创新方案能否使价值工程活动对象的功能和价值有所提高。

（2）详细评价　详细评价是在掌握大量数据资料的基础上，对通过概略评价的少数方案，从技术、经济、社会三个方面进行详尽的评价分析，为提案的编写和审批提供依据。详细评价的内容包括以下几个方面：

1）技术可行性方面，主要以用户需要的功能为依据，对创新方案必要功能条件的实现程度做出分析评价。特别对产品或零部件，一般要对功能的实现程度（包括性能、质量、寿命等）、可靠性、维修性、操作性、安全性以及系统的协调性等进行评价。

2）经济可行性方面，主要考虑成本、利润、企业经营的要求，创新方案的适用期限与数量，实施方案所需费用、节约额与投资回收期，以及实现方案所需的生产条件等。

3）社会评价方面，主要研究和分析创新方案会给国家和社会带来的影响（如环境污染、生态平衡、国民经济效益等）。

4）综合评价方面，是在上述三种评价的基础上，对整个创新方案的诸因素做出全面系统的评价。为此，首先要明确评价项目，即确定评价所需的各种指标和因素；其次分析各个方案对每一评价项目的满足程度；最后再根据方案对各评价项目的满足程度来权衡利弊，判断各方案的总体价值，从而选出总体价值最大的方案，即技术上先进、经济上合理和社会上有利的最优方案。

（3）方案综合评价方法　用于方案综合评价的方法有很多，常用的定性方法有德尔菲法、优缺点列举法等；常用的定量方法有直接评分法、加权评分法、比较价值评分法、环比评分法、强制评分法、几何平均值评分法等。下面简要介绍几种方法：

1）优缺点列举法。优缺点列举法是指把每一个方案在技术上、经济上的优缺点详细列出，进行综合分析，并对优缺点做进一步调查，用淘汰法逐步缩小考虑范围，从范围不断缩小的过程中找出最后的结论。

2）直接评分法。直接评分法是指根据各种方案能达到各项功能要求的程度，按 10 分制（或 100 分制）评分，再算出每个方案达到功能要求的总分，比较各方案的总分，做出采纳、保留、舍弃的决定，再对采纳、保留的方案进行成本比较，最后确定最优方案。

3）加权评分法。加权评分法又称矩阵评分法，是将功能、成本等各种因素根据不同要求进行加权计算，权数大小应根据它在产品中所处的地位而定，算出综合分数，最后与各方案的寿命周期成本进行综合分析，选择最优方案。加权评分法主要包括以下四个步骤：确定评价项目及其权重系数；根据各方案对各评价项目的满足程度进行评分；计算各方案的评分权数和；计算各方案的价值系数，以较大的为优。

经过评价，将不能满足要求的方案淘汰，有价值的予以保留。

在方案实施过程中，应该对方案的实施情况进行检查，发现问题及时解决。方案实施完成后，要进行总结评价和验收。

本章小结与重要概念

【本章小结】

工程寿命周期成本不仅包括经济意义上的成本，还包括环境成本和社会成本。工程项目寿命周期经济成本是指工程项目从项目构思到项目建成投入使用直至工程寿命终结全过程所发生的一切可直接体现为资金耗费的投入总和，包括建设成本和使用成本。工程项目寿命周期环境成本是指工程产品系列在其全寿命周期内对环境的潜在和显在的不利影响。工程项目寿命周期社会成本是指工程产品在从项目构思、产品建成投入使用直至报废不再使用的全过程中对社会的不利影响。在工程项目寿命周期成本中，环境成本和社会成本都是隐性成本，它们不直接表现为量化成本，而必须借助其他方法转化为可直接计量的成本。常用的寿命周期成本分析法有费用效率法、固定效率法和固定费用法、权衡分析法等。

价值工程是以提高产品或作业价值为目的，通过有组织的创造性工作，寻求用最低的寿命周期成本，可靠地实现使用者所需功能的一种管理技术。价值工程的特点包括：能有效实现对象技术和经济的结合；基于用户/顾客（消费者）视角解决问题；目标是提高对象的价值；活动的核心是功能分析；强调技术方案创新；需要进行量化分析；是一种有组织的管理活动。提高产品价值的途径有双向型、改进型、节约型、投资型、牺牲型。价值工程的工作程序一般可分为准备、分析、创新、实施与评价四个阶段。

价值工程的对象选择过程就是逐步收缩研究范围、寻找目标、确定主攻方向的过程，能否正确选择对象是价值工程收效大小与成败的关键。价值工程的对象选择往往要兼顾定性分析和定量分析，常用的方法有因素分析法、ABC 分析法、强制确定法、百分比法、价值指数法。

功能分析是价值工程活动的核心和基本内容。功能按重要程度可分为基本功能和辅助功能；按性质可分为使用功能和美学功能；按用户的需求可分为必要功能和不必要功能；按功能量化标准可分为过剩功能与不足功能。功能定义就是以简洁的语言对产品的功能加以描述。通过对功能下定义，可以加深对产品功能的理解，并为以后提出功能代用方案提供依据。功能整理是用系统的观点将已经定义了的功能加以系统化，找出各局部功能相互之间的逻辑关系，并用图表形式表达，以明确产品的功能系统，从而为功能评价和方案构思提供依据。功能计量是以功能系统图为基础，依据各个功能之间的逻辑关系，以对象整体功能的定量指标为出发点，从左向右逐级测算、分析，确定各级功能程度的数量指标，揭示出各级功能领域中有无功能不足或功能过剩，从而为保证必要功能、剔除过剩功能、补足不足功能的后续活动（功能评价、方案创新等）提供定性与定量相结合的依据。功能评价是指找出实现功能的现实成本和功能的目标成本，计算两者的差异值（改善期望值），然后选择功能价值低、改善期望值大的功能作为价值工程活动的重点对象。功能评价工作可以更准确地选择价值工程研究对象，同时，制定目标成本，有利于提高价值工程的工作效率。

方案创造是从提高对象的功能价值出发，在正确的功能分析和评价基础上，针对应改进的具体目标，通过创造性的思维活动，提出能够可靠地实现必要功能的新方案。而方案创造的过程是思想高度活跃、进行创造性开发的过程，比较常用的方法有头脑风暴法、戈登法、专家意见法、专家检查法。在方案创造阶段提出的设想和方案是多种多样的，能否付诸实施，还必须对各个方案的优缺点和可行性进行分析、比较、论证和评价，并在评价过程中进一步完善有希望的方案。方案评价包括概略评价和详细评价两个阶段，其评价内容都包括技术评价、经济评价、社会评价及综合评价。详细评价是在掌握大量数据资料的基础上，对通过概略评价的少数方案，从技术、经济、社会三个方面进行详尽的评价分析，为提案的编写和审批提供依据。

【重要概念】

工程项目寿命周期成本 经济成本 环境成本 社会成本 价值工程 因素分析法 ABC 分析法 强制确定法 功能分析 功能定义 功能整理 功能计量 功能评价 方案创造 方案评价

思考题与练习题

1. 什么是工程项目寿命周期和寿命周期成本？
2. 价值工程的价值含义是什么？提高价值有哪些途径？
3. 价值工程中为什么要考虑寿命周期成本？
4. 怎样根据功能评价结果选择价值工程的改进对象？
5. 某房地产公司对其公寓开发项目征集到若干设计方案，筛选后对其中四个设计方案 A、B、C、D 做进一步的技术经济评价。有关专家决定从五个方面（分别以 $F_1 \sim F_5$表示）对不同方案的功能进行评价，并对各功能的重要性关系达成以下共识 $F_1 : F_2 : F_3 : F_4 : F_5 = 14 : 9 : 9 : 4 : 4$。此后，各专家对该四个方案的功能满足程度分别打分，其结果见表 9-11。试用功能价值系数选择最佳设计方案。

表 9-11 某公寓项目方案的专家打分

功 能	方案功能得分（分）			
	方案 A	方案 B	方案 C	方案 D
F_1	9	10	9	8
F_2	10	10	8	9
F_3	9	9	10	9
F_4	8	8	8	7
F_5	9	7	9	6
单位造价（元/m^2）	1420	1230	1150	1360

6. 某市为改善越江交通状况，提出以下两个方案：

方案一：加固、扩建，预计投资 4000 万元，可通行 8 年。每年需维护费 100 万元。每 4 年需要进行一次大修，大修费用为 300 万元，报废没有残值。

方案二：拆除原址新建，预计投资 7000 万元，可通行 10 年。每年需维护费 100 万元。每 5 年进行一次大修，大修费用为 500 万元。残值为 700 万元。

不考虑两个方案建设期的差异，基准收益率为 10%。专家对 5 个功能进行比较的结果见表 9-12，对两个方案的功能评价得分见表 9-13。

表 9-12 功能比较结果

功 能	F_1	F_2	F_3	F_4	F_5	得 分	权 重
F_1	—	2	3	4	4		
F_2		—	3	4	4		
F_3			—	3	4		
F_4				—	3		
F_5					—		

表 9-13 功能评分得分

方 案	F_1	F_2	F_3	F_4	F_5
方案一	6	7	6	9	8
方案二	10	9	7	9	9

二维码形式客观题

扫描二维码可在线做题，提交后可查看答案。

第 9 章
客观题

第 10 章 设备更新与租赁分析

学习导图

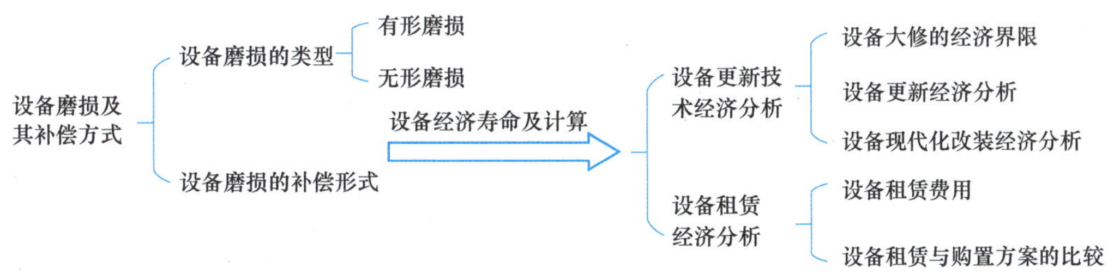

学习内容及目标

知 识 点	能 力 要 求	相 关 知 识	素 质 目 标
设备磨损及其补偿方式	了解设备有形磨损及其规律 掌握设备无形磨损 掌握设备磨损的补偿方式	有形磨损的概念、分类及成因 有形磨损的规律 设备无形磨损 设备磨损的补偿方式	激发民族自豪感和爱国热情 培养拼搏精神、探索精神和创新精神 培养尊重科学、尊敬科学家的品格 培养家国情怀和国家忧患意识
设备经济寿命及计算	熟悉设备寿命的类型 掌握设备经济寿命的计算	物理寿命、折旧寿命、技术寿命、经济寿命 不考虑资金时间价值的经济寿命 考虑资金时间价值的经济寿命	
设备更新技术经济分析	了解设备修理经济分析 熟悉设备大修的经济界限 掌握设备更新经济分析 熟悉设备现代化改装的经济分析	设备修理经济分析 设备大修的经济界限 设备更新方案比较的特点和原则 设备更新方案的比较 各种因素下设备更新方案的比较 设备现代化改装概述 设备现代化改装的决策	
设备租赁经济分析	熟悉设备租赁的含义 掌握设备租赁费用构成	设备租赁方式 设备租赁的优缺点 影响设备租赁与购置的主要因素 设备租赁费用	

导入案例

某化工企业为一级电力负荷生产企业，有两个独立电源（两路高压市电）供电。但从电力网引接两回路电源进线的供电方式，不能满足一级负荷中的特别重要负荷对供电可持续性的要求。现该企业为提高生产能力，拟对工厂进行扩建，应急电源系统总容量需达到 1800kW，并委托一家电力设计公司提出应急电源系统的更新设计方案。设计公司提出了三个设计方案。方案一：增加发电机组方案。在原发电机房的预留位置上安装一组同品牌的 600kW 新发电机组，与原两组发电机并行接入应急电源系统。方案二：更换发电机组方案。更换现有的发电机组，换成两组 900kW 的国外某品牌发电机组。方案三：采用应急电源装置（EPS）和柴油发电机方案。这是近年来迅速发展起来的一种应急电源系统，通过有效独立于正常电源的电池组提供应急电源。经过对三个方案的经济分析后，该企业决定采用方案三（应急电源装置（EPS）和柴油发电机）。

思考：该企业对设备的三个方案进行了最终选择，选择的依据是什么？遵循什么原则？如何进行计算分析？这是本章需要学习的关于设备更新与租赁的内容。

10.1　设备磨损及其补偿方式

微视频：设备磨损的类型

机械设备的质量和技术水平是衡量一个国家工业化水平的重要标志，是判断一个企业技术能力、开发能力和创新能力的重要标准，也是影响企业和国民经济各项经济技术指标的重要因素。

企业购置设备之后，从投入使用到最后报废，通常要经历一段较长的时间。在这段时间内，设备会逐渐磨损，当设备因物理损坏而陈旧落后，不能继续使用或不宜继续使用时，就需要进行更新。由于技术进步的速度加快，设备更新的速度也相应加快。作为企业，为了促进技术进步和提高经济效益，需要对设备整个运行期间的技术经济状况进行分析和研究，以做出正确的决策。

设备在使用或闲置过程中不可避免地发生的实物形态变化及技术性能的低劣化，这一现象称为设备磨损。设备磨损分为两种形式，即有形磨损和无形磨损。有形磨损又包括第Ⅰ类有形磨损和第Ⅱ类有形磨损，无形磨损也包括第Ⅰ类无形磨损和第Ⅱ类无形磨损，如图 10-1 所示。

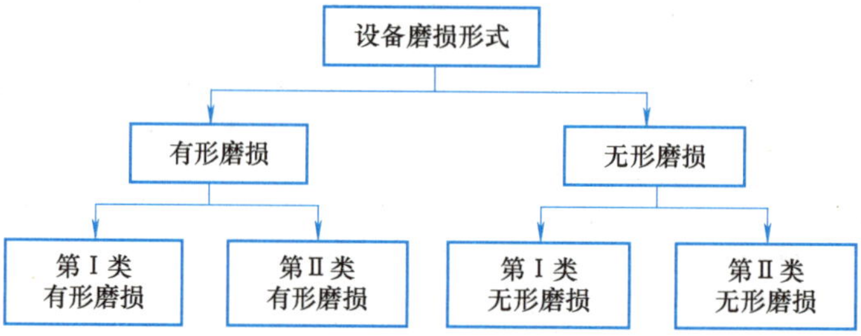

图 10-1　设备磨损的类型

10.1.1 设备有形磨损及其规律

1. 有形磨损的概念、分类及成因

设备有形磨损是指机械设备在使用或闲置过程中逐渐发生的实体磨损，也称物质磨损。

运转中的机械在外力作用下，实体产生的磨损、变形和损坏，称作第Ⅰ类有形磨损。产生第Ⅰ类有形磨损的原因有摩擦磨损、机械损伤和热损伤。第Ⅰ类有形磨损会使设备精度降低、劳动生产率下降。当这种有形磨损达到一定程度时，整个机械的功能就会下降，发生故障，导致设备磨损加剧，难以持续正常工作，失去工作能力，甚至丧失使用价值。加强维护保养和提高工人操作技能，可以延缓第Ⅰ类有形磨损。

闲置的机械设备由于自然力的作用，导致的腐蚀、破损、变形，称为第Ⅱ类有形磨损。这种磨损与生产过程无关，甚至在一定程度上还同使用程度成反比。设备闲置或封存不用，同样会产生有形磨损，如金属件生锈、腐蚀，橡胶件老化等。设备闲置时间长了，会自然丧失精度和工作能力，失去使用价值。加强维护保养和管理，可以减少第Ⅱ类有形磨损。

2. 有形磨损的规律

研究设备有形磨损的规律，有助于正确计算设备磨损程度，从而能够在设备磨损后做出正确的决策，如修理、更换还是现代化改装。设备有形磨损可分为初期磨损、正常磨损和剧烈磨损三个阶段，如图 10-2 所示。

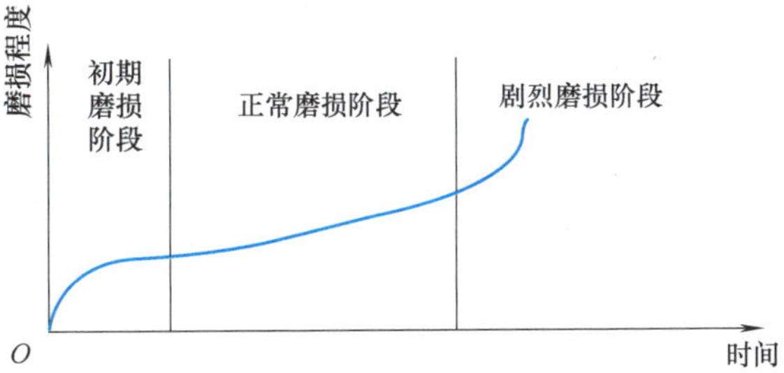

图 10-2 设备磨损曲线

（1）初期磨损阶段 这一阶段主要是相对运动的零件表面微观几何形状在受力情况下迅速磨损，以及不同形状跑合所发生的磨损。其特点是磨损速度快、时间短。

（2）正常磨损阶段 此阶段设备处于最佳技术状态，设备的生产率、产品质量最有保证。其特点是磨损速度平稳，磨损量增加缓慢。

（3）剧烈磨损阶段 此阶段零件的正常磨损被破坏，磨损速度急剧增加，设备的性能、精度迅速降低，如不进行修理、更新或停止使用，将会产生质量事故和生产事故。

设备在使用寿命周期内的故障率或故障发展变化的规律与设备的有形磨损是紧密联系的。其故障率发展变化规律形似一个澡盆的断面，故理论上将之称为“澡盆理论”，如图 10-3 所示。

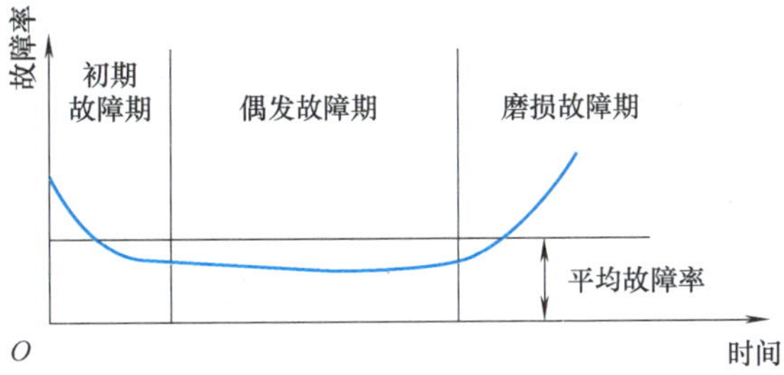

图 10-3 设备故障率变化

（1）初期故障期 此时期内故障发生的原因多是设备设计制造的缺陷、零件的跑合关系不好、搬运及安装时的疏忽或操作不当。

（2）偶发故障期 此时期设备处于正常运转时期，故障发生得最少，发生故障主要是由于操作不当或疏忽所致。

（3）磨损故障期 此时期故障多发。故障主要是设备磨损、腐蚀引起的，为降低故障率，就需要对设备进行修理及更换。

10.1.2 设备无形磨损

设备无形磨损（Immaterial Abrasion of Equipment）又称精神磨损，是指由于科学技术的进步而不断出现性能更加完善、生产效率更高的设备，相比之下原有设备的价值降低，或者是生产同样结构设备的价值不断降低而使原有设备贬值。由此可见，无形磨损不是由于在生产过程中的使用或自然力的作用造成的，所以它不表现为设备实体的变化，而表现为设备原始价值的贬值。

设备无形磨损也可以分为两类：第Ⅰ类无形磨损和第Ⅱ类无形磨损。

第Ⅰ类无形磨损是由于设备制造工艺不断改进、成本不断降低、劳动生产率不断提高，生产同种机器设备所需的社会必要劳动减少，因而使机器设备的市场价格降低，原来购买的设备价值相应贬值。这种无形磨损的后果只是现有设备的原始价值部分贬值，设备本身的技术特性和功能并未改变，即使用价值并未发生变化，故不会影响现有设备的使用。

第Ⅱ类无形磨损是由于技术进步，社会上出现了结构更先进、技术更完善、生产效率更高、耗费原材料和能源更少的新型设备，而使原有机器设备在技术上显得陈旧落后造成的。它的后果是不仅使原有设备价值降低，而且会使原有设备局部或全部丧失其使用价值。这是因为，虽然原有设备的使用期还未达到其物理寿命，能够正常工作，但由于技术上更先进新设备的发明和应用，原有设备的生产效率大大低于社会平均生产效率，如果继续使用，就会使产品成本大大高于社会平均成本。在这种情况下，由于使用新设备比使用原有设备在经济上更合算，所以原有设备应该被淘汰。

第Ⅱ类无形磨损导致原有设备使用价值降低的程度与技术进步的具体形式有关。例如，当技术进步表现为不断出现性能更完善、效率更高的新设备，但加工方法没有原则变化时，原有设备的使用价值将大幅度降低。如果这种技术进步的速度很快，则继续使用原有设备就可能是不经济的。当技术进步表现为采用新的加工对象，如新材料时，则加工旧材料的设备必然要被淘汰；当技术进步表现为改变原有生产工艺、采用新的加工方法时，则旧工艺服务的原有设备将失去使用价值；当技术进步表现为产品的换代时，不能适用于新产品生产的原有设备也将被淘汰。

10.1.3 设备磨损的补偿方式

要维持企业再生产的正常进行，必须对设备的磨损进行补偿，由于机器设备遭受磨损的形式不同，补偿磨损的方式也不一样。设备磨损有两种补偿方式，即局部补偿和完全补偿。局部补偿只对磨损的设备进行局部替换或修理；完全补偿是对磨损设备进行全部替换。设备有形磨损的局部补偿是修理；设备无形磨损的局部补偿是现代化改装。有形磨损和无形磨损的完全补偿都是更新，即淘汰旧设备、更换新设备，如图10-4所示。

微视频：
设备磨损的
补偿方式

（1）设备修理　设备修理是指修复由于正常或不正常的原因造成的设备损坏和精度劣化的过程。通过修理，更换已经磨损、老化和腐蚀的零部件，设备的性能得到恢复。按照修理程度和工作量的大小，修理可分为大修、中修和小修。大修、中修和小修的修理内容不同，间隔时间也不同，所花费的资金及资金来源也不同。

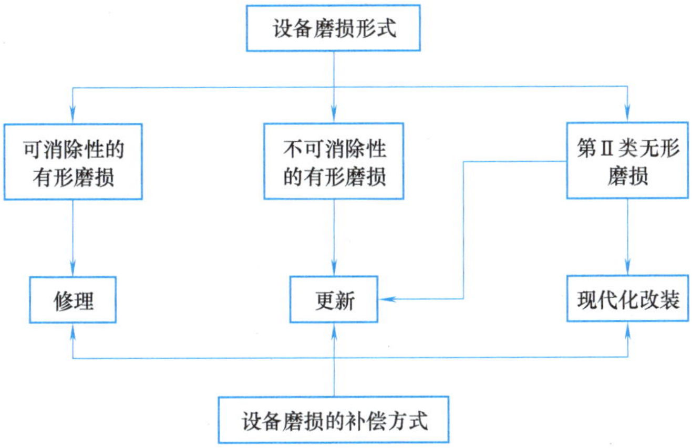

图 10-4　设备磨损的补偿方式

（2）设备更新　设备更新是指以效率更高、性能更好、结构更先进、技术更完善、外观更新颖、消耗更低的设备代替落后陈旧、遭受第Ⅱ类无形磨损，且在经济上不宜继续使用的设备。设备更新是实现企业技术进步、提高经济效益的主要途径。此外，也可以用结构相同的新设备代替有形磨损严重而不能继续使用的旧设备。由于当今科学技术发展迅速，对设备大修理不宜过多采用，否则会导致企业技术发展停滞。

（3）设备现代化改装　设备现代化改装是指应用先进的经验和现代化的技术成就，根据生产的具体需要，改变旧设备的结构或增加新装置、新部件等，以改善旧设备的技术性能与使用指标，使其局部或全部达到所需要的新设备水平。设备现代化改装可以提高机械化、自动化水平，扩大设备工艺范围，改善设备技术性能，改善劳动条件和安全作业条件，提高设备精度，延长设备寿命等。

10.2 设备经济寿命及计算

10.2.1　设备寿命的类型

微视频：设备寿命的类型

由于研究的角度不同，设备寿命的含义也不同，设备寿命一般分为物理寿命、折旧寿命、技术寿命与经济寿命四种。

1. 物理寿命

物理寿命又称为自然寿命或物质寿命，是指从设备投产使用起由于物质磨损，使设备老化、损坏直至报废所经历的时间长度。这种寿命主要取决于设备的质量、使用和维修的质量。一般来说，设备的质量越高、日常使用和维修工作做得越好，设备的物理寿命就越长。

2. 折旧寿命

折旧寿命是从折旧制度角度考察设备寿命的一项时间指标，也称为设备的折旧年限，是指设备从投产使用到提满折旧为止的时间。一般情况下，设备的折旧寿命及折旧的计提方法和原则由我国的《企业财务通则》或财务制度及相关法规规定。设备折旧寿命一般要小于物理寿命。

3. 技术寿命

技术寿命是指生产设备能够维持其使用价值的时间。设备技术寿命的长短主要取决于无形磨损的速度。

4. 经济寿命

经济寿命是指使用一台设备的年平均使用成本最低的年份。从经济角度看，经济寿命是指设备最合理的使用期限，它是由有形磨损和无形磨损共同决定的。例如，一辆汽车，随着使用时间的延长，平均每年分摊的汽车购置费（一次投资）就越少，仅此而言似乎使用时间越长越好。但是，随着使用年限的延长，旧汽车的维护费和燃料费等将不断递增。因此，前者越来越低的成本将被后者越来越高的成本所抵消。在这个变化过程中，必定有某一年份总成本最低，该年份就被称为经济寿命。

10.2.2 设备经济寿命的类型及计算

1. 不考虑资金时间价值的经济寿命

微视频：不考虑资金时间价值的经济寿命及例 10-1 讲解

计算设备的经济寿命，要明确两个概念：一是设备的购置费，包括在设备购置中实际支付的买价、税金、运杂费、包装费和安装成本等；二是设备的运行成本，包括能源费、保养费、修理费、停工损失、废品和次品损失等。一般情况下，运行成本是逐年递增的，这种递增称为设备的劣化。

设备的经济寿命是由设备年均费用决定的，年均费用包括年资金费用和年经营费用。年资金费用就是固定资产价值的年减少额，实质上就是固定资产的年折旧额加上未回收资金的利息；年经营费用就是设备的运行成本。设备的经济寿命就是计算设备年均费用最低的使用年数。

（1）公式计算法计算设备的经济寿命　假定设备年运行成本的劣化是呈线性增长的，每年运行成本的增加额为 λ，若设备使用了 T 年，则第 T 年时设备的运行成本 C_T 为

$$C_T = C_1 + (T-1) \times \lambda \tag{10-1}$$

式中　C_1——运行成本的初始值；

　　T——设备的使用年数。

$$T\text{ 年内设备运行成本的平均值} = C_1 + \frac{T-1}{2} \times \lambda \tag{10-2}$$

设备年均费用中还有每年分摊的设备购置费用，称为年资金费用。其计算公式如下：

$$\text{年资金费用} = \frac{K_0 - V_L}{T}$$

式中　K_0——设备原始价值；

　　V_L——设备净残值。

由此可见，设备年资金费用是随着使用年数增加而降低的，而设备年运行成本则是递增的。设备年均费用为

$$AC = C_1 + \frac{T-1}{2} \times \lambda + \frac{K_0 - V_L}{T} \tag{10-3}$$

设备经济寿命为其年均费用最低的年数，求年均费用的最小值。令$\frac{d(AC)}{dT}=0$，则可得设备的经济寿命为

$$T_{OPT}=\sqrt{\frac{2\times(K_0-V_L)}{\lambda}} \tag{10-4}$$

【例 10-1】 设有一台设备，其原始价值为 8000 元，预计残值为 800 元，年运行成本劣化值 λ 为 300 元/年，求该设备的经济寿命。

解：

$$T_{OPT}=\sqrt{\frac{2\times(K_0-V_L)}{\lambda}}=\sqrt{\frac{2\times(8000\text{ 元}-800\text{ 元})}{300\text{ 元/年}}}\approx 6.93\text{ 年}$$

即该设备的经济寿命为 6.93 年。

当设备年运行成本的劣化值不变，也就是当设备每年运行成本增加额 λ 为 0 元时，则设备年均费用为 $AC=C_1+\frac{K_0-V_L}{T}$。设备的经济寿命为其年均费用最低的年份，若 λ=0，则其经济寿命是无穷大的，显然不符合设备运行的实际情况。随着有形磨损的增加，维修费必然递增；同时，由于无形磨损，其生产效率及加工能力的降低必然带来生产成本的上升，因此，劣化值必然是递增的。

在大多数情况下，设备劣化是没有规律的，也不是线性的，此时就需要用列表法来判断设备的经济寿命。

（2）列表法判断设备的经济寿命

【例 10-2】 设有一台设备，其原始价值为 10000 元，设备自然寿命为 10 年，第 1 年的运行成本为 700 元，劣化值变化与年末残值见表 10-1，求该设备的经济寿命。

解：设备经济寿命的计算见表 10-1。

表 10-1　设备经济寿命的计算

使用年限/年 (1)	运行成本（元）(2)	劣化值（元）(3)	年末残值（元）(4)	年均运行成本与劣化值（元）(5)=(2)+Σ(3)÷(1)	年均设备购置费（元）(6)=[10000 元−(4)]÷(1)	年均费用（元）(7)=(5)+(6)
1	700	0	7200	700	2800	3500
2	700	100	5300	750	2350	3100
3	700	150	3500	783	2167	2950
4	700	250	2200	825	1950	2775
5	700	400	1100	880	1780	2660
6	700	600	900	950	1517	2467
7	700	850	700	1036	1329	2365
8	700	1150	500	1138	1188	2326

（续）

使用年限/年 (1)	运行成本（元）(2)	劣化值（元）(3)	年末残值（元）(4)	年均运行成本与劣化值（元）(5)=(2)+Σ(3)÷(1)	年均设备购置费（元）(6)=[10000元-(4)]÷(1)	年均费用（元）(7)=(5)+(6)
9	700	1500	300	1256	1078	2334
10	700	2000	100	1400	990	2390

从表10-1可知，第8年设备的年均费用最低，为2326元，所以设备的经济寿命为8年。

2. 考虑资金时间价值的经济寿命

为了让项目评价更准确、更符合客观实际，在分析与评价中通常要考虑资金的时间价值。

（1）计算单利时设备经济寿命的确定　假定设备年运行成本的劣化是线性增长的，每年运行成本增加额为λ，若设备使用了T年，则第T年时的运行成本C_T为

$$C_T=C_1+(T-1)\times\lambda$$

T年内设备运行成本的平均值为$C_1+\dfrac{T-1}{2}\times\lambda$。

在设备年均总费用中还有每年分摊的设备购置费用，其金额为$\dfrac{K_0-V_L}{T}$。

另外，还要考虑单利情况下，设备占有资金的利息为$\dfrac{K_0-V_L}{T}i$（i为银行利率），则设备年总费用为

$$AC=C_1+\frac{T-1}{2}\times\lambda+\frac{K_0-V_L}{T}+\frac{K_0-V_L}{2}i \tag{10-5}$$

求AC的最小值，对T求导，令

$$\frac{d(AC)}{dT}=\frac{\lambda}{2}-\frac{K_0-V_L}{T^2}=0\Rightarrow T_{OPT}=\sqrt{\frac{2\times(K_0-V_L)}{\lambda}} \tag{10-6}$$

其最小年均费用为

$$AC_{min}=C_1+\frac{\sqrt{\dfrac{2\times(K_0-V_L)}{\lambda}}-1}{2}\times\lambda+\sqrt{\frac{(K_0-V_L)}{2}}\times\lambda+\frac{K_0-V_L}{2}i \tag{10-7}$$

如果不考虑设备的残值，则其经济寿命为

$$T_{OPT}=\sqrt{\frac{2\times K_0}{\lambda}} \tag{10-8}$$

最小年均费用为

$$AC_{min}=C_1+\sqrt{2\times K_0\times\lambda}+\frac{K_0\times i-\lambda}{2} \tag{10-9}$$

【例10-3】　某设备初始投资为10000元，残值为0，第1年运行成本为2000元，以后每年递增1000元，利润率为5%，求该设备的经济寿命与最小年均费用。

解： 经济寿命为

$$T_{OPT}=\sqrt{\frac{2\times K_0}{\lambda}}=\sqrt{\frac{2\times 10000}{1000}}\text{年}\approx 4.5\text{年}$$

最小年均费用为

$$AC_{min}=C_1+\sqrt{2\times K_0\times\lambda}+\frac{K_0\times i-\lambda}{2}=2000\text{元}+\sqrt{2\times 10000\text{元}\times 1000\text{元}}+\frac{10000\text{元}\times 5\%-1000\text{元}}{2}=6222\text{元}$$

（2）计算复利时设备经济寿命的确定　考虑资金的时间价值，并以复利计息，年均费用并不是算术平均值，而是指按照资金时间价值公式计算的年费用值。具体做法为先把各年的费用折算成现值，然后再将其看成年金总额的现值，乘以资本回收系数，得到年金各年支付额，即为年均费用的时间调整平均值。其计算公式如下：

$$AC=K_0\times(A/P,i,n)-V_L\times(A/F,i,n)+C_1+\left[\sum_{j=2}^{n}\lambda\times(P/F,i,j)\right]\times(A/P,i,n)\qquad(10\text{-}10)$$

式中　λ——劣化值增加额。

在给定基准折现率 i 时，令 AC 最小，此时对应的年限就是设备在考虑资金时间价值情况下的经济寿命。

【例 10-4】　某设备购置费为 5000 元，第一年运行成本为 2000 元，以后每年递增 100 元，假定残值不计，年利率为 10%，计算设备的经济寿命。

解：

$$AC=K_0\times(A/P,i,n)-V_L\times(A/F,i,n)+C_1+\left[\sum_{j=2}^{n}\lambda\times(P/F,i,j)\right]\times(A/P,i,n)$$

$$=5000\text{元}\times(A/P,10\%,n)+2000\text{元}+\left[\sum_{j=2}^{n}100\times(P/F,10\%,j)\right]\times(A/P,10\%,n)$$

采用列表法分别计算各年总费用（计算过程略）。由计算可知，第 12 年的年均费用最低，为 3137 元，可知设备经济寿命为 12 年。

在实际中，设备劣化值的变化比较复杂，故设备年均费用计算的一般公式为：

$$AC=K_0\times(A/P,i,n)-V_L\times(A/F,i,n)+\left[\sum_{j=1}^{n}W_j\times(P/F,i,j)\right]\times(A/P,i,n)$$

或

$$AC=(K_0-V_L)\times(A/P,i,n)+V_L\times i+\left[\sum_{j=1}^{n}W_j\times(P/F,i,j)\right]\times(A/P,i,n)$$

式中　W_j——第 j 年的运行成本；

　　i——基准收益率。

在实际工作中，要遵循资金时间价值计算原理，对设备的年均费用进行计算。上述计算原理就是将不同时期的费用都折算为设备的年均费用，年均费用最低的年份即为设备的经济寿命。

10.3 设备更新技术经济分析

10.3.1 设备修理经济分析

微视频：
设备修理的经济分析和经济界限

机械设备在使用过程中不断地经受着有形磨损。由于设备的零部件由各种不同性质材料制成，它们的使用条件和功能也各不相同，因此设备各部分有形磨损不均匀，即设备的零部件有着不同的使用寿命。

例如，某施工机械不同组成部分的使用寿命见表 10-2。

表 10-2 不同组成部分的使用寿命

部　位	第一部分	第二部分	第三部分	第四部分
使用寿命	4 年	2 年	1 年	半年

如果这台设备的平均寿命周期为 4 年，那么在这个寿命周期内，设备的第二部分需要更换 1 次，第三部分需要更换 3 次，第四部分需要更换 7 次。

正是这种有形磨损的不均衡性决定了设备修理的可行性。因为如果设备的全部零件在相同的时间内磨损，并要求更换，那就不存在修理的问题了。因此，在相当长时间内，修理仍是必要的。但是，修理工作的必要性必须与经济性相结合，才能取得良好的经济效益。

修理就是恢复设备在使用过程中局部丧失的工作能力的过程。修理通常包括小修（保养)、中修和大修三种。小修（保养）是为了通过减少整机和零件磨损以保持设备性能、减少故障，内容包括清洁、检查、调整、紧固、润滑、防腐，必要时更换少量易损件；中修主要是排除设备运转中出现的突发故障和异常，以及对损坏严重的局部进行调整修理；大修是通过调整、修复或更换磨损的零部件，恢复设备的精度和生产率，使整机全部或接近全部恢复功能，基本达到设备原有的制造水平。

大修能够利用被保留下来的零部件，从而节约大量原材料及加工工时。这与购置新设备相比具有很大的优越性，因而它是保证修理经济性的先决条件。另外，大修是修理工作中规模最大、花钱最多的一种设备维修方式。因此，对修理经济性的研究主要是就大修而言的。另外，在对设备进行大修决策时，必须同设备更新及设备其他再生产方式相比较。

10.3.2 设备大修的经济界限

设备修理是有限度的，长期无止境地修理会导致设备性能的逐步劣化，如图 10-5 所示。

在图中，AM 代表设备的标准性能线，设备在使用时其性能是沿 AB_1 线下降的，如不修理仍继续使用，寿命一定很短。如果在 B_1 点进行修理，设备的性能又恢复至 B 点。这样多次反复修理直至 G 点，设备就不能再修理了，其物理寿命宣告终结，把图 10-13 中 A、B、C、D、E、F、G 各点相连，就形成了设备使用过程中的性能劣化曲线。随着设备性能降低，各种消耗随之增加，在经济上不合理，同时还严重阻碍了技术进步。所以，不能只靠修理或大修来维持生产，还应对设备修理进行经济分析，依靠技术进步来发展生产。

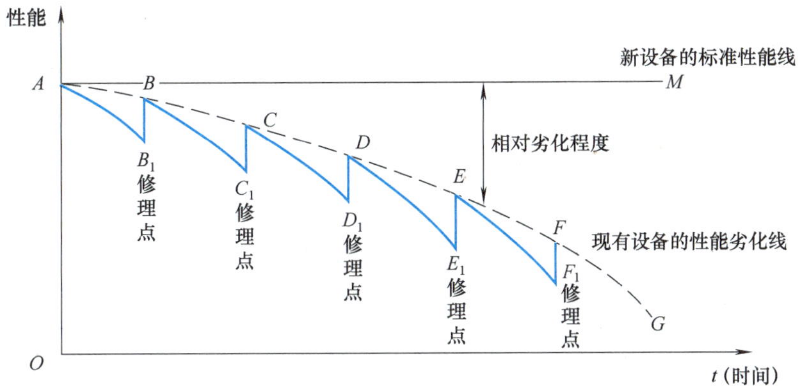

图 10-5 修理与设备性能劣化

设备大修理的基本条件是

$$R<K_1-V_L \tag{10-11}$$

即大修费用小于新置设备的价值扣除其残值的费用，则大修合理。

符合上述条件的大修在经济上是否最佳，要看大修后使用该设备生产的单位产品成本是否小于使用新设备生产的单位产品成本，如果小于，则大修合理。

10.3.3 设备更新经济分析

设备更新不仅会影响企业眼前的利益，而且还会影响企业的长远经济效益。为了决定设备是否需要更新，应全面比较、权衡利弊，以经济效果的高低作为判断依据。这就是设备更新经济分析。

设备更新经济分析包括两方面的内容：一方面是确定设备更新的最佳时期；另一方面是对不同的更新方案进行比较，选择最优的更新方案。设备更新的最佳时期主要依据设备的经济寿命，设备经济寿命结束的时间就是设备的最佳更新期。设备经济寿命的确定前面已经介绍，这里重点介绍设备不同更新方案的比选。

1. 设备更新方案比较的特点和原则

（1）设备更新方案比较的特点

1）在考虑设备更新方案的比较时，通常假定设备产生的收益相同，因此只需对各方案的费用进行比较。

2）不同设备方案的寿命可能不相同，因此通常利用年度费用进行比较。

（2）设备更新方案比较的原则

1）沉没成本不计原则。在进行方案比较时，原设备价值按目前实际值计算，而不管该设备过去是多少钱买来的，也不管该设备目前的折余价值（设备原值减历年折旧累计之和的余额）是多少。

2）不要按方案的直接现金流量计算比较，而应从一个客观的立场去比较。对新、旧设备进行比较时，不能把旧设备的销售收入作为新设备的现金流入，而应把旧设备所能卖的钱作为购买旧设备的费用。

【例10-5】 某施工单位2年前花6000元购买了一台混凝土搅拌机A，估计还可以使用6年，第6年年末估计残值为500元，年度使用费为1000元。现市场上出现了一种新型混凝土搅拌机B，售价为8000元，估计可以使用10年，第10年年末估计残值为400元，年度使用费为800元。现有两个方案：甲方案是继续使用混凝土搅拌机A；乙方案是把旧混凝土搅拌机A以1000元卖掉，然后购买新混凝土搅拌机B。如果基准收益率为8%，该施工单位应选择哪个方案？

微视频：
例10-5讲解

分析：根据设备更新方案比较的原则，即沉没成本不计和不要按方案的直接现金流量计算比较，应从一个客观的立场去比较。旧混凝土搅拌机A可以卖1000元，这里相当于花1000元购买旧混凝土搅拌机A，即旧混凝土搅拌机A的初始费用为1000元，与2年前花费的购买价6000元无关，这6000元是沉没成本。两个方案的现金流量图如图10-6所示。

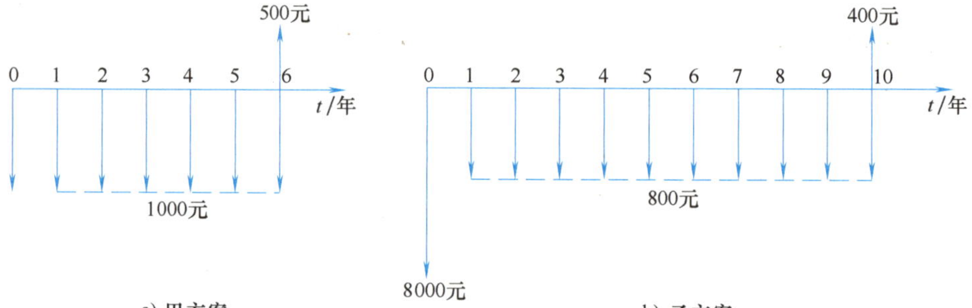

a) 甲方案　　b) 乙方案

图10-6　两个方案的现金流量图

解：由图10-6a可以计算旧混凝土搅拌机A的年平均使用费为

$$AC_A = 1000\text{元}+1000\text{元}\times(A/P,8\%,6)-500\text{元}\times(A/F,8\%,6)=1148.15\text{元}$$

由图10-6b可以计算新混凝土搅拌机B的年平均使用费为

$$AC_B = 800\text{元}+8000\text{元}\times(A/P,8\%,10)-400\text{元}\times(A/F,8\%,10)=1964.2\text{元}$$

由于 $AC_A<AC_B$，所以应选择甲方案，继续使用旧混凝土搅拌机A。

2. 设备更新方案的比较

单台设备更新期的确定常以设备的寿命周期为依据进行。但对多台设备，不仅要确定每台设备的合理更新期，还要对多方案进行比较。多台设备的比较也可以用设备的寿命周期作为依据进行，但分析处理方案有些差异。下面重点介绍几种设备更新方案比较的常见方法。

（1）以经济寿命为依据的更新分析　在以经济寿命为依据的更新方案比较时，要使设备都使用到最有利的年限来进行分析。比较时必须注意以下几点：

1）沉没成本不计原则。

2）求出各种设备的经济寿命。如果年度使用费固定不变，那么估计残值也固定不变，此时应尽可能选寿命周期长的方案；如果年度使用费逐年增加而目前残值和未来残值相等，则应尽可能选寿命周期短的方案。

3）以达到经济寿命时年度费用最低者为优。

【例 10-6】 某企业 2 年前花 40000 元安装了一套设备。这套设备的年度使用费估计下年度为 10000 元，以后逐年增加 600 元。现有一套新设备，其原始费用为 12000 元，年度使用费估计第 1 年为 8000 元，以后逐年增加 900 元。新设备使用寿命估计为 15 年。如果这两套设备都能满足相同的需要，且其任何时刻的残值均为零。若基准折现率为 10%，该企业是否应该对现有设备进行更新？

分析：企业 2 年前花 40000 元安装的旧设备是沉没成本，计算时不考虑。两套设备“任何时刻的残值均为零”，说明旧设备的现在购买费用和将来残值都为零，即 $P=F=0$，新设备的 $F=0$。两个设备的现金流量图如图 10-7 所示。

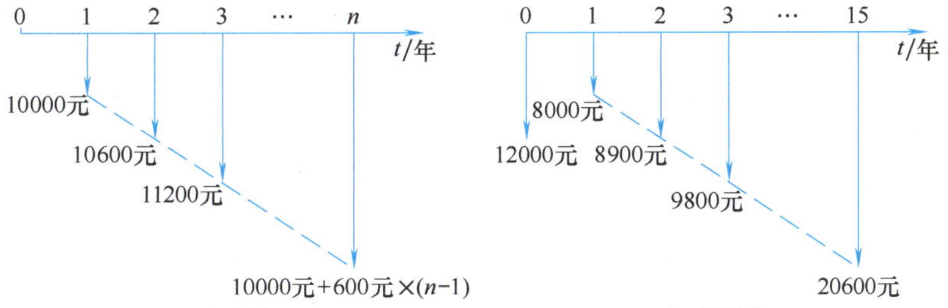

图 10-7　两个设备的现金流量图

解： 由图 10-7a 计算旧设备的年平均使用费为

$$AC_0=10000\text{ 元}+600\text{ 元}\times(A/G,10\%,n)$$

要使 AC_0 最小，只有当 $n=1$ 时，$(A/G,10\%,n)=0$，这时 AC_0 最小。也就是说，旧设备的经济寿命为 1 年，此时的年度费用为 $AC_0=10000$ 元。

由图 10-7b 计算新设备的年平均使用费为

$$AC_1=8000\text{ 元}+900\text{ 元}\times(A/G,10\%,t)+12000\text{ 元}\times(A/P,10\%,t)$$

列表计算新设备的经济寿命，计算过程见表 10-3。

表 10-3　新设备经济寿命的计算过程　（单位：元）

n	第 1 年使用费	900 元×$(A/G,10\%,t)$	12000 元×$(A/P,10\%,t)$	AC_1
1	8000	0	13200. 0	21200. 0
2	8000	428. 6	6914. 4	15343. 0
3	8000	842. 9	4825. 2	13668. 1
4	8000	1243. 1	3786. 0	13029. 1
5	8000	1629. 1	3165. 6	12794. 7
6	8000	2001. 2	2755. 2	12756. 4
7	8000	2359. 4	2464. 8	12842. 2
8	8000	2704. 1	2248. 8	12952. 9
9	8000	3035. 2	2083. 2	13118. 4
10	8000	3353. 0	1952. 4	13305. 4
11	8000	3657. 7	1848. 0	13505. 7

（续）

n	第1年使用费	900元×$(A/G,10\%,t)$	12000元×$(A/P,10\%,t)$	AC_1
12	8000	3949.6	1761.6	13711.2
13	8000	4228.9	1689.6	13918.5
14	8000	4496.0	1628.4	14124.4
15	8000	4751.0	1578.0	14329.0

由表10-7可知，新设备年平均费用最低在第6年，因此新设备的经济寿命是6年，此时年度费用为12756.4元，即AC_1=12756.4元。

由于$AC_0<AC_1$，所以应继续使用旧设备。

（2）对寿命不等方案的比选方法　设备更新方案的比较和工程项目投资方案的比较一样，对寿命不等的方案比较，也应该考虑时间上的可比性。**在多方案比选中，对寿命不等方案的比选可以用年值法、最小公倍数法、研究期法。**

【例10-7】 某企业正在使用一套设备A，目前残值估计为3000元。根据估计，这套设备还可以使用5年，每年的使用费为900元，第5年年末的残值为0。但是，这套设备生产能力有些不足，需要改进或更新。现在提出甲、乙两个方案。甲方案：5年之后用设备B代替设备A。设备B的原始购买费用估计为10000元，寿命估计为10年，残值为0，每年的使用费用为600元。乙方案：现在就用设备C来代替设备A。设备C的原始购买费用为8000元，寿命估计也为10年，残值为0，每年使用费用为800元。若基准折现率为10%，试选择方案。

微视频：
例10-7讲解

解： 根据已知条件，画出甲、乙两方案的现金流量图，如图10-8所示。

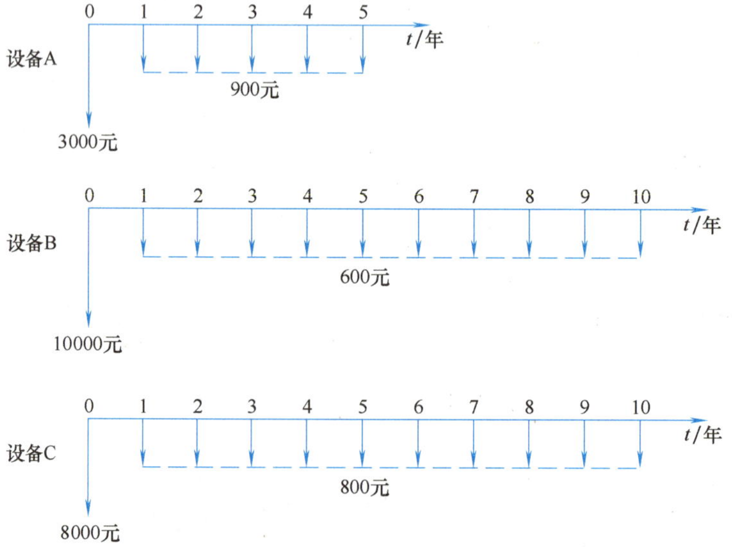

图10-8　甲、乙两方案的现金流量图

两方案的费用年值分别为

$$AC_{甲}=\{[600\times(P/A,10\%,10)+10000\text{ 元}]\times(P/F,10\%,5)+900\text{ 元}\times(P/A,10\%,5)+3000\text{ 元}\}\times(A/P,10\%,15)=1960.6\text{ 元}$$

$$AC_{乙}=800\text{ 元}+8000\text{ 元}\times(A/P,10\%,10)=2101.6\text{ 元}$$

从费用年值计算看，$AC_{甲}<AC_{乙}$，因此应选甲方案，即 5 年以后再用设备 B 代替设备 A。

3. 各种因素下设备更新方案的比较

（1）由于设备能力不足而引起的更新　在企业生产经营中，有时尽管旧设备仍然完好、功能正常，但由于设备能力不能满足工程需要，就需要购置新的高效设备来替换原有设备；或者增加原有设备的数量，以保证生产能力满足企业生产经营的需要。

【例 10-8】　某企业在 4 年前花 20000 元买了一台设备，估计该设备的寿命为 15 年，年度使用费为 1000 元。由于企业产品数量增加了一倍，原来的设备能力已经不能满足生产要求。为满足生产需要，企业现提出两种解决方案：A 方案是原有设备继续使用，同时再花 15000 元购置一台与原设备消耗和能力相同的新设备；B 方案是将原来的旧设备以 5000 元售出，再花 26000 元购买一台能力增加一倍的设备，估计新设备的寿命为 15 年，年度使用费为 2200 元。三台设备的残值均为购置成本的 10%。如果基准折现率为 10%，试选择方案。

微视频：
例 10-8 讲解

分析：由已知条件可知，A 方案中旧设备现在的购买价相当于 5000 元。旧设备的估计寿命为 15 年，但因为是 4 年前购买，因此从现在算起旧设备的寿命就只有 11 年了。三台设备的残值计算分别用购置成本乘以 10%。因为 A 方案中的新设备的消耗和能力与旧设备相同，所以年固定使用费与旧设备相同，为每年 1000 元，寿命也与旧设备相同，为 11 年。A、B 两方案的现金流量图如图 10-9 和图 10-10 所示。

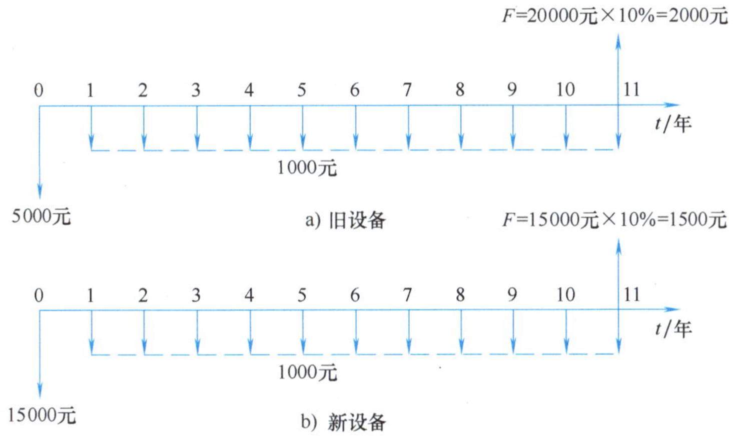

图 10-9　A 方案的现金流量图

解：根据现金流量图，计算两方案的费用年值为

$$AC_A=(5000\text{ 元}+15000\text{ 元})\times(A/P,10\%,11)+1000\text{ 元}\times2-(2000\text{ 元}+1500\text{ 元})\times(A/F,10\%,11)=4891\text{ 元}$$

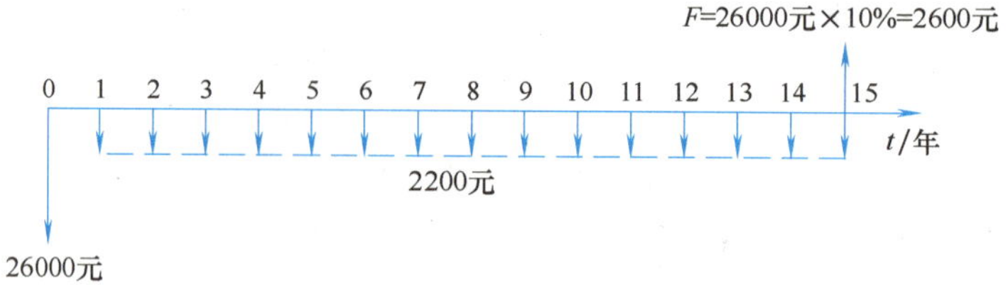

图 10-10 B 方案的现金流量图

$$AC_B = 26000\text{ 元}\times(A/P,10\%,15)+2200\text{ 元}-2600\text{ 元}\times(A/F,10\%,15)=5537.1\text{ 元}$$

从费用年值看，$AC_A<AC_B$，所以 A 方案优于 B 方案，因此应选择 A 方案，即原有设备继续使用，同时再花 15000 元购置一台与原设备消耗和能力相同的新设备。

（2）由于设备维修过多而引起的更新 机器设备在使用过程中发生磨损，需要进行临时性的修理或定期大修。在大修前，应分析计算大修和更新的优越性，判断是继续大修合算还是更新合算。

【例 10-9】 某企业有一台设备已使用很多年，要继续使用就必须进行大修，大修需要费用 12000 元，大修后可以继续使用 5 年，每年的维修费为 2200 元。现有另一方案：新购置一台功能相同的设备，购置成本为 28000 元，可使用 10 年，每年的维修费为 700 元。如果基准折现率为 6%，该企业是继续使用旧设备好还是更新设备好？

微视频：
例 10-9 讲解

解： 把大修的费用 12000 元看作购买旧设备的费用，用费用年值计算两方案的费用。设大修费用年值为 AC_0，更新费用年值为 AC_1。

$$AC_0=2200\text{ 元}+12000\text{ 元}\times(A/P,6\%,5)=5048.8\text{ 元}$$

$$AC_1=700\text{ 元}+28000\text{ 元}\times(A/P,6\%,10)=4595.2\text{ 元}$$

从费用年值看，$AC_0>AC_1$，更新方案优于大修方案，因此该企业应选择更新设备。

（3）由于效率降低而引起的更新 设备常常在开始使用时效率最高，以后随着磨损的产生，效率不断降低。当效率的降低是由于机械的少数零件受到磨损而引起时，应定期更新这些零件，使整个机械保持较高的效率。但有些设备，其效率的降低无法通过修理来恢复，这时就要通过经济分析在一定时候全部加以更新。

（4）由于无形磨损而引起的更新 设备过时就会导致设备无形磨损加剧，当无形磨损达到一定限度，现代化的改装也不经济时，往往就采取更新的方案。

【例 10-10】 某企业在 10 年前用 8000 元购买了一台设备 A，用来制造零件，制造每个零件需要 0.0476h。现在市场上出现了一种新设备 B，价格为 16000 元，制造相同的零件需要 0.0384h。假定该企业每年准备生产零件 4 万个。新、旧设备运行费均为 8 元/h。旧设备 A 还可以使用 2 年，第 2 年年末的残值为 300 元。旧设备 A 可以出售 1300 元。新设备 B 估计可使用 10 年，第 10 年年末残值为原始费用的 10%。若基准折现率为 10%，该企业是否应当更新旧设备？

解：由已知条件可知：

$$旧设备 A 的年运行费 = 8 元/h \times 0.0476h \times 40000 = 15232 元$$

$$新设备 B 的年运行费 = 8 元/h \times 0.0384h \times 40000 = 12288 元$$

$$新设备 B 的期末残值 = 16000 元 \times 10\% = 1600 元$$

新、旧设备的现金流量如图 10-11 所示。

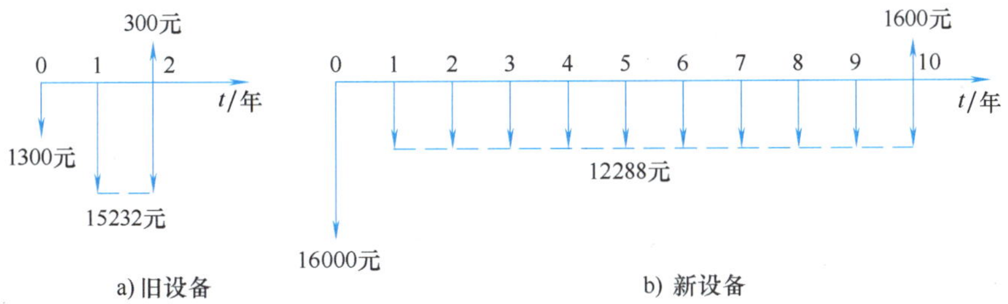

图 10-11　新、旧设备的现金流量图

新、旧设备的费用年值为

$$AC_A = 15232 元 + 1300 元 \times (A/P, 10\%, 2) - 300 元 \times (A/F, 10\%, 2) = 15838.2 元$$

$$AC_B = 12288 元 + 16000 元 \times (A/P, 10\%, 10) - 1600 元 \times (A/F, 10\%, 10) = 14790.9 元$$

从费用年值看，$AC_A > AC_B$，所以该企业应该更新设备。

10.3.4　设备现代化改装的经济分析

1. 设备现代化改装概述

设备现代化改装是指应用现代化的技术成就和先进经验，对旧设备进行局部改装，以改善旧设备的技术性能、增加功能、提高精度和生产效率，使其全部或局部达到新的水平。对原有设备进行现代化改装并使之达到或接近先进水平的可能性是存在的。尤其是设备现代化改装针对生产的实际需要，经过改装的设备对生产的适应性良好，有时甚至超过新设备。在多数情况下，设备现代化改装所需投资要少于购置新设备的费用；另外，对专用设备进行现代化改装所费的时间，往往要比设计制造一台新设备节省得多。因此，在急于发展生产而又缺乏资金的情况下，实施设备现代化改装是迅速改变现有设备的技术陈旧状态、消除第Ⅱ类无形磨损、促进现有设备技术进步的有效途径。

设备现代化改装不是在任何情况下都可行的。对性能、结构全新的设备不存在现代化改装的问题。另外，当现代化改装致使现有设备结构发生重大改动，甚至是整机的改动时，不宜进行现代化改装。

2. 设备现代化改装的决策

设备现代化改装的决策要通过与达到同样目标的其他技术方案比较得出。在一般情况下，与现代化改装并行的方案有设备大修、原设备继续使用、用相同结构的新设备更换、用全新设备更换。因此，需对几种更新方式进行比选。一般采用总费用法，即计算各更新方式的总费用，从中选择总费用最低的更新方式。其计算公式如下：

$$TC_0 = I_0 - L_{0n} + \sum_{t=1}^{n} C_{0t}$$

$$TC_d = \frac{1}{\beta_d} \times (I_d + I_0 - L_{dn}) + \sum_{t=1}^{n} C_{dt}$$

$$TC_s = \frac{1}{\beta_s} \times (I_s + I_0 - L_{sn}) + \sum_{t=1}^{n} C_{st}$$

$$TC_g = \frac{1}{\beta_g} \times (I_g + I_0 - L_{gn}) + \sum_{t=1}^{n} C_{gt}$$

式中 TC_0、TC_d、TC_s、TC_g——分别为继续使用、大修、现代化改装、更换设备在第 n 年的总费用；

I_0——原设备继续使用的投资，即决策时原有设备实际能实现的估价；

I_d、I_s、I_g——分别为大修、现代化改装、更换设备的投资；

L_{0n}、L_{dn}、L_{sn}、L_{gn}——分别为继续使用、大修、现代化改装、更换的设备在第 n 年年末的残值；

C_{0t}、C_{dt}、G_{st}、C_{gt}——分别为继续使用、大修、现代化改装、更换的设备在第 t 年的使用费用；

β_d、β_s、β_g——分别为大修、现代化改装、更换设备的效率比。

【例 10-11】 某企业有一台设备，如果现在处理可得 5000 元，该设备估计还可以使用 4 年，第 4 年年末残值为 1000 元，1~4 年使用费分别为 1000 元、1200 元、1400 元、1600 元。现提出了继续使用该设备、大修、现代化改装和更换四种方案，具体数据见表 10-4。如果该项目尚需服务 4~8 年，选用哪种方案最经济？

表 10-4 设备大修、现代化改装、更换数据表

方案	投资 I（元）	效率 β	年使用费增额 G（元）	第1年使用费（元）	残值（元）				
					4	5	6	7	8
大修	8000	1	200	500	5000	4000	3000	2000	1000
现代化改装	10000	1.1	150	400	6000	5000	4000	3000	2000
更新	25000	1.2	100	350	8000	7000	6000	5000	4000

解： 计算结果见表 10-5。

表 10-5 各方案费用表 （单位：元）

尚需服务年限（年）	4	5	6	7	8
继续使用	9200				
大修	11200	13500	16000	18700	21600
现代化改装	10682	12591	14650	16859	19218
更新	20333	21917	23600	25383	27267

由表 10-5 可知，如果项目尚需服务年限为 4 年，原设备继续使用最经济；如果尚需服务年限为 5 年以上，现代化改装最经济。

10.4 设备租赁经济分析

当企业的资金来源满足不了设备投资计划的要求，或者有的设备专业化程度高、结构复杂、价格昂贵，除了要委托别人修理外，还存在着设备老化和使用要求变化的风险，这时可借助直接购买之外的其他财务形式获得设备的使用权，设备租赁就是一种可行的途径。

设备租赁就是指设备使用者（或租赁者）根据合同，按规定的时间支付给设备出租者一定的费用而取得设备使用权的一种设备融资方式。常见的租赁方式有经营租赁和融资租赁。

10.4.1 设备租赁概述

1. 设备租赁方式

通常情况下，企业使用的设备通过自有资金或借入资金购置或研制，但如果企业资金紧张且筹措困难，或者有的设备价格昂贵、专业化程度高、结构复杂、难以研制，可以考虑通过租赁方式获得设备。设备租赁的方式主要有两种：经营租赁和融资租赁。

（1）经营租赁　经营租赁是指在一定期限内，承租人支付租金而拥有设备使用权的行为。租赁时，出租人除向承租人提供租赁设备外，还要承担设备的维修保养；承租人不需要获得该设备的所有权，只是支付相应的租金来取得该设备的使用权。经营租赁的任何一方都可以随时以一定方式在通知对方的规定时间内取消或终止租赁。该类租赁具有可撤销性、短期性、租金高等特点，适用于技术进步快、用途较广泛、使用具有季节性的设备。经营租赁设备的租赁费计入企业成本，可以减少企业所得税纳税基数。

（2）融资租赁　融资租赁是指双方明确租赁的期限和付费义务，出租人按照要求提供规定的设备，然后以租金形式回收设备的全部资金，出租人对设备的维修保养等不承担责任。融资租赁以融通资金和对设备的长期使用为前提，租赁期相当于设备的寿命期，具有不可撤销性、周期长等特点，适用于大型设备、专有技术设备等。

融资租赁设备的费用由两部分组成，即初始直接费费用和资产本身价值。初始直接费费用是指在租赁谈判和签订租赁合同过程中发生的可以直接归属于租赁项目的费用，通常有印花税、佣金、律师费、差旅费、谈判费等，计入当期费用一次性抵扣所得税。资产本身价值作为固定资产可计提折旧费，而各期折旧费计入总成本费用，从而抵扣企业所得税纳税基数。

2. 设备租赁的优缺点

由于租赁具有把融资和融物结合起来的特点，使租赁能够提供及时而灵活的资金融通方式，是企业取得设备进行生产经营的一个重要手段。

（1）设备租赁的优点　对于承租人，与设备购置相比，设备租赁的优越性如下：

1）节省设备投资。在资金短缺的情况下，用较少的资金获得急需的生产设备，使企业在资金短缺情况下仍可以使用设备。

2）加快设备更新速度。科学技术快速发展，设备更新速度大大提高，租赁可以引进先进设备，减少企业因设备陈旧、技术落后而带来的风险。

3）提高设备的利用率。特别是针对一些季节性或临时性需要使用的设备，企业通过租赁进行使用，可以避免设备购置带来的闲置。

4）设备租金可在所得税税前扣除，能享受税费上的优惠。设备租赁费用作为企业费用，可以在所得税税前扣除，减少企业所得税的支出，给企业带来一定的利益。

5）可以保持资金的流动状态，不会使企业资产负债状况恶化。

6）可避免通货膨胀和利率波动的冲击，减少投资风险。

（2）设备租赁的缺点　对于承租人，与设备购置相比，设备租赁的不足之处如下：

1）在租赁期间，承租人对设备只有使用权而没有所有权，因此不能随意对设备进行技术改造或处置，如不能用于担保、抵押贷款。

2）资金成本高。通常承租人所交的租金总额要高于直接购置设备的费用。长期支付租金，形成承租人的长期负债。

3）租赁合同规定严格，毁约要赔偿损失，罚款较多。

由于设备租赁有利有弊，所以租赁设备前应进行经济分析。

3. 影响设备租赁与购置的主要因素

（1）设备租赁或购置都需要考虑的影响因素　影响设备选择的因素较多，其中设备租赁或购置都需要考虑的影响因素主要包括以下方面：

1）设备的寿命周期及经济寿命、技术寿命。

2）企业需要占有设备的时间长短。

3）设备的技术性能和生产效率、安全性及对工程质量（产品质量）的保证程度。

4）设备的成套性、灵活性、耐用性、环保性和维修的难易程度。

5）设备的资金预算计划、融资方式，融资资金时借款利息或利率高低。

（2）设备租赁需考虑的影响因素　对于设备租赁，除考虑前述影响因素外，还应考虑如下影响因素：

1）租赁期长短及租赁期满后资产的处理方式。

2）设备租赁金额（总租金额和每租赁期租金额）及租金的支付方式（租赁期起算日、支付日期、支付币种和支付方法等）。

3）企业经营费用减少与折旧费和利息减少的关系、租赁的节税优惠。

4）预付资金（定金）、租赁保证金和租赁担保费用。

5）维修方式，即是由企业自行维修，还是由租赁机构提供维修服务。

6）租赁机构的信用度、经济实力，与承租人的配合情况。

（3）设备购置需考虑的影响因素　对于设备购置，除考虑前述影响因素外，还应考虑如下影响因素：

1）设备的购置价格、设备价款的支付方式、支付币种和支付利率等。

2）设备的年运转费用和维修方式、维修费用。

3）保险费，包括购置设备的运输保险费，以及设备在使用过程中的各种财产保险费。

10.4.2　设备租赁费用

1. 租赁保证金

为了确认租赁合同并保证其执行，承租人必须先交纳租赁保证金。当租赁合同结束时，租赁保证金将退还给承租人，或在支付最后一期租金时加以抵消。保证金一般按合同金额的一定比例计算，或是某一基期数的金额（如一个月的租金额）。

2. 担保费

出租人一般要求承租人请担保人对该租赁交易进行担保，当承租人由于财务危机无法支付租金时，由担保人代为支付租金。一般情况下，承租人需要付给担保人一定数额的担保费。

3. 租金

租金是签订租赁合同的一项重要内容，直接关系到出租人与承租人双方的经济利益。出租人要从取得的租金中得到出租资产的补偿和收益，即要收回租赁资产的购进原价、贷款利息、营业费用和一定的利润。承租人则要比照租金核算成本。影响租金的因素很多，如设备的价格、融资的利息及费用、各种税金、租赁保证金、运费、租赁利差、各种费用的支付时间，以及租金的计算方法等。

租金的计算方法主要有附加率法和年金法。

（1）**附加率法**　附加率法是在租赁资产的设备货价或概算成本上再加上一个特定的比率来计算租金。每期租金 R 表达式为

$$R=P\times\frac{(1+Ni)}{N}+P\times r \tag{10-12}$$

式中　P——租赁资产的价格；

N——租赁期数，取决于租赁资产预计使用寿命，租赁期可按月、季、半年、年计；

i——与租赁期数相对应的利率或折现率；

r——附加率。

【例 10-12】　租赁公司拟出租给某施工企业一台设备，设备的价格为 48 万元，租期为 5 年，每年年末支付租金，利率为 8%，附加率为 3%。每年租金为多少？

解：

$$R=48\text{ 万元}\times\frac{(1+5\times 8\%)}{5}+48\text{ 万元}\times 3\%=14.88\text{ 万元}$$

（2）**年金法**　年金法是将一项租赁资产价值按动态等额分摊到未来各租赁期间内的租金计算方法。年金法计算有期末支付租金和期初支付租金之分。

1）期末支付租金方式，是在每期期末等额支付租金。

若每期期末租金为 A，租赁资产价格为 P，租赁期数为 n（取决于租赁资产预计使用寿命，可以按月、季、半年、年计算），与租赁期数相对应的利率或折现率为 i，则期末等额支付租金 A 的计算是等额支付系列现值式的逆运算。

2）期初支付租金方式，是在每期期初等额支付租金。期初支付要比期末支付提前一期支付租金。该方式的现金流量图如图 10-12 所示。

每期租金 A 的表达式为

$$A=P\times\frac{i\times(1+i)^{n-1}}{(1+i)^{n}-1} \tag{10-13}$$

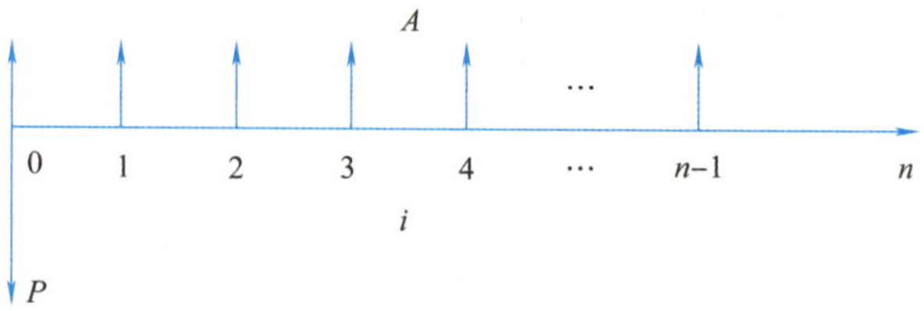

图 10-12　期初支付租金方式的现金流量图

式中　A——每期期初支付的租金额。

【例 10-13】　折现率为 10%，其余数据与例 10-12 相同，试分别按每年年末、每年年初支付方式计算租金。

解：若按年末支付方式：

$$A = 48\text{ 万元} \times \frac{10\% \times (1+10\%)^5}{(1+10\%)^5 - 1} = 12.66\text{ 万元}$$

若按年初支付方式：

$$A = 48\text{ 万元} \times \frac{10\% \times (1+10\%)^{5-1}}{(1+10\%)^5 - 1} = 11.51\text{ 万元}$$

10.4.3　设备租赁与购置方案的比较

设备租赁的经济分析是对设备租赁方案和设备购置方案进行经济比较与选择，也是从第三方视角进行的互斥方案比较优选。如果设备带来的收入相同，则只需要比较租赁费用和购置费用。**当设备寿命相同时，一般可以采用净现值法；当设备寿命不同时，可以采用年值法。**无论采用净现值法还是年值法，都以收益效果最大或成本较少的方案为优。

根据税法和财务制度，租赁设备时，承租人可以将租金计入成本而抵税，故计算设备租赁方案的现值时应扣除租金产生的免税金额；借款购置设备时，企业可以将所支付的利息和折旧计入成本中而抵所得税，同时可以回收预计净残值，因此，借款购置设备的成本现值应扣除折旧和利息支付产生的免税金额。

【例 10-14】　某企业急需更新某种设备，一次性支付购置费为 450000 元，使用寿命为 5 年，年使用成本为 36000 元，期末残值为 45000 元。该种设备也可租到，每年租赁费为 120000 元。企业所得税税率为 25%，年末纳税。折旧采用直线法，基准收益率为 10%。若购买设备，资金全部为自有资金。根据以上条件，该种设备企业应该采用哪种方案合适？

解：设备租赁方案：

$$\begin{aligned} PC_R &= 120000\text{ 元} \times (P/A,10\%,5) - 0.25 \times 120000\text{ 元} \times (P/A,10\%,5) \\ &= 120000\text{ 元} \times 3.7908 - 0.25 \times 120000\text{ 元} \times 3.7908 = 341172\text{ 元} \end{aligned}$$

设备购置方案：

年折旧费 = (450000 元 − 45000 元) ÷ 5 = 81000 元，不作为现金流出，但会减少所得税金额。

年使用成本为 36000 元，作为现金流出并计入企业成本费用中，减少所得税金额。

设备第 5 年末净残值 45000 元，作为现金流入：

$$PC_B = 450000\text{元}+36000\text{元}\times(P/A,10\%,5)-0.25\times81000\text{元}\times(P/A,10\%,5)-0.25\times36000\text{元}\times(P/A,10\%,5)-45000\text{元}\times(P/F,10\%,5)$$

$$=450000\text{元}+36000\text{元}\times3.7908-0.25\times81000\text{元}\times3.7908-0.25\times36000\text{元}\times3.7908-45000\text{元}\times0.6209=447647.4\text{元}$$

因 $PC_B>PC_R$，则应选择设备租赁方案。

本章小结与重要概念

【本章小结】

设备磨损分为有形磨损和无形磨损。有形磨损包括第Ⅰ类有形磨损和第Ⅱ类有形磨损，分为初期磨损、正常磨损和剧烈磨损三个阶段。无形磨损包括第Ⅰ类无形磨损和第Ⅱ类无形磨损。设备磨损的补偿方式有局部补偿和完全补偿。设备有形磨损的局部补偿是修理；设备无形磨损的局部补偿是现代化改装；有形磨损和无形磨损的完全补偿是更新，即淘汰旧设备、更换新设备。

设备寿命一般分为物理寿命、折旧寿命、技术寿命与经济寿命四种。

修理通常包括小修（保养）、中修和大修三种。在对设备进行大修决策时，必须同设备更新及设备其他再生产方式相比较。

设备更新经济分析包括确定设备更新的最佳时期和对不同的更新方案进行比较而选择最优的更新方案。设备更新的最佳时期主要依据设备的经济寿命，设备经济寿命的结束时间就是设备的最佳更新期。设备更新方案比较的常见方法有：①在以经济寿命为依据的更新方案比较时，要使设备都使用到最有利的年限来进行分析；②对寿命不等的方案比较，也应该考虑时间上的可比性，可以用年值法、最小公倍数法、研究期法。

设备现代化改装的决策要通过与达到同样目标的其他技术方案比较得出。与现代化改装并行的方案有：设备大修、原设备继续使用、用相同结构的新设备更换、用全新设备更换。对更新方式进行比选一般采用总费用法：计算各更新方式的总费用，从中选择总费用最低的更新方式。

常见的租赁方式有经营租赁和融资租赁。设备租赁费用通常包括租赁保证金、担保费、租金（租金的计算方法主要有附加率法和年金法）。设备租赁的经济分析是对设备租赁方案和设备购置方案进行经济比较与选择。如果设备带来的收入相同，则只需要比较租赁费用和购置费用。当设备寿命相同时，一般可以采用净现值法；当设备寿命不同时，可以采用年值法。无论采用净现值法还是年值法，都以收益效果最大或成本较少的方案为优。租赁设备时，承租人可以将租金计入成本而抵税，故计算设备租赁方案的现值时应扣除租金产生的免税金额；借款购置设备时，企业可以将所支付的利息和折旧计入成本中而抵所得税，同时可以回收预计净残值，因此，借款购置设备的成本现值应扣除折旧和利息支付产生的免税金额。

【重要概念】

设备有形磨损　设备无形磨损　设备修理　设备更新　设备现代化改装　物理寿命　折旧寿命　技术寿命　经济寿命　经营租赁　融资租赁

思考题与练习题

1. 简述设备磨损的类型及补偿方式。

2. 简述设备更新包括的内容，以及设备更新方案比较的方法。

3. 简述基于承包人角度，与设备购置相比，设备租赁的优缺点。

4. 某单位 3 年前花 8000 元购买了一台设备 A，估计还可以使用 5 年，第 5 年年末估计残值为 600 元，年度使用费为 1100 元。现市场上出现了一种新型设备 B，售价为 10000 元，估计可以使用 10 年，第 10 年年末估计残值为 500 元，年度使用费为 900 元。该单位现有两个方案：甲方案是继续使用设备 A；乙方案是把旧的设备 A 以 1200 元卖掉，然后购买新设备 B。如果基准折现率为 10%，该单位应选择哪个方案最经济？

5. 某单位正在使用一套设备 A，目前残值估计为 2800 元。估计这套设备还可以使用 6 年，每年的使用费为 1000 元，第 6 年年末的残值为 0。但是，这套设备生产能力不足，须改进或更新。现在提出两个方案：甲方案是 6 年之后用设备 B 代替设备 A。设备 B 的原始购买费用估计为 12000 元，寿命估计为 12 年，残值为 0，每年的使用费用为 550 元。乙方案是现在就用设备 C 来代替设备 A。设备 C 的原始购买费用为 9000 元，寿命估计也为 12 年，残值为 0，每年的使用费用为 700 元。若基准折现率为 10%，该单位应选择哪个方案？

6. 某企业的一条新生产线需购置一种设备，在市场上有两种同类型的设备 A 和 B。A 设备的总投资为 20000 元，估计其寿命为 8 年，残值率为 5%，运行费每年为 1500 元；B 设备的总投资为 25000 元，寿命也为 8 年，残值率也为 5%，运行费每年 1000 元。若按现值折算，选用哪种设备较为有利？若按年度费用计算，选用哪种设备有利（基准折现率取 12%）？

7. 某工厂需要安装污水处理设备，现有两种方案：A 方案为购置较便宜的设备，只需 15 万元，每年运行费为 6 万元，寿命为 10 年，但 10 年后仍需再购置一台同样的设备替代原设备才能满足污水处理需要；B 方案为购置质量较高的设备，需投资 30 万元，其运行费前 10 年每年为 4 万元，后 10 年每年为 6 万元，寿命为 20 年。两种设备的残值均为 0，基准收益率为 12%，则折算成年度费用，哪个方案较优？若折算成现值，哪个方案较优？较优的设备能便宜多少？

8. 某研究所急需某种化学仪器，经市场调查，有两种方案可供选择：一种方案是花费 35 万元购置一台仪器，估计其寿命为 10 年，第 10 年年末的残值为 1.5 万元，运行费为 2 万元/年，维修费为 1 万元/年；另一种方案是租用仪器，租赁费为 5 万元/年。假设所得税税率为 25%，采用直线折旧法计提折旧，基准折现率为 12%，则该企业应该采用购置方案还是租赁方案？

二维码形式客观题

扫描二维码可在线做客观题，提交后可查看答案。

第 10 章
客观题

第 11 章 建设工程项目可行性研究

学习导图

建设工程项目可行性研究 —— 基本要求；可行性研究及其报告的深度要求 ⟹ 可行性研究报告的基本内容 ⟹ 可行性研究报告的评估

学习内容及目标

知识点	能力要求	相关知识	素质目标
建设工程项目可行性研究概述	了解可行性研究的概念、地位与作用 熟悉可行性研究的依据和要求	可行性研究的概念、地位与作用 可行性研究的依据和基本要求 可行性研究及其报告的深度要求	培养严谨治学的精神 加深对绿色发展和可持续发展理念的理解 深刻理解并自觉实践职业精神和职业规范，增强职业责任感
建设工程项目可行性研究报告的基本内容	熟悉建设工程项目可行性研究的内容	项目建设背景和必要性 项目需求分析与产出方案 项目选址与要素保障 项目建设方案与运营方案 项目投融资与财务方案 项目影响效果分析 项目风险管控方案 研究结论与建议 附文、附表、附图和附件	
建设工程项目可行性研究报告的评估	了解建设工程项目可行性研究评估的要求和要点	可行性研究报告评估的要求 可行性研究报告评估的要点	

导入案例

党的二十大报告提出要坚持以推动高质量发展为主题，把实施扩大内需战略同深化供给侧结构性改革有机结合起来，增强国内大循环内生动力和可靠性，提升国际循环质量和水平，加快建设现代化经济体系，着力提高全要素生产率，着力提升产业链供应链韧性和安全水平，着力推进城乡融合和区域协调发展，推动经济实现质的有效提升和量的合理增长。工程项目高质量的投资需要高质量的投资决策，而可行性研究是投资决策的核心环节。要坚持科学决策、民主决策、依法决策，提升我国投资项目前期论证的质量和水平，实现投资高质量发展，就必须强化投资项目可行性研究的基础作用。

为贯彻落实党的二十大精神，加强对项目前期工作的政策指导，巩固和深化投融资体制改革成果，推动投资高质量发展，国家发展和改革委员会制定了《政府投资项目可行性研究报告编写通用大纲（2023年版）》和《企业投资项目可行性研究报告编写参考大纲（2023年版）》。建设项目可行性研究报告坚持以推动高质量发展为导向编写，要完整、准确、全面贯彻新发展理念，坚持以人民为中心的发展思想，更加注重发挥宏观战略、发展规划和产业政策的引领作用。同时，要立足投资项目全寿命周期管理，研究借鉴可持续发展要求，更加注重经济、社会、环境评价等新理念、新方法的应用，将绿色发展、自主创新、共同富裕、国家安全、风险管理等理念以及投资建设数字化等要求融入可行性研究，推动建立适应高质量发展的投资项目可行性研究制度规范。

思考：什么是建设项目可行性研究？它在项目建设过程中产生什么样的作用？对于政府投资项目和企业投资项目的可行性研究报告内容上存在什么差异？这是本章要学习的主要内容。

11.1 建设工程项目可行性研究概述

11.1.1 可行性研究的概念、地位与作用

微视频：可行性研究的地位与作用

1. 可行性研究的概念

所谓可行性研究，就是对拟投资项目从有关的所有方面进行调查研究和综合论证，为投资决策提供科学依据，从而保证所投资项目在技术上先进可靠、经济上合理有利、操作上合法可行。

2. 可行性研究的地位

改革开放以来，国务院和国家有关部委先后发布了一系列法规，确立了可行性研究是投资决策的核心环节，加强投资项目可行性研究是提升投资决策科学化水平的必然要求。

政府采取直接投资方式、资本金注入方式投资的项目（政府投资项目），项目单位应当编制项目可行性研究报告，按照政府投资管理权限和规定的程序，报投资主管部门或者其他有关部门审批。初步设计提出的投资概算超过经批准的可行性研究报告提出的投资估算10%的，项目单位应当向投资主管部门或者其他有关部门报告，投资主管部门或者其他有关部门可以要求项目单位重新报送可行性研究报告。经投资主管部门或者其他有关部门核定的投资概算是控制政府投资项目总投资的依据。企业投资项目同样是企业投资决策过程中的重要一环，企业在国家有关政策、法规的引导下，按照自身的战略和规划，开展可行性研究服务投资决策。

可行性研究报告不是可行性报告，是否可行是研究的主要目的，并应给出明确的结论，

其结论包括可行、有条件可行、风险提示或不可行等清晰的结论。可行性研究的结论既是投资决策的重要依据，也是指导下一步工作的重要参考，为初步设计、环评、安评、能评、社会稳定性风险分析、融资等提供方案、参数与数据等。

3. 可行性研究的作用

（1）**投资决策的依据**　可行性研究对项目产品（服务）的市场（社会）需求及市场竞争力、要素保障能力、建设方案、项目需要投入的资金、可能获得的效益、运营的有效性以及项目可能面临的风险等都要做出结论。可行性研究的结论是政府投资主管部门对政府投资的项目审批决策的依据。可行性研究的结论也是企业投资项目内部投资决策的依据。

（2）**筹措资金和申请贷款的依据**　投资者根据项目可行性研究报告的盈利能力分析，合理地安排权益资金与债务资金的筹措计划，以寻求最佳的债务资金比例与项目收益的平衡。

银行等金融机构一般都要求投资项目的债务申请人提交可行性研究报告，通过对可行性研究报告的评估，分析项目的政策符合性、产品的市场竞争力、要素的保障能力、采用技术的可靠性、项目的财务效益和还款能力、项目的风险等，以此作为对项目提供贷款的参考。

（3）**编制初步设计文件的依据**　初步设计文件（或基础设计）应在可行性研究的基础上，根据审定的可行性研究报告进行编制。可行性研究的投资估算通常作为初步设计概算限额设计的依据。

（4）**优化建设方案的作用**　方案比选伴随可行性研究的全过程，围绕着投资的核心目标即投资的目的，如经济目标、健康目标、环境目标、安全目标、舒适目标、服务目标等通过可行性研究展开系统研究和方案优化。通过可行性研究对市场、资源、技术、经济、影响、风险等进行全面分析及多方案比选，选择最优方案。

（5）**落实建设条件的作用**　在可行性研究过程中，围绕实现投资目标、满足最优方案的需要，建设地区在自然条件、社会经济状况、政策环境等方面的情况成为重要支撑资料，由可行性研究人员提出需要的条件，寻求包括政府、相关企业或部门各方协调解决与落实。在这个过程中，条件不断得到改善与落实，方案不断得到优化。

（6）其他作用　项目决策过程伴随着一些专项审批项，如环评、安评、能评、社会稳定风险分析等，这些专项审批需要可行性研究报告作为基础资料。可行性研究中的产品方案、物料平衡、项目选址、项目占地、总图布局、建设方案等都是开展环评、安评、能评、社会稳定风险分析的重要基础资料和数据来源。

企业投资项目可行性研究报告为企业项目申请书（报告）提供编写基础，可行性研究相关成果可以转化为项目申请书（报告）相关内容。对于使用政府投资补助、贷款贴息等方式的企业投资项目，可行性研究可以作为编制资金申请报告的依据。必要时，可行性研究报告可作为附件，满足项目申请书（报告）和资金申请报告评审需要。

11.1.2　可行性研究的依据和要求

1. 可行性研究的依据

1）项目建议书（初步可行性研究报告）。对于政府投资项目，还需要项目建议书的批复文件。

2）国家和地方的国民经济和社会发展规划、相关领域专项规划、行业部门的产业发展规划、产业政策等，如江河流域开发治理规划、铁路公路路网规划、电力电网规划、森林开发规划以及企业发展战略规划等。

3）有关法律、法规和政策，有关工程建设方面的标准、规范、定额等。

4）拟建场（厂）址、线路的自然、经济、社会概况等基础资料。

5）与拟建项目有关的各种市场信息资料或社会公众要求等。

6）有关专题研究报告，如市场研究、竞争力分析、场（厂）址比选、风险分析等，合资、合作项目各方签订的协议书或意向书，并购项目、混改项目、PPP 等类项目各方有关的协议或意向书等。

2. 可行性研究的基本要求

1）预见性。可行性研究不仅应对历史、现状资料进行研究和分析，更重要的是应对未来的政策、市场需求、技术、投资效益或效果等进行预测和估算。

2）客观公正性。可行性研究必须坚持实事求是，在调查研究的基础上，按照客观情况进行论证和评价。

3）可靠性。可行性研究应认真研究确定项目的技术经济措施，以保证项目的可靠性，同时也应否定不可行的项目或方案，以避免投资损失。

4）科学性。可行性研究必须应用现代科学技术手段进行市场预测、方案比选与优化等，运用科学的评价指标体系和方法来分析评价项目的财务效益、经济效益和社会影响等，为项目决策提供科学依据。

5）合规性。可行性研究必须符合相关法律、法规和政策，重视生态文明、环境保护和安全生产，充分考虑与建设和谐社会和美丽生活相适应。

6）创新性。立足新发展阶段，贯彻新发展理念，推动高质量发展，增强投资对优化供给结构的关键作用；着重提高投资综合效益，推动投资项目转化为有效投资，助力经济社会健康可持续发展；围绕碳达峰碳中和（简称双碳）、扩大内需、自主创新、共同富裕、国家安全、数字经济等体现高质量发展的内容提出可行方案。

3. 可行性研究及其报告的深度要求

可行性研究的成果是可行性研究报告。政府投资项目可行性研究报告应按照国家发展改革委《政府投资项目可行性研究报告编写通用大纲（2023 年版）》和《关于投资项目可行性研究报告编写大纲的说明（2023 年版）》要求编写，其内容和深度可依据项目具体情况适当增加或简化。企业投资项目可参照国家发展改革委《企业投资项目可行性研究报告编写参考大纲（2023 年版）》编写，并根据项目性质结合国家、行业、地区或公司规范、规定等进行适应性调整。可行性研究的内容深度应能满足投资决策的需要。

可行性研究应围绕投资项目建设必要性、方案可行性及风险可控性“三大目标”开展系统、专业、深入论证，重点把握“七个维度”的研究内容。其中，项目建设必要性应从需求可靠性维度研究得出结论；项目方案可行性应从要素保障性、工程可行性、运营有效性、财务合理性和影响可持续性五个维度进行研究论证；项目风险可控性应通过各类风险管控方案维度研究得出结论。

通常为满足项目决策要求，可行性研究报告应达到以下深度要求：

1）可行性研究报告应达到内容齐全、数据准确、论据充分、结论明确的要求，以满足决策者定方案、定项目、担风险的需要。

2）可行性研究中的重大技术、工程方案、财务方案，应有两个以上方案的比选。可行性研究报告应反映可行性研究过程中出现的某些方案的重大分歧及未被采纳的理由，以供决策者权衡利弊，进行决策。

3）可行性研究报告应符合国家、行业、地方或公司有关法律、法规和政策，符合投资方或出资人有关规定和要求，应附有供评估、决策审批所必需的合同、协议和相应行政许可文件。报告中采用的法规文件应是最新的和有效的。

4）可行性研究要以市场为导向，以经济效益或投资效果为中心，最大限度地优化方案，提高投资效益或效果。尤其是企业投资的竞争性项目，应围绕增强核心竞争力做工作。

5）可行性研究中选用的主要设备规格、参数应能满足预订货的要求，引进技术设备的资料应能满足合同谈判的要求。可行性研究中确定的主要工程技术数据，应能满足项目初步设计的要求。

6）可行性研究阶段对投资和成本费用的估算应采用分项详细估算法。投资估算的准确度应能满足决策者的要求。经济分析的结果应具有可信度，不应出现颠覆性的结果。

7）可行性研究确定的融资方案，应能满足项目资金筹措及使用计划对投资数额、时间和币种的要求，并能满足银行等金融机构信贷决策的需要。

8）可行性研究的影响分析应是客观、全面的，能够对项目的持续性给出明确结论，能够对可能的风险做出必要的提示和分析，并提出应对措施和建议。

11.2　建设工程项目可行性研究报告的基本内容

11.2.1　建设工程项目概述

1. 项目概况

列出项目全称及简称；概述项目建设目标和任务、建设地点、建设内容和规模（含主要产出）、建设工期、投资规模和资金来源、建设模式、主要技术经济指标、绩效目标等。项目概况是对项目的基本情况和研究结论的高度概括和总结，其内容来自可研报告的各有关章节。投资项目性质及类型、经营机制及管理体制也是项目概况的基本内容。

企业投资项目还应包括利用外资项目、外商投资项目和境外投资项目等。中外合资、合作项目应注明投资各方单位全称、注册国家（地区）、法定地址、法人代表及国籍等；境外投资项目应注明投资地区或国家，说明项目的性质及合作方等。

2. 项目单位概况

简述项目单位基本情况，包括单位名称、性质及责任人等；拟新组建项目法人的，简述项目法人组建方案。对于政府资本金注入项目，简述项目法人基本信息、投资人（或者股东）构成及政府出资人代表等情况。

对于企业投资项目，应简述企业基本信息、发展现状、财务状况、类似项目情况、企业信用和总体能力，以及有关政府批复和金融机构支持等情况，分析企业综合能力与拟建项目的匹配性。属于国有控股企业的，应说明其上级控股单位的主责主业，以及拟建项目与其主责主业的符合性。

对于改建、扩建和技术改造项目，要说明现有企业概况，包括企业的生产、经营和财务状况，以及企业目前存在的主要经营发展问题等。

对于中外合资、合作项目，应简要列出初步协议要点，包括出资方式、出资比例、合资合作年限、经营管理机制、利益分配等。

对于项目公司，应介绍出资人、股东方等有关情况。对于多股东的，应选择对投资和项目影响较大的几个主要股东介绍。

3. 主要结论和建议

结论主要从项目建设的必要性、装置规模、产品（服务）方案、市场、原料、工艺技术、场（厂）址选择、公用工程、辅助设施、协作配套、节能节水、环境保护、投资及经济评价等方面给出简要明确的结论性意见。

简要说明投资项目是否符合国家产业政策要求，是否符合行业准入条件，是否与所在地的发展规划或城镇规划等相适应。对于境外投资项目，还要提出项目遇到的特殊情况及处理措施等。

提出投资项目在工程、技术及经济等方面存在的主要问题和主要风险，解决主要问题和规避风险的建议，以及可行性研究报告推荐方案的主要理由。

11.2.2　项目建设背景和必要性

1. 项目建设背景的编写内容

简述项目立项背景、项目用地预审和规划选址等行政审批手续办理和其他前期工作进展。

说明项目投资管理手续办理情况，如建设项目用地预审与选址意见书、环境影响评价、排污许可、文物保护、矿产压覆、水土保持、地震安全性评价等行政审批手续，以及相关手续取得的保障条件。

简述项目提出的国际、国内宏观经济大环境，经济社会发展需要，国家、地方政府政策趋向等背景。

对于企业投资项目，还应包括企业战略需要、竞争策略、技术进步、社会责任等微观层面的背景。根据背景描述，提出投资项目的意义。项目背景也是投资必要性的理由之一。

2. 规划政策符合性的编写内容

阐述项目与经济社会发展规划、区域规划、专项规划、国土空间规划等重大规划的衔接性，以及与扩大内需、共同富裕、乡村振兴、科技创新、节能减排、碳达峰碳中和、国家安全和应急管理等重大政策目标的相符性。

对于企业投资项目，不仅要论述拟建项目与经济社会发展规划、产业政策、行业和市场准入标准的相符性，还应论述其与企业战略、发展规划、竞争策略、技术进步等微观层面的相符性。

应阐述相关产业政策，分析项目是否符合国家产业结构调整需要，是否有利于促进自主创新能力与技术赶超，是否有利于反垄断和市场竞争，是否符合国家发布的有关产业发展目录规定。投资项目可行性研究应阐述拟建项目采用的土地、环保、节能、技术、安全等方面的准入标准，应在阐述行业准入标准的基础上，对照负面清单管理制度，分析拟建项目及项目建设单位是否符合有关行业准入标准的规定，判断拟建项目是否符合行业准入条件。

3. 项目建设必要性的编写内容

从重大战略和规划、产业政策、经济社会发展、项目单位履职尽责等层面，综合论证项目建设的必要性和建设时机的适当性。

围绕建设项目战略目标、经济目标、财务目标、商业目标和管理目标，研究目标的可实现性，做出项目建设必要性的决策。

对于关系企业长远发展的重大项目，论述企业发展战略对拟建项目的需求程度，以及拟建项目对促进企业发展战略实现的重要性和紧迫性。

11.2.3　项目需求分析与产出方案

1. 项目需求分析

通过对项目的产出品、投入品或服务的市场容量、供需、价格、竞争格局等进行调查、分析、预测，为确定项目的目标市场、建设规模和产品方案提供依据。通过市场预测分析，对项目原材料、技术和装备选择等提出要求。

在调查项目所涉产品或服务需求现状的基础上，分析产品或服务的可接受性或市场需求潜力，研究提出拟建项目的功能定位、近期和远期目标、产品或服务的需求总量及结构。

根据市场供应、需求现状分析和预测，得出产品市场的供需平衡状况，分析产品发展空间，预测今后的供需变化趋势及发展前景，预测年份为项目计算期内。

通过社会需求现状调查，掌握当前社会需求情况，包括当地居民的需求状况、社会总容量等，重点考察当地的居民数量、社会经济条件、人均收入、物价水平等指标，根据调查结果进行社会需求现状分析。

社会需求预测最重要的依据是社会需求现状调查的结果，同时还要参考国民经济发展水平。

2. 企业投资项目的市场预测分析

（1）产品用途分析　根据项目设定的主要产品或服务（以下统称产品），分品种、牌号及类别叙述其应用领域和用途。分析应用领域和用途变化的原因及发展趋势。当产品品种较多时，产品用途或服务可列表表示。

（2）市场预测分析　可列表说明项目设定的主要产品近 5 年国内外地区的生产能力、产量，主要生产企业的原料路线、技术水平和装置规模情况。

分析相同或可替代品目前已有的和在建的生产能力、产量情况，预测未来的发展和变化趋势。

说明产品在国内外市场的主要供应方式及供应商情况、贸易量现状及预测。

1）市场需求现状及预测。说明国内外地区的消费量及消费结构情况并列表。

2）市场供需平衡分析。根据市场供应、需求现状分析和预测，得出国内外产品市场的供需平衡状况，分析产品发展空间以及地区间的供需差距及贸易流向，预测今后的供需变化趋势及发展前景，预测年份为项目计算期内。

（3）主要投入物的市场预测　简述设定投入物在我国的供应状况，国内外市场的主要供应方式、供应量及供应商情况。

分析设定投入物的进出口情况，以及主要需求方及潜在需求方对市场供应的影响，以项目的计算期为期限，预测设定投入物国内需求总量、消费区域分布以及消费结构变化趋势。

根据市场供应、需求现状分析和预测，结合进出口情况，包括进口品种和来源，得出国内投入物市场的供需平衡状况，分析投入物供应能力以及地区间的供需差距及贸易流向，预测今后的供需变化趋势及发展前景，预测年份为项目计算期内。

（4）市场竞争力分析　根据产品市场分析及预测，选定目标市场，分析目标市场的供应商数量及规模。

对目标市场中的顾客、代销商、现有竞争者和将会出现的竞争者等各重要因素之间的关系进行描述和分析。

（5）产品竞争力的优劣势分析

1）主要竞争者分析。

① 分析竞争者的现状，包括规模、产品品种和质量、技术水平、管理水平、生产经验、顾客关系、专营权、销售区域、竞争地位、销售额、市场份额、成本费用等。

② 分析竞争者的营销手段，包括价格、折扣、支付条件、广告、分销网、商标政策、企业商誉、品牌战略、公共关系、售后服务等。

③ 分析竞争者的影响范围，概括分析其优势、劣势，预测对新进入者所做出的反应和可能采取的措施等。

④ 分析与竞争者的区位优势，尤其是产品储运费用。

⑤ 分析潜在竞争者，预测其对目标市场的影响。

2）产品质量与结构分析。结合产品市场需求分析，从产品结构和质量上与竞争对手对比并分析优劣势。

3）产品成本和盈利空间分析。根据对产品销售价格的确定，对比历史价格、进口价格，分析国际市场价格和预测未来市场价格走势，计算分析项目产品的盈利空间。

结合项目的原料路线、来源与价格、动力供应与价格、生产规模、生产技术装备、主要消耗水平、劳资水平和经营管理等方面分析目标产品的生产成本，并与竞争对手对比。若难以寻找竞争对手，可以定性分析或只进行盈利空间分析。

4）企业在组织管理和营销等方面的优劣势分析。分析企业在营销组织、管理水平、财务管理、资本运作、商标、商誉、品牌、区位、人力资源、社会经济环境等方面的优劣势，并与竞争对手对比。

5）产品竞争力综合分析。对主要产品在目标市场上与主要竞争对手的竞争力进行分析。

（6）营销策略分析　对规模较大、市场竞争比较激烈的项目产品，必要时应进行营销策略研究，主要研究目标产品进入市场和扩大销售份额在营销方面应采取的策略。一般投资项目可以不进行营销策略分析。

对实施营销方案所必需的设施和费用，应计入投资估算中。

（7）主要投入物与产出物价格预测

1）产品价格现状及预测。分析产品在国内外市场上的价格历史演变过程和变化规律，预测在项目计算期内产品价格的变化趋势，分析与主要原材料价格走势的关联性，预测在项目计算期内产品价格的变化趋势。

结合产品市场调查与分析，给出可行性研究报告中产品的销售价格范围。其产出物价格按出厂价格确定。

2）主要原辅材料、燃料、动力价格现状及预测。若完全由企业自供，则可以略去本分析内容。

分析主要原辅材料、燃料在国际市场上的价格历史演变过程和变化规律，预测在项目计算期内国际市场价格的变化趋势。

分析主要原辅材料、燃料、动力在国内市场或地区市场上价格历史演变过程和变化规律，分析与国际市场价格的联动性，分析与主要下游产品价格走势的关联性，预测在项目计算期内国内价格或地区价格的变化趋势。

结合主要原辅材料、燃料、动力的市场供需平衡分析，给出可行性研究报告中原辅材料、燃料、动力的采购价格范围。

可行性研究报告中采用到厂入库价格，说明主要原辅材料、燃料价格构成及供应方式，包括出厂价、运杂费、贸易费用等。若进口原辅材料和燃料，要说明 FOB 价格、CIF 价格构成、贸易从属费用、国内运杂费用等。

（8）市场风险分析　市场风险分析包括识别风险因素、估计风险程度、提出风险对策。

3. 建设内容与规模

论证拟建项目的总体布局、主要建设内容及规模，确定建设标准。对于大型、复杂及分期建设项目，应根据项目整体规划、资源利用条件及近远期需求预测，明确项目近远期建设规模、分阶段建设目标和建设进度安排，并说明预留发展空间及其合理性、预留条件对远期规模的影响等。

4. 项目产出方案

（1）项目产出方案的编写内容与深度　研究提出拟建项目正常运营年份应达到的生产或服务能力及其质量标准要求，并评价项目建设内容、规模及产出的合理性。

（2）企业投资项目的特点　阐述拟建项目总体目标及分阶段目标，提出拟建项目建设内容和规模，明确项目产品方案或服务方案及其质量要求，并评价项目建设内容、规模及产品方案的合理性。

对于改扩建和技术改造项目，要描述企业目前规模和各装置生产能力以及配套条件，结合企业现状确定合理改造规模，并对产品方案和生产规模做说明和方案比较，进行优选。对改造前后的生产规模和产品方案应列表对比。

对于并购项目，要描述企业目标企业现有规模和各装置生产能力以及配套条件，结合收购企业（或项目）现状确定并购后是否需要合理改造，并对改造方案的产品方案和生产规模作说明和方案比较，进行优选。对改造前后的生产规模和产品方案应列表对比。

对于企业投资项目，还要分析拟建项目收入来源和结构，判断项目是否具有充分的商业可行性和金融机构等相关方的可接受性。结合项目所在地政府或相关单位可以提供的条件，提出商业模式及其创新需求，研究项目综合开发等模式创新路径及可行性。

11.2.4 项目选址与要素保障

1. 项目选址或选线

通过多方案比较，选择项目最佳或合理的场（厂）址或线路方案，明确拟建项目场（厂）址或线路的土地权属、供地方式、土地利用状况、矿产压覆、占用耕地和永久基本农田，以及涉及生态保护红线、地质灾害危险性评估等情况。备选场（厂）址方案或线路方案的比选要综合考虑规划、技术、经济、社会等条件。

场（厂）址选择包括渣场（填埋场）或排污场（塘）地的选择。

根据场（厂）址比选的内容、要求和方法对拟选场（厂）址进行比选，提出场（厂）址推荐方案意见，说明推荐理由，论述推荐方案的主要特点、存在的问题及对存在问题的处理意见或建议。

附场（厂）址区域位置图和推荐场（厂）址方案示意图，附所在区域的土地利用规划情况和土地主管部门的意见。

选线（路由）较为复杂，尤其是跨区域的线路选择，涉及面广、情况复杂，应根据项目具体情况和行业规则操作。一些大型工程可依托地方政府有关部门或借助社会评价研究线路走向或解决区域影响情况，如高速公路、铁路、水利工程等。

在地质灾害易发区内进行工程建设，应当在项目决策分析与评价阶段进行地质灾害危险性评估，并将评估结果作为可行性研究报告的组成部分。地质灾害危险性评估包括下列内容：工程建设可能诱发、加剧地质灾害的可能性；工程建设本身可能遭受地质灾害危害的危险性；拟采取的防治措施等。

2. 项目建设条件

（1）建设地点的自然条件　介绍区域道路交通情况，附场（厂）址地理位置图和场（厂）址方案区域位置图，包括原料进场（厂）管线、水源地、进厂给水管线、热力管线、发电厂或变电所、电源进线、储灰渣场、废水接纳水体、铁路专用线、港口码头、生活区等规划位置。

（2）建设地点的社会经济条件　调查建设地区的社会人文经济条件及发展规划，研究其对投资项目产生的影响，提出存在的问题和建议采取的办法。存在风险因素的，要进行风险分析，说明建设地点是否符合当地规划部门的要求，建厂地区的协作配合条件及生活福利条件。

说明区域设备制造能力与水平，机、电、仪等维修水平与能力情况；区域建筑施工队伍情况与水平，以及建筑、设备材料制造水平与能力。

在少数民族地区或具有特殊风俗文化的地区建设，还要说明当地的风土民情和文化，避免有所冲突。对于属于经济特区、经济技术开发区、工业园区等区域或属于三资企业、国际组织、政府贷款或投资的项目，应结合项目具体情况说明可享受的有关优惠政策。

（3）建设地点的外部交通运输状况　调查建设地区的交通运输条件及发展。

（4）建设地点的公用工程条件　调查建设地区的公用工程动力供应和资源条件，说明各种资源的供需平衡现状、潜在能力以及发展规划，研究对投资项目的影响。

1）说明工程水源可选方案，对重大水源方案应进行方案比选；说明本工程的最大用水量，拟选水源的供水能力，可供本工程使用的水量，可否满足本工程需要，并说明水源的水质情况以及水源地距场（厂）址距离等；说明本工程的最大排水量，接纳水体的情况，包括水体的流量、接收标准、距场（厂）址的距离等。

2）电源与供电情况，说明地区电网、发电厂、区域变电所等区域位置，实际容量、规划容量、可为本项目提供容量、距项目的距离；电信情况，说明市话网现状，地区电话局、长途局至厂的距离，采用交换机程式及对用户线路电阻限制值等系统通信对本工程的要求；无线通信信号情况、网络建设情况等现代通信设施基础情况。

3）供热工程情况，说明供热现状及发展规划、现有管网情况、热源距离本工程的距离，以及可供本工程的热负荷及参数及价格情况。

4）各种气源，区域空分装置配套情况，气价情况及供应稳定性。

5）消防设施情况，最近的消防队配备情况、规模以及到厂的距离和时间。

3. 要素保障分析

（1）土地要素保障　分析拟建项目相关的国土空间规划、土地利用年度计划、建设用地控制指标等土地要素保障条件，开展节约集约用地论证分析，评价用地规模和功能分区的合理性、节地水平的先进性。说明拟建项目用地总体情况，包括地上（下）建（构）筑物情况等。涉及耕地、园地、林地、草地等农用地转为建设用地的，说明农用地转用指标的落实、转用审批手续办理安排及耕地占补平衡的落实情况；涉及占用永久基本农田的，说明永久基本农田占用的补划情况；涉及用海用岛的，应明确用海用岛的方式、具体位置和规模等内容。说明占用土地的性质，是否属于经过土地资源部门批准的规划用地。说明获得土地使用权或征用土地的各种费用、补偿方式、税金，需要动迁的还要说明搬迁的人口数量和补偿情况。

（2）资源环境要素保障　分析拟建项目的水资源、能源、大气环境、生态等承载能力及其保障条件，以及取水总量、能耗、碳排放强度和污染减排指标控制要求等，说明是否存在环境敏感区和环境制约因素。对于涉及用海的项目，应分析利用港口岸线资源、航道资源的基本情况及其保障条件；对于需围填海的项目，应分析围填海基本情况及其保障条件。对于重大投资项目，应列示规划、用地、用水、用能、环境以及可能涉及的用海用岛等要素保障指标，并综合分析提出要素保障方案。

11.2.5　项目建设方案

（1）技术方案　通过技术比较提出项目预期达到的技术目标、技术来源及其实现路径，确定核心技术方案和核心技术指标，简述推荐技术路线的理由。对于专利或关键核心技术，需要分析其取得方式的可靠性、知识产权保护、技术标准和自主可控性等。

（2）设备方案　通过设备比选提出所需主要设备（含软件）的规格、数量、性能参数、来源和价格，论述设备（含软件）与技术的匹配性和可靠性，设备（含软件）对工程方案的设计技术需求，提出关键设备和软件推荐方案及自主知识产权情况。对于关键设备，进行单台技术经济论证，说明设备调研情况；对于非标设备，说明设备原理和组成。对于改扩建项目，分析现有设备利用或改造情况。涉及超限设备的，研究提出相应的运输方案，特殊设备提出安装要求。

（3）工程方案　通过方案比选提出工程建设标准、工程总体布置、主要建（构）筑物和系统设计方案、外部运输方案、公用工程方案及其他配套设施方案。工程方案要充分考虑土地利用、地上地下空间综合利用、人民防空工程、抗震设防、防洪减灾、消防应急等要求，以及绿色和韧性工程相关内容，并结合项目所属行业特点，细化工程方案有关内容和要求。涉及分期建设的项目，需要阐述分期建设方案；涉及重大技术问题的项目，还应阐述需要开展的专题论证工作。

（4）用地用海征收补偿（安置）方案　涉及土地征收或用海海域征收的项目，应根据有关法律法规政策规定，提出征收补偿（安置）方案。土地征收补偿（安置）方案应当包括征收范围、土地现状、征收目的、补偿方式和标准、安置对象、安置方式、社会保障、补偿（安置）费用等内容。用海用岛涉及利益相关者的，应根据有关法律法规政策规定等，确定利益相关者协调方案。

（5）数字化方案　对于具备条件的项目，研究提出拟建项目数字化应用方案，包括技术、设备、工程、建设管理和运维、网络与数据安全保障等方面，提出以数字化交付为目的，实现设计—施工—运维全过程数字化应用方案。

（6）建设管理方案　提出项目建设组织模式和机构设置，制定质量、安全管理方案和验收标准，明确建设质量和安全管理目标及要求，提出拟采用新材料、新设备、新技术、新工艺等推动高质量建设的技术措施。根据项目实际提出拟实施以工代赈的建设任务等。

提出项目建设工期，对项目建设的主要时间节点做出时序性安排；提出包括招标范围、招标组织形式和招标方式等在内的拟建项目招标方案；研究提出拟采用的建设管理模式，如代建管理、全过程工程咨询服务、工程总承包（EPC）等。

11.2.6　项目运营方案

（1）运营模式选择　研究提出项目运营模式，确定自主运营管理还是委托第三方运营管理，并说明主要理由；委托第三方运营管理的，应提出对第三方运营管理能力的要求。

（2）运营组织方案　研究项目组织机构设置方案、人力资源配置方案、员工培训需求及计划，提出项目在合规管理、治理体系优化和信息披露等方面的措施。

（3）安全保障方案　分析项目运营管理中存在的危险因素及其危害程度，明确安全生产责任制，建立安全管理体系，提出劳动安全与卫生防范措施，以及项目可能涉及的数据安全、网络安全、供应链安全的责任制度或措施方案，并制定项目安全应急管理预案。

（4）绩效管理方案　研究制定项目全寿命周期的关键绩效指标和绩效管理机制，提出项目主要投入产出效率、直接效果、外部影响和可持续性等管理方案。对于大型、复杂及分期建设项目，应按照子项目分别确定绩效目标和评价指标体系，并说明影响项目绩效目标实现的关键因素。

11.2.7　项目投融资与财务方案

（1）投资估算　对项目建设和生产运营所需投入的全部资金即项目总投资进行估算，包括建设投资、建设期融资费用和流动资金，说明投资估算的编制依据和编制范围，明确建设期内的分年度投资计划。

（2）盈利能力分析　根据项目性质，确定适合的评价方法。结合项目运营期内的负荷要求，估算项目营业收入、补贴性收入及各种成本费用，并按相关行业要求提供量价协议、框架协议等支撑材料，通过项目自身的盈利能力分析，评价项目的可融资性。对于政府直接投资的非经营性项目，开展项目全寿命周期资金平衡分析，提出开源节流措施；对于政府资本金注入项目，计算财务内部收益率、财务净现值、投资回收期等指标，评价项目盈利能力，营业收入不足以覆盖项目成本费用的，提出政府支持方案；对于综合性开发项目，分析项目服务能力和潜在综合收益，评价项目采用市场化机制的可行性和利益相关方的可接受性。

（3）融资方案　研究提出项目拟采用的融资方案，包括权益性融资和债务性融资，分析融资结构和资金成本。说明项目申请财政资金投入的必要性和方式，明确资金来源，提出形成资金闭环的管理方案。对于政府资本金注入项目，说明项目资本金的来源和结构、与金融机构的对接情况，研究采用权益型金融工具、专项债、公司信用类债券等融资方式的可行性，主要包括融资金额、融资期限、融资成本等关键要素；对于具备资产盘活条件的基础设施项目，研究项目建成后采取基础设施领域不动产投资信托基金（REITs）等方式盘活存量资产、实现项目投资回收的可能路径。

（4）债务清偿能力分析　对于使用债务融资的项目，明确债务清偿测算依据和还本付息资金来源，分析利息备付率、偿债备付率等指标，评价项目债务清偿能力，以及是否增加当地政府财政支出负担、引发地方政府隐性债务风险等情况。

（5）财务可持续性分析　对于政府资本金注入项目，编制财务计划现金流量表，计算各年净现金流量和累计盈余资金，判断拟建项目是否有足够的净现金流量维持正常运营；对于在项目经营期出现经营净现金流量不足的项目，研究提出现金流接续方案，分析政府财政补贴所需资金，评价项目的财务可持续性。

11.2.8　项目影响效果分析

（1）经济影响分析　分析项目费用效益或效果，以及重大投资项目对宏观经济、产业经济、区域经济等所产生的影响，评价拟建项目的经济合理性。

（2）社会影响分析　通过社会调查和公众参与，识别项目的主要社会影响因素和主要利益相关者，分析不同目标群体的诉求及其对项目的支持程度，评价项目采取以工代赈等方式在带动当地就业、促进技能提升等方面的预期成效，以及促进员工发展、社区发展和社会发展等方面的社会责任，提出减缓负面社会影响的措施或方案。

（3）生态环境影响分析　分析拟建项目所在地的环境和生态现状，评价项目在污染物排放、地质灾害防治、防洪减灾、水土流失、土地复垦、生态保护、生物多样性和环境敏感区等方面的影响，提出生态环境影响减缓、生态修复和补偿等措施，以及污染物减排措施，评价拟建项目能否满足有关生态环境保护政策要求。

（4）资源和能源利用效果分析　研究拟建项目的矿产资源、森林资源、水资源（含非常规水源）、能源、再生资源、废物和污水资源化利用，以及设备回收利用情况，通过单位生产能力主要资源消耗量等指标分析，提出资源节约、关键资源保障，以及供应链安全、节能等方面措施，计算采取资源节约和资源化利用措施后的资源消耗总量及强度，计算采取节能措施后的全口径能源消耗总量、原料用能消耗量、可再生能源消耗量等指标，评价项目能效水平以及对项目所在地区能耗调控的影响。

（5）碳达峰碳中和分析　对于高耗能、高排放项目，在项目能源资源利用分析的基础上，预测并核算项目年度碳排放总量、主要产品碳排放强度，提出项目碳排放控制方案，明确拟采取减少碳排放的路径与方式，分析项目对所在地区碳达峰碳中和目标实现的影响。

11.2.9　项目风险管控方案

（1）风险识别与评价　识别项目全寿命周期的主要风险因素，包括需求、建设、运营、融资、财务、经济、社会、环境、网络与数据安全等方面，分析各类风险发生的可能性、损失程度，以及风险承担主体的韧性或脆弱性，判断各类风险后果的严重程度，研究确定项目面临的主要风险。

（2）风险管控方案　结合项目特点和风险评价，有针对性地提出项目主要风险的防范和化解措施。重大项目应当对社会稳定风险进行调查分析，查找并列出风险点、风险发生的可能性及影响程度，提出防范和化解风险的方案措施，提出采取相关措施后的社会稳定风险等级建议。对可能引发“邻避”问题的，应提出综合管控方案，保证影响社会稳定的风险在采取措施后处于低风险且可控状态。

（3）风险应急预案　对于拟建项目可能发生的风险，研究制定重大风险应急预案，明确应急处置及应急演练要求等。

11.2.10　研究结论与建议

1. 主要研究结论

（1）政府投资主要研究结论的编制内容与深度　从建设必要性、要素保障性、工程可行性、运营有效性、财务合理性、影响可持续性、风险可控性等维度分别简述项目可行性研究结论，评价项目在经济、社会、环境等各方面效果和风险，提出项目是否可行的研究结论。

（2）企业投资项目研究结论的编制内容与深度　从建设必要性、要素保障性、工程可行性、运营有效性、财务合理性、影响可持续性、风险可控性等维度分别简述项目可行性研究结论，重点归纳总结拟推荐方案的项目市场需求、建设内容和规模、运营方案、投融资和财务效益，并评价项目各方面的效果和风险，提出项目是否可行的研究结论。

2. 问题与建议

无论是政府投资项目还是企业投资项目，应针对项目需要重点关注和进一步研究解决的问题，提出相关建议。

11.2.11　附文、附表、附图和附件

根据项目实际情况和相关规范要求，研究确定并附具可行性研究报告必要的附文、附表、附图和附件等。

1. 附文

1）编制可行性研究报告依据的有关文件，包括项目建议书或及其批复件、初步可行性研究报告及其批复件或评估意见、编制单位与委托单位签订的协议书或合同、国内科研单位或技术开发单位开发的新技术鉴定书、联营及合营各方签署的合作协议书等。

2）建设单位与有关协作单位或有关部门签订的主要原材料、燃料、动力供应，以及交通运输、土地使用、设备维修等合作配套协议书、意向性文件或意见。

3）自然资源部正式批准的资源储量、品位、成分的审批意见（使用资源量较大的项目）。

4）资金筹措意向性文件或有关证明文件。

5）作为出资的有关资产评估文件。

6）其他有关文件。

2. 附表

主要包括主要设备一览表、投资估算表、财务分析报表、经济分析报表、其他附表。

3. 附图

主要包括区域位置图、总平面布置图、工艺流程图、蒸汽平衡图、水平衡图、供电系统图、其他附图。

4. 附件

主要体现为政府职能部门出具的相关许可行文件，如用地许可证、规划许可证、环境评价批复性文件等。

11.3 建设工程项目可行性研究报告的评估

11.3.1 可行性研究报告评估的要求

对于政府投资项目，通常有关投资主管部门在决策之前委托符合要求的工程咨询机构，对项目建议书和可行性研究报告进行咨询评估；对于企业投资项目，在决策之前，根据决策需要，自主组织或委托第三方咨询机构对项目可行性研究报告进行咨询评估。工程咨询机构应按照委托方的要求，对项目可行性研究报告进行全面或有针对性的评估，为投资决策和项目组织实施提供专业咨询意见。

根据项目决策需要，有些可行性研究报告评估将选址意见、用地预审意见、环评批复、节能批复等作为咨询评估的依据。对于政府投资项目中的行政事业单位办公业务用房项目、政法设施项目、社会事业项目和其他相关项目，在评估论证中要严格按照国家相关建设规范标准执行，应在规划控制指标范围内尽量优化设计方案。

可行性研究报告评估应针对可行性研究报告的各部分内容，分别从合规性、合理性、可行性三个方面做出评估，必要时提出新的方案和建议。

11.3.2 可行性研究报告评估的要点

1. 项目建设必要性的评估

从项目提出背景、前期工作进展情况、社会发展和战略、产业政策、行业规划、准入条件、节能减排、双碳要求、国家安全等的相符性，以及市场需要、技术进步、企业发展或社会需要等角度进行分析，评估项目建设的必要性和意义。

2. 项目需求分析的评估

对于政府投资项目，以满足社会和公共需求为主；对于一般制造业项目，应针对项目所产出的主要产品和副产品的国内外市场总体供需情况、进出口情况、消费结构、产品质量要求、产品价格走势以及产品的目标市场、产品竞争力、市场风险等进行分析和评价，对可行性研究报告采用的产品价格的合理性进行分析，给出评估意见。对于主要的原材料和燃料及动力，应分析供需平衡、供应渠道和价格走势，对供应方式和价格的合理性给出评估意见。

对于需要进口的高端产品，应根据品质需要，重点评估其必要性和性价比；对于国内开发的高端产品，应重点评估产品质量水平、质量稳定性、市场定位和市场开拓能力，分析其与进口产品的竞争策略是否合理、得当。对于传统产品，应重点评估项目的比较优势，以成本优势为主。

对于技术改造、改扩建项目、并购项目等产品增量不大、对原有市场影响较小的项目，产品市场评估内容可以适当简化。

对于重大项目，应以立足于构建国内大循环为主体，从保证产业链供应链的韧性和安全性方面进行评估。

对需求分析提出明确的需要补充或完善的意见，必要时提出相应的建议。

3. 建设内容和规模以及产品方案的评估

综合市场需求、技术条件、资源条件、建厂条件、业主实力等，分析评价项目建设规模和产品方案是否合理、可行。如果有调整，需要明确调整内容和调整后的效果。

4. 项目选址建设条件与要素保障的评估

(1) 项目选址或选线　项目选址或选线应立足于坚持国土空间“唯一性”要求，将耕地和永久基本农田保护、生态红线保护、节约集约利用土地作为核心要素，考察方案比选和择优的科学合理性，评价项目选址或选线是否依法合规，土地是否有保障。

对于一般生产类项目，应重点评估项目场（厂）址选择是否满足城市（乡、镇）总体规划、土地利用总体规划、工业园区总体规划、环境保护规划等的要求，是否具备工程地质条件、水文地质条件、自然气象条件、防洪防涝条件等，是否具备工厂建设所必需的社会经济条件、交通运行输条件和水电供应条件等，是否满足水源保护、文物保护、军事保护、避让周边环境敏感点等相关要求。

对于输油气管道、输电和通信线路等长输管线的路由选择，机场的选址，铁路、道路、大型水利枢纽（水库）等选址（线），以及固体废弃物处置、危险废物储存设施、危险废物填埋场等特殊项目，应评估其是否严格遵守行业规范和相关要求。

对于大型项目的场（厂）址、路由、线路选择，还要从维护公众利益角度进行分析。

如果涉及人口动迁和拆迁补偿，需要评估动迁人口的数量、态度、补偿标准等，分析对项目的影响。

明确项目选址或选线的合理性，提出需要补充和完善的意见和建议。

(2) 建设条件　建设条件包括建设地点的自然条件、社会经济条件、外部交通条件、公用工程配套条件、用地条件、生态与环境条件等，评估的重点是建设条件描述的完整性和准确性以及对项目的适合性。

(3) 要素保障　要素保障分析评估的重点是土地要素的保障，以及水资源、能耗、碳排放强度和污染物减排指标的控制要求及保障能力。坚持要素跟着项目走，评价各要素的可得性。

特别关注涉及基本农田和用海用岛的项目，应重点进行依法合规性评估。

对于涉及大量用水、用能和排放强度大的项目，应重点评估取得水资源、能源、生态环境资源以及碳排放等指标的依法合规性以及保障程度。

对于矿产资源加工类项目，资源保障和供应条件是评估的重要内容，应评估项目所采用的资源是否落实，资源品质和可供资源量是否满足项目需求，原料运输是否通畅便捷。

5. 项目建设方案的评估

(1) 技术与设备方案　从项目所采用的技术和关键设备的先进性、可靠性、成熟性、适用性、安全性，以及是否满足清洁生产要求等角度进行评估。

对于关键技术与设备，应从产业安全角度评估技术设备的来源与可得性。对于引进技术与装备，应考虑国家安全。对于专利技术与设备，应从知识产权保护、技术标准和自主可控性方面给出评估意见。

对于工业生产项目，可通过同类技术比选、同类技术应用实例分析等方法，对关键技术与设备性能指标、物料消耗水平、燃料及动力消耗水平、废弃物产生和排放水平等进行评估。对关键设备的性能参数、运行稳定性和可靠性、制造周期、运输和安装条件、国产化水平等进行分析评估。对于进口设备，应对其引进的理由、范围、方式和参考价格、供货商情况、风险因素等进行评估。

对于技术改造方案，应评估与原有设备的匹配性和改造合理性。

此外，还应评估是否有超限设备和需要特殊安装的设备。

（2）工程方案　工程方案涉及的技术与装备方面评估等同于技术与设备方案评估。

对于工业生产项目，应重点评估其总图布置、物料运输、建筑、结构、给水排水、供电、电信、供热、维修、服务等配套工程的方案合理性、可行性，评估其能否配合主体工程，形成完整的生产运行体系。

总图布置和建构筑物评估主要考虑是否充分利用土地，符合集约节约用地、抗震设防、防洪减灾、消防应急以及绿色和韧性工程要求等。

对于改、扩建和技术改造项目，要对原有企业公用工程和辅助设施配套情况、供需总体平衡情况、富余能力以及能为本项目提供的数量情况进行评估。

对于在开发区、工业园区建设的项目，要分析开发区、工业园区配套能力，对为项目提供的服务和供应量、供应条件、价格等情况进行评估。

对于厂外工程，尤其是工业生产项目，应对其工厂界区外配套的码头、铁路、道路、给水排水、供电、供气、供热、外管线、渣场等进行评估，分析其规模、技术方案、运行情况、费用、使用条件等，评估是否满足项目需要。

明确对主要工程方案的评估意见，提出需要补充和完善的意见和建议，必要时提出新的方案和推荐意见。

（3）用地用海征收补偿（安置）方案　用地用海征收补偿（安置）方案主要评估方案的合规性、方案的实施落实情况及可靠性。

（4）数字化方案　评估数字化方案是否按照投资者要求设计，以及数字化方案的合理性。

（5）建设管理方案　建设管理方案主要评估项目的建设组织形式是否满足项目质量和安全管理目标，评价项目建设工期的合理性。

对招标投标方案和建设管理模式提出评估意见。

6. 项目运营评估

对可行性研究报告提出的项目（企业）管理体制及组织机构设置、生产班制及人力资源配置、人员培训等进行评估，说明是否合规合理，是否能够满足项目建设和生产运行要求。

评估结合可行性研究报告关于安全、职业卫生和消防方案的设计内容，说明运营阶段的安全措施和应急预案的合理性、有效性。

评估可行性研究报告提出的绩效管理目标是否合理、有效。

7. 项目投融资与财务方案评估

（1）投资估算　评估可行性研究报告核定的投资估算范围是否完整，采用的投资估算方法、取费参数与依据是否正确、充分，估算的工程内容和费用构成是否齐全并计算合理，分析其是否满足工程建设需要。对于政府投资项目，要判断是否满足±10%的要求。

（2）盈利能力分析　对可行性研究报告进行的项目财务效益和费用预测进行评估，考察和分析采用的参数与数据是否合理、得当，分析方法是否正确，项目的财务盈利能力指标计算是否准确，并判断项目的财务可行性。对于政府投资项目，需要财政补贴的应评估其合理性，对可行性研究报告提出的政府支持方案进行评估。对于综合性开发项目，对采用的市场机制和利益相关方给出评估意见，对项目的可融资性进行评估。

对于改扩建项目采取“有无对比”方法进行的盈利能力分析评估，应分析可行性研究报告确定的项目范围是否合理，“有项目”和“无项目”以及“增量”指标是否准确，得出的结论是否可信等。

对于外商投资项目，主要评估可行性研究报告采用的适用法律法规，税收政策及价格政策是否合理、得当，评估利润分配是否符合投资方的规定和要求等。

对于境外投资项目，主要评估可行性研究报告采用的适用法律法规，会计准则（政策），外汇政策及汇率水平，税收政策，价格政策，外商投资政策等是否合理、得当；注意成本计算、利润分配的规定和要求等。

对于资本运作类项目，要结合资本运作的方式进行评估。

（3）融资方案　评估可行性研究报告提出的融资方案是否符合实际，项目权益资金是否满足国家对固定资产项目投资的资本金比例要求，债务资金是否来源可靠并满足需要，融资成本是否合理，对项目的资金使用计划和融资风险进行必要的分析。对于政府投资项目，主要评估政府资金介入的必要性和方式是否合理；对于采用PPP方式和采取REITs的项目，主要评估政策的相符性和具备的条件。

（4）偿债能力分析　主要评估其债务偿还能力的合规性，以及核实是否满足金融机构的要求。对于政府投资项目或付费类项目，重点评估当地财政的可负担性，以及是否引发隐性债务问题。

（5）财务可持续性分析　主要评估项目的现金流状况，判断项目的资金链是否满足持续运营需要。

8. 项目影响效果分析评估

（1）经济影响分析　主要考察和分析采用的参数与数据是否合理、得当，分析方法是否正确，项目范围划分是否合理，指标计算是否准确，并判断项目的经济合理性。对于重大项目，还要评估项目对宏观经济、区域经济和产业经济的影响分析是否得当。

（2）社会影响分析　评估提出的减缓负面社会影响的措施和方案是否合理可行、有效。

（3）生态环境影响分析　借助环境保护篇章的有关内容，主要评估其分析的相符性和合规性。

（4）资源和能源利用效果分析　借助可行性研究报告前述有关内容，主要评估产业链安全、循环经济、能效等方面的合规性和相符性。

（5）碳达峰碳中和分析　主要评估项目是否采取有效措施，是否依法合规取得双碳指标，评价其碳排放指标的水平。

（6）综合评价　综合评价实现经济效益、社会效益、生态效益和安全效益的统一性。

提出项目是否需要开展社会评价或其他专题研究。

9. 项目风险管控方案评估

项目风险管控方案包括风险识别与评价、风险管控方案以及风险应急预案等。

综合可行性研究各有关内容提出的风险分析与提示，评估项目可行性研究报告提出的主要风险以及采取的措施是否得当，风险管控机制是否健全。

对可行性研究报告总结的项目风险分析进行全面的综合分析和评价，对项目整体风险提出意见和建议，尤其注意邻避效应的管控方案。

提出项目是否需要开展专题风险分析。

10. 研究结论与建议的评估

研究结论与建议包括主要研究结论、问题与建议等。对可行性研究报告中涉及的主要内容和研究结果给出明确的结论性评估意见，对项目是否可行给出明确判断；明确提出下一步工作中需要协调、解决的主要问题和建议，提出项目达到预期效果需要满足的实施条件。

本章小结与重要概念

【本章小结】

可行性研究就是对拟投资项目从有关的所有方面进行调查研究和综合论证，为投资决策提供科学依据，从而保证所投资项目在技术上先进可靠、经济上合理有利、操作上合法可行。可行性研究的结论既是投资决策的重要依据，也是指导下一步工作的重要参考，为初步设计、环评、安评、能评、社会稳定性风险分析、融资等提供方案、参数与数据等。可行性研究具有作为投资决策的依据、筹措资金和申请贷款的依据、编制初步设计文件的依据、优化建设方案和落实建设条件的作用。可行性研究应该具有预见性、客观公正性、可靠性、科学性、合规性和创新性。建设工程项目可行性研究报告的基本内容主要包括建设工程项目概述、项目建设背景和必要性、项目需求分析与产出方案、项目选址与要素保障、项目建设方案、项目运营方案、项目投融资与财务方案、项目影响效果分析、项目风险管控方案、研究结论与建议，以及附文、附表、附图和附件。

对于政府投资项目，通常有关投资主管部门在决策之前委托符合要求的工程咨询机构，对项目建议书和可行性研究报告进行咨询评估；对于企业投资项目，在决策之前，根据决策需要，自主组织或委托第三方咨询机构对项目可行性研究报告进行咨询评估。工程咨询机构应按照委托方的要求，对项目可行性研究报告进行全面或有针对性的评估，为投资决策和项目组织实施提供专业咨询意见。根据项目决策需要，有些可行性研究报告评估将选址意见、用地预审意见、环评批复、节能批复等作为咨询评估的依据。可行性研究报告评估应针对可行性研究报告的各部分内容，分别从合规性、合理性、可行性三个方面做出评估，必要时提出新的方案和建议。

【重要概念】

可行性研究　可行性研究报告评估

思考题

1. 什么是可行性研究？简述其作用。

2. 简述可行性研究的依据和要求。
3. 简述可行性研究报告的深度要求。
4. 简述建设工程项目可行性研究报告的基本内容。
5. 简述可行性研究报告评估的要求。
6. 简述可行性研究报告评估的要点。

二维码形式客观题

扫描二维码可在线做客观题，提交后可查看答案。

第 11 章
客观题

第 12 章 经营性项目的经济评价

学习导图

- 经营性项目的经济评价
  - PPP项目的经济评价
    - 物有所值评价
    - 财政承受能力论证
  - 经营类建设项目的经济评价
    - 市场调查与预测
    - 投资项目策划
    - 投资与成本费用估算
    - 收入、利润、税金的估算与资金筹措
    - 财务评价
    - 不确定性分析与风险分析

学习内容及目标

知　识　点	能 力 要 求	相 关 知 识	素 质 目 标
PPP 项目的经济评价	熟悉 PPP 项目的物有所值评价 熟悉 PPP 项目的财政承受能力论证	PPP 项目物有所值评价的理解 PPP 项目物有所值定性和定量评价 财政承受能力论证的概念 财政承受能力的测算	树立正确的价值观、大局观 培养家国情怀和国家认同感 形成遵守市场规则、法律意识的观念
经营类建设项目的经济评价	了解市场调查与预测 了解投资项目策划 熟悉经营类建设项目投资与成本费用估算 熟悉收入、利润、税金的估算与资金筹措 掌握经营类建设项目财务评价 掌握经营类建设项目的不确定性分析与风险分析	市场调查与预测的主要内容和方法 投资项目策划 经营类建设项目总投资的构成 经营类项目的经营成本和费用 经营类建设项目投资、费用的估算方法 收入、利润、税金的估算 经营类建设项目财务评价的报表 投资项目财务盈利能力、清偿能力的评价指标 经营类建设项目不确定性分析与风险分析的内涵 不确定性分析与风险分析的主要因素 经营类建设项目不确定性分析与风险分析的方法	

导入案例

经营性项目是指以实现经济效益为主要目标，以提供有形产品或服务为手段，以市场经营为导向，以实现经济利益的最大化为目的的项目。经营性项目可以通过市场机制进行自我调节和自我收益，其主要目的是获取经济利益。经营性项目的经济评价是一个综合性的过程，旨在评估项目的经济合理性和可行性。这包括从企业的角度进行的企业经济评价和从整个国民经济的角度进行的费用效益评价。企业经济评价主要关注项目的盈利能力、清偿能力等方面，而费用效益评价则从更宏观的角度考虑项目对国家的经济贡献。这两类评价共同构成了经营性项目的经济评价框架。此外，经营性项目的经济评价还涉及多方案分析与比较，通过定义、应用和步骤，确定最佳方案，并进行风险评估，识别和量化项目潜在风险，制定应对策略。这一过程不仅涉及项目的成本和收益分析，还包括对项目可能面临的各种风险进行评估，确保项目的经济可行性。

思考：现实中有哪些投资的建设项目属于经营性项目？对于经营性项目的经济评价，主要涉及财务评价和费用效益评价，这两个方面的评价通过什么数据表格预计呈现？如果进行计算，有哪些指标和方法得出评价结论？这均是本章需要学习的知识点。

12.1 PPP项目的经济评价

12.1.1 PPP项目的物有所值评价

1. PPP项目物有所值评价的理解

（1）物有所值的含义　物有所值（Value for Money，VfM，直译为“钱花得值”），简单理解就是少花钱、多办事、办好事。它是判断是否采用政府和社会资本合作（PPP）模式代替政府传统采购模式提供公共服务项目的一种评价方法。

（2）物有所值评价　物有所值评价决定是否采用PPP模式。在物有所值评价通过的情况下，开展项目的财政承受能力论证。物有所值评价的准备工作如下：

1）资料准备。物有所值评价的资料主要包括（初步）实施方案、项目产出说明、风险识别和分配情况、存量公共资产的历史资料、新建或改扩建项目的（预）可行性研究报告、设计文件等。

2）评价准备。开展物有所值评价时，项目本级财政部门（或PPP中心）会同行业主管部门，明确是否开展定量评价，并明确定性评价程序、指标及其权重、评分标准等基本要求。

（3）物有所值评价方法　**定性评价和定量评价是物有所值评价的两种方法，** 现阶段强制开展定性评价，鼓励开展定量评价。中华人民共和国境内拟采用PPP模式实施的项目应至少在项目识别或准备阶段开展一次物有所值定性评价，鼓励在项目全寿命周期内开展物有所值定量评价。

1）定性评价。在项目识别或准备阶段开展，从采用PPP模式的可行性、合理性和可实现性三个方面判断项目采用 PPP 模式与采用政府传统采购模式相比，能否优化风险分配、增加公共供给、提高效率、促进创新和公平竞争，是否具有较强的可行性等。

2）定量评价。在项目全寿命周期内均可开展。其中，在识别、准备、采购阶段可作为评价项目是否采用 PPP 模式或选择何种投标方案更能实现物有所值的重要决策依据，在项目执行期内和期满后可作为绩效评价的重要组成部分。

2. PPP 项目的物有所值定性评价

（1）物有所值定性评价的概念　通过专业评价，分析项目采用 PPP 模式和传统采购模式在全寿命周期整合程度、风险识别与分配、绩效导向与鼓励创新、潜在竞争程度、政府机构能力、融资可获得性等方面的区别，判断项目采用 PPP 模式代替传统采购模式提供公共服务项目是否更有优势。

物有所值定性评价的结果包括“通过定性评价”和“未通过定性评价”两种结论。通过定性评价的项目，进行财政承受能力论证；未通过定性评价的项目，可在调整实施方案后重新进行评价，重新评价仍未通过的，不再采用 PPP 模式。

（2）物有所值定性评价的基本流程　定性评价采用专家评分法，基本流程如下：

1）组织评价专家组。定性评价专家组由不少于 7 名专家组成，至少包括财政、行业、工程技术、金融财务、项目管理和法律专家各 1 名。

2）召开专家组会议。项目本级财政部门（或 PPP 中心）会同行业主管部门组织召开专家组会议。

3）形成定性评价结论。项目本级财政部门（或 PPP 中心）会同行业主管部门根据评分结果和专家组意见，做出定性评价结论。

原则上，评分结果在 60 分（含）以上的，通过定性评价；否则，未通过定性评价。

（3）物有所值定性评价指标　定性评价指标包括全寿命周期整合程度、风险识别与分配、绩效导向与鼓励创新、潜在竞争程度、政府机构能力、可融资性六项基本评价指标，以及不少于三项补充指标。

1）全寿命周期整合程度，主要考核在项目全寿命周期内，项目设计、投融资、建造、运营和维护等环节能否实现长期、稳定、充分整合。

2）风险识别与分配，主要考核在项目全寿命周期内，各风险因素是否得到充分识别并在政府和社会资本之间进行合理分配。

3）绩效导向与鼓励创新，主要考核是否建立以公共服务供给数量、质量和效率为导向的绩效指标和监控机制，能否鼓励社会资本创新。

4）潜在竞争程度，考核项目将引起社会资本或其联合体之间相互竞争的潜力，以及是否采取鼓励竞争的措施等。

5）政府机构能力，考核政府方贯彻 PPP 理念、获取 PPP 技能和进行项目全寿命周期履约及管理的意愿和能力。

6）可融资性，考核项目获得融资的能力。

7）补充指标，包括但不限于项目规模大小、预期使用寿命长短、主要固定资产种类、全寿命周期成本测算准确性、运营收入增长潜力、行业示范性等指标。

说明：①关于指标权重。六项基本指标权重为 80%，其中任一指标权重一般不超过 20%；补充指标权重为 20%，其中任一指标权重一般不超过 10%。②关于指标评分等级与标准。指标的评分分为五个等级，即有利、较有利、一般、较不利、不利，对应分值分别为 81~100 分、61~80 分、41~60 分、21~40 分、0~20 分。

3. PPP 项目的物有所值定量评价

（1）物有所值定量评价的概念　用量化的方法来评价采用 PPP 模式代替政府传统采购模式提供公共服务项目是否更有优势，即用测算来证明某个项目是否值得干，是否值得用 PPP 模式建造和管理。

（2）物有所值定量评价的逻辑思路　假定采用 PPP 模式与政府传统采购模式产出绩效相同的前提下，通过对 PPP 项目全寿命周期内政府方支出净成本现值（PPP 值）与公共部门比较值（PSC 值）进行对比，判断 PPP 模式能否降低项目全寿命周期成本。

传统模式下项目全寿命周期的成本现值简称公共部门比较值（PSC 值）；PPP 模式下项目全寿命周期的成本现值简称 PPP 值。评价标准为

$$\text{VfM}=\text{PSC 值}-\text{PPP 值} \tag{12-1}$$

若 PSC 值>PPP 值，物有所值；若 PSC 值<PPP 值，非物有所值；若 PSC 值=PPP 值，均可。

（3）物有所值定量评价的计算

1）定量评价的计算要素。物有所值定量评价的计算要素如图 12-1 所示。

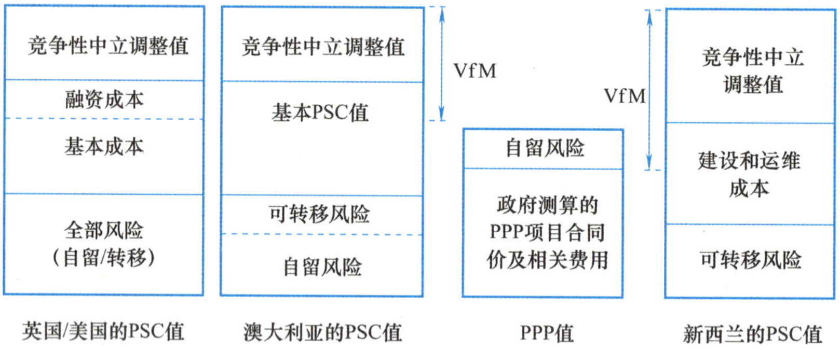

图 12-1　物有所值定量评价的计算要素

2）计算 PPP 值。PPP 值是指政府采用 PPP 模式实施项目并达到产出说明要求所应承担的全寿命周期净成本和自留风险承担成本之和的净现值。

PPP 值等于 PPP 项目全寿命周期内财政支出责任的净现值。**PPP 值主要包括政府对 PPP 项目的股权投资、运营补贴、风险承担和配套投入等财政支出责任。**

$$\text{PPP 值}=\text{政府对 PPP 项目的股权投资}+\text{运营补贴}+\text{风险承担}+\text{配套投入} \tag{12-2}$$

在项目的不同阶段，PPP 值的计算依据不同。

项目识别和准备阶段政府以项目实施方案为依据测算出社会资本方可能提交的报价的 PPP 值称为影子报价 PPP 值（简称 PPP_s 值）；项目采购阶段以社会资本最终提交的响应文件实际报价为依据折算的 PPP 值称为实际报价 PPP 值（简称 PPP_a 值）。

3）计算 PSC 值。公共部门比较值（PSC 值）是指在项目全寿命周期内，政府采用传统采购模式提供与 PPP 项目产出说明相同的公共产品和服务的全部成本的现值。计算 PSC 值时应把握以下四个关键原则：①综合考虑项目的投资、建设、运营等全寿命周期成本；②基

于参照项目，即假设政府采用传统采购模式提供与 PPP 项目产出说明要求相同的基础设施和公共服务；③应包含竞争性中立调整值、风险承担成本等因素的量化值；④考虑资金时间价值，用成本的净现值表示。

PSC 值是以下三项成本的全寿命周期净现值之和：

PSC 值=参照项目的建设和运营维护净成本+竞争性中立调整值+项目全部风险承担成本

计算过程为：

① 定义参照项目。参照项目是指政府传统采购模式下，由政府提供的、最有可能实现的、满足 PPP 项目产出说明要求的虚拟项目。定义参照项目时应遵循以下原则：

参照项目应提供与 PPP 项目产出说明要求相同的产出范围和标准。

参照项目应采用基于政府现行最佳实践的最有效和可行的采购模式，并需要妥善记录各项假设和项目特征。

参照项目不需要假设所有项目内容均由政府直接采购，政府也可将项目部分内容外包给第三方建设或运营，但外包部分的合同成本应计入参照项目成本。

定义参照项目应基于具体的财务模型，而不是简单的数据分析。财务模型的建立应由熟悉项目特点和产出说明要求的专家负责，参与建模的专家还可参与项目产出标准制定、合同草拟以及响应文件评选，以保障评价口径的一致性。

② 计算初始 PSC 值。初始 PSC 值的计算公式如下：

初始 PSC 值=建设净成本+运营维护净成本+其他成本 (12-3)

建设净成本主要包括项目设计、建设等方面投入的现金以及固定资产、土地使用权等实物和无形资产。

参照项目全寿命周期内产生的转让、租赁或处置资产所获得的资本性收益，应抵减建设成本。

运营维护净成本主要包括参照项目全寿命周期内运营维护所需的原材料、设备、人工等成本，以及管理费用和行政费用等。项目资产的升级与改造费用不属于运营维护成本，应计入建设成本。

参照项目全寿命周期内政府在满足公共需求之外向第三方提供基础设施和公共服务产生的第三方收入，应抵减运营维护成本。

其他成本主要包括项目前期的咨询服务费用、交易费用等。

上述成本可基于同类政府传统采购项目的历史数据计算，并可考虑根据效率提升、时间价值等因素进行适当修正。

③ 竞争性中立调整。竞争性中立调整的目的是消除政府传统采购模式下因其公有体制所具有的竞争优势和竞争劣势，使得在进行物有所值定量评价时政府和社会资本之间能够获得公平、相似的比较基础。

④ 计算风险承担成本。

a. 可转移风险承担成本。可转移风险包括拟由社会资本单方承担的风险以及双方共担风险中拟由社会资本方承担的部分。其成本是指在风险分配框架下政府方为向社会资本方转移风险所付出的成本。

b. 自留风险承担成本。自留风险包括拟由政府单方承担的风险以及双方共担风险中政府方承担的部分。其成本是指在风险分配框架下政府方为自留风险所承担的成本。

⑤ PSC 值的调整。项目实施方案编制和交易谈判过程中发生重大条件变化（如改变项目产出范围和标准），对 PSC 值计算产生实质性的影响时，应对 PSC 值进行相应调整，如图 12-2 所示。

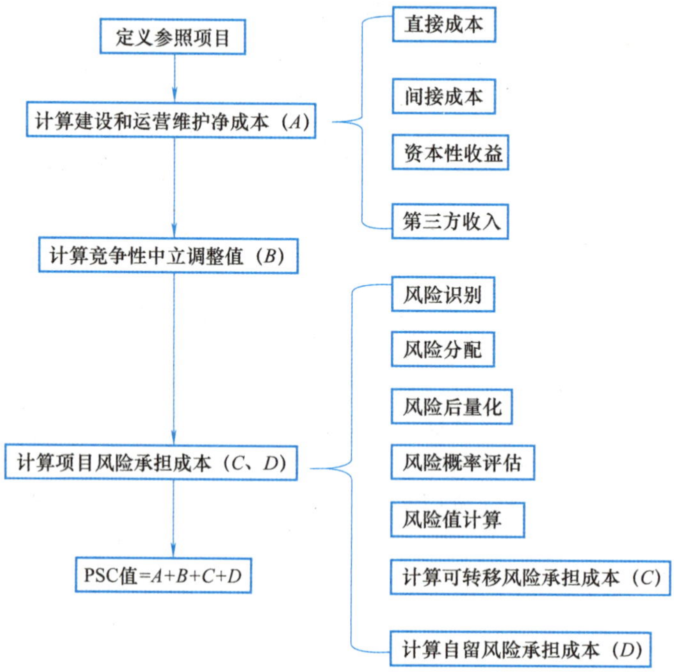

图 12-2　PSC 值的调整

（4）定量评价结果及应用　定量评价结果通常以物有所值量值或物有所值指数的形式表示：

$$\text{VfM 指数}=\frac{\text{PSC 值}-\text{PPP 值}}{\text{PSC 值}}\times 100\% \tag{12-4}$$

当 VfM 量值或指数为正时，采用 PPP 模式替代传统采购模式提供公共产品和服务可实现物有所值。VfM 量值或指数越大，说明采用 PPP 模式替代传统采购模式提供公共产品和服务可实现的价值越大。

除以上静态物有所值评估外，为了评估量化评估中的关键假设变化的影响，采购部门应对物有所值中的 PSC 值和 PPP 值进行敏感性分析。

（5）项目不同阶段物有所值定量评价　项目识别、准备阶段的 VfM 测算表见表 12-1。

表 12-1　项目识别、准备阶段的 VfM 测算表

一、PSC 值计算	
（一）初始 PSC 值	
全寿命周期成本	
投资成本	
	（包括但不限于设计成本、施工成本、物资采购成本、土地费用等）
运营维护成本	

（续）

	（包括但不限于政府在项目运行及维护方面所投入的原材料、设备、人力等成本，以及行政费用、管理费用等）
其他成本	
	（包括但不限于项目前期咨询服务费用、交易费用等）
全寿命周期成本合计	
资本性收益（-）	
	（包括但不限于政府在提供公共服务之外获得的资产出售、租赁或者处置收益）
第三方收入（-）	
	（政府在提供公共服务之外向第三方提供基础设施或公共服务产生的收入）
初始 PSC 值	
（二）竞争性中立调整值	
	（包括但不限于政府相较社会资本少支出的各项税费、政府审批支出、管理费用等）
（三）可转移风险承担成本	
	（在风险分配框架下政府方为向社会资本方转移风险所付出的成本。可转移风险包括拟由社会资本单方承担的风险以及双方共担风险中拟由社会资本方承担的部分）
（四）自留风险承担成本	
	（在风险分配框架下政府方为自留风险所承担的成本，自留风险包括拟由政府单方承担的风险以及双方共担风险中政府方承担的部分）
二、PPP_s 值计算	
全寿命周期成本	
投资成本	
	（包括但不限于政府在项目设计、建设、融资等方面投入的现金，以及土地使用权、固定资产、周边土地或商业开发收益权等非现金资产）
运营维护成本	
	（包括但不限于政府向社会资本方支付的运营维护费、财政补贴等）
其他成本	
	（包括但不限于政府承担的咨询服务费用、市场测试费用、社会资本未中标补偿金，以及移交补偿款等）
全寿命周期成本合计	
资本性收益（-）	
	（包括但不限于政府在公共资产转让、租赁、处置等方面所获得的收入）
第三方收入（-）	
	（包括但不限于政府从社会资本方获得的特许权费用、超额运营收入分成等）
自留风险承担成本	
	（包括但不限于政府因承担法律、政策、最低用量等风险所需支出的成本）
三、定量评价结论	
$VfM=PSC值-PPP_s值$	
$VfM指数=(PSC值-PPP_s值)/PSC值\times100\%$	

4. 物有所值评价的影响因素

（1）折现率

① 折现率的选取。折现率包括四种典型类型：资本的社会机会成本、社会时间偏好折现率、利用资本资产定价模型（CAPM）确定的折现率和无风险利率。折现率由省级财政部门会同行业主管部门按基础设施及公共服务的行业分类制定和发布并定期更新。

② 折现期的选取。折现期应为PPP项目全寿命周期的总年数。

③ 折现率计算公式。PSC值和PPP值的计算采用现金流折现（Discounted Cash Flows，DCF）法。计算公式如下：

$$\mathrm{DCF} = \sum_{n=1}^{N} \frac{\mathrm{FV}}{(1+r)^n} \tag{12-5}$$

式中　FV——项目现金流；

r——折现率；

N——折现期。

注意：用于测算PSC值的折现率应当与用于测算PPP值的折现率相同。

（2）合理利润率　在计算PPP值时，应当充分考虑合理利润率变化对运营补贴支出的影响。

合理利润率应以商业银行中长期贷款利率水平为基准，充分考虑可用性付费、使用量付费、绩效付费的不同情景，结合风险等因素确定。

（3）定价调价机制　PPP项目实施方案中的定价和调价机制通常与消费物价指数、劳动力市场指数等因素挂钩，会影响运营补贴支出责任。在可行性缺口补助模式下，运营补贴支出责任受到使用者付费数额的影响，而使用者付费的多少因定价和调价机制而变化。在计算PPP值时，应当充分考虑定价和调价机制的影响。

（4）数据来源。计算PSC值、PPP值的主要数据来源包括：

1）国家或省级、行业建设主管部门颁布的有关计价依据和办法。

2）工程项目决算及国有企业的审计数据。

3）有资质的造价咨询师的数据。

4）外部专业顾问（技术顾问、财务顾问）的数据等。

12.1.2　PPP项目的财政承受能力论证

1. 财政承受能力论证的概念

财政承受能力论证是指识别、测算政府和社会资本合作项目的各项财政支出责任，科学评估项目实施对当前及今后年度财政支出的影响，为PPP项目财政管理提供依据。

投资项目开展财政承受能力论证的必要性如下：

1）在项目发起阶段，确保项目选址适当。明确要采用国际上通用的物有所值评价方法，保证PPP模式下项目全寿命周期成本低于传统政府投资模式的成本。

2）在项目筛选和物有所值评价阶段，确保财政中长期的可持续性。要求PPP项目实施必须通过财政承受能力论证，将政府对PPP项目的财政支出纳入年度预算和中期财政规划，保证政府能够履行合同支付责任，避免产生中长期财政风险。

3）财政承受能力论证有助于项目选择和确定项目的优先开发顺序。

开展财政承受能力论证的前提条件如下：

1）通过经济可行性分析，即财务成本最小化，使项目符合国家政策。

2）恰当地分配风险。可以将风险分配给最能控制和管理风险的一方，从而实现最大化的物有所值。

2. 财政承受能力的测算

（1）直接承诺的财政支出资金额度测算

1）股权投资。股权投资支出应当依据项目资本金要求以及项目公司股权结构合理确定。股权投资支出责任中的土地等实物投入或无形资产投入，应依法进行评估，合理确定价值。政府以土地等实物资产入股（包括存量项目）或者无形资产入股，要有评估机构进行评估。关于项目用地，划拨方式下，不得改变土地用途；租赁方式下，租金收入参照土地出让收入纳入政府性基金预算。计算公式为

$$股权投资支出=项目资本金\times政府占项目公司股权比例$$

例如，一个项目预计投资额为 2 亿元，项目资本金 30%，政府和社会资本方的出资比例为 2∶8，则政府股权投资支出 = 20000 万元×30%×20% = 1200 万元。

2）运营补贴支出。应当根据项目建设成本、运营成本及利润水平合理确定运营补贴支出，并按照不同付费模式分别测算。

① 政府付费模式。在项目运营补贴期间，政府承担全部直接付费责任。政府每年直接付费数额包括社会资本方承担的年均建设成本（折算成各年度现值）、年度运营成本和合理利润。计算公式为

$$当年运营补贴支出数额=\frac{项目全部建设成本\times(1+合理利润率)\times(1+年度折现率)^n}{财政运营补贴周期(年)}+年度运营成本\times(1+合理利润率) \tag{12-6}$$

② 可行性缺口补助模式。在项目运营补贴期间，政府承担部分直接付费责任。政府每年直接付费数额包括社会资本方承担的年均建设成本（折算成各年度现值）、年度运营成本和合理利润，再减去每年使用者付费的数额。计算公式为

$$当年运营补贴支出数额=\frac{项目全部建设成本\times(1+合理利润率)\times(1+年度折现率)^n}{财政运营补贴周期(年)}+年度运营成本\times(1+合理利润率)-当年使用者付费数额 \tag{12-7}$$

式中　n——折现年数；

财政运营补贴周期——财政提供运营补贴的年数。

运营补贴计算的说明如下：

第一，年度折现率应考虑财政补贴支出发生年份，并参照同期地方政府债券收益率合理确定。

第二，合理利润率应以商业银行中长期贷款利率水平为基准，充分考虑可用性付费、使用量付费、绩效付费的不同情景，结合风险等因素确定。

第三，在计算运营补贴支出时，应当充分考虑合理利润率变化对运营补贴支出的影响。

3）配套投入支出责任。配套投入支出责任是指政府提供的项目配套工程等其他投入责任，通常包括土地征收和整理、建设部分项目配套设施、完成项目与现有相关基础设施和公用事业的对接、投资补助、贷款贴息等。应综合考虑政府将提供的其他配套投入总成本和社会资本方为此支付的费用。配套投入支出责任中的土地等实物投入或无形资产投入，应依法进行评估，合理确定价值。计算公式为

$$配套投入支出数额=政府拟提供的其他投入总成本-社会资本方支付的费用 \quad (12\text{-}8)$$

（2）PPP 项目或有负债（风险承担支出责任）的测算　PPP 项目或有负债也称风险承担支出责任，是指项目实施方案中政府承担风险带来的财政或有支出责任。通常由政府承担的法律责任、政策风险、最低要求风险以及因政府方原因导致项目合同终止等突发情况，会产生财政或有支出责任。

1）测算方法。风险承担支出应充分考虑各类风险出现的概率和带来的支出责任，可采用比例法、情景分析法及概率法进行测算。

2）测算公式。如果 PPP 合同约定保险赔款的第一受益人为政府，则风险承担支出应为扣除该风险赔款金额的净额。

① 比例法。在各类风险支出数额和概率难以进行准确测算的情况下，可以按照项目的全部建设成本和一定时期内的运营成本的一定比例确定风险承担支出。计算公式为

$$风险承担支出额=(建设成本+运营成本)\times一定比例 \quad (12\text{-}9)$$

② 情景分析法。在各类风险支出数额可以进行测算，但出现概率难以确定的情况下，可针对影响风险的各类事件和变量进行“基本”“不利”及“最坏”等情景假设，测算各类风险发生带来的风险承担支出。计算公式为

$$\begin{aligned}风险承担支出额=&基本情景下财政支出数额\times基本情景出现的概率+不利情景下财政支出数额\times\\&不利情景出现的概率+最坏情景下财政支出数额\times最坏情景出现的概率\end{aligned}$$

③ 概率法。在各类风险支出数额和发生概率均可进行测算的情况下，可将所有可变风险参数作为变量，根据概率分布函数，计算各种风险发生带来的风险承担支出。计算公式为

$$风险承担支出额=\sum 每类风险承担支出数额\times概率分布函数 \quad (12\text{-}10)$$

（3）PPP 的财政承受能力评估　财政部门（或 PPP 中心）识别和测算单个项目的财政支出责任后，汇总年度全部已实施和拟实施的 PPP 项目，进行财政承受能力评估。

财政承受能力评估包括财政支出能力评估以及行业和领域均衡性评估。

1）财政支出能力评估。根据 PPP 项目预算支出责任，评估 PPP 项目实施对当前及今后年度财政支出的影响。

在进行财政支出能力评估时，未来年度一般公共预算支出数额可参照前五年相关数额的平均值及平均增长率计算，并根据实际情况进行适当调整。

2）行业和领域均衡性评估。根据 PPP 模式适用的行业和领域范围，以及经济社会发展需要和公众对公共服务的需求，平衡不同行业和领域 PPP 项目，防止某一行业和领域 PPP 项目过于集中。

鼓励列入地方政府性债务风险预警名单的高风险地区，采取 PPP 模式化解地方融资平台公司存量债务。同时，审慎控制新建 PPP 项目规模，防止因项目实施加剧财政收支矛盾。

12.2 经营类建设项目的经济评价

12.2.1 市场调查与预测

通过市场调查，了解项目产品市场的过去和现状，把握市场发展动态，预测市场的未来发展趋势，并以此分析项目建设的必要性，确定项目的规模、档次、建设时机和经营方式。

市场调查与预测的内容和方法，应根据投资项目的用途、未来获取收益的方式及所在地区的具体情况确定。

1. 市场调查与预测的主要内容

市场调查与预测包括投资环境调查与预测和市场状况调查与预测。

（1）投资环境调查与预测　投资环境调查与预测应在国家、城市的层次上进行，侧重于城市或者区域层次投资环境的调查与预测。

其主要内容包括政治、法律、经济、文化教育、自然条件、城市规划、基础设施等方面，对已经发生的或将要发生的重大事件或政策对投资项目的影响要做充分的了解和估计。

（2）市场状况调查与预测　市场状况调查与预测应在项目投资环境与预测的基础上进行，主要包括以下内容：

1）供求状况，包括区域范围内的产品供求状况，如供给量、有效需求量等。

2）类似投资项目的价格、租金和经营收入。

3）类似投资项目的投资、费用的构成及数量。

4）投资项目开发和经营的投资、成本、费用、税金的种类等。

2. 市场调查与预测方法

（1）市场调查方法　市场调查要根据调查的对象和内容，采用适当的方法。通常采用的方法有普查法、抽样调查法、直接调查法和间接调查法。

（2）市场预测方法　市场预测一般分为定性预测和定量预测。因预测对象、内容、期限不同，预测的具体方法有所不同。通常采用的方法有以下几种：

1）直观判断法，包括德尔菲法、专家小组法等。

2）历史引申法，包括简单平均数法、移动平均数法、加权平均数法、趋势预测法、指数平滑法、季节指数法等。

3）因果预测法，包括回归分析法和相关分析法等。

12.2.2 投资项目策划

1. 投资项目所在区位分析与选择

投资项目的区位分析与选择，包括地域分析与选择以及具体地点的分析与选择。其中，地域分析与选择是战略性选择，是对项目宏观区位条件的分析与选择，主要考虑项目所在地区的政治、法律、经济、文化教育自然条件等因素。

2. 投资项目内容和规模的分析与选择

投资项目内容和规模的分析与选择应在符合区域产业规划的前提下，按照最高最佳使用原则，选择最佳用途和最合适的建设规模。

3. 项目投资时机的分析与选择

项目投资时机的分析与选择，应考虑项目完成后的市场前景，再倒推出项目建设的时机，并充分估计办理前期手续的难度等因素对项目建设进度的影响。

4. 投资项目合作方式的分析与选择

投资项目合作方式的分析与选择，主要应考虑投资者自身在土地、资金、经营专长、经验和社会关系等方面的实力或优势大小，并从分散风险的角度出发，对独资、合资、合作(包括合建)、委托等合作方式进行选择。

5. 项目融资方式与资金结构的分析与选择

项目融资方式与资金结构的分析与选择，主要是结合项目合作方式设计资金结构，确定合作各方在项目资金中所占的份额，并通过分析可能的资金来源和经营方式，对项目所需的短期和长期资金的筹措做出合理安排。

6. 产品经营方式的分析与选择

产品经营方式的分析与选择，主要考虑近期利益和长远利益的兼顾、资金压力、自身的经营能力以及市场的接受程度等，对出售、出租（包括预租、短租或长租)、自营等经营方式进行选择。

12.2.3　经营类建设项目投资与成本费用估算

1. 经营类建设项目总投资的构成

建设项目投资是指在项目投资活动中，为实现某种预定的投资、经营目标而预先垫支的资金。

经营类建设项目总投资包括建设投资和经营资金。其中，建设投资是指在建设期内完成项目建设所需投入的各项费用；经营资金是指投资主体在项目建成后日常经营的周转资金。建设投资在建设过程中形成以出售和出租为目的的建设产品成本和以自营为目的的固定资产和其他资产。

（1）出售型、出租型投资项目总投资的构成　出售型、出租型投资项目总投资的构成见表12-2。

表12-2　出售型、出租型投资项目总投资估算表　（单位：万元）

序号	项　目	估算金额	估算说明	序号	项　目	估算金额	估算说明
1	开发建设投资			1.9	销售费用		
1.1	土地费用			1.10	建设期税费		
1.2	前期工程费用			1.11	其他费用		
1.3	基础设施建设费			1.12	不可预见费		
1.4	建筑安装工程费用			2	经营资金		
1.5	公共配套设施建设费			3	项目总投资		
1.6	间接费			3.1	建设产品成本(建设投资)		
1.7	管理费用			3.2	经营资金		
1.8	财务费用						

(2) 自营自用型投资项目总投资的构成　投资项目建设完成后，可能形成一定比例的投资主体的资产，主要包括固定资产、无形资产和递延资产。其中，固定资产包括建设办公用房、机器设备和运输设备，以及自营的商业和服务用房等；无形资产主要包括土地使用权等；递延资产主要包括投资主体的开办费和租入固定资产的改良支出等。

自营自用型房地产项目总投资的构成见表 12-3。

表 12-3　自营自用型房地产项目总投资估算表　（单位：万元）

序号	项　目	估算金额	估算说明	序号	项　目	估算金额	估算说明
1	建设投资			1.9	销售费用		
1.1	土地费用			1.10	开发期税费		
1.2	前期工程费用			1.11	其他费用		
1.3	基础设施建设费			1.12	不可预见费		
1.4	建筑安装工程费用			2	经营资金		
1.5	公共配套设施建设费			3	项目总投资		
1.6	开发间接费			3.1	固定资产投资		
1.7	管理费用			3.2	经营资金		
1.8	财务费用						

2. 经营类建设项目的经营成本

对于以销售为目的的经营类建设项目（如开发的住宅产品），投资者所投入的建设资金均属于流动资金的性质，但其投资的大部分是形成建筑物或构筑物等以固定资产形式存在的建筑产品，并通过项目建设过程中的预租售或建成后的租售活动，转让这些固定资产的所有权或使用权以收回投资。建设过程中所形成的投资主体固定资产大多数情况下很少，甚至是零。因此，基本上所有的投资均一次性地转移到建设产品的成本中去。

对于以建设完成后自行经营为目的的项目，其投资和成本的概念与一般工业生产项目投资和成本的概念相同。

(1) 投资项目的成本　投资项目的成本是指在项目建成时，按照国家有关财务和会计制度，转入投资产品的开发建设投资。当建设项目有多种产品时，可以通过建设投资的合理分摊，分别估算每种产品的产品成本。

(2) 经营成本　经营成本是指投资项目出售、出租时，将投资项目成本按照国家有关财务和会计制度结转的成本，主要包括土地转让成本、销售成本、配套设施销售成本和出租经营成本。对于分期收款的销售的投资项目，销售成本和出租经营成本通常接当期销售或出租收入占全部销售收入和出租收入的比率，计算本期应结转的经营成本。

3. 经营类建设项目的费用

(1) 运营费用　运营费用是指建设项目开发完成后，在项目经营期间发生的各种与运营有关的费用。

比如，出售型房地产项目，经营期的运营费用主要包括管理费用、销售费用、财务费用等；采用出租或自营方式经营时，还应估算项目经营期间的运营费用。运营费用通常包括人工费，公共设施设备运行、维修及保养费，绿地管理费，卫生清洁费用，保安费用，办公费，固定资产折旧费，保险费，房产税，广告宣传及市场推广费，租赁代理费，不可预见费。

（2）修理费用　修理费用是指以出租或自营方式获得收益的建设项目在经营期间发生的物料消耗和维修费等。

（3）期间费用　建设项目的期间费用是指企业行政管理部门为组织和管理开发经营活动而发生的经营费用、管理费用和财务费用。建设项目用于销售时，建设期的期间费用计入开发建设投资中的管理、财务和销售费用，销售期的期间费用计为运营费用。投资项目用于出租或自营时，建设期的期间费用计入建设投资，经营期的期间费用计为运营费用。

4. 经营类建设项目投资、费用的估算方法

（1）土地费用估算　参照第3章3.1.5“工程建设其他费用的构成”中“土地使用权取得费”的估算方法。

（2）前期工程费用的估算　参照第3章3.1.5“工程建设其他费用的构成”中各项具体费用的估算方法。

（3）基础设施建设费的估算　基础设施建设是指建筑物2m以外和项目用地规划红线以内的各种管线和道路工程。其费用包括供水、供电、供气、排污、绿化、道路、路灯、环卫设施等建设费用，以及各项设施与市政设施干线、干管、干道的接口费用，一般按实际工程量估算。

（4）建筑安装工程费用的估算　参照第3章3.2“建设工程项目投资估算”中的估算方法。

（5）公共配套设施建设费的估算　公共配套设施建设费是指居住小区内为居民服务配套建设的各种非营利性的公共配套设施（又称公建设施）的建设费用。公共配套设施主要包括居委会、派出所、托儿所、幼儿园、公共厕所、停车场等。其费用一般按规划指标和实际工程量估算，可参照“建筑安装工程费用”的估算方法。

（6）开发间接费用　开发间接费用是指投资主体所属独立核算单位在开发现场组织管理所发生的各项费用，主要包括工资、福利费、折旧费、修理费、办公费、水电费、劳动保护费、周转房摊销和其他费用等。

当投资主体不设立现场机构，由自身定期或不定期派人到现场组织开发建设活动时，所发生的费用可直接计入企业的管理费用。

（7）管理费用的估算　管理费用是指投资主体的管理部门为组织和管理投资项目的建设经营活动而发生的各项费用，主要包括管理人员工资、职工福利费、办公费、差旅费、折旧费、修理费、工会经费、职工教育经费、劳动保险费、待业保险费、董事会费、咨询费、审计费、诉讼费、排污费、绿化费、房地产税、车船使用税、技术转让费、技术开发费、无形资产摊销、业务招待费、坏账损失、存货盘亏、毁损和报废损失以及其他管理费用。管理费一般以土地费用+前期工程费+基础设施建设费+建筑安装工程费用+公共配套设施费为基数的1%~3%估算。

（8）财务费用的估算　财务费用是指投资主体为筹集资金而发生的各项费用，主要包括借款和债券的利息、金融机构手续费、代理费、外汇汇兑净损失以及其他财务费用。应根据投资项目筹资中借入资金的借入时间、借入资金的总额以及国家有关规定等进行利息的估算。

(9) 销售费用的估算　销售费用是指投资主体在销售产品过程中发生的各项费用，以及专设销售机构的各项费用，主要包括销售人员工资、奖金、福利费、差旅费，销售机构的折旧费、修理费、物料消耗、广告费、宣传费、代销手续费、销售服务费及销售许可证申领费等。销售费用一般以土地费用+前期工程费+基础设施建设费+建筑安装工程费用+公共配套设施费为基数的2%估算。目前，在实际工作中，按销售收入的2%~3%估算。

(10) 建设期税费的估算　建设期税费是指项目建设期间按税法的规定、国家或拟投资项目所在地城市的规定应缴纳的税金以及代收代付费用（或称规费）。应根据税法、国家及拟投资项目所在地的规定，对投资项目总投资中的建设期税费进行估算。

(11) 不可预见费的估算　不可预见费根据项目的复杂程度和前述各项费用估算的准确程度，按上述各项费用之和的3%~7%估算。

(12) 经营资金的估算　经营资金是指投资主体用于日常经营的周转资金。应根据市场调查资料、类似项目的数据、自身的经营计划，对拟投资项目总投资构成的经营资金进行估算。

12.2.4　收入、利润、税金的估算与资金筹措

1. 经营类建设项目收入的估算

经营类建设项目的收入主要包括产品的销售收入、租金收入、土地转让收入和自营收入。其中，销售收入、租金收入和土地转让收入统称租售收入。

(1) 租售收入的估算　租售收入等于可供租售的数量乘以单位租售价格。对租售收入进行估算时，对于销售，应注意可出售数量比例的变化对销售收入的影响，以及由于规划设计的原因导致不能售出面积比例的增大对销售收入的影响；对于出租，应注意空置期（项目竣工后暂时找不到租户的时间）和出租率对租金收入的影响。租售收入的估算要计算出每期（年、半年、季度、月）所能获得的租售收入，并形成租售收入计划。

(2) 自营收入的估算　自营收入是指开投资主体以建成后的项目为其进行商业和服务业等经营活动的载体，通过综合性的自营方式得到的收入。在进行自营收入的估算时，应充分考虑目前已有的商业和服务业设施对项目建成后产生的影响，以及未来商业、服务业市场可能发生的变化对项目的影响。

2. 经营类建设项目利润的估算

投资者不论采用何种直接的投资模式，其销售收入扣除经营成本、期间费用和销售税金后的盈余部分，称为投资者的经营利润（或称盈利）。企业利润可分为经营利润、利润总额（又称实现利润）、税后利润和可供分配利润四个层次。

3. 经营类建设项目税金的估算

此部分可以参照第 3 章 3.4.3“税金的计算”进行估算。

4. 资金筹措计划的编制

此部分内容可以参照第 4 章“工程项目融资与资金成本”，以及第 8 章“工程项目财务分析与经济影响分析”中的“财务生存能力分析”进行编制。

5. 借贷资金还本付息计划

如果项目资金筹措中涉及借贷资金，则应先编制借款还本付息估算表，否则无法编制投资计划和资金筹措计划表。具体见第 8 章 8.1.3“工程项目偿债能力分析和生存能力分析”。

12.2.5　经营类建设项目财务评价

1. 经营类建设项目财务评价的报表

经营类建设项目财务评价的报表包括基本报表和辅助报表。一些基础性数据（如成本、收入等）都存储于辅助报表中，这些辅助报表通过某种对应关系生成基本报表。通过基本报表就可以对项目进行财务盈利能力分析、财务清偿能力分析及资金平衡分析。

（1）基本报表　经营类建设项目财务评价中应编制的基本报表有项目投资现金流量表、资金来源与运用表、损益表和资产负债表，可以参照第8章8.1.2“工程项目盈利能力分析”进行编制。

1）现金流量表。现金流量表反映投资项目开发经营期内各期（年、半年或季度、月）的现金流入和现金流出，用以计算各项动态和静态评价指标，进行开发项目财务盈利能力分析。

按照投资计算基础的不同，现金流量表一般可分为全部投资现金流量表、资本金现金流量表和投资者各方现金流量表。

① 项目投资现金流量表。该表不分投资资金来源，以全部投资作为计算基础，用以计算全部投资财务内部收益率、财务净现值及投资回收期等评价指标，考察项目全部投资的盈利能力，为各个投资方案（不论其资金来源及利息多少）进行比较建立共同的基础。

② 资本金现金流量表。该表是从投资者整体的角度出发，以投资者的出资额作为计算基础，把借款本金偿还和利息支付视为现金流出，用以计算资本金财务内部收益率、财务净现值等评价指标，考察项目资本金的盈利能力。

③ 投资者各方现金流量表。该表以投资者各方的出资额作为计算基础，用以计算投资者各方财务内部收益率、财务净现值等评价指标，反映投资者各方投入资本的盈利能力。

2）资金来源与运用表。该表反映投资项目经营期各期的资金盈余或短缺情况，用于选择资金筹措方案，制订适宜的借款及偿还计划。

3）损益表（利润与利润分配表）。该表反映投资项目经营期内各期的利润总额、所得税及各期税后利润的分配情况。

4）资产负债表。该表反映企业一定日期全部资产、负债和所有者权益的情况。在对投资项目进行独立的财务评价时，不需要编制资产负债表。但当投资者投资一个新的项目时，通常需要编制该企业的资产负债表。

（2）辅助报表　辅助报表包括项目总投资估算表、开发建设投资估算表、经营成本估算表、土地费用估算表、前期工程费估算表、基础设施建设费估算表、建筑安装工程费用估算表、公共配套设施建设费估算表、开发期税费估算表、其他费用估算表、销售收入与经营税金及附加估算表、出租收入与经营税金及附加估算表、自营收入与经营税金及附加估算表、投资计划与资金筹措表和借款还本付息估算表。

2. 经营类建设项目财务盈利能力的评价指标

项目财务盈利能力指标是考察项目盈利能力水平的指标，包括静态指标和动态指标。其中，静态指标主要包括投资利润率、资本金利润率、资本金净利润率和静态投资回收期；动态评价指标主要包括财务净现值、财务内部收益率和动态投资回收期。各指标的计算公式见第5章相关内容。

3. 经营类建设项目清偿能力的评价指标

项目清偿能力指标是考察项目偿还债务水平的指标，包括借款偿还期、利息备付率、偿债备付率等。各指标的计算公式见第5章相关内容。

12.2.6　经营类建设项目的不确定性分析与风险分析

1. 经营类建设项目不确定性分析与风险分析的内涵

经营类建设项目的不确定性分析，就是分析不确定性因素变化时，对项目经济评价指标所产生的影响。对于敏感因素，要求项目决策者和投资者予以充分重视和考虑。

不确定性分析与风险分析是投资项目经济评价的重要组成部分，对投资项目投资决策的成败有着重要的影响。投资项目的不确定性分析与风险分析可以帮助投资者根据项目投资风险的大小和特点，确定合理的投资收益水平，提出控制风险的方案，有重点地加强对投资风险的防范和控制。

2. 经营类建设项目不确定性分析与风险分析的主要因素

对于经营类建设项目而言，涉及的主要不确定性因素有租售价格、销售进度、出租率、开发周期、项目总投资、土地费用、建安工程费、融资比例、融资成本等。这些因素对项目经济评价的结果影响很大。涉及的主要风险因素有方案收益风险、建设风险、融资风险、建设工期风险、运营成本费用风险、政策风险等。具体见第7章相关内容。

3. 经营类建设项目不确定性分析与风险分析的方法

经营类建设项目不确定性分析的方法主要包括敏感性分析、临界点分析；风险分析的方法主要包括概率分析法和决策树方法。具体见第7章相关内容。

本章小结与重要概念

【本章小结】

物有所值评价决定是否采用PPP模式。在物有所值评价通过的情况下，开展项目的财政承受能力论证。定性评价和定量评价是物有所值评价的两种方法。财政承受能力论证是指识别、测算政府和社会资本合作项目的各项财政支出责任，科学评估项目实施对当前及今后年度财政支出的影响，为PPP项目财政管理提供依据。直接承诺的财政支出资金额度测算包括股权投资、运营补贴支出和配套投入支出责任。PPP项目或有负债也称风险承担支出责任，是指项目实施方案中政府承担风险带来的财政或有支出责任。通常由政府承担的法律责任、政策风险、最低要求风险以及因政府方原因导致项目合同终止等突发情况，会产生财政或有支出责任。风险承担支出应充分考虑各类风险出现的概率和带来的支出责任，可采用比例法、情景分析法及概率法进行测算。

经营类建设项目经济评价的主要内容包括：①通过市场调查，了解项目产品市场的过去和现状，把握市场发展动态，预测市场的未来发展趋势，并以此分析项目建设的必要性，确定项目的规模、档次、建设时机和经营方式；②通过项目所在区位分析与选择、投资项目内容和规模的分析与选择、项目投资时机的分析与选择、投资项目合作方式的分析与选择、项目融资方式与资金结构的分析与选择、产品经营方式的分析与选择，进行投资项目策划；③估算经营类建设项目投资与成本费用；④估算建设项目的收入、利润、税金与资金筹措；

⑤进行经营类建设项目财务评价；⑥进行经营类建设项目的不确定性分析及风险分析。

【重要概念】

物有所值 物有所值评价 财政承受能力论证 市场调查与预测 投资项目策划 经营类建设项目 不确定性分析

思考题

1. 简述物有所值评价的准备工作和方法。
2. 简述物有所值定性评价的基本流程和指标。
3. 什么是PPP项目的财政承受能力论证？其开展的前提条件是什么？
4. 简述经营类项目市场调查与预测的主要内容。
5. 简述投资项目策划包括的主要内容。

二维码形式客观题

扫描二维码可在线做客观题，提交后可查看答案。

第12章
客观题

第 13 章 公益性项目的经济评价

学习导图

- 公益性项目的特点和经济评价
  - 费用和收益的分类
  - 费用和收益的识别与计量原则
- 经济评价方法 ⇒
  - 收益-成本分析法
  - 成本-效能分析法

学习内容及目标

知　识　点	能 力 要 求	相 关 知 识	素 质 目 标
公益性项目评价概述	了解公益性项目评价的基础知识	公益性项目与公益性项目投资 公益性项目的特点 公益性项目经济评价	培养遵守法律法规的意识和习惯 形成以人为本、全面协调可持续的发展观 深刻认识中国特色社会主义理论体系和社会主义核心价值体系
公益性项目的费用和收益	熟悉公益性项目的费用和收益	公益性项目费用和收益的分类 公益性项目费用和收益的识别与计量原则	
公益性项目的经济评价方法	掌握公益性项目的经济评价方法	收益-成本分析法 成本-效能分析法	

导入案例

公益性项目的经济评价主要关注项目给社会公众带来的效益是否大于项目投入的费用，旨在为公益性建设项目的选优决策提供依据。公益性项目的经济评价与经营性项目的经济评价存在显著区别，主要体现在评价指标的性质、计算方式、数量以及评价指标之间协调的难易程度上。公益性项目的经济来源主要是财政收入，因此不可能采用盈利最大化指标来评价其经济性。公益性项目评价的指标多样，可以从经济效益、社会效益、环境效益和制度效益等多个维度进行考察。具体来说，经济效益指标可以包括项目成本、投入产出比、效益评估等，社会效益指标可以包括项目对受益人的影响、社会关注程度、社会参与度等，环境效益指标可以包括项目对生态环境的保护和改善程度等，制度效益指标可以包括项目对社会制度和政策的影响程度。

思考：公益性项目经济不仅涉及项目的直接经济效益，更重要的是其为社会创造的经济效益，如改善投资环境、优化产业结构、实现宏观经济持续增长等。评价方法包括经济分析、社会经济影响分析、风险分析等，以确保项目不仅符合经济效益要求，还能有效促进社会和环境的可持续发展。那么，用什么方法计算哪些相应的指标才能够对公益性项目的内容进行量化分析，以指导项目的合理决策呢？这是本章需要学习的主要内容。

13.1 公益性项目评价概述

13.1.1 公益性项目与公益性项目投资

1. 公益性项目

公益性项目是指那些非营利性和具有社会效益性的项目，以谋求社会效应为目的，具有规模大、投资多、受益面广、服务年限长、影响深远等特点。现阶段关于公益性项目的解释有两种，分为广义和狭义。广义的公益性项目是指为社会大众或社会中某些人口群体的利益而实施的项目，即包括政府部门发起实施的农业、环保、水利、教育、交通等项目，也包括民间组织发起实施的扶贫、妇女儿童发展等项目；狭义的公益性项目是由民间组织发起的，利用民间资源为某些群体谋求利益，创造社会效应。

2. 公益性项目投资

公益性项目投资按是否有偿供社会公众消费可分为两类：一类免费供社会公众消费，如公共道路、城市美化等；另一类有偿供社会公众消费，如公立学校、文化设施等。

与基础性投资项目相比，公益性项目投资具有以下特征：

（1）投资的政府主体性　公益性项目投资的结果是为社会提供数量更多、质量更好的公共产品，而且大部分是纯公共产品。这一点决定了在提供公益性项目方面市场是“失灵”的，政府应该“有所为”，承担投资责任。当然，也不排除个人或企业以捐赠等形式投资的可能性。

（2）投资领域的非生产经营性　尽管基础性项目的投资范围很广，但它们有一个共同点——都在生产经营领域，所形成的资产都用于生产经营活动。公益性项目投资则不同，形成的资产大部分处于非生产经营领域，具有较强的非营利性。

（3）资金来源和使用的无偿性　公益性项目投资的资金绝大部分来自财政资金，具有无偿性的特点；同时，与资金来源的特征相对应，大部分公益性项目的使用也是无偿的，免费向全部社会成员提供服务。

（4）投资循环的间接性　公益性项目所形成的资产是用来向全体社会成员提供公共产品的基础条件，或者其本身就是公共产品，只有社会效益而没有经济效益，所以项目本身很难产生收入的现金流量。不过，该类项目的意义正在于提供经济、社会发展的软硬件设施，降低企业和居民的交易成本，通过扩大税基而增加未来财政能力。所以，公益性项目的投资循环具有间接性特征。

13.1.2　公益性项目的特点

1. 项目投资额大、投资收益水平低且回收期长

公益性项目，如水利设施基准收益率小于 10%，投资回收期超过 20 年；邮政业基准收益率只有 2%，投资回收期 19 年；铜矿山基准收益率 5%，投资回收期 15 年等。

2. 项目投资主体与收益主体分离

在竞争性项目中，企业是项目决策的主体，承担全部投资费用并获取项目全部收益；而在公益性项目中，投资者多为政府（或社会团体），收益者惠及所有有幸收益的单位和个人。

3. 项目的外部性

项目的外部性是项目外部收益和外部成本的统称。外部收益是指落在项目投资经营主体之外的收益，此收益由投资经营主体之外的人免费获取；外部成本是指落在项目投资经营主体之外的社会成本，但该成本却无法从投资经营主体得到补偿，而由外部团体和个人无偿地或不等价地承担。

4. 项目产出品的公共性

公共性是指产品不具有使用权或收益方面的排他性，而具有多人可以同时受益于同一物品或服务的特性，如多人可以同时享受市区公园带来的环境美化效用。

5. 项目目标的社会效益性

社会效益性是指此类项目不以经济利益为第一目标，而是以社会效益为第一目标，主要为社会提供使用价值和其他有用效果。因此，这类项目的效益不是体现在营利性上，而是体现在其社会效果上。它反映资源消耗与社会需要的满足关系，即项目付出的代价与社会收益程度之间的对比关系。只要二者之间的对比关系是有效的（即以一定的代价获取最大的社会收益）、经济的（即在获取一定的社会收益下付出的代价最小），投资项目就值得投资建设；否则，就要予以否定。

公益性投资项目虽然不具有较高投资收益水平的特点，但仍是国民经济的重要组成部分。因为其不仅是社会产品再生产的重要条件，而且还是社会劳动力再生产的重要条件。

13.1.3　公益性项目经济评价

公益性项目经济评价是以不断改善投资环境、优化产业结构、实现宏观经济持续增长为目标。从纳税人的角度出发，采用效益费用等分析方法，考察公益性项目给社会公众带来的效益是否大于项目投入的费用，为公益性项目的选优决策提供依据。

公益性项目经济评价包括反映微观经济效应的财务评价和宏观经济效应的费用效益经济评价。公益性项目经济评价以费用效益经济评价为主、财务评价为辅。

公益性项目经济评价与竞争性项目经济评价有如下几点区别：

（1）**评价指标性质不同**　公益性项目的建设是为了保护国家及人民生命财产安全，为公众和企业提供满意便捷的服务。公众享受服务有时免费，有时仅按准成本或成本付费，政府及非营利组织兴建和维持公益性项目的经济来源主要是财政收入，即纳税人上缴的税金。在这种情况下，不可能采用盈利最大化指标来评价拟建项目的可行性和合理性。

（2）评价指标的计算方式不同　计算财务评价指标时，竞争性项目现金流入和流出针对的是一个投资主体；而在计算公益性项目评价指标 B/C 时，效益主要是社会公众享受到的好处，费用主要是投资主体对项目的投入。

（3）评价指标数量不同　对竞争性项目进行经济评价时，一般采用可货币化的、单一的盈利能力指标即可。但公益性项目几乎都有多方面的无形效果，如收入分配、地区均衡发展、就业、教育、健康、生态平衡、社会安定、国家安全等。由于不存在相应的市场和价格，无形效果一般很难被赋予货币价值，必须寻找其他方法对项目的无形效果进行评价。

（4）评价指标之间协调的难易程度不同　对竞争性项目进行经济评价时，各盈利能力指标之间的关系是协调的，尽管各利益主体之间也会出现不一致，但协调起来比较容易，往往不影响大局；但不同的公民对公益性项目多个指标关注的侧重点往往不同，这可能导致指标相互之间具有显著的冲突，而且协调矛盾的难度也较大，从而增加项目选优的复杂性。

13.2　公益性项目的费用和收益

13.2.1　公益性项目费用和收益的分类

在公益性项目中，费用是指为拟建项目投入的社会劳动和资源消耗的真实价值；收益是指项目产出的全部有益效果，可以包括以价值形式表示的劳动成果或以使用价值衡量的效用。一般在评价工作中将费用和收益划分为以下几类：

1. 直接与间接费用和收益

直接收益是指由投资项目直接提供的货物（产品）或劳务获得的利益，如水利灌溉工程直接提供灌溉用水，引起农业收入的增加。从理论上看，项目直接收益的真实价值体现的是消费者为此愿意付出的最大代价。

直接费用是指为建造和经营投资项目（或方案）付出的代价（包括耗费的资源和劳务等）。例如，水利灌溉工程基础项目的直接费用包括项目的筹建费、征用土地费、工程费、原有设施拆迁费、建设期利息及财务费等，经营费用有提供灌溉用水生产经营周转需要的资金等。

间接收益是指由拟建项目间接引起的收益，即由于其供应关系和投入产出关系而产生的对社会其他部门（行业）或其他项目的影响所带来的收益。例如，由于水利灌溉工程项目而新增的甜菜加工厂，该工厂的净收入列为灌溉项目的间接收益。

间接费用是指产生间接效益时发生的费用。例如，上述甜菜加工厂，该厂的建设和生产发生的费用就是灌溉项目的间接费用。

2. 内部与外部费用和收益

项目内部收益是项目投资经营主体获得的收益；内部费用（成本）是项目投资经营主体承担的费用（成本）。例如，治理工厂生产车间噪声项目，其投资与运作成本由企业自身负担，减少噪声的收益由企业职工获得；校园环境绿化项目，其投资与运作成本由学校负担，绿化效果由学校师生员工享用。

项目外部收益与外部费用（成本）是指落在项目之外的收益与费用（成本）。外部效果受益者不需要付出任何代价，如同行者从免费大桥通行获得的收益是大桥项目的外部收益；

外部效果受损者得不到任何补偿，如工厂排放废水污染的水灌溉农田带来农作物产量的损失就是工厂项目的外部费用（成本）。

3. 有形与无形费用和收益

有形收益与费用（成本）是指可以采用货币计量单位（价格）或实物计量单位予以计量的收益与成本，具有物质形态。例如，水电站的发电量、灌溉农田的水量、收费公路的车辆收费收入都是有形收入，水电站正常运行需要的经营费用、收费公路的经营费用都是有形费用（成本）。无形收益与费用（成本）是一些难以货币化计量又难以采用其他计量单位度量的收益与费用（成本），且缺乏物质形态的效果。如建筑物的美学价值、国防项目提高的国家威望等，都是难以用货币或其他计量单位度量的。

4. 可销售与不可销售的效果

可销售的效果是指项目的产出物可在市场销售的商品和劳务，其价格可按供求关系直接由市场决定。这些可销售的商品和劳务都可用货币来计价。不可销售的效果是指项目的产出品不可在市场上进行销售，它们不可用货币来度量。如公共场所的公共娱乐设施等项目，使游客可能获得的娱乐、舒适及闲暇时间等均属于非市场产品。

13.2.2　公益性项目费用和收益的识别与计量原则

1. 费用和收益的识别

在公益性项目费用和收益的分类中，直接、间接与内部、外部有时概念上容易混淆，因为它们之间有时可能重合；但直接收益（或费用）并不一定等同于内部收益（或费用），间接收益（或费用）也不一定等同于外部收益（或费用）。例如，一个公共消防项目，它提供减少或消除火灾损害的服务，由它所获得的减少财产损失和人员伤亡的收益是一种直接收益，但这种收益不是项目的内部收益，而是消防部门以外的外部收益。一般而言，间接收益和费用包含在外部收益和费用之内，内部收益和费用包含在直接收益和费用之内。

因此，在对项目的费用和收益进行分类识别和计算时，或者按“直接”和“间接”的方式分类，或者按“内部”和“外部”的方式分类，不能交叉分类，避免费用和收益的遗漏或重复。

2. 费用和收益的计量原则

（1）根据项目目标识别费用和收益原则　费用和收益是相对于目标而言的，收益是对目标的贡献，费用是为实现目标所付出的代价。因此，应首先明确项目的基本目标，再识别项目的费用和收益。

例如，一个大型水利工程，如设定目标为水力发电，则电力收入是内部收益，消费者剩余是外部收益；水电站投资与运行是内部费用，土地淹没损失是外部费用；如设定目标为水利灌溉，则水费收入是内部收益，农作物增产净收入是外部收益；水电站投资与运行是内部费用，水库周围土地盐碱化是外部费用。

（2）费用和收益识别与计量范围的一致性原则　项目费用和收益的发生具有时间性与空间性。在考察项目费用和收益时，须遵循费用和收益在时间分布和空间分布上的一致性原则，否则会多估或少估费用与收益。

例如，由政府发行几期公债修建的大型公路工程，如果出于局部利益考虑，在投资成本上只计入当期公债，而将前几期投资视作“免费”，也会造成低估项目成本的后果。这是时间上的不一致造成的不正确识别。

(3) 费用和收益识别与计量的差额原则 项目的费用和收益指项目的差额成本和差额收益，即“有项目”情况下的收益与费用较之“无项目”情况下增加的收益和费用。

13.3 公益性项目的经济评价方法

由于公益性项目的投资目的是谋求社会效益，效益面向社会大众，决定了其评价方法应以国民经济评价为主，并以收益和成本比较为基础。公益性项目的经济评价一般采用效益费用分析法，也称效益成本分析法，它以项目的效益与成本之比来衡量项目的效果。根据项目的收益表现形式，它可进一步分为收益-成本分析法和成本-效能分析法。凡是项目的收益可以用货币计量或计算的、能求出收益总额的，采用收益-成本分析法；凡收益不能或无法用货币计量、不能求出收入收益、只能以效用收益来计量的，采用成本-效能分析法。

13.3.1 收益-成本分析法

收益-成本分析法适用于收益和成本都可用货币计量的基础性与公益性项目。运用该方法，应满足以下三个基本条件：①目标相同。比较方案具有共同的目标或目的，这是方案比较的基础。②方案间的关系是互斥的，且每个可行方案的信息是可知的，包括项目投资、寿命、内外效果等。③收益和成本可以用货币计量。对于非货币性收益或成本，可以通过一定方式，合理地转化为货币性收益或成本。

项目的收益成本分析法是用项目的净收益或收益成本比率评价项目经济效益的一种方法，可以像竞争性项目的经济评价那样，使用净现值、净年值或内部收益率等指标及评价准则，通常以项目的净现值或年值进行计算。

1. 收益-成本分析法的现值表示

收益-成本分析法的现值表示是用项目的收益现值（包括直接收益和间接收益）与成本现值（包括投资支出、经营费用）表示。它可用两种数学方式表示：

(1) 净收益现值 净收益现值=总收益现值-总成本现值，计算公式为

$$\text{NPV} = \sum_{t=0}^{n} [(B_t - C_t) \times (P/F,i,n)] \tag{13-1}$$

净收益现值是考虑项目计算期内的总收益现值与总成本现值之间的差额，是一个绝对投资经济效益指标。它的经济意义是项目投资经济效益的绝对值。

评价准则为：NPV≥0，意味着项目效益大于成本，可接受；否则，意味着项目效益小于成本，不可接受。

(2) 收益成本比 收益-成本分析法最重要的评价指标之一是收益成本比，其计算公式如下：

$$(B/C) = \frac{\text{总收益现值}}{\text{总成本现值}} = \frac{\sum_{t=0}^{n} [B_t \times (P/F,i,n)]}{\sum_{t=0}^{n} [C_t \times (P/F,i,n)]} \tag{13-2}$$

收益成本比是项目计算期内的总收益现值与总成本现值之比，是一个相对投资经济效益

指标。它的经济意义是单位费用产生的经济效益。

评价准则为：若（B/C）≥1，则项目可接受，且比值越大越好；若（B/C）<1，则项目不可接受。

就单一方案而言，上述两种评价是等效的。证明如下：

若项目不可接受，从净收益现值考虑，意味着 NPV<0，即

$$\sum_{t=0}^{n} B_t \times (P/F,i,n) - \sum_{t=0}^{n} C_t \times (P/F,i,n) < 0$$

则有 $\sum_{t=0}^{n} B_t \times (P/F,\ i,\ n) < \sum_{t=0}^{n} C_t \times (P/F,\ i,\ n)$

故

$$\frac{\sum_{t=0}^{n} B_t \times (P/F,i,n)}{\sum_{t=0}^{n} C_t \times (P/F,i,n)} < 1$$

同理可证，若 NPV≥0，必有（B/C）≥1。所以，两个指标的评价是一致的。

2. 收益–成本分析法的年值表示

收益–成本分析法的年值表示是用项目的等额年收益与等额年成本表示，数学表示为

$$收益成本比(B/C) = \frac{等额年收益}{等额年成本}$$

$$\frac{B}{C} = \frac{\sum_{t=0}^{n} B_t \times (P/F,i,n)(A/P,i,n)}{\sum_{t=0}^{n} C_t \times (P/F,i,n)(A/P,i,n)} \tag{13-3}$$

评价准则为：若（B/C）≥1，则项目可接受，且比值越大越好；若（B/C）<1，则项目不可接受。

【例 13-1】 单方案的收益成本分析。设有一条公路，每年由于车祸造成的财产损失为 90 万元。现打算拓宽路面，扩建一个车道，估计扩建后可减少一半车祸，扩建估计投资 180 万元，使用期 30 年。假设利率 7%，路面保养费每年约为投资的 3%。拓宽路面计划是否值得实施?

解： 方法一：应用现值法。若实施该项目，则能获得的总收益现值为

$$B = 90\ 万元 \times (P/A,7\%,30)/2 = 558.41\ 万元$$

支付的总成本现值为

$$C = 180\ 万元 + 180\ 万元 \times 3\% \times (P/A,7\%,30) = 247.01\ 万元$$

净收益现值(NPV)= 总收益现值−总成本现值 = 558.41 万元−247.01 万元 = 311.4 万元

或

收益成本比率(B/C)= 总收益现值/总成本现值 = 558.41 万元/247.01 万元 = 2.26>1

方法二：应用年值法。若实施该项目，则每年能获得的收益为

$$B = 90\ 万元/2 = 45\ 万元$$

年成本为

$$C = 180\ 万元 \times (A/P,7\%,30) + 180\ 万元 \times 3\% = 19.9\ 万元$$

收益成本比为

$$B/C = 45\text{ 万元}/19.9\text{ 万元} = 2.26 > 1$$

由计算结果可见，两种方法的结论是一致的，拓宽公路项目有较大的经济效益和价值，应该投资。若再考虑拓宽车道后使行车时间缩短的间接效益，项目的经济性将更好。

对于单一方案，用项目的总收益现值法或年值法进行评价是可行的且结论一致。但对多个投资项目的互斥方案优选时，仅根据方案的收益成本比（现值或年值比）最大准则进行比较、优选，则是不够全面的。因为收益成本比只反映了各方案的绝对经济效果，而没有反映方案之间的相对经济效果，这可通过差额收益成本分析法获得。

3. 差额收益-成本分析法

差额收益-成本分析法是用互斥方案的收益差额与成本差额的比值来优选项目方案的。其数学表达式为

$$(\Delta B/\Delta C) = \frac{\Delta B}{\Delta C} = \frac{\sum_{t=0}^{n} B_{kt} \times (P/F,i,n) - \sum_{t=0}^{n} B_{jt} \times (P/F,i,n)}{\sum_{t=0}^{n} C_{kt} \times (P/F,i,n) - \sum_{t=0}^{n} C_{jt} \times (P/F,i,n)} \tag{13-4}$$

式中　$\Delta B/\Delta C$——互斥方案的差额收益成本比；

ΔB——互斥方案的差额收益现值；

ΔC——互斥方案的差额成本现值；

B_{kt}, C_{kt}——等额年成本较大方案的年收益与等额年成本；

B_{jt}, C_{jt}——等额年成本较小方案的年收益与等额年成本。

评价准则为：注意 $\Delta B>0$，$\Delta C>0$。

若（$\Delta B/\Delta C$）>1，说明收益差额大于成本差额，可以接受等额年成本较大的方案。

若（$\Delta B/\Delta C$）<1，说明收益差额小于成本差额，不能接受等额年成本较大的方案。

若（$\Delta B/\Delta C$）= 1，说明收益差额与成本差额持平，需结合其他资料进一步研究。

【例 13-2】　设一娱乐设施项目，有甲、乙、丙、丁 4 个方案可供选择。各方案的等额年收益与等额年成本见表 13-1。设投资收益率为 10%。

表 13-1　4 个方案的收益成本比计算

方　案	等额年收益（万元）	等额年成本（万元）	收益成本比	年净收益（万元）
甲	890	662	1. 34	228
乙	830	610	1. 36	220
丙	730	580	1. 26	150
丁	690	520	1. 33	170

从表 13-1 数据可知，4 个方案的收益成本比均大于 1，年净收益均大于 0，从绝对经济效果看都可行。按照收益成本率由大到小排序的方案依次为乙、甲、丁、丙；而从年净收益由大到小排序的方案依次为甲、乙、丁、丙。两种评价方法结论不一致，难以确定是乙还是甲为较优方案。当互斥方案绝对经济效果都可行的情况下，除考虑绝对效果外，还需计算项

目间的差额收益成本比，进行方案之间的相对优劣分析，对方案比较后优选。以表 13-1 数据为例，结果列于表 13-2 中。

表 13-2　差额收益成本比计算

方案比较	差额等额年收益（万元）	差额等额年成本（万元）	差额收益成本比	决　策
丙与丁	40	60	0.67	比值小于 1，接受等额成本低的丁方案
乙与丁	140	90	1.56	比值大于 1，接受等额成本高的乙方案
甲与乙	60	52	1.15	比值大于 1，接受等额成本高的甲方案

计算结果可知，甲方案优于乙方案。虽然甲方案投资较乙方案高，但是该投资单位成本差额产生的收益差额达到 1.15 单位，大于成本差额，说明增加投资是经济合理的。

4. 收益率对项目评价的影响

收益率的预测值对公益性项目的经济评价结论有着非常重要的影响。

【例 13-3】 设有一公益性项目，寿命期为 10 年，初始投资 100 万元，年净收益 16.5 万元。试分析收益率预测值对投资项目经济评价的影响。

解： 设折现率为 5%，项目的收益成本比为

$$B/C=\frac{16.5\text{ 万元}\times(P/A,5\%,10)}{100}=1.274>1\text{，项目盈利；}$$

类似计算，折现率为 10%时有

$$B/C=\frac{16.5\text{ 万元}\times(P/A,10\%,10)}{100}=1.01>1\text{，项目盈利；}$$

折现率为 12%时有

$$B/C=\frac{16.5\text{ 万元}\times(P/A,12\%,10)}{100}=0.932<1\text{，项目亏损。}$$

由计算结果可见，项目经济评价对收益率是非常敏感的。由于取值不同，项目由盈利变成了亏损。

对于基础性、公益性项目经济评价中采用的收益率水平，人们有着不同的看法。一种观点认为，在基础性、公益性项目的经济评价中，应采用较低的收益率。因为此类项目是社会再生产不可缺少的重要条件，是国民经济的重要组成部分。其特点决定了其建设目的不是追求利润的最大化，而是提供使用价值和其他有用的社会效果。另一种观点则认为应采用较高的收益率。因为在社会资源有限的情况下，将投到盈利能力较低的基础性、公益性项目的资源转投到盈利水平较高的投资项目，将会获取更高的投资收益。而且采用较低的收益率水平，容易满足于接受低收益水平的方案，而不会去寻求更好的投资方案。

一般来讲，项目收益率应根据该项目的投资来源确定。如果投资基金主要来自借款（如公债、国库券），采用的收益率应当不低于借款利率；如果投资基金主要来自企业上缴的税利，采用的收益率应当不低于国民经济范围内的企业平均利率，因为它占用了原来由企

业使用的资源。对基础性、公益性项目的投资，是把原来用在企业的资金通过税利转移支付获得，为了正确评价这笔资金的社会经济效果，应当采用反映社会平均利率水平的利率作为评价指标，使资金合理使用。

【例 13-4】 假如有一条路径弯曲、年久失修的公路需要改建，提出如下三个可供选择的方案：

甲方案：对现有 30km 的公路路基进行大修并重铺路面，预计投资 80 万元，以后每 10 年年末需花 600 万元再铺一次路面。

乙方案：在这个地区另筑一条路径只有 25km 的新公路。它的一次投资支出（包括建设期间投资利息）为 2000 万元，以后每 10 年年末需要花 500 万元翻修一次路面。

丙方案：将原路取直，缩短为 20km。由于公路西侧已有建筑群，并要修建过江大桥，因此要付出相当大的搬迁补偿费和建桥费，一次投资支出（包括建设期间投资利息）为 4000 万元，以后每 10 年年末需要花 400 万元翻修一次路面。

此外，公路的年维修费为 2 万元/km。该公路的有效使用年限为 30 年，不考虑残值，投资收益率为 6%。试从中选择最优方案。

分析：这是具有相同效果的若干方案比较，采用增量分析法进行方案优选。先计算各方案的等额年成本，然后计算方案间的差额比较。为便于计算，绘制各方案的现金流量图如图 13-1 所示。

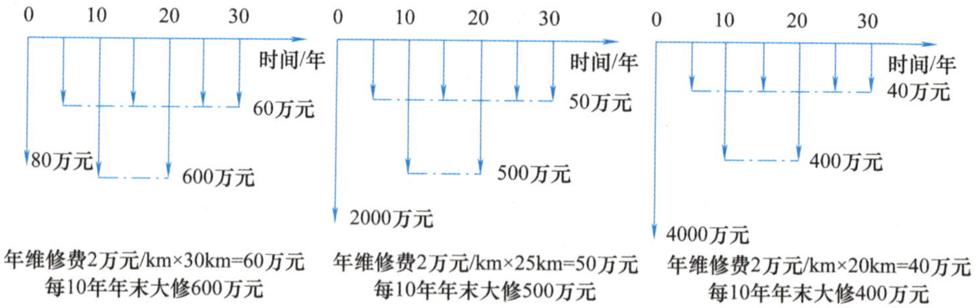

a) 甲方案　　b) 乙方案　　c) 丙方案

图 13-1　各方案的现金流量图

解：

1. 计算等额年成本

该项目等额年成本由初始投资、历次翻修路面投资支出以及年维修费组成。各方案的等额年成本为

$$AC_{甲}=[80\text{ 万元}+600\text{ 万元}\times(P/F,6\%,10)+600\text{ 万元}\times(P/F,6\%,20)](A/P,6\%,30)+2\text{ 万元/km}\times30\text{km}=104.32\text{ 万元}$$

$$AC_{乙}=[2000\text{ 万元}+500\text{ 万元}\times(P/F,6\%,10)+500\text{ 万元}\times(P/F,6\%,20)](A/P,6\%,30)+2\text{ 万元/km}\times25\text{km}=229.22\text{ 万元}$$

$$AC_{丙}=[4000\text{ 万元}+400\text{ 万元}\times(P/F,6\%,10)+400\text{ 万元}\times(P/F,6\%,20)](A/P,6\%,30)+2\text{ 万元/km}\times20\text{km}=360.02\text{ 万元}$$

各方案的等额年成本排序为甲方案<乙方案<丙方案。从绝对效果来说，甲方案的等额年成本最低，丙方案最高。再考虑方案之间的相对效果，即增加的成本带来的收益增加，如

果年收入增长超过等额年成本增长，则表明增加成本是经济合理的；否则，表明是不合理的。

2. 计算因投资成本增加而减少的使用成本

在计算出等额年成本后，再计算社会年收益。这里所说的社会年收益，主要是指从一个投资较少方案转向投资较多方案给车辆使用带来的成本减少数。如果由此引起车辆使用单位成本减少数大于投资增加数，即表示社会收益大于成本，则这个投资较多的方案是有经济效益的，也是值得投资建设的。

从公路来看，车辆使用的成本主要包括以下三个部分：运行成本、通过时间成本和车辆事故损失。

假如这条公路的交通密度每天变动不大，平均每天通过各种车辆 3000 辆，其中 500 辆轻型货车、400 辆重型货车、300 辆大型客车，其余为小型客车。这些车辆每公里运行费分别为 0.70 元、1.00 元、0.80 元和 0.40 元。

由于这三条路线长度不同，通过这三条公路所需时间也不相同。此外，每条公路允许的行车速度也不同。其中，甲方案允许重型货车和大型客车平均时速 35km，其他车辆平均时速 45km；乙、丙方案允许重型货车和大型客车平均时速 40km，其他车辆平均时速 50km。同时假定营业用车每辆平均每小时能带来 20 元的净收益，非营业用车为 10 元。在所有车辆中，除小型客车为非营业用车外，其他车辆均为营业用车。

另外，根据各方案的道路情况，甲方案每年发生车祸数估计为 100 次，而乙、丙方案每年发生车祸数估计分别为 80 次、70 次，每一次车祸的平均损失为 6000 元。

根据以上资料，就可将各个方案的运行成本、通过时间成本和事故损失分别计算如下：

甲方案：

$$\begin{aligned}年运行成本 &= (500\times0.70\,元/km+400\times1.00\,元/km+300\times0.80\,元/km+1800\times0.40\,元/km)\times\\ &\quad 30km\times365\\ &= 18724500\,元 = 1872.45\,万元\end{aligned}$$

$$\begin{aligned}年通过时间成本 &= \left[500\times\frac{1}{45km}\times20\,元+400\times\frac{1}{35km}\times20\,元+300\times\frac{1}{35km}\times20\,元+\right.\\ &\qquad \left.1800\times30\,元\times\frac{1}{45km}\times10\,元\right]\times30km\times365\\ &= 1119333\,元 = 1119.33\,万元\end{aligned}$$

$$车辆事故损失 = 6000\,元\times100 = 600000\,元 = 60\,万元$$

$$车辆使用单位总成本 = 1872.45\,万元+1119.33\,万元+60\,万元 = 3051.78\,万元$$

类似计算乙方案与丙方案的参数，各方案的计算结果见表 13-3。

表 13-3　各方案因投资成本增加而减少的使用成本　（单位：万元）

方　案	年运行成本	年通过时间成本	车辆事故损失	车辆使用单位总成本
甲方案	1872.45	1119.33	60	3051.78
乙方案	1560.40	830.38	48	2438.78
丙方案	1248.30	664.30	42	1954.60

3. 方案比较

乙方案与甲方案相比，等额年成本增加 229.22 万元−104.32 万元 = 124.9 万元。

车辆使用单位总成本减少3051.78万元-2438.78万元=613万元。

乙方案虽比甲方案多支出年成本124.9万元，但使车辆使用费每年减少613万元，增长收益成本比率为613万元/124.9万元=4.91。

相对甲方案而言，乙方案增加的每单位投资年成本可使单位车辆使用费降低4.91单位，说明增加投资是经济合理的，乙方案优于甲方案。

丙方案与乙方案比较，等额年成本增加360.02万元-229.22万元=130.80万元

车辆使用单位总成本减少2438.78万元-1954.60万元=484.18万元

丙方案每年比乙方案多支出成本130.80万元，使车辆使用费每年减少484.18万元，增长收益成本比率为484.18万元/130.80万元=3.7

相对乙方案而言，丙方案增加的每单位投资年成本可使单位车辆使用费降低3.7单位，说明增加投资是经济合理的，丙方案比乙方案更优，更值得投资建设。

计算结果：从等额年成本考虑，丙方案最大，甲方案最小，似乎应取甲方案。但从增值角度考虑，丙方案增加的成本额远远低于因此而降低的使用费的节约额，即社会收益远大于成本，应取丙方案。综合考虑，在投资允许时，应该考虑丙方案。所以在决策项目的投资时，不能只依据各方案的绝对投资额，而更应该比较各方案的增值成本与增值收益。

当然，这是在可能一次投资4000万元的前提下分析的，而且投资方案优选也是建立在6%的投资收益率和上列各项估算数据的基础上的。如果采用的收益率或年通过的车辆等数据不同，计算结果也将不同。

13.3.2　成本-效能分析法

收益-成本分析法用于收益与成本均能用货币度量的项目，但是，有一些公益性项目的效益不能用货币度量，如国防工程、学校、医疗、政府机构、环境保护等。在评价这种类型的项目时，需采用成本-效能分析法。**成本-效能分析法就是将投资项目的效能与成本进行比较，用成本效能比率来评价项目投资经济效益的一种方法。**成本-效能分析法也是费用效益分析在实际中的具体应用。

由于计量单位不同，不具有统一的量纲，成本-效能分析法无法像收益-成本分析法那样采用方案的绝对经济效果进行评价，即无法直接判断方案自身的经济性，但成本-效能分析法同样可以进行方案的比较。运用成本-效能分析法，需要满足以下三个基本条件。

1）必须有共同的、可识别和可实现的目标或目的。

2）必须有两个或两个以上能满足目标的、可供选择的互斥方案。

3）必须有若干约束条件，其中成本采用货币计量，收益采用非货币计量。

成本-效能分析法是用项目的效能成本比来评价项目的投资效益。计算公式为

$$\text{成本效能比}(B/C)=\frac{\text{效能}}{\text{等额年成本}}=\frac{\text{效能}}{\left[\sum_{t=0}^{n}C_t\times(P/F,i,n)\right]\times(A/P,i,n)} \tag{13-5}$$

式中，等额年成本与收益成本分析法中的等额年成本的含义与计算一样。公式的经济意义是单位成本产生的效能，或效能的单位成本。

公益性项目由于性质不同、计量单位不同，有效能、质量、使用价值和受益等各种表示

方式，不具有直接可比性。所以，评价效能的标准很难用绝对值来表示，而采用利用率、完成概率及可靠度等相对指标来表示。

应用成本–效能分析法优选方案的一般原则是单位成本产生的效能越大越好，或说效能的单位成本越低越好。一般可分为以下三种情况：

1）固定效能法（最经济原则）。各方案具有相同效能（效果）时，按成本最小准则进行方案优选。它的基本思想是以尽可能低的成本实现相同的效能，从而达到成本效能比率最大。即没有达到既定效能水平的方案或者被拒绝，或者加上惩罚性成本。此法适用于目标明确而项目成本允许有一定变动范围的情况。

2）固定成本法（最有效原则）。各方案具有相同成本时，按效能最大准则进行方案优选。它的基本思想是以同样的成本实现尽可能大的效能，从而达到成本效能比率最大。成本固定法通常适用于项目成本有严格限定的情况。

3）最大效能成本比法（费用效益比原则）。各方案直接按效能（效果）成本比最大准则进行方案优选。它的基本思想是单位成本效能最大的方案为最优方案。此法通常适用于对各供选方案的目标要求和（或）成本要求没有严格限定、允许有一定变动范围的情况。

【例 13-5】 某自来水扩建与新建方案的成本效能分析。

1. 基本情况

某城市经济发展迅速，城区面积不断扩展。目前，该城市决定在东郊兴建居民新区，除了迁入人口外，市内的部分工厂也将迁入该区内。为了满足新区用水需要，现提出两个供选方案：

方案一：扩建距该区最近的原自来水厂。

方案二：在新区内新建自来水厂。

两方案的日供水能力均为 5 万吨，试分析两方案的经济效益，进行方案优选。

2. 基础数据预测

扩建方案（以下称甲方案）建设期为 1 年，运营期 25 年；新建方案（以下称乙方案）建设期为 1 年，经营期 25 年。两方案的投资估算与经营成本预测值见表 13-4。

表 13-4　两方案的投资估算与经营成本预测　　（单位：万元）

项　目	甲方案（扩建）		乙方案（新建）	
	初始投资	第 1~25 年	初始投资	第 1~25 年
土建工程	8000		6300	
设备采购及安装	5500		6600	
预备费	2100		1650	
增加流动资金	900		800	
合计	16500		15350	
经营成本		320		380

3. 方案比较评价（基准折现率为 10%）

两方案的日供水能力均为 5 万吨，具有相同效能，所以采用固定效能法对两个供选方案进行经济分析。计算两个方案的等额年成本：

$$AC_{甲}=16500\text{ 万元}\times(A/P,10\%,25)+320\text{ 万元}=2138\text{ 万元}$$

$$AC_{乙}=15350\text{ 万元}\times(A/P,10\%,25)+380\text{ 万元}=2071\text{ 万元}$$

乙方案的等额年成本小于甲方案的等额年成本。按成本最小准则，乙方案为优选方案，可考虑接受新建方案。

4. 敏感性分析

由等额年成本计算可知，本案例的影响因素有投资、年经营成本与基准折现率。

（1）投资敏感性分析　设两个方案投资同时增加 α 倍时，两方案的等额年成本相等，有

$$16500\text{ 万元}\times(1+\alpha)(A/P,10\%,25)+320\text{ 万元}=15350\text{ 万元}\times(1+\alpha)(A/P,10\%,25)+380\text{ 万元}$$

$$\alpha=0.29$$

两方案的投资增加不超出表 13-4 中基础数据的 29%，新建方案优于扩建方案的结论不变。

（2）年经营成本敏感性分析　设两方案年经营成本增加 β 倍时，两方案费用年值相等，则有

$$16500\text{ 万元}\times(A/P,10\%,25)+320\text{ 万元}\times(1+\beta)=15350\text{ 万元}\times(A/P,10\%,25)+380\text{ 万元}\times(1+\beta)$$

$$\beta=1.11$$

两方案的经营成本增加不超出基础数据的 111%，原有比较结论的正确性不变。

（3）基准折现率敏感性分析　基准折现率对公益性项目的影响是一个颇有争议的问题。鉴于此，将基准折现率作为敏感性分析的对象，考察它在何种变化范围内不改变前述评价结论的正确性。

设两方案等额年成本相等时的折现率为 i_0，在此基准折现率下有

$$16500\text{ 万元}\times(A/P,i_0,25)+320\text{ 万元}=15350\text{ 万元}\times(A/P,i_0,25)+380\text{ 万元}$$

$$i_0=2\%$$

只要基准折现率不低于 2%，新建方案优于扩建方案的结论不变。事实上，基准折现率不会低于 2%，所以，本案例对基准折现率的可能变动不敏感。

综合以上计算结果，新建方案优于扩建方案这一评价结论的正确性，对基准折现率和年经营成本都不敏感，对投资变动最敏感。因此，为了保证方案选择的正确性，应在项目设计与建设中加强投资管理与控制，使项目实际投资尽量控制在预算以内，不因超出预算过多而导致决策失误。

本章小结与重要概念

【本章小结】

公益性项目具有规模大、投资多、受益面广、服务年限长、影响深远等特点。公益性项目投资按是否有偿供社会公众消费，可分为免费供社会公众消费和有偿供社会公众消费两类。公益性项目投资具有投资的政府主体性、投资领域的非生产经营性、资金来源和使用的

无偿性、投资循环的间接性特征。公益性项目经济评价包括反映微观经济效应的财务评价和宏观经济效应的费用效益经济评价。公益性项目经济评价以费用效益经济评价为主、财务评价为辅。公益性项目经济评价与竞争性项目经济评价的区别在于评价指标性质不同、评价指标的计算方式不同、评价指标数量不同、评价指标之间协调的难易程度不同。

在公益性项目中，费用是指为拟建项目投入的社会劳动和资源消耗的真实价值；收益是指项目产出的全部有益效果，可以包括以价值形式表示的劳动成果或以使用价值衡量的效用。一般在评价工作中将费用和收益划分为直接与间接费用和收益、内部与外部费用和收益、有形与无形费用和收益、可销售与不可销售的效果

在对项目的费用和收益进行分类识别和计算时，或者按“直接”和“间接”的方式分类，或者按“内部”和“外部”的方式分类，不能交叉分类，避免费用和收益的遗漏或重复。费用和收益应遵循的计量原则包括根据项目目标识别费用和收益原则、费用和收益识别与计量范围的一致性原则、费用和收益识别与计量的差额原则。公益性项目的经济评价一般采用效益费用分析法，也称效益成本分析法，根据项目的收益表现形式，进一步分为收益-成本分析法和成本-效能分析法。

【重要概念】

公益性项目　公益性项目投资　公益性项目经济评价　公益性项目的费用和收益　收益-成本分析法　成本-效能分析法

思考题

1. 什么是公益性项目？简述公益性项目投资的特征。
2. 简述公益性投资项目的特点。
3. 简述公益性项目评价与财务评价的区别。
4. 举例说明直接与间接费用和收益。
5. 举例说明内部与外部费用和收益。
6. 简述公益性项目费用和收益的计量原则。
7. 简述公益性项目采用收益-成本分析法进行经济分析应满足的条件。
8. 什么是公益性项目评价的成本-效能分析法？简述其运用的条件。

二维码形式客观题

扫描二维码可在线做客观题，提交后可查看答案。

第 13 章
客观题

附录

复利系数表

附表 1　1%的复利系数表

年　份	一次支付		等额系列			
	终值系数	现值系数	年金终值系数	年金现值系数	资本回收系数	偿债基金系数
n	$F/P, i, n$	$P/F, i, n$	$F/A, i, n$	$P/A, i, n$	$A/P, i, n$	$A/F, i, n$
1	1.0100	0.9901	1.000	0.9901	1.0100	1.0000
2	1.0201	0.9803	2.010	1.9704	0.5075	0.4975
3	1.0303	0.9706	3.030	2.9410	0.3400	0.3300
4	1.0406	0.9610	4.060	3.9020	0.2563	0.2463
5	1.0510	0.9515	5.101	4.8534	0.2060	0.1960
6	1.0615	0.9420	6.152	5.7955	0.1725	0.1625
7	1.0721	0.9327	7.214	6.7282	0.1486	0.1386
8	1.0829	0.9235	8.286	7.6517	0.1307	0.1207
9	1.0937	0.9143	9.369	8.5660	0.1167	0.1067
10	1.1046	0.9053	10.462	9.4713	0.1056	0.0956
11	1.1157	0.8963	11.567	10.3676	0.0965	0.0865
12	1.1268	0.8874	12.683	11.2551	0.0888	0.0788
13	1.1381	0.8787	13.809	12.1337	0.0824	0.0724
14	1.1495	0.8700	14.947	13.0037	0.0769	0.0669
15	1.1610	0.8613	16.097	13.8651	0.0721	0.0621
16	1.1726	0.8528	17.258	14.7179	0.0679	0.0579
17	1.1843	0.8444	18.430	15.5623	0.0643	0.0543
18	1.1961	0.8360	19.615	16.3983	0.0610	0.0510
19	1.2081	0.8277	20.811	17.2260	0.0581	0.0481
20	1.2202	0.8195	22.019	18.0456	0.0554	0.0454
21	1.2324	0.8114	23.239	18.8570	0.0530	0.0430
22	1.2447	0.8034	24.472	19.6604	0.0509	0.0409
23	1.2572	0.7954	25.716	20.4558	0.0489	0.0389
24	1.2697	0.7876	26.973	21.2434	0.0471	0.0371
25	1.2824	0.7798	28.243	22.0232	0.0454	0.0354
26	1.2953	0.7720	29.526	22.7952	0.0439	0.0339
27	1.3082	0.7644	30.821	23.5596	0.0424	0.0324
28	1.3213	0.7568	32.129	24.3164	0.0411	0.0311
29	1.3345	0.7493	33.450	25.0658	0.0399	0.0299
30	1.3478	0.7419	34.785	25.8077	0.0387	0.0287
40	1.4889	0.6717	48.886	32.8347	0.0305	0.0205
50	1.6446	0.6080	64.463	39.1961	0.0255	0.0155

附表2　2%的复利系数表

年　份	一次支付		等额系列			
	终值系数	现值系数	年金终值系数	年金现值系数	资本回收系数	偿债基金系数
n	*F/P*, *i*, *n*	*P/F*, *i*, *n*	*F/A*, *i*, *n*	*P/A*, *i*, *n*	*A/P*, *i*, *n*	*A/F*, *i*, *n*
1	1.0200	0.9804	1.0000	0.9804	1.0200	1.0000
2	1.0404	0.9612	2.0200	1.9416	0.5150	0.4950
3	1.0612	0.9423	3.0604	2.8839	0.3468	0.3268
4	1.0824	0.9238	4.1216	3.8077	0.2626	0.2426
5	1.1041	0.9057	5.2040	4.7135	0.2122	0.1922
6	1.1262	0.8880	6.3081	5.6014	0.1785	0.1585
7	1.1487	0.8706	7.4343	6.4720	0.1545	0.1345
8	1.1717	0.8535	8.5830	7.3255	0.1365	0.1165
9	1.1951	0.8368	9.7546	8.1622	0.1225	0.1025
10	1.2190	0.8203	10.9497	8.9826	0.1113	0.0913
11	1.2434	0.8043	12.1687	9.7868	0.1022	0.0822
12	1.2682	0.7885	13.4121	10.5753	0.0946	0.0746
13	1.2936	0.7730	14.6803	11.3484	0.0881	0.0681
14	1.3195	0.7579	15.9739	12.1062	0.0826	0.0626
15	1.3459	0.7430	17.2934	12.8493	0.0778	0.0578
16	1.3728	0.7284	18.6393	13.5777	0.0737	0.0537
17	1.4002	0.7142	20.0121	14.2919	0.0700	0.0500
18	1.4282	0.7002	21.4123	14.9920	0.0667	0.0467
19	1.4568	0.6864	22.8406	15.6785	0.0638	0.0438
20	1.4859	0.6730	24.2974	16.3514	0.0612	0.0412
21	1.5157	0.6598	25.7833	17.0112	0.0588	0.0388
22	1.5460	0.6468	27.2990	17.6580	0.0566	0.0366
23	1.5769	0.6342	28.8450	18.2922	0.0547	0.0347
24	1.6084	0.6217	30.4219	18.9139	0.0529	0.0329
25	1.6406	0.6095	32.0303	19.5235	0.0512	0.0312
26	1.6734	0.5976	33.6709	20.1210	0.0497	0.0297
27	1.7069	0.5859	35.3443	20.7069	0.0483	0.0283
28	1.7410	0.5744	37.0512	21.2813	0.0470	0.0270
29	1.7758	0.5631	38.7922	21.8444	0.0458	0.0258
30	1.8114	0.5521	40.5681	22.3965	0.0446	0.0246
40	2.2080	0.4529	60.4020	27.3555	0.0366	0.0166
50	2.6916	0.3715	84.5794	31.4236	0.0318	0.0118

附表 3　4%的复利系数表

年　份	一 次 支 付		等 额 系 列			
	终值系数	现值系数	年金终值系数	年金现值系数	资本回收系数	偿债基金系数
n	$F/P,\ i,\ n$	$P/F,\ i,\ n$	$F/A,\ i,\ n$	$P/A,\ i,\ n$	$A/P,\ i,\ n$	$A/F,\ i,\ n$
1	1. 0400	0. 9615	1. 0000	0. 9615	1. 0400	1. 0000
2	1. 0816	0. 9246	2. 0400	1. 8861	0. 5302	0. 4902
3	1. 1249	0. 8890	3. 1216	2. 7751	0. 3603	0. 3203
4	1. 1699	0. 8548	4. 2465	3. 6299	0. 2755	0. 2355
5	1. 2167	0. 8219	5. 4163	4. 4518	0. 2246	0. 1846
6	1. 2653	0. 7903	6. 6330	5. 2421	0. 1908	0. 1508
7	1. 3159	0. 7599	7. 8983	6. 0021	0. 1666	0. 1266
8	1. 3686	0. 7307	9. 2142	6. 7327	0. 1485	0. 1085
9	1. 4233	0. 7026	10. 5828	7. 4353	0. 1345	0. 0945
10	1. 4802	0. 6756	12. 0061	8. 1109	0. 1233	0. 0833
11	1. 5395	0. 6496	13. 4864	8. 7605	0. 1141	0. 0741
12	1. 6010	0. 6246	15. 0258	9. 3851	0. 1066	0. 0666
13	1. 6651	0. 6006	16. 6268	9. 9856	0. 1001	0. 0601
14	1. 7317	0. 5775	18. 2919	10. 5631	0. 0947	0. 0547
15	1. 8009	0. 5553	20. 0236	11. 1184	0. 0899	0. 0499
16	1. 8730	0. 5339	21. 8245	11. 6523	0. 0858	0. 0458
17	1. 9479	0. 5134	23. 6975	12. 1657	0. 0822	0. 0422
18	2. 0258	0. 4936	25. 6454	12. 6593	0. 0790	0. 0390
19	2. 1068	0. 4746	27. 6712	13. 1339	0. 0761	0. 0361
20	2. 1911	0. 4564	29. 7781	13. 5903	0. 0736	0. 0336
21	2. 2788	0. 4388	31. 9692	14. 0292	0. 0713	0. 0313
22	2. 3699	0. 4220	34. 2480	14. 4511	0. 0692	0. 0292
23	2. 4647	0. 4057	36. 6179	14. 8568	0. 0673	0. 0273
24	2. 5633	0. 3901	39. 0826	15. 2470	0. 0656	0. 0256
25	2. 6658	0. 3751	41. 6459	15. 6221	0. 0640	0. 0240
26	2. 7725	0. 3607	44. 3117	15. 9828	0. 0626	0. 0226
27	2. 8834	0. 3468	47. 0842	16. 3296	0. 0612	0. 0212
28	2. 9987	0. 3335	49. 9676	16. 6631	0. 0600	0. 0200
29	3. 1187	0. 3207	52. 9663	16. 9837	0. 0589	0. 0189
30	3. 2434	0. 3083	56. 0849	17. 2920	0. 0578	0. 0178
40	4. 8010	0. 2083	95. 0255	19. 7928	0. 0505	0. 0105
50	7. 1067	0. 1407	152. 6671	21. 4822	0. 0466	0. 0066

附表4　5%的复利系数表

年份	一次支付		等额系列			
	终值系数	现值系数	年金终值系数	年金现值系数	资本回收系数	偿债基金系数
n	F/P, i, n	P/F, i, n	F/A, i, n	P/A, i, n	A/P, i, n	A/F, i, n
1	1. 0500	0. 9524	1. 0000	0. 9524	1. 0500	1. 0000
2	1. 1025	0. 9070	2. 0500	1. 8594	0. 5378	0. 4878
3	1. 1576	0. 8638	3. 1525	2. 7232	0. 3672	0. 3172
4	1. 2155	0. 8227	4. 3101	3. 5460	0. 2820	0. 2320
5	1. 2763	0. 7835	5. 5256	4. 3295	0. 2310	0. 1810
6	1. 3401	0. 7462	6. 8019	5. 0757	0. 1970	0. 1470
7	1. 4071	0. 7107	8. 1420	5. 7864	0. 1728	0. 1228
8	1. 4775	0. 6768	9. 5491	6. 4632	0. 1547	0. 1047
9	1. 5513	0. 6446	11. 0266	7. 1078	0. 1407	0. 0907
10	1. 6289	0. 6139	12. 5779	7. 7217	0. 1295	0. 0795
11	1. 7103	0. 5847	14. 2068	8. 3064	0. 1204	0. 0704
12	1. 7959	0. 5568	15. 9171	8. 8633	0. 1128	0. 0628
13	1. 8856	0. 5303	17. 7130	9. 3936	0. 1065	0. 0565
14	1. 9799	0. 5051	19. 5986	9. 8986	0. 1010	0. 0510
15	2. 0789	0. 4810	21. 5786	10. 3797	0. 0963	0. 0463
16	2. 1829	0. 4581	23. 6575	10. 8378	0. 0923	0. 0423
17	2. 2920	0. 4363	25. 8404	11. 2741	0. 0887	0. 0387
18	2. 4066	0. 4155	28. 1324	11. 6896	0. 0855	0. 0355
19	2. 5270	0. 3957	30. 5390	12. 0853	0. 0827	0. 0327
20	2. 6533	0. 3769	33. 0660	12. 4622	0. 0802	0. 0302
21	2. 7860	0. 3589	35. 7193	12. 8212	0. 0780	0. 0280
22	2. 9253	0. 3418	38. 5052	13. 1630	0. 0760	0. 0260
23	3. 0715	0. 3256	41. 4305	13. 4886	0. 0741	0. 0241
24	3. 2251	0. 3101	44. 5020	13. 7986	0. 0725	0. 0225
25	3. 3864	0. 2953	47. 7271	14. 0939	0. 0710	0. 0210
26	3. 5557	0. 2812	51. 1135	14. 3752	0. 0696	0. 0196
27	3. 7335	0. 2678	54. 6691	14. 6430	0. 0683	0. 0183
28	3. 9201	0. 2551	58. 4026	14. 8981	0. 0671	0. 0171
29	4. 1161	0. 2429	62. 3227	15. 1411	0. 0660	0. 0160
30	4. 3219	0. 2314	66. 4388	15. 3725	0. 0651	0. 0151
40	7. 0400	0. 1420	120. 7998	17. 1591	0. 0583	0. 0083
50	11. 4674	0. 0872	209. 3480	18. 2559	0. 0548	0. 0048

附表5 6%的复利系数表

年 份	一次支付		等额系列			
	终值系数	现值系数	年金终值系数	年金现值系数	资本回收系数	偿债基金系数
n	$F/P, i, n$	$P/F, i, n$	$F/A, i, n$	$P/A, i, n$	$A/P, i, n$	$A/F, i, n$
1	1.0600	0.9434	1.0000	0.9434	1.0600	1.0000
2	1.1236	0.8900	2.0600	1.8334	0.5454	0.4854
3	1.1910	0.8396	3.1836	2.6730	0.3741	0.3141
4	1.2625	0.7921	4.3746	3.4651	0.2886	0.2286
5	1.3382	0.7473	5.6371	4.2124	0.2374	0.1774
6	1.4185	0.7050	6.9753	4.9173	0.2034	0.1434
7	1.5036	0.6651	8.3938	5.5824	0.1791	0.1191
8	1.5938	0.6274	9.8975	6.2098	0.1610	0.1010
9	1.6895	0.5919	11.4913	6.8017	0.1470	0.0870
10	1.7908	0.5584	13.1808	7.3601	0.1359	0.0759
11	1.8983	0.5268	14.9716	7.8869	0.1268	0.0668
12	2.0122	0.4970	16.8699	8.3838	0.1193	0.0593
13	2.1329	0.4688	18.8821	8.8527	0.1130	0.0530
14	2.2609	0.4423	21.0151	9.2950	0.1076	0.0476
15	2.3966	0.4173	23.2760	9.7122	0.1030	0.0430
16	2.5404	0.3936	25.6725	10.1059	0.0990	0.0390
17	2.6928	0.3714	28.2129	10.4773	0.0954	0.0354
18	2.8543	0.3503	30.9057	10.8276	0.0924	0.0324
19	3.0256	0.3305	33.7600	11.1581	0.0896	0.0296
20	3.2071	0.3118	36.7856	11.4699	0.0872	0.0272
21	3.3996	0.2942	39.9927	11.7641	0.0850	0.0250
22	3.6035	0.2775	43.3923	12.0416	0.0830	0.0230
23	3.8197	0.2618	46.9958	12.3034	0.0813	0.0213
24	4.0489	0.2470	50.8156	12.5504	0.0797	0.0197
25	4.2919	0.2330	54.8645	12.7834	0.0782	0.0182
26	4.5494	0.2198	59.1564	13.0032	0.0769	0.0169
27	4.8223	0.2074	63.7058	13.2105	0.0757	0.0157
28	5.1117	0.1956	68.5281	13.4062	0.0746	0.0146
29	5.4184	0.1846	73.6398	13.5907	0.0736	0.0136
30	5.7435	0.1741	79.0582	13.7648	0.0726	0.0126
40	10.2857	0.0972	154.7620	15.0463	0.0665	0.0065
50	18.4202	0.0543	290.3359	15.7619	0.0634	0.0034

附表6　8%的复利系数表

年份	一次支付		等额系列			
	终值系数	现值系数	年金终值系数	年金现值系数	资本回收系数	偿债基金系数
n	*F/P*, *i*, *n*	*P/F*, *i*, *n*	*F/A*, *i*, *n*	*P/A*, *i*, *n*	*A/P*, *i*, *n*	*A/F*, *i*, *n*
1	1.0800	0.9259	1.0000	0.9259	1.0800	1.0000
2	1.1664	0.8573	2.0800	1.7833	0.5608	0.4808
3	1.2597	0.7938	3.2464	2.5771	0.3880	0.3080
4	1.3605	0.7350	4.5061	3.3121	0.3019	0.2219
5	1.4693	0.6806	5.8666	3.9927	0.2505	0.1705
6	1.5869	0.6302	7.3359	4.6229	0.2163	0.1363
7	1.7138	0.5835	8.9228	5.2064	0.1921	0.1121
8	1.8509	0.5403	10.6366	5.7466	0.1740	0.0940
9	1.9990	0.5002	12.4876	6.2469	0.1601	0.0801
10	2.1589	0.4632	14.4866	6.7101	0.1490	0.0690
11	2.3316	0.4289	16.6455	7.1390	0.1401	0.0601
12	2.5182	0.3971	18.9771	7.5361	0.1327	0.0527
13	2.7196	0.3677	21.4953	7.9038	0.1265	0.0465
14	2.9372	0.3405	24.2149	8.2442	0.1213	0.0413
15	3.1722	0.3152	27.1521	8.5595	0.1168	0.0368
16	3.4259	0.2919	30.3243	8.8514	0.1130	0.0330
17	3.7000	0.2703	33.7502	9.1216	0.1096	0.0296
18	3.9960	0.2502	37.4502	9.3719	0.1067	0.0267
19	4.3157	0.2317	41.4463	9.6036	0.1041	0.0241
20	4.6610	0.2145	45.7620	9.8181	0.1019	0.0219
21	5.0338	0.1987	50.4229	10.0168	0.0998	0.0198
22	5.4365	0.1839	55.4568	10.2007	0.0980	0.0180
23	5.8715	0.1703	60.8933	10.3711	0.0964	0.0164
24	6.3412	0.1577	66.7648	10.5288	0.0950	0.0150
25	6.8485	0.1460	73.1059	10.6748	0.0937	0.0137
26	7.3964	0.1352	79.9544	10.8100	0.0925	0.0125
27	7.9881	0.1252	87.3508	10.9352	0.0914	0.0114
28	8.6271	0.1159	95.3388	11.0511	0.0905	0.0105
29	9.3173	0.1073	103.9659	11.1584	0.0896	0.0096
30	10.0627	0.0994	113.2832	11.2578	0.0888	0.0088
40	21.7245	0.0460	259.0565	11.9246	0.0839	0.0039
50	46.9016	0.0213	573.7702	12.2335	0.0817	0.0017

附表7　10%的复利系数表

年份	一次支付		等额系列			
	终值系数	现值系数	年金终值系数	年金现值系数	资本回收系数	偿债基金系数
n	$F/P, i, n$	$P/F, i, n$	$F/A, i, n$	$P/A, i, n$	$A/P, i, n$	$A/F, i, n$
1	1.1000	0.9091	1.0000	0.9091	1.1000	1.0000
2	1.2100	0.8264	2.1000	1.7355	0.5762	0.4762
3	1.3310	0.7513	3.3100	2.4869	0.4021	0.3021
4	1.4641	0.6830	4.6410	3.1699	0.3155	0.2155
5	1.6105	0.6209	6.1051	3.7908	0.2638	0.1638
6	1.7716	0.5645	7.7156	4.3553	0.2296	0.1296
7	1.9487	0.5132	9.4872	4.8684	0.2054	0.1054
8	2.1436	0.4665	11.4359	5.3349	0.1874	0.0874
9	2.3579	0.4241	13.5795	5.7590	0.1736	0.0736
10	2.5937	0.3855	15.9374	6.1446	0.1627	0.0627
11	2.8531	0.3505	18.5312	6.4951	0.1540	0.0540
12	3.1384	0.3186	21.3843	6.8137	0.1468	0.0468
13	3.4523	0.2897	24.5227	7.1034	0.1408	0.0408
14	3.7975	0.2633	27.9750	7.3667	0.1357	0.0357
15	4.1772	0.2394	31.7725	7.6061	0.1315	0.0315
16	4.5950	0.2176	35.9497	7.8237	0.1278	0.0278
17	5.0545	0.1978	40.5447	8.0216	0.1247	0.0247
18	5.5599	0.1799	45.5992	8.2014	0.1219	0.0219
19	6.1159	0.1635	51.1591	8.3649	0.1195	0.0195
20	6.7275	0.1486	57.2750	8.5136	0.1175	0.0175
21	7.4002	0.1351	64.0025	8.6487	0.1156	0.0156
22	8.1403	0.1228	71.4027	8.7715	0.1140	0.0140
23	8.9543	0.1117	79.5430	8.8832	0.1126	0.0126
24	9.8497	0.1015	88.4973	8.9847	0.1113	0.0113
25	10.8347	0.0923	98.3471	9.0770	0.1102	0.0102
26	11.9182	0.0839	109.1818	9.1609	0.1092	0.0092
27	13.1100	0.0763	121.0999	9.2372	0.1083	0.0083
28	14.4210	0.0693	134.2099	9.3066	0.1075	0.0075
29	15.8631	0.0630	148.6309	9.3696	0.1067	0.0067
30	17.4494	0.0573	164.4940	9.4269	0.1061	0.0061
40	45.2593	0.0221	442.5926	9.7791	0.1023	0.0023
50	117.3909	0.0085	1163.9085	9.9148	0.1009	0.0009

附表8　12%的复利系数表

年　份	一次支付		等额系列			
	终值系数	现值系数	年金终值系数	年金现值系数	资本回收系数	偿债基金系数
n	*F*/*P*, *i*, *n*	*P*/*F*, *i*, *n*	*F*/*A*, *i*, *n*	*P*/*A*, *i*, *n*	*A*/*P*, *i*, *n*	*A*/*F*, *i*, *n*
1	1. 1200	0. 8929	1. 0000	0. 8929	1. 1200	1. 0000
2	1. 2544	0. 7972	2. 1200	1. 6901	0. 5917	0. 4717
3	1. 4049	0. 7118	3. 3744	2. 4018	0. 4163	0. 2963
4	1. 5735	0. 6355	4. 7793	3. 0373	0. 3292	0. 2092
5	1. 7623	0. 5674	6. 3528	3. 6048	0. 2774	0. 1574
6	1. 9738	0. 5066	8. 1152	4. 1114	0. 2432	0. 1232
7	2. 2107	0. 4523	10. 0890	4. 5638	0. 2191	0. 0991
8	2. 4760	0. 4039	12. 2997	4. 9676	0. 2013	0. 0813
9	2. 7731	0. 3606	14. 7757	5. 3282	0. 1877	0. 0677
10	3. 1058	0. 3220	17. 5487	5. 6502	0. 1770	0. 0570
11	3. 4785	0. 2875	20. 6546	5. 9377	0. 1684	0. 0484
12	3. 8960	0. 2567	24. 1331	6. 1944	0. 1614	0. 0414
13	4. 3635	0. 2292	28. 0291	6. 4235	0. 1557	0. 0357
14	4. 8871	0. 2046	32. 3926	6. 6282	0. 1509	0. 0309
15	5. 4736	0. 1827	37. 2797	6. 8109	0. 1468	0. 0268
16	6. 1304	0. 1631	42. 7533	6. 9740	0. 1434	0. 0234
17	6. 8660	0. 1456	48. 8837	7. 1196	0. 1405	0. 0205
18	7. 6900	0. 1300	55. 7497	7. 2497	0. 1379	0. 0179
19	8. 6128	0. 1161	63. 4397	7. 3658	0. 1358	0. 0158
20	9. 6463	0. 1037	72. 0524	7. 4694	0. 1339	0. 0139
21	10. 8038	0. 0926	81. 6987	7. 5620	0. 1322	0. 0122
22	12. 1003	0. 0826	92. 5026	7. 6446	0. 1308	0. 0108
23	13. 5523	0. 0738	104. 6029	7. 7184	0. 1296	0. 0096
24	15. 1786	0. 0659	118. 1552	7. 7843	0. 1285	0. 0085
25	17. 0001	0. 0588	133. 3339	7. 8431	0. 1275	0. 0075
26	19. 0401	0. 0525	150. 3339	7. 8957	0. 1267	0. 0067
27	21. 3249	0. 0469	169. 3740	7. 9426	0. 1259	0. 0059
28	23. 8839	0. 0419	190. 6989	7. 9844	0. 1252	0. 0052
29	26. 7499	0. 0374	214. 5828	8. 0218	0. 1247	0. 0047
30	29. 9599	0. 0334	241. 3327	8. 0552	0. 1241	0. 0041
40	93. 0510	0. 0107	767. 0914	8. 2438	0. 1213	0. 0013
50	289. 0022	0. 0035	2400. 0182	8. 3045	0. 1204	0. 0004

附表9　14%的复利系数表

年　份	一次支付		等额系列			
	终值系数	现值系数	年金终值系数	年金现值系数	资本回收系数	偿债基金系数
n	*F/P*, *i*, *n*	*P/F*, *i*, *n*	*F/A*, *i*, *n*	*P/A*, *i*, *n*	*A/P*, *i*, *n*	*A/F*, *i*, *n*
1	1.1400	0.8772	1.0000	0.8772	1.1400	1.0000
2	1.2996	0.7695	2.1400	1.6467	0.6073	0.4673
3	1.4815	0.6750	3.4396	2.3216	0.4307	0.2907
4	1.6890	0.5921	4.9211	2.9137	0.3432	0.2032
5	1.9254	0.5194	6.6101	3.4331	0.2913	0.1513
6	2.1950	0.4556	8.5355	3.8887	0.2572	0.1172
7	2.5023	0.3996	10.7305	4.2883	0.2332	0.0932
8	2.8526	0.3506	13.2328	4.6389	0.2156	0.0756
9	3.2519	0.3075	16.0853	4.9464	0.2022	0.0622
10	3.7072	0.2697	19.3373	5.2161	0.1917	0.0517
11	4.2262	0.2366	23.0445	5.4527	0.1834	0.0434
12	4.8179	0.2076	27.2707	5.6603	0.1767	0.0367
13	5.4924	0.1821	32.0887	5.8424	0.1712	0.0312
14	6.2613	0.1597	37.5811	6.0021	0.1666	0.0266
15	7.1379	0.1401	43.8424	6.1422	0.1628	0.0228
16	8.1372	0.1229	50.9804	6.2651	0.1596	0.0196
17	9.2765	0.1078	59.1176	6.3729	0.1569	0.0169
18	10.5752	0.0946	68.3941	6.4674	0.1546	0.0146
19	12.0557	0.0829	78.9692	6.5504	0.1527	0.0127
20	13.7435	0.0728	91.0249	6.6231	0.1510	0.0110
21	15.6676	0.0638	104.7684	6.6870	0.1495	0.0095
22	17.8610	0.0560	120.4360	6.7429	0.1483	0.0083
23	20.3616	0.0491	138.2970	6.7921	0.1472	0.0072
24	23.2122	0.0431	158.6586	6.8351	0.1463	0.0063
25	26.4619	0.0378	181.8708	6.8729	0.1455	0.0055
26	30.1666	0.0331	208.3327	6.9061	0.1448	0.0048
27	34.3899	0.0291	238.4993	6.9352	0.1442	0.0042
28	39.2045	0.0255	272.8892	6.9607	0.1437	0.0037
29	44.6931	0.0224	312.0937	6.9830	0.1432	0.0032
30	50.9502	0.0196	356.7868	7.0027	0.1428	0.0028
40	188.8835	0.0053	1342.0251	7.1050	0.1407	0.0007
50	700.2330	0.0014	4994.5213	7.1327	0.1402	0.0002

附表 10　15%的复利系数表

年　份	一 次 支 付		等 额 系 列			
	终值系数	现值系数	年金终值系数	年金现值系数	资本回收系数	偿债基金系数
n	*F*/*P*，*i*，*n*	*P*/*F*，*i*，*n*	*F*/*A*，*i*，*n*	*P*/*A*，*i*，*n*	*A*/*P*，*i*，*n*	*A*/*F*，*i*，*n*
1	1. 1500	0. 8696	1. 0000	0. 8696	1. 1500	1. 0000
2	1. 3225	0. 7561	2. 1500	1. 6257	0. 6151	0. 4651
3	1. 5209	0. 6575	3. 4725	2. 2832	0. 4380	0. 2880
4	1. 7490	0. 5718	4. 9934	2. 8550	0. 3503	0. 2003
5	2. 0114	0. 4972	6. 7424	3. 3522	0. 2983	0. 1483
6	2. 3131	0. 4323	8. 7537	3. 7845	0. 2642	0. 1142
7	2. 6600	0. 3759	11. 0668	4. 1604	0. 2404	0. 0904
8	3. 0590	0. 3269	13. 7268	4. 4873	0. 2229	0. 0729
9	3. 5179	0. 2843	16. 7858	4. 7716	0. 2096	0. 0596
10	4. 0456	0. 2472	20. 3037	5. 0188	0. 1993	0. 0493
11	4. 6524	0. 2149	24. 3493	5. 2337	0. 1911	0. 0411
12	5. 3503	0. 1869	29. 0017	5. 4206	0. 1845	0. 0345
13	6. 1528	0. 1625	34. 3519	5. 5831	0. 1791	0. 0291
14	7. 0757	0. 1413	40. 5047	5. 7245	0. 1747	0. 0247
15	8. 1371	0. 1229	47. 5804	5. 8474	0. 1710	0. 0210
16	9. 3576	0. 1069	55. 7175	5. 9542	0. 1679	0. 0179
17	10. 7613	0. 0929	65. 0751	6. 0472	0. 1654	0. 0154
18	12. 3755	0. 0808	75. 8364	6. 1280	0. 1632	0. 0132
19	14. 2318	0. 0703	88. 2118	6. 1982	0. 1613	0. 0113
20	16. 3665	0. 0611	102. 4436	6. 2593	0. 1598	0. 0098
21	18. 8215	0. 0531	118. 8101	6. 3125	0. 1584	0. 0084
22	21. 6447	0. 0462	137. 6316	6. 3587	0. 1573	0. 0073
23	24. 8915	0. 0402	159. 2764	6. 3988	0. 1563	0. 0063
24	28. 6252	0. 0349	184. 1678	6. 4338	0. 1554	0. 0054
25	32. 9190	0. 0304	212. 7930	6. 4641	0. 1547	0. 0047
26	37. 8568	0. 0264	245. 7120	6. 4906	0. 1541	0. 0041
27	43. 5353	0. 0230	283. 5688	6. 5135	0. 1535	0. 0035
28	50. 0656	0. 0200	327. 1041	6. 5335	0. 1531	0. 0031
29	57. 5755	0. 0174	377. 1697	6. 5509	0. 1527	0. 0027
30	66. 2118	0. 0151	434. 7451	6. 5660	0. 1523	0. 0023
40	267. 8635	0. 0037	1779. 0903	6. 6418	0. 1506	0. 0006
50	1083. 6574	0. 0009	7217. 7163	6. 6605	0. 1501	0. 0001

附表11 20%的复利系数表

年份	一次支付		等额系列			
	终值系数	现值系数	年金终值系数	年金现值系数	资本回收系数	偿债基金系数
n	F/P, i, n	P/F, i, n	F/A, i, n	P/A, i, n	A/P, i, n	A/F, i, n
1	1.2000	0.8333	1.0000	0.8333	1.2000	1.0000
2	1.4400	0.6944	2.2000	1.5278	0.6545	0.4545
3	1.7280	0.5787	3.6400	2.1065	0.4747	0.2747
4	2.0736	0.4823	5.3680	2.5887	0.3863	0.1863
5	2.4883	0.4019	7.4416	2.9906	0.3344	0.1344
6	2.9860	0.3349	9.9299	3.3255	0.3007	0.1007
7	3.5832	0.2791	12.9159	3.6046	0.2774	0.0774
8	4.2998	0.2326	16.4991	3.8372	0.2606	0.0606
9	5.1598	0.1938	20.7989	4.0310	0.2481	0.0481
10	6.1917	0.1615	25.9587	4.1925	0.2385	0.0385
11	7.4301	0.1346	32.1504	4.3271	0.2311	0.0311
12	8.9161	0.1122	39.5805	4.4392	0.2253	0.0253
13	10.6993	0.0935	48.4966	4.5327	0.2206	0.0206
14	12.8392	0.0779	59.1959	4.6106	0.2169	0.0169
15	15.4070	0.0649	72.0351	4.6755	0.2139	0.0139
16	18.4884	0.0541	87.4421	4.7296	0.2114	0.0114
17	22.1861	0.0451	105.9306	4.7746	0.2094	0.0094
18	26.6233	0.0376	128.1167	4.8122	0.2078	0.0078
19	31.9480	0.0313	154.7400	4.8435	0.2065	0.0065
20	38.3376	0.0261	186.6880	4.8696	0.2054	0.0054
21	46.0051	0.0217	225.0256	4.8913	0.2044	0.0044
22	55.2061	0.0181	271.0307	4.9094	0.2037	0.0037
23	66.2474	0.0151	326.2369	4.9245	0.2031	0.0031
24	79.4968	0.0126	392.4842	4.9371	0.2025	0.0025
25	95.3962	0.0105	471.9811	4.9476	0.2021	0.0021
26	114.4755	0.0087	567.3773	4.9563	0.2018	0.0018
27	137.3706	0.0073	681.8528	4.9636	0.2015	0.0015
28	164.8447	0.0061	819.2233	4.9697	0.2012	0.0012
29	197.8136	0.0051	984.0680	4.9747	0.2010	0.0010
30	237.3763	0.0042	1181.8816	4.9789	0.2008	0.0008
40	1469.7716	0.0007	7343.8578	4.9966	0.2001	0.0001
50	9100.4382	0.0001	45497.1908	4.9995	0.2000	0.0000

附表 12　25%的复利系数表

年　份	一次支付		等额系列			
	终值系数	现值系数	年金终值系数	年金现值系数	资本回收系数	偿债基金系数
n	*F/P*, *i*, *n*	*P/F*, *i*, *n*	*F/A*, *i*, *n*	*P/A*, *i*, *n*	*A/P*, *i*, *n*	*A/F*, *i*, *n*
1	1. 2500	0. 8000	1. 0000	0. 8000	1. 2500	1. 0000
2	1. 5625	0. 6400	2. 2500	1. 4400	0. 6944	0. 4444
3	1. 9531	0. 5120	3. 8125	1. 9520	0. 5123	0. 2623
4	2. 4414	0. 4096	5. 7656	2. 3616	0. 4234	0. 1734
5	3. 0518	0. 3277	8. 2070	2. 6893	0. 3718	0. 1218
6	3. 8147	0. 2621	11. 2588	2. 9514	0. 3388	0. 0888
7	4. 7684	0. 2097	15. 0735	3. 1611	0. 3163	0. 0663
8	5. 9605	0. 1678	19. 8419	3. 3289	0. 3004	0. 0504
9	7. 4506	0. 1342	25. 8023	3. 4631	0. 2888	0. 0388
10	9. 3132	0. 1074	33. 2529	3. 5705	0. 2801	0. 0301
11	11. 6415	0. 0859	42. 5661	3. 6564	0. 2735	0. 0235
12	14. 5519	0. 0687	54. 2077	3. 7251	0. 2684	0. 0184
13	18. 1899	0. 0550	68. 7596	3. 7801	0. 2645	0. 0145
14	22. 7374	0. 0440	86. 9495	3. 8241	0. 2615	0. 0115
15	28. 4217	0. 0352	109. 6868	3. 8593	0. 2591	0. 0091
16	35. 5271	0. 0281	138. 1085	3. 8874	0. 2572	0. 0072
17	44. 4089	0. 0225	173. 6357	3. 9099	0. 2558	0. 0058
18	55. 5112	0. 0180	218. 0446	3. 9279	0. 2546	0. 0046
19	69. 3889	0. 0144	273. 5558	3. 9424	0. 2537	0. 0037
20	86. 7362	0. 0115	342. 9447	3. 9539	0. 2529	0. 0029
21	108. 4202	0. 0092	429. 6809	3. 9631	0. 2523	0. 0023
22	135. 5253	0. 0074	538. 1011	3. 9705	0. 2519	0. 0019
23	169. 4066	0. 0059	673. 6264	3. 9764	0. 2515	0. 0015
24	211. 7582	0. 0047	843. 0329	3. 9811	0. 2512	0. 0012
25	264. 6978	0. 0038	1054. 7912	3. 9849	0. 2509	0. 0009
26	330. 8722	0. 0030	1319. 4890	3. 9879	0. 2508	0. 0008
27	413. 5903	0. 0024	1650. 3612	3. 9903	0. 2506	0. 0006
28	516. 9879	0. 0019	2063. 9515	3. 9923	0. 2505	0. 0005
29	646. 2349	0. 0015	2580. 9394	3. 9938	0. 2504	0. 0004
30	807. 7936	0. 0012	3227. 1743	3. 9950	0. 2503	0. 0003
40	7523. 1638	0. 0001	30088. 6554	3. 9995	0. 2500	0. 0000
50	70064. 9232	0. 0000	280255. 6929	3. 9999	0. 2500	0. 0000

附表13 30%的复利系数表

年份	一次支付		等额系列			
	终值系数	现值系数	年金终值系数	年金现值系数	资本回收系数	偿债基金系数
n	F/P, i, n	P/F, i, n	F/A, i, n	P/A, i, n	A/P, i, n	A/F, i, n
1	1.3000	0.7692	1.0000	0.7692	1.3000	1.0000
2	1.6900	0.5917	2.3000	1.3609	0.7348	0.4348
3	2.1970	0.4552	3.9900	1.8161	0.5506	0.2506
4	2.8561	0.3501	6.1870	2.1662	0.4616	0.1616
5	3.7129	0.2693	9.0431	2.4356	0.4106	0.1106
6	4.8268	0.2072	12.7560	2.6427	0.3784	0.0784
7	6.2749	0.1594	17.5828	2.8021	0.3569	0.0569
8	8.1573	0.1226	23.8577	2.9247	0.3419	0.0419
9	10.6045	0.0943	32.0150	3.0190	0.3312	0.0312
10	13.7858	0.0725	42.6195	3.0915	0.3235	0.0235
11	17.9216	0.0558	56.4053	3.1473	0.3177	0.0177
12	23.2981	0.0429	74.3270	3.1903	0.3135	0.0135
13	30.2875	0.0330	97.6250	3.2233	0.3102	0.0102
14	39.3738	0.0254	127.9125	3.2487	0.3078	0.0078
15	51.1859	0.0195	167.2863	3.2682	0.3060	0.0060
16	66.5417	0.0150	218.4722	3.2832	0.3046	0.0046
17	86.5042	0.0116	285.0139	3.2948	0.3035	0.0035
18	112.4554	0.0089	371.5180	3.3037	0.3027	0.0027
19	146.1920	0.0068	483.9734	3.3105	0.3021	0.0021
20	190.0496	0.0053	630.1655	3.3158	0.3016	0.0016
21	247.0645	0.0040	820.2151	3.3198	0.3012	0.0012
22	321.1839	0.0031	1067.2796	3.3230	0.3009	0.0009
23	417.5391	0.0024	1388.4635	3.3254	0.3007	0.0007
24	542.8008	0.0018	1806.0026	3.3272	0.3006	0.0006
25	705.6410	0.0014	2348.8033	3.3286	0.3004	0.0004
26	917.3333	0.0011	3054.4443	3.3297	0.3003	0.0003
27	1192.5333	0.0008	3971.7776	3.3305	0.3003	0.0003
28	1550.2933	0.0006	5164.3109	3.3312	0.3002	0.0002
29	2015.3813	0.0005	6714.6042	3.3317	0.3001	0.0001
30	2619.9956	0.0004	8729.9855	3.3321	0.3001	0.0001
40	36118.8648	0.0000	120392.8827	3.3332	0.3000	0.0000
50	497929.2230	0.0000	1659760.7433	3.3333	0.3000	0.0000

附表 14　35%的复利系数表

年　份	一次支付		等额系列			
	终值系数	现值系数	年金终值系数	年金现值系数	资本回收系数	偿债基金系数
n	$F/P, i, n$	$P/F, i, n$	$F/A, i, n$	$P/A, i, n$	$A/P, i, n$	$A/F, i, n$
1	1. 3500	0. 7407	1. 0000	0. 7407	1. 3500	1. 0000
2	1. 8225	0. 5487	2. 3500	1. 2894	0. 7755	0. 4255
3	2. 4604	0. 4064	4. 1725	1. 6959	0. 5897	0. 2397
4	3. 3215	0. 3011	6. 6329	1. 9969	0. 5008	0. 1508
5	4. 4840	0. 2230	9. 9544	2. 2200	0. 4505	0. 1005
6	6. 0534	0. 1652	14. 4384	2. 3852	0. 4193	0. 0693
7	8. 1722	0. 1224	20. 4919	2. 5075	0. 3988	0. 0488
8	11. 0324	0. 0906	28. 6640	2. 5982	0. 3849	0. 0349
9	14. 8937	0. 0671	39. 6964	2. 6653	0. 3752	0. 0252
10	20. 1066	0. 0497	54. 5902	2. 7150	0. 3683	0. 0183
11	27. 1439	0. 0368	74. 6967	2. 7519	0. 3634	0. 0134
12	36. 6442	0. 0273	101. 8406	2. 7792	0. 3598	0. 0098
13	49. 4697	0. 0202	138. 4848	2. 7994	0. 3572	0. 0072
14	66. 7841	0. 0150	187. 9544	2. 8144	0. 3553	0. 0053
15	90. 1585	0. 0111	254. 7385	2. 8255	0. 3539	0. 0039
16	121. 7139	0. 0082	344. 8970	2. 8337	0. 3529	0. 0029
17	164. 3138	0. 0061	466. 6109	2. 8398	0. 3521	0. 0021
18	221. 8236	0. 0045	630. 9247	2. 8443	0. 3516	0. 0016
19	299. 4619	0. 0033	852. 7483	2. 8476	0. 3512	0. 0012
20	404. 2736	0. 0025	1152. 2103	2. 8501	0. 3509	0. 0009
21	545. 7693	0. 0018	1556. 4838	2. 8519	0. 3506	0. 0006
22	736. 7886	0. 0014	2102. 2532	2. 8533	0. 3505	0. 0005
23	994. 6646	0. 0010	2839. 0418	2. 8543	0. 3504	0. 0004
24	1342. 7973	0. 0007	3833. 7064	2. 8550	0. 3503	0. 0003
25	1812. 7763	0. 0006	5176. 5037	2. 8556	0. 3502	0. 0002
26	2447. 2480	0. 0004	6989. 2800	2. 8560	0. 3501	0. 0001
27	3303. 7848	0. 0003	9436. 5280	2. 8563	0. 3501	0. 0001
28	4460. 1095	0. 0002	12740. 3128	2. 8565	0. 3501	0. 0001
29	6021. 1478	0. 0002	17200. 4222	2. 8567	0. 3501	0. 0001
30	8128. 5495	0. 0001	23221. 5700	2. 8568	0. 3500	0. 0000
40	163437. 1347	0. 0000	466960. 3848	2. 8571	0. 3500	0. 0000
50	3286157. 8795	0. 0000	9389019. 6556	2. 8571	0. 3500	0. 0000

参考文献

[1] 张普伟．工程经济学［M］．北京：机械工业出版社，2020.
[2] 李南，楚岩枫，周志鹏，等．工程经济学［M］．6 版．北京：科学出版社，2024.
[3] 刘晓君，张炜，李玲燕．工程经济学［M］．4 版．北京：中国建筑工业出版社，2020.
[4] 王贵春．工程经济学［M］．5 版．重庆：重庆大学出版社，2022.
[5] 项勇，徐姣姣，卢立宇．工程经济学［M］．3 版．北京：机械工业出版社，2018.
[6] 杨晓冬．工程经济学［M］．北京：机械工业出版社，2021.
[7] 黄有亮，徐向阳，谈飞，等．工程经济学［M］．4 版．南京：东南大学出版社，2021.
[8] 谭大璐，赵世强．工程经济学［M］．3 版．武汉：武汉理工大学出版社，2023.
[9] 吴锋，叶锋．工程经济学［M］．2 版．北京：机械工业出版社，2021.
[10] 程正中，齐园，刁昳．工程经济学［M］．北京：机械工业出版社，2023.
[11] 王修贵．工程经济学［M］．2 版．北京：中国水利水电出版社，2023.
[12] 赵峰，周燕．工程经济学［M］．4 版．武汉：武汉理工大学出版社，2022.
[13] 魏法杰，王玉灵，郑筠．工程经济学［M］．3 版．北京：电子工业出版社，2020.
[14] 沙利文，威克斯，科林．工程经济学：第 17 版　影印版［M］．北京：清华大学出版社，2020.
[15] 陈中柘，李海庆．工程经济学［M］．北京：机械工业出版社，2020.
[16] 綦振平，温国锋．工程经济学［M］．北京：机械工业出版社，2022.
[17] 王琳，闫林君，李海莲．工程经济学［M］．北京：中国铁道出版社，2022.
[18] 刘蒙蒙，张璐，吴新华．工程经济学［M］．北京：中国建筑工业出版社，2019.
[19] 荀志远，张贵华．工程经济学［M］．北京：科学出版社，2020.